Hans-Günter Heimbrock

Riskante Sätze:
Von Gott reden

Erfahrungen mit dem Reden von Gott

Skizzen, Essays und literarisch-poetische Variationen

unter Mitarbeit von
Lars Christian Heinemann,
Peter Meyer,
Carsten Schuerhoff,
Petra Sorg und
Erna Zonne-Gätjens

Vandenhoeck & Ruprecht

Bibliografische Information der Deutschen Nationalbibliothek:
Die Deutsche Nationalbibliothek verzeichnet diese Publikation in der
Deutschen Nationalbibliografie; detaillierte bibliografische Daten sind
im Internet über https://dnb.de abrufbar.

© 2021 Vandenhoeck & Ruprecht, Theaterstraße 13, D-37073 Göttingen,
ein Imprint der Brill-Gruppe
(Koninklijke Brill NV, Leiden, Niederlande; Brill USA Inc., Boston MA, USA;
Brill Asia Pte Ltd, Singapore; Brill Deutschland GmbH, Paderborn, Deutschland;
Brill Österreich GmbH, Wien, Österreich)
Koninklijke Brill NV umfasst die Imprints Brill, Brill Nijhoff, Brill Hotei,
Brill Schöningh, Brill Fink, Brill mentis, Vandenhoeck & Ruprecht, Böhlau,
Verlag Antike und V&R unipress.

Umschlagabbildung: bpk/Staatsgalerie Stuttgart

Satz: SchwabScantechnik, Göttingen
Druck und Bindung: ⊕ Hubert & Co. BuchPartner, Göttingen
Printed in the EU

Vandenhoeck & Ruprecht Verlage | www.vandenhoeck-ruprecht-verlage.com

ISBN 978-3-525-56865-1

Intro

Gott ist unsagbar – aber auch noch in nachchristlicher Zeit wird überall von ihm geredet, in einer Talkshow am Sonntagabend, im neuesten mazedonischen Kinofilm »Gott existiert«, von Zeugen der Katastrophe in Genua 2018. Gott ist unsagbar, aber gleichwohl und gerade deshalb gehört es zu den Grundaufgaben christlicher Theologie, von Gott zu reden. Theologische Praktiker*innen müssen das täglich tun. Im Gemeindepfarramt bereiten sie Gottesdienste vor, begrüßen Menschen mit Worten, halten eine Predigt und sprechen Segen zu. Sie machen einen Geburtstagsbesuch und sprechen dabei vielleicht ein Gebet. Lehrende stehen regelmäßig vor der Aufgabe, mit Kindergartenkindern, mit einer Schulklasse oder einer Konfirmandengruppe über Gott zu sprechen. Theologische Profis sitzen bei einer interreligiösen Veranstaltung vor Ort neben Vertretern anderer Religionsgemeinschaften auf dem Podium, sollen in einem knappen Statement sagen, was aus christlicher Perspektive »Gott« bedeutet.

Das alles nötigt zum Reden von Gott und macht die Frage dringlich, wie ein wirkungsvolles Reden denn konkret aussehen könnte. Gewiss ist unser Sprechen auf religiöse Traditionen und Orientierungswissen aus der Theologie bezogen. Aber wie kommt dabei im Hier und Jetzt Gott angemessen und hörbar zur Sprache?

Der Band versucht einen neuen Zugang zur alten Aufgabe, indem er das Reden von Gott als ein praktisches Verhalten nimmt. Auch Sprechen ist eine Dimension von Praxis. Wie kann diese Praxis verstanden und gestaltet werden? Jedes Verhalten verfolgt Intentionen. Welche sollen zum Zuge kommen und welche verfolgen wir faktisch? Sollen wir »den Namen Gottes ausrufen« zum Heil und Segen? Sollen wir lautstark tönen wie die sprichwörtliche »Posaune Gottes« oder eher mit leisen Tönen daherkommen, wenn es um Gott geht? Sollen wir mit unserer Rede an die Zuhörenden einen An-Spruch formulieren? Oder geht es um begriffliches Reden, mit dem wir Klarheit und Einsicht zu geben versuchen?

Und wann ist angesagt, von Gott und vor Gott beredt zu schweigen? Vor allem: Wodurch gelingt es, dass solches Sprechen vom Gegenüber als intensiv erlebt wird? Als so intensiv, dass bei den Zuhörenden ankommt: Ja, da wird nicht von Allerweltsdingen gesprochen, sondern von Gott, ohne religiöses Getöse geerdet im Alltag, aber doch so gesprochen, dass andere merken, was hier auf dem Spiel steht. Dass sie merken, dass mit diesen Reden Risiken verbunden sind.

Deshalb wähle ich in diesem Buch den Weg, von den Erfahrungen im Reden auszugehen, ihnen genauer nachzugehen und von da aus Impulse zu geben für die Gestaltung des Redens in der Praxis. Mit starker Orientierung an den Vollzügen des Sprechens frage ich: Was geschieht mit Menschen, wenn sie so oder so über Gott sprechen? Was macht es, dass das Reden auf Zuhörer*innen ansprechend gewirkt hat, dass es bei ihnen in dem Fall geknistert hat, im anderen Fall weniger? Welche Erfahrungen machen die Sprechenden dabei mit sich selber? Und an welche Grenzen und Abgründe des Lebens geraten sie von Fall zu Fall, wenn sie sich getrauen, von Gott, dem Un-Sagbaren, zu sprechen?

Die Erkundungen, und Reflexionen und Skizzen zur Praxis in diesem Band wollen nicht vorschreiben, was und wie man sprechen soll, wollen auch keine Rezepte geben, wie man die Rede wirkungsvoll gestalten kann. Sie stellen die Sprechenden und ihre gesprochene Sprache in den Fokus. Denn am Anfang steht immer das Erleben. Ausgehend davon bieten die Texte vertiefte Erkundungen dazu, wo Menschen dichte Momente in ihrer religiösen Kommunikation erlebt haben, auch Momente, wo die Rede stockt, weil man spürt, von was und von wem man da eigentlich spricht. Daraus werden Wege zur Praxis abgeleitet, die konkretere Gestaltungsperspektiven aufzeigen und zu eigenem authentischen Sprechen anregen möchten. Zum Sprechen von Gott in der Ersten Person.

Inhalt

Kurzer Vorblick

Die Überlegungen gliedern sich in sieben Kapitel

- **Zur Einführung**

Den ersten Schritt mache ich mit einer Erkundungstour darüber, wie »die Leute« über Gott reden, in einer Gemeindeversammlung, im Unterhaltungsroman, in einer Befragung Jugendlicher, in charismatisch frommen Songs im Internet usw. Vor der normativ gemeinten Frage, wie soll man angemessen von Gott reden, steht zunächst der weniger gefilterte Blick auf unterschiedlichste Gesprächszusammenhänge.

Darauf bezogen entwickele ich in einem zweiten Schritt die Fragerichtung des Buches: Was erleben Menschen, wenn sie von Gott reden, welche Erfahrungen machen sie mit anderen und mit sich selbst? Wann »knistert es« im Raum und wann erleben die Zuhörenden die Rede als glaubwürdig? Skizziert wird das Leitinteresse des Buches, das Was und Wie und das Woher des Redens genauer zu verfolgen.

- **Kontexte**

Ehe ein Einzelner von Gott spricht, haben andere im Feld bereits das Wort ergriffen, eröffnen, prägen oder verstellen das Thema »Gott«. Diesem Zusammenhang gehen drei Skizzen zu »Kontexten« nach. Ich versuche Spuren der weit verbreiteten Authentizitätswellen aufzunehmen (»Authentisch reden!«). Ich gebe Durchblicke durch kulturell und religiös hoch pluralisierte Gottes-Diskurse (»Sprechen von Gott in inter-kulturellen Kontexten«), und ich werfe Schlaglichter auf öffentlich wirksame atheistische Polemik und ihre Bestreitung (»Gott existiert«). Die Skizzen münden jeweils ein in Markierungen theologischer Herausforderungen im Blick auf das Thema.

- **An-Sprechende Erfahrungen**

Genauere empirische Analyse von Erfahrungen mit dem Reden von Gott kann wohl am besten in probeweisen empirischen Durchgängen angegangen werden. Dazu haben fünf Kollegen*innen, die mit dem lebenswelttheoretischen Ansatz vertraut sind, Situationsbeschreibungen und Rekonstruktionen ihres Redens bereitgestellt. So kann im Einzelnen und an ganz verschiedenen Praxisfeldern wie Gemeindevortrag, Religionsunterricht oder auch Hochschulseminar, exemplarisch die Innenperspektive der Erfahrungen an besonders dichten Momenten verfolgt werden. Und es zeigt sich, welches Wagnis man da eingeht, wenn man versucht, mit anderen über Gott zu sprechen. Mit dem Blick auf das Konkrete des Einzelfalls sollen keine Ansprüche auf ideale Sprechpraxis verbunden werden, eher Einübung in eine Wahrnehmungshaltung und Denkbewegung.

- **Vertiefungen**

Ein gewichtiger Teil des Buches bietet theoretische Vertiefungen, in denen kulturwissenschaftliche und theologische Perspektiven verfolgt werden.

Über Sprechen, Gestaltung und Wirkung von Rede geben viele sprachbezogene wissenschaftliche Disziplinen Auskunft, von der Rhetorik über die Linguistik und die Theorie der Sprachentwicklung bis zur Rezeptionsästhetik, um nur einige Fächer zu nennen. Seit der Rezeption empirischer Wissenschaften in der Praktischen Theologie und in der Religionspädagogik ist zunehmend nach der Wirklichkeit und der Wirkung des Sprechens in religiösen Kontexten gefragt worden. Hier sind neue Partner auf den Plan getreten. Denen gehen drei vertiefende Essays zu philosophischen und kulturwissenschaftlichen Ansätzen nach. Referiert und diskutiert wird praktisch-theologischer Absicht das soziologisch beschriebene Resonanzgeschehen im Reden (Hartmut Rosa), ferner die These der Vergegenwärtigung im Sprechen anhand der literaturwissenschaftlichen Theorie der »Präsentifikation« (Hans Ulrich Gumbrecht) und schließlich der Zusammenhang von Gott, Wort und Macht anhand von Pierre Bourdieus und Michel Foucaults kultursoziologischen Theorien.

Eine zweite Gruppe von Vertiefungen setzt bei theologischen Fragestellungen an. Was es bedeuten kann, das Wort »Gott« zu sprechen, hat in der Theologie des Namens (bis hin zur jüdischen Religionsphilosophie Franz Rosenzweigs) eine breit gefächerte Diskussion ausgelöst. Diese zu verfolgen erbringt sprachtheologische Klärungen und führt zugleich an die Grenzen der Sagbarkeit Gottes. Reden von Gott ist immer mit Risiken verbunden. Was die Aufgabe, in der säkularen Schule von Gott zu reden an Risiken und Aporien impliziert, wird im nächsten Essay stärker im Blick auf Schule und Religionsunterricht angegangen. Interessanterweise führen Klärungsversuchen auch in diesem Feld wiederum die Spannung zutage, wie die Balance gehalten werden kann zwischen notwendiger Information über »Gott« und theologisch notwendiger Annäherung an die Unsagbarkeit Gottes.

Zu den Erfahrungen mit gesprochener Sprache gehören unweigerlich auch Momente, wo ich nichts mehr sagen kann, Momente des Verstummens, des Schweigens. Das unterbricht und gestaltet menschlichen Reden über Gott. Dem geht ein dritter Essay nach und fragt von Interpretationen dieses Verhaltens zurück danach, welche Erfahrungen mit Gott solches Schweigen in unterschiedlichen Situierungen ausdrücken kann.

- **Theo-Poetische Variationen**

Gott in menschlichen Worten theologischer Rede so weiterzusagen, dass etwas von Gott weitergegeben wird, bleibt immer unvollständig. Das gilt gerade für argumentative Sprache und deshalb haben Menschen vieler Kulturen sich immer wieder an poetischen Ausdrucksformen versucht. In dieser Richtung habe ich theo-poetische Funde gesammelt und kommentiert, die Gott, Wort und Stimme anklingen lassen wollen.

- **Wege zur Praxis**

Welche Aufgaben in der Praxis kann Denkarbeit am Erleben des Redens von Gott besser angehen (nicht »bewältigen«)? Nach den Skizzen, den konkreten Detailanalysen und den vertiefenden Essays zu Erfahrungen mit dem Reden von Gott folgen Hinweise auf Gestaltungsmöglichkeiten in der Praxis. Der Schlussteil skizziert dazu unterschiedliche Bausteine: ich formuliere »Kunst-Regeln« zum Sprechen, führe am Beispiel vor, wie aus einer Alltagswahrnehmung eines Fernsehkommentars eine »an-sprechende« Botschaft erwächst und beschreibe am Beispiel einer Weihnachtspredigt Anstöße, Intentionen und das Konzept einer Kanzelrede mit Zu-Mutungen. Das läuft schließlich auf die Frage hinaus, warum wir denn eigentlich von Gott reden sollen.

Die hier zusammengestellten Bausteine wollen das theologische Orientierungspotenzial des Ansatzes bündeln und konkretisierte Anregungen geben, ohne dem einzelnen die Verantwortung für sein Wort aus der Hand zu nehmen.

1
Zur Einführung

1.1 Wie die Leute heute von Gott reden

1 Das Interesse an den Leuten

Gibt man in eine PC-Suchmaschine »heute von Gott reden« ein, so gibt es ungefähr 12 Millionen 400.000 links. Da melden sich Theolog*innen, Kirchenleute, aber auch viele Stimmen am Rand etablierter Kirchen und religiöser Institutionen. Jedenfalls kann man sagen, dass Gott in der öffentlichen Kommunikation auch im 21. Jahrhundert präsent ist. Über ihn wird in Talkshows debattiert, man kann im Feuilleton oder in Internet-Blogs über ihn lesen[1], Unterhaltungsfilme und TV-Serien sind voll von Gott und Religion[2], die Sprache der Wahlkampfmanager macht nicht Halt vor Gott als Attribut, wenn z. B. der Kandidat Martin Schultz zum »Gottkanzler« stilisiert wurde[3]. Wie immer Soziologen und Kulturdiagnostiker die religiöse Verfassung der Gesellschaft beschreiben – das Wort »Gott« kommt in öffentlichen Debatten noch/wieder vor.

Nun ist selbstverständlich für wissenschaftlich arbeitende Theolog*innen und ebenso für Menschen in kirchenleitenden Funktionen auf verschiedensten Ebenen die Frage »Wie soll man heute von Gott reden?« ein zentrales Thema[4]. In ihren Texten verfolgen sie jedoch weniger das Interesse darauf zu achten, wie die

---

1   https://theolounge.blog/2017/07/23/wie-kann-man-heute-von-gott-reden/ download 3/18/2019.
2   Michael Schramm, Der unterhaltsame Gott. Theologie populärer Filme, Paderborn 2011.
3   Politisches Magazin Cicero von Hugo Müller-Vogg am 21. März 2017.
4   Die Literatur ist uferlos. Vgl. zu einer neueren Übersicht die Sammlung Werner Schüssler (Hg.), Wie läßt sich über Gott sprechen? von der negativen Theologie Plotins bis zum religiösen Sprachspiel Wittgensteins Darmstadt 2008.

Leute tatsächlich über Gott reden. Experten reden eher darüber, wie die Leute über Gott reden. Und dabei regiert dann eher die Kritik theologischer Profis an un-(auf-)geklärtem Reden von Gott, eher das Grundmisstrauen, dass im Reden der Leute doch eher falsch, defizitär oder zumindest problematisch über Gott gesprochen werde. Und dieser Verdacht ist ja auch nicht von der Hand zu weisen. Allerdings findet sich kaum etwas empirisch Haltbares zur Frage, wie außerhalb der theologischen Expertenzirkel tatsächlich über Gott gesprochen wird.

Immerhin hat es ein österreichischer Pastoraltheologe schon 1980 gewagt, nach der »Leute-Religion« zu fragen.[5] Die »Leute«, lat. der »vulgus«, davon ist schon im Neuen Testament die Rede. Gleichwohl ist »das Volk« eine schwer greifbare Population, in Zeiten des wachsenden Populismus zudem eine riskante und gefährliche Zielgruppe auch für theologische Erkundungen. Man kann in einem soziologisch ungeschützten vorwissenschaftlichen Sinne vielleicht sagen: die Leute, das wären gerade nicht die theologischen Experten, und nicht nur kirchlich gebundene und überzeugte Christen, aber auch nicht per se Menschen außerhalb der Kirchen.

In diesem ersten Abschnitt möchte ich mit Blick auf »die Leute« übersehene Ausschnitte aus der Praxis des Redens über Gott durchmustern und auf Trends hin abklopfen. Es geht mir dabei nicht um den smal-Talk von theologischen Experten, wie etwa. Luthers Tischreden, nicht um gezielte Analysen oder gar Befragungen, sondern um Ausschnitte aus dem Alltag und um lebensweltlich erschlossene situative Spots, in denen von Gott gesprochen wird. Und um solche Redeausschnitte, die mir zunächst persönlich in zufälligen Begegnungen entgegengekommen sind. Da höre ich z. B. in den Abendnachrichten den Kurzbericht über den Einsturz der großen Morandi-Autobahnbrücke in Genua am 14.8.2018, der 43 Menschen das Leben kostete. Und zu den dramatischen Bildern wird ein Video-Clip eines Augenzeugen präsentiert, in dem auf dem Off nichts als der vier Mal wiederholte Schrei »O dio!« (»Oh Gott!«) erklingt.[6] Was sich der Schreiende dabei weiter denkt, bleibt ungesagt. Aber der Schrei offenbart doch tiefe Betroffenheit, Verzweiflung angesichts des Anblicks schrecklicher Zerstörung. Und am Beispiel zeigt sich, dass »Gott« mitunter noch ganz unmittelbar artikuliert werden kann.

---

5   Paul M. Zulehner, Leutereligion. Eine neue Gestalt des Christentums auf dem Weg durch die 80er Jahre? Freiburg 1982.
6   https://www.youtube.com/watch?v=_Y2PZvbpL_E download 18.3.2019.

Wo Leute heute das Wort Gott in den Mund nehmen, geht es nicht immer so
dramatisch zu. Ich bin neugierig, was ich da in ganz unterschiedlicher Qualität zu hören bekommen kann. Und es wird sich im Verlauf der Erkundungen
herausstellen, was im Einzelnen für das Thema herauskommt, wenn man (in
Anlehnung an Martin Luthers bekannte Formulierung) den Nicht-Profis »aufs
Maul schaut« bei ihrem Reden über Gott.[7]

2 Stimmen aus einer Gemeinde

Wie reden Menschen heute von Gott? »Leute« gibt es außerhalb, aber eben
auch innerhalb von Kirchengemeinden. Natürlich reden auch Menschen dort
gelegentlich über Gott, nicht nur die Prediger*innen und die theologischen
Experten, auch in einer Gemeinde gibt es »Leute«. Deshalb setze ich da an.
Vor einiger Zeit war ich in einer Gemeinde in der Nähe von Frankfurt zum
Gemeindevortrag über das Thema »Wie kann man heute von Gott reden?« eingeladen. Die Resonanz war etwa so, wie ich es oft andernorts schon erfahren
hatte, die Besucherzahl ähnlich der eines normalen Gottesdienstes in dieser Gemeinde. Vom Thema angesprochen fühlten sich Menschen eher fort-
geschrittenen Alters, nicht unter 50, aber es kamen Leute zum Vortrag nicht
nur aus der Gemeinde, sondern auch aus dem Umkreis.

   Nach meiner Präsentation gab es rasch eine lebhaft werdende Diskussion,
an der sich neben den anwesenden Pfarrer*innen auch viele andere beteiligten.
Ich möchte mein Augenmerk jetzt weniger auf inhaltliche Argumente und Einsprüche zu meinen Ausführungen richten. Durch solche Aussagen hindurch
ergaben sich in dieser relativ zufällig versammelten Gruppe eine Grundtendenz,
gewissermaßen Antwortmuster der Zuhörer*innen.

Die eine immer wieder artikulierte Antwort auf die Themafrage lief für viele auf
das Urteil »Zu wenig!« hinaus. Den Leuten wird »zu wenig« von Gott gesprochen,
das ist ihr monitum, ehe etwas konkretes Inhaltliches genannt wird, was da
gesagt werden solle. Viele vermissen eine Selbstverständlichkeit des Redens

---

7   Martin Luther benannte in seiner Streitschrift »Sendbrief vom Dolmetschen« als eines der
    Kriterien für eine angemessene Übersetzung biblischer Texte ins Deutsche »Denn man muss
    nicht die Buchstaben in der lateinischen Sprache fragen, wie man soll Deutsch reden, wie
    diese Esel tun, sondern man muss die Mutter im Hause, die Kinder auf der Gassen, den ge-
    meinen Mann auf dem Markt drum fragen und denselbigen auf das Maul sehen, wie sie reden,
    und darnach dolmetschen; da verstehen sie es denn und merken, daß man deutsch mit ihnen
    redet«, Sendbrief vom Dolmetschen 1530, WA 30, 2, 632–646, Zitat 637.

von Gott, die sie von früher, aus ihrer Kindheit und Jugendzeit in Erinnerung haben. Und mit »zu wenig« waren nicht nur »die anderen Leute« gemeint, bei denen sie das Reden von Gott vermissen, sondern auch ihr eigenes Verhalten. Bemerkenswert fand ich, dass dieser Verlust hier durchaus nicht von evangelikal geprägten Menschen geäußert wurde. Als ich sie in der Runde auf die direkte Rede von Gott in fromme Kreisen ansprach, gaben sie deutliche Reserve zu erkennen, das empfanden nicht wenige als Zumutung. So ergab sich für mich auf den ersten Blick ein etwas verwirrender Widerspruch, auf den die Voten aus der Gruppe hinausliefen. Diese Leute haben den Eindruck, es wird zu wenig von Gott gesprochen, aber sie zeigen selbst eine gewisse Scheu davor, das zu tun. Und sie wissen nicht wie es besser geht, wollen eigentlich keine flammende Missionspredigt hören. Und dieser Eindruck spricht wohl bei aller Zufälligkeit der in diesem Abend versammelten Gruppe für einen übergreifenden Trend unserer main-stream-Kultur liberaler protestantischer Kirchlichkeit: Man redet nicht mehr einfach direkt über Gott, kann und will das auch nicht – dieselben Menschen vermissen das aber und wünschen sich, dass wieder etwas »hemmungsloser« von Gott geredet wird.

Ein zweiter Trend: es gab dann eine deutliche Tendenz bei Gesprächsteilnehmer*innen zur Aktion: wie kann man es heute machen? Die Reflexion, warum es denn zu dem beklagten »zu wenig« gekommen ist, das empfanden die Menschen in der Runde als weniger interessant. Man müsste wieder mehr von Gott reden, das war die schnelle Übereinkunft, ohne dass jemand konkreter werden konnte.

3 Begeistert für Gott

Unbestreitbar gehören auch in Deutschland Evangelikale ins Spektrum protestantisch-christlicher Religion. Modelle für Gemeindeaufbau, Glaubenskurse, oder auch homiletische Trainings haben auch in Deutschland ihre Wirksamkeit innerhalb und vor allem außerhalb verfasster Landeskirchen entfaltet. Mit Gebetswochen, Evangelisationsveranstaltungen, Lobpreis-Gottesdiensten und medienwirksamen TV-Prediger*innen sind sie demonstrativ präsent in der Religionsszene und decken offensichtlich religiöse Bedürfnisse ab.

Die Bezeichnung »evangelikal« ist in aller Regel keine Selbstaussage, sondern in Deutschland (im Unterschied zum »evangelical« der USA) ein eher pejorativ benutztes Wort zur Einsortierung bestimmter Frömmigkeitsstile. Und ich muss gestehen, als Theologe aus liberalen Traditionen habe ich Schwierigkeiten mit einer unvoreingenommenen Wahrnehmung der Religiosität dieser Leute. Theologische Kritik am Hang zum Biblizismus und an einer Gottesverkündigung mit starker Neigung zum Wohlfühl-Evangelium liegen mir sehr nahe. Viele Aussagen der Lobpreis-Lieder kommen für mich einer inhaltlich eher dünnen mittelschichtorientierten Wohlstandstheologie nahe.

Und doch scheint es mir ratsam, in unserem Zusammenhang solche kritische Haltung noch einmal kritisch zu distanzieren. Wir haben lernen müssen, dass ›evangelikal‹ nicht unbedingt identisch ist mit fundamentalistisch und mit doktrinär. Und: Zu offensichtlich ist die Wirksamkeit unterschiedlicher Frömmigkeitspräferenzen auch bei mir und bei anderen theologischen Kritikern wirksam. Der kontinuierliche lautstarke Jubel »Praise the Lord!« im Gottesdienst bei schwarzen Baptisten kommt für die einen spontan aus dem Herzen, für traditionelle bürgerlich sozialisierte Protestanten wirkt es einfach nur störend.

Und man kann mit guten Gründen fragen, ob die Star-Prediger (von Billy Graham, Robert Schuller, Jimmy Swaggart bis Ulrich Parzany) eigentlich »die Leute« bei den Evangelikalen sind. Auch in diesen Gruppierungen gibt es wie in landeskirchlich-protestantischen Gruppen die religiösen Experten und die »kleinen Leute«. Weiterhin kann man inhaltlich fragen: Ist für Evangelikale Gott überhaupt ein wichtiges Thema, wo diese Christen eher die persönliche Beziehung zu Jesus und das Erleben der Wiedergeburt zur Grundlage ihres Glaubens machen? Aber auch dort wird von Gott geredet.

Wie bei den anderen Spotlights dieses Kapitels kann es im Folgenden auch hier natürlich nur um eine eher persönlich gesteuerte Auswahl ohne Anspruch auf Repräsentativität gehen. Das Spektrum ist groß mit einer Pluralität der Frömmigkeitsrichtungen[8], ins Feld gehören ganz unterschiedliche religiöse Ausprägungen, Anhänger der Evangelischen Allianz und Bekenntnisorientierte, aber auch Charismatiker und neuerdings sogar »Post-Evangelikale«[9]. Und die Stilmittel der frommen Praxis divergieren beträchtlich: die einen lesen in kleinen Hauskreisen intensiv in der Bibel und diskutieren darüber, die anderen bevorzugen schwärmerische performance für Gott voller Rockmusik und Gospelchöre

---

8   Gisa Bauer, Evangelikale Bewegung und evangelische Kirche in der Bundesrepublik Deutschland. Geschichte eines Grundsatzkonflikts (1945 bis 1989), Göttingen 2012; Katharina Krause, Bekehrungsfrömmigkeit. Historische und kultursoziologische Perspektiven auf eine Gestalt gelebter Religion, Tübingen 2018.
9   Dave Tomlinson, The Post-Evangelical. Society for Promoting Christian Knowledge, London, 2002.

in Großveranstaltungen, wieder andere posten ihre Bekehrungsgeschichten auf
Internetforen. Ich greife zwei Beispiele heraus, versuche damit Kennzeichen und
Eigenarten im Reden von Gott zu markieren.

Ein erstes Beispiel: In der Serie »Heimatmysterium« der Wochenzeitschrift DIE
ZEIT veröffentlichte der Journalist Hannes Leitlein das Portrait einer überzeugten Christin aus dem nördlichen Württemberg.[10] *Andrea Bleher* ist Land-
wirtin, Hausfrau und Mutter von sieben Kindern und sehr engagiert in ihrer
Kirchengemeinde und in der Landessynode, sie tritt gelegentlich auch als Laien-
predigerin auf. Sie sitzt im Vorstand der in der Württembergischen Landeskirche
konservativen Gruppierung »Lebendigen Gemeinde«.

Der Journalist portraitiert sie als Beispiel für die starke Minderheit konservati-
ver Christen und Christinnen in Deutschland, die von Missionseifer für Jesus
beseelt sind: »Andrea Bleher gehört zu einer in Deutschland mächtigen Minderheit. Sie ist Evangelikale. Sie ist eine derer, die glauben, dass die Bibel mehr ist
als eine Sammlung altehrwürdiger Geschichten: Sie ist wörtlich zu nehmen. In
Baden-Württemberg ist diese Strömung besonders stark, aber auch im Rhein-
land, im Siegerland oder in Sachsen leben viele Pietisten und Evangelikale. Insgesamt machen sie Schätzungen zufolge ein bis drei Prozent der Deutschen aus,
weltweit sollen etwa 30 Prozent aller Christen evangelikal sein.«[11]
    Er versucht, Frau Bleher aber auch als individuelle Person jenseits der
Gruppenzugehörigkeit zu portraitieren, beschreibt sie nicht ohne Sympathie,
nennt sie »eine großherzige Frau«, ist aber doch erstaunt über ihre »steinharten
Ansichten«. Dazu führt das Portrait speziell die kritische Haltung Blehers gegenüber den Bemühungen um innerkirchliche Legalisierung der Segnung gleich-
geschlechtlicher Partnerschaften auf. Die Bibel ernst zu nehmen bedeutet für
sie, sie wortwörtlich zu nehmen. »Sie will nur, dass Gottes Wort wieder gilt …
Sie spricht von Verantwortung gegenüber Schwachen, Flüchtlingen und Alten.
Nicht auf schöne Gottesdienste komme es an, sondern auf die Suche nach Gott,
darauf, vom Bewunderer zum Nachfolger zu werden.«[12]

Frau Bleher gehört ins Spektrum der innerkirchlich engagierten evangelikalen. Und ausweislich ihrer diversen kirchlichen Funktionen gehört sie sicher

---

10 Hannes Leitlein, Mein Gott, Die Zeit 15.3.2018, https://www.zeit.de/kultur/2018-03/evange-
    likale-deutschland-konservatismus-wuerttemberg-gleichgeschlechtliche-ehe-landeskirche/
    komplettansicht download 15.2.2019.
11 Ders., a.a.O.
12 Ders., a.a.O.

nicht zu den ganz kleinen Leuten, sondern eher zu den prominenten Evangelikalen. Dessen ungeachtet scheint mir das veröffentlichte Portrait dieser Frau
samt der breiten publizistischen Resonanz interessant.[13] Die einen loben ihre
klaren Standpunkte und ihr missionarisches Eintreten für ihre Glaubensüberzeugungen unter Berufung auf biblische Aussagen, die anderen nehmen daran
aus ethischen, politischen oder religiösen Gründen Anstoß. Frau Bleher redet
nicht demonstrativ über Gott, eher über Jesus und die Nachfolge. Aber was sie
mit dem Wort »Gott« meint, erscheint nicht weiter frag-würdig, sondern wird
ganz selbstverständlich benutzt.

Ein zweites Beispiel, diesmal aus einem ganz anderen Segment evangelikaler
Frömmigkeit. Auf der Suche nach persönlichen Zeugnissen von Gott finde ich
einen Song von Lara Neumann mit dem Titel »*Du allein bist Gott*«. Ich klicke
den link an und finde einen Video-Clip, der mir eine freundlich lächelnde junge
Frau in einem TV-Studio präsentiert, die ihren Song aufnimmt.[14] Gelegentlich
schließt sie die Augen, um sie dann wieder strahlend zu öffnen. Ihr Lied ist
inszeniert als Aufnahme in einem komplett ausgestatteten Tonstudie mit gro
ßem technischem Equipment, außer der Sängerin wirken ein Gitarrist, ein Keyboarder und Menschen am Mischpult mit. Ich höre einen einfachen deutschen
Text mit einer eingängigen Melodie und unterlegtem Rhythmus und Bass, ich
sehe Menschen die von der Musik bewegt werden, sich im Rhythmus wiegen
und durchweg lächeln.

Der Text mit seinen vielen Wiederholungen lautet im Grundbestand

>*»Ich verstecke mich nicht, ich bekenne dich,*
>*Du allein bist Gott*
>*Mein Gott ist groß, hebt ihn hoch*
>*und jeder wird es sehen*
>*Dass er regiert, dass er regiert*
>*Ich verstecke mich nicht, ich bekenne dich,*
>*Jesus dir sei Ehre, Ehre sei Dir Herr*
>*Ehre, Dir sei Ehre*
>*Ehre sei Dir, Herr«*

---

13 Der Artikel hat große Resonanz hervorgerufen, sowohl von evangelikaler Seite als auch von
    religionskritischen Lesern. Das Portrait wurde in Kurzfassung u. a. vom evangelikalen Magazin ›Jesus‹ übernommen, https://www.jesus.ch/magazin/people/portraits/325107-freundlich_aber_mit_steinharten_ansichten.html download 15.3.2019.
14 Video-Clip https://mein.alphakurs.de/worship-central/lobpreislieder/.

Der Clip mit dem Song ist eingebettet in die Website der »Alpha« Gruppe[15]. Der Song ist ein Element unter vielen aus dem Internet-Auftritt der sog. »Alpha-Kurse.[16] Zur Selbstbeschreibung lese ich: »Alpha ist eine Reihe von interaktiven Treffen bei denen der christliche Glaube entdeckt werden kann. Alpha gibt es auf der ganzen Welt.« In der aufwendig und professionell produzierten Website findet man »Stories«, Clips, auf denen persönliche individuelle Glaubensbotschaften erzählt werden, mit Musik unterlegt und in ruhigen Bildfolgen visuell angereichert. Da höre ich z. B. die stilisierte Glaubensgeschichte von »Christoph«, der von seiner Begeisterung für Sport erzählt und dann irgendwann sagt: »Durch Alpha lernte ich mehr darüber, wer Gott ist und als Folge davon lernte ich mich selber besser zu verstehen und ich begegnete Jesus und das war lebensverändernd für mich.«

Der Songtext von Lara »Du allein bist Gott« kann als Beispiel für sog. »Lobpreis-Lieder« gelten, ein Hymnus mit einer eingängigen Botschaft, der das Lob Gottes frisch und munter aufführt. Aber gesungen wird nicht in einem Gottesdienst im Kirchenraum, sondern im Studio, die inhaltliche religiöse Äußerung verbindet sich mit der Musikszene. Die Aufführung des Lob Gottes im Studio suggeriert, dass das einfach in der Szene ohne weiteres plausibel ist. Die Aussagen zu Jesus, Gott, Herr, die Verse »*Du allein bist Gott, mein Gott ist groß*« scheinen selbsterklärend, bedürfen keiner Kommentierung. Diesen Gott muss man einfach loben, und offenbar reicht es der Sängerin und der ganzen Gruppe vollkommen, ihn *einfach* zu loben, in einfacher Sprache, schnörkellos, ohne Fußnoten und ohne ›wenn und aber‹ und ohne gott-widrige Erfahrungen. Diesen Gott zu loben muss nicht weiter erklärt werden, von ihm und für ihn zu singen scheint einfach nur Freude zu machen, das ist die Botschaft des Clips. Aus der Performance geht auch nicht weiter hervor, ob es Konkurrenz von anderen Göttern in der Gesellschaft gibt, ob heute irgendjemand bestreitet, Gott die Ehre zu geben, gar seine Existenz in Frage stellt.

Ich habe Einblicke zu geben versucht in zwei sehr unterschiedliche Arten von evangelikaler Frömmigkeit aus sehr unterschiedlichen Kultursegmenten und verschiedenen Generationen. In beiden finden wir in ganz unterschiedlichen Lebensstilen ganz unterschiedliche Modi, sich über Gott zu äußern, das eine Mal mit explizitem Bezug auf Kirche, das andere Mal eher in einer religiös

---

15 https://alphakurs.de/entdecke-alpha/ download 15.3.2019.
16 Das ist eine aus England und der Schweiz nach Deutschland gekommene Bewegung, die eine Art Erwachsenenkatechese betreibt und in den letzten Jahren großem Zulauf verzeichnet Vgl. zur offiziellen Internet-Seite der Gruppe in Deutschland die website https://alphakurs.de/.

bestimmten Pop-Kultur. Beide Frauen verkörpern offenbar sehr unterschiedliche Lebensmodelle und unterschiedliche Lebensgefühle. Für ihre jeweiligen
Äußerungen über Gott wird man sicher auch unterschiedliche Referenzgruppen
annehmen müssen. Ein direkter Vergleich ist wohl nicht statthaft, schon deshalb, weil sicher auch Loblieder zur Frömmigkeitspraxis von Fr. Bleher gehören
und weil am Singen des Songs im Studio nicht ablesbar ist, wie sich ihre Autorin Lara Neumann in Gesprächen über Gott äußert.

Man wird zumal vom Song aus dem Angebot der Alpha-Kurse erkennen können, dass als Zielgruppe dieser »God-Talks« insbes. Jugendliche und junge
Erwachsene in den Altersgruppen zwischen 18 und 40 Jahren angesprochen sind.
Allerdings belegen kirchensoziologische Studien zur evangelikalen Frömmigkeit
in Württemberg, dass dort die mit Fr. Bleher präsente Religiosität keineswegs
nur bei Alterskohorten jenseits der Altersgruppe der 50jährigen zu finden ist.

Und doch gibt es Parallelen zwischen dem konservativ-evangelikalen bibel-
bezogenen Reden der Bäuerin in Württemberg und dem begeisterten Singen der jungen Frau aus dem Alpha-Live-Spektrum. Beide äußern sich direkt,
unbefangen und ungebrochen über Gott, im Gestus persönlicher Offenheit, wir
finden weniger Meta-Sprache und distanzierende Reflexion, weniger Interesse
an argumentativer Rede. Beide scheuen sich nicht, sich in Ich-Form von Jesus
und von Gott zu äußeren. Übrigens ist interessanterweise der Text des Songs
viel bekenntnishafter formuliert, als das, was das Portrait des Journalisten an
Zitaten wiedergibt.

Auch nach einem Versuch, die Eigenarten und Stärken evangelikalen Redens von
Gott in den Blick zu nehmen, bleiben bei mir Fragen und kritische Vorbehalte.
Das Stichwort »Bekenntnis« weckt in mir allerdings auch eine selbstkritische
Frage, die ich als Anstoß aus meinen kurzen Streifzügen durch evangelikale
Frömmigkeit mitnehme. Sie betrifft die Eigenart von Theologie als The-*Logie*.
Kirchliche Religionspraxis und mit ihr auch die Praxis des Redens von Gott sind
in Traditionen des Protestantismus immer stark von der Lehre und deren argumentativer Entfaltung geprägt, bis hinein in die Liedertexte. Gottesdienste sind
oft zu schlechten Bildungsveranstaltungen mutiert. Die Frage stellt sich deshalb
neu: Kann man »nicht-doktrinal« von Gott reden? Hier haben Evangelikale
offensichtlich bei allen kritischen Rückfragen einen brisanten Punkt getroffen.

4 »Also eben nicht jemand« Kommentare von Jugendlichen

Natürlich sind junge Leute eine ganz wichtige Teilgruppe der »Leute«. Über die Religiosität von Kindern und Jugendlichen, ihre religiöse Entwicklung und auch ihre Gottesvorstellungen in weitgehend entkirchlichter und pluralisierter Gesellschaft kann man inzwischen ganze Bibliotheken von empirischen Forschungsbeiträgen finden. Dort finden sich Analysen dazu, was sie von Gott halten und wie sie über ihn denken, allerdings kaum Auskünfte darüber, wie sie lebensweltlich über Gott sprechen.

Sucht man nach Splittern zum »God-talk« von Jugendlichen, so könnte man sich abschrecken lassen durch die mehrfach belegten Beobachtung aus der Jugendforschung, dass sich gerade Jugendliche in Bezug auf Gott mit dem Reden besonders schwer tun, ja, dass das Reden von Gott weitgehend ausfällt. Ulf Elmhorst hat das auf die prägnante These einer »semantischen Leerstelle« gebracht.[17] In ähnlicher Richtung hat im Anschluß daran Tobias Faix eine Auswertung zahlreicher empirischer Einzeluntersuchungen vorgenommen.[18]

Brauchbare Auskünfte aus lebensweltlich gerahmten Redesituationen zu bekommen, ist bei Jugendlichen generell aus methodischen Gründen besonders schwierig. In aller Regel ist die Kinder- und Jugendforschung von fokussierten Fragestellungen und Hypothesen geleitet, wobei Jugendlichen gezielte Frage vorlegt werden, zu denen sich jene dann äußern sollen. D. h. sie reden nicht von sich aus, sondern re-agieren. Das liefert gewiss valide Resultate in vieler Hinsicht, z. B. Einsichten in Verlust bzw. Umbau traditioneller Gottesvorstellungen, im Zuge von hybrider bzw. synkretistisch bestimmter religiöser Identität. Aber es findet sich wenig Material zu jugendlicher Sprechweise, erst Recht wenig in stärker subjektbestimmten Äußerungen. Und auch freiere Gruppengespräche in Schulklassen sind wenig ergiebig. Denn vom Lernsetting her gibt es in der Schule wenige Chancen, über Gott nicht nur das zu sagen, was man meint, dass gesagt werden soll.

Einiges Material für unsere Frage liefert immerhin eine Schweizer Publikation, die versucht hat, ohne vorgegebene fokussierte Fragestellung Jugendliche in ihrer

---

17 Ulf Elmhorst, Jugend und Religion. Trägt die Konfirmandenzeit etwas zu Entwicklung der individuellen religiösen Identität bei?, https://pub.uni-bielefeld.de/download/2304465/2304468/Promotion_Jugend_und_Religion_Ulf_Elmhorst_2008.pdf download 1.3.2021.

18 Tobias Faix, Über Gott kann ich nicht reden. Gott als semantische Leerstelle, in: Religion and Theology 18 2011, 93–117.

Innenperspektive zu Wort kommen zu lassen. In Form von zweiundzwanzig narrativen Portraits haben zwei Autoren Auskünfte von Jugendlichen aus unterschiedlichen Regionen, verschiedenen Bildungsschichten und sehr diversen religiösen und kulturellen Hintergründen gesammelt.[19] Die Fragen und Impulse der Autoren sind nicht allein auf Gott bezogen, Religion, Kirche, Glaube, Beten, das eigene Leben, Vorstellung von Existenz nach dem Tod. Im Folgenden blende ich einige ausgewählte Erzählpassagen ein:

Alea ist 18 Jahre alt, nach ihrer Selbstauskunft stammt sie aus einem katholischen Milieu.
»... Hoppla. Ich weiß nicht, wer Gott ist. Für mich muss es nicht *jemand* sein, es kann einfach ... Gut, ich stell mir nicht eine Person vor. Für mich ist es eher ein Gefühl. Ich kann das nicht formulieren. Gott ist für mich jemand, der mich begleitet. Also, eben *nicht jemand*. Eher *etwas*. Es gibt mir ein gutes Gefühl und nimmt mir oft die Angst vor Dingen im Leben. Also nicht, dass ich jetzt vor nichts Angst hätte. Es ist so etwas wie eine Hülle um mich herum. Ich hab keine Verpflichtungen gegenüber diesem Gott. Ich könnte ›ihm‹ gar nicht so offen begegnen, wenn ich immer das Gefühl hätte, etwas erfüllen zu müssen. Klar, was ich Gott verspreche, sollte ich auch halten. Ich denke, man sollte so oder so seine Versprechen halten im Leben. Aber manchmal ändern sich Dinge im Leben, und dann kann man auch erklären, warum es anders gekommen ist. Gott ist nicht etwas, das bestraft oder böse ist ...« (S. 19)

Martina ist eine 16 Jahre alte Gymnasiastin aus Winterthur
»Gott kann man nicht erkennen, nur selber erschaffen ... Aber letztlich erschaffe ja ich diesen Gott und darum kommt diese Stimme, dieser Gedanke mich von mir selbst. Was jetzt nicht heißt, dass ich Gott bin, aber jeder Mensch trägt das eigenständig Göttliche in sich. Ich finde es eine komische Vorstellung, dass man mit Gott so richtig sprechen kann, weil ich nicht an einen von mir losgelösten Übergott glaube. Somit glaube ich auch nicht, dass Gott die Welt erschaffen hat. Ich habe das Gefühl, es muss irgendetwas Wissenschaftliches sein, was ich mir aber auch nur vage vorstellen kann. Vielleicht finden wir irgendwann in den Naturwissen-wissenschaften eine Antwort auf diese Fragen.« (S. 43)

Jisa ist eine 17 Jahre alte jüdische Gymnasiastin, die heute in Zürich lebt
»Wenn ich an Gott denke, dann kommen mir positive, neutrale und auch negative Gefühle in den Sinn. Negative dann, wenn ich wütend auf ihn bin und ihn nicht verstehe. Neutrale, wenn er mich unspektakulär im Leben begleitet und für mich da ist.

---

19   Oliver Demont/Dominik Schenker, Ansichten vom Göttlichen. 22 Jugendliche, Zürich 2009.
     Die Seitenzahlen im Text beziehen sich auf diesen Band.

Positive, wenn es mit gut geht oder etwas Besonderes gelungen ist. Dann sind da noch diese unerklärlichen Momente im Alltag, in denen ich mich ohne Grund einfach happy fühle und Gott mir nahe ist.« (S. 66)

Kim ist 17 Jahre, kommt aus einem reformierten Milieu, macht gerade seine Lehre als Polymechaniker
»Mein Gott stammt aber nicht aus der Bibel und sagt mir auch nicht, wie ich zu leben habe. Und darum akzeptiert er auch, was ich mache. Wie soll ich sagen … ich habe mir meinen eigenen Gott gebildet. Es kann ja niemand behaupten, er kenne den einzig ›richtigen und wahren Gott‹. Darum muss jeder für sich selbst definieren, was für ihn Gott bedeutet. Mein Gott hört mir zu und ich habe jemanden, an den ich mich halten kann. Das ist eine Figur, welche mich im Leben unterstützt und mir Überblick verschafft. Er passt auf mich auf und nimmt mir Lasten ab, damit ich weniger Stress habe. Auch fühle ich mich ihm gegenüber frei von Verpflichtungen, da ich ihn ja selbst definiert habe. Wohlgesinnt ist er mir auch, alles andere würde keinen Sinn ergeben. Eher gibt er mir Tipps fürs Leben oder zeigt kleine Korrekturen auf.« (S. 73)

René ist 24 Jahre alt, bezeichnet sich als konfessionslos, ist gegenwärtig in der Ausbildung zum Verwaltungsmitarbeiter
»Das Christentum glaubt an einen bestimmten Gott und dass alle Kraft und Hoffnung von dieser Quelle stammt. Man betet und spricht dabei ›Bitte schenk uns, bitte gib uns, segne uns das und das‹. Damit habe ich Mühe. Ich glaube, dass wir das Göttliche in uns tragen. Diese Vorstellung löst in mir ein schönes und warmes Gefühl aus. Was jetzt nicht heißt, dass man selbst Gott ist. Göttliches schaffen kann man aber sehr wohl aus sich heraus und nicht dadurch, dass man einen bestimmten Gott anbetet. Ich weiß nicht, woher ich diese Denkweise habe, aber ich mag diese Vorstellung sehr. Es gibt nicht einen Gott, der uns den göttlichen Kern einpflanzt. Durch die Wiedergeburt ist der Kern immer da. Bildlich formuliert: Die Pflanze blüht und stirbt irgendwann ab. Die Wurzeln aber bleiben bestehen.« (S. 129)

Soweit eine ganz zufällig Auswahl aus den religiösen Selbstportraits der Jugendlichen. Wir haben in den präsentierten Texten Kommentare in Schriftform vor uns, Rede eher im argumentativen Modus, nicht in Jugendsprache. Im Blick auf die Ausschnitte aus der Schweizer Veröffentlichung ist nicht ersichtlich, in welchen Begegnungs-Situationen die Jugendlichen zum Sprechen motiviert wurden. Wir erfahren kaum etwas über den biografischen Hintergrund der Personen.

Und doch sagt das einiges aus. Diese Jugendlichen reden unbefangen über sich, über die Kirche und auch über Gott, in der Gesprächssituation erklären

sie einem Gegenüber ihre Ansichten. Sie suchen offenbar Erkenntnis, aber sie
sind nicht an allgemeingültigen Definitionen interessiert. Diese Jugendlichen
spulen kein »Wissen« ab über Gott. Die Kommentare sind nicht nur bezogen
auf die kognitive Seite, sie beschreiben ihre Gedanken über die Existenz Gottes
in Beziehung auf das eigene Ich, auf Verstand und Gefühle. Sie geben an, wie
sie sich ihre Abhängigkeit bzw. Unabhängigkeit von ihm denken, ob sie sich
an religiöse Regeln halten, ihr Verständnis von Weltentstehung. Wichtig ist für
viele der Jugendlichen, die hier zu Worte kamen, ihr Verständnis von Gott mit
eigener Autonomie in Zusammenhang zu bringen. Und in ihrer Sprache versuchen sie gelegentlich sogar in Worte zu fassen, dass Gott nicht komplett im
Reden adäquat wiedergegeben werden kann.

Aus diesen knappen Streifzügen ergibt sich für mich zu allererst eine Herausforderung: nämlich die, unter Jugendlichen selber auf eigene sensible Erkundungstour zu begeben. Natürlich ist es ratsam, deren Zwischenergebnisse dann
mittels Sekundärauswertungen von Forschungen zu vergleichen, vorzugsweise
solchen Studien, in denen Jugendliche selber zu Worte kommen.

5 Gott auf dem Pilgerweg

Das US-amerikanische Kulturanthropologenehepaar Edith und Victor Turner ist
vor gut einem halben Jahrhundert dem Phänomen des modernen christlichen
Pilgerns in Europa und Lateinamerika nachgegangen.[20] Auf der Basis breiter
Feldforschungen zu Plätzen wie Lourdes, Medjugorje, Guadalupe und anderen
Zentren beschrieben sie in ihrer zum Klassiker avancierten Studie die Suche
nach Grenzerfahrungen anhand zeitgenössischer Praktiken des Pilgern in der
bizarren Gemengelage frommer religiöser Sehnsüchte, nachchristlicher Selbst-
findungstrips und popkultureller Unterhaltungsbedürfnisse und einer Kanali-
sierung all dessen durch Organisationsformen moderner Tourismusindustrie.

Einiges von dem, was Turners Untersuchung seinerzeit in wissenschaftlicher
Gründlichkeit und wissenschaftlicher Diktion präsentierte, hat in Gestalt von
Unterhaltungsliteratur seinen Weg in die deutschen Bestsellerlisten gemacht.
Der deutsche Entertainer Hape Kerkeling veröffentlichte 2006 unter dem Titel

---

20   Edith and Victor Turner, Image and Pilgrimage in Christian Christian Culture, New York 1978.

»Ich bin dann mal weg – Meine Reise auf dem Jakobsweg«[21] seinen Reisebericht vom eigenen Pilgerweg nach Santiago de Compostela aus dem Jahre 2001. Das Buch wurde rasch ein großer Publikumserfolg, mehr als vier Millionen Exemplare wurden verkauft und der Titel war über einhundert Wochen lang auf Platz Eins der Spiegel-Bestsellerliste. Wie Leser*innen aus der späteren Verfilmung wissen, war der Anlass für Kerkelings Entscheidung, den Pilgerweg anzutreten, eine starke gesundheitliche Krise, die ihn dazu zwang, eine längere Auszeit zu nehmen.

Auf meiner Suche nach Zeugnissen dafür, wie die Leute über Gott sprechen, lese ich in diesem Buch. Man könnte einwenden, der Autor gehöre angesichts seiner exponierten Stellung und seiner Kontakte mit Menschen weit außerhalb Deutschlands nicht mehr zu den »einfachen Leuten«. Aber die Lektüre zeigt von der ersten Seite ab und durchgängig Schilderungen der alltäglichen Erfahrungen auf dem Camino in der Sprache von Gebrauchsprosa. Mit lockerem Entertainer-Ton beschreibt Kerkeling konkrete und oft auch ganz banale Alltagserlebnisse auf den Stationen seines Pilgerwegs: das Schmerzen der Füße, gute oder miserable Übernachtungsmöglichkeiten, ein karges Frühstück, Kontakte mit oberflächlichen Unterhaltungen, lästige Annäherungsversuche mit Mitpilgern und seine Abwehrstrategien. Kerkeling beschreibt den Pilgerbetrieb aus subjektiver Erfahrung, alltagsnah und anschaulich, zugleich scharf beobachtend. Und er schildert skurrile, zuweilen ärgerliche, aber manchmal auch anrührende Begegnungen. Auch die mit einem Augenzwinkern kommentierte »Suche nach Erleuchtung«, die Erinnerungen an Sinnsprüche seiner geliebten Großmutter Bertha, die am Ende jedes Kapitels notierte »Erkenntnis des Tages«, sind oft erfrischend geraten und überfordern niemand intellektuell. Ich halte mich dabei an das vor dem Film veröffentlichte Buch.[22]

Aufschlussreich ist das Buch in unserem Zusammenhang, weil gerade eben nur zwischendurch und oft ganz unerwartet die Rede auf Gott kommt, mal

---

21 Hape Kerkeling, Ich bin dann mal weg. Meine Reise auf dem Jakobsweg, 2006, München Berlin 2006, 4. Auflage 2016. Alle Seitenzahlen beziehen sich auf Zitate im Text aus dieser Auflage. 2007 erschien eine Übersetzung ins Niederländische, 2009 auch eine US-amerikanische Ausgabe.

22 Die 2015 präsentierte Film-Fassung von Julia von Heinz bietet ein vom Buch abweichendes Narrativ, in welchem die Begegnung mit zwei Frauen und ihren existenziellen Krisen im Zentrum stehen. In den Film-Dialogen wie den Monologen des Titelhelden ist sehr viel ausführlicher von Gott die Rede. Spätere Auflagen des Buches nutzen die Popularität des Films, indem das Cover »Der Bestseller zum Film …« lautet und in der Mitte vierfarbige Fotos der Filmschauspieler Devid Striesow, Martina Gedeck und Karoline Schuch einbezogen sind.

recht kurz und auch in flapsigen Formulierungen, mal aber auch in etwas breiter geschilderten Dialogen. Die »Frage nach dem großen unbekannten Wesen«
kommt gelegentlich in den Selbstbetrachtungen und auch in manchen Dialogen mit Bekanntschaften auf dem Weg zur Sprache. Schon auf den ersten Seiten wird dieses Thema angesprochen, wo Kerkeling notiert, dass er eben nicht
nur irgendeine durch Krankheit erzwungene Auszeit nehmen will, sondern
sein Entschluss irgendwie mit bestimmt ist durch »die Verheißung, durch die
Pilgerschaft zu Gott zu finden« (S. 15).

Sein Reden von Spiritualität und Gott greift erkennbar nicht auf bestimmte kirchliche Traditionen oder öffentliche theologische Diskurse zurück, Kerkeling liefert
eher eine eklektische Frei-Hand-Theologie, er bezeichnet sich denn auch »als eine
Art Buddhist mit christlichem Überbau« (S. 20). Er notiert freimütig, dass ihm als
Schwulem seine katholische Amtskirche durch deren menschenfeindliche rigo-
rose Abwertung der Homosexualität abstoßend und entfremdet ist. Aber davon
trennt er für sich die Frage, wer Gott ist und ob er überhaupt existiert. »Egal ob
Gott eine Person, eine Wesenheit, ein Prinzip, eine Idee, ein Licht, ein Plan oder
was auch immer ist, ich glaube, es gibt ihn. Gott ist für mich so eine Art hervorragender Film wie ›Ghandi‹, mehrfach preisgekrönt und großartig!« (S. 186).

Und allem Plauderton zum Trotz, hin und wieder brennt ihm die Frage nach
Gott sogar unter den Nägeln. So fragt er die kanadische Pilgerin Lara »Was,
glaubst du, ist Gott?« Und er notiert ihre umständliche Antwort: »Ich glaube,
Gott hat in meinem Mund so eine Art Sicherheitsventil eingebaut, sodass, wenn
ich meine innere Wahrheit fröhlich herausposaune, alles verzerrt und unwahr
klingt. I don't know! …« (S. 172). Und dann erzählt er weiter von ihren selbst
produzierten Kosmos- und Lichttheorien. Aber nach einer Seite Pilgerbericht
bricht das Thema abrupt ab, das Hotel im nächsten Ort mit gutem Essen und
einem Massageangebot für seine arg strapazierten Füße findet seine volle Aufmerksamkeit.

Notizen wie »Während ich eine in Schinken gehüllte Dattel in den Mund schiebe,
denke ich: Wo ist Gott wohl zu finden?« (S. 202) muten einem theologisch
gebildeten Leser auf den ersten Blick als oberflächlich an. Aber vielleicht will er
damit andeuten, dass er gelegentlich selbst darüber erstaunt, dass ihn die Frage
nach Gott zuweilen ganz eruptiv überfällt.

Auch bei den nicht immer gerade tiefsinnigen Absammlern der Kategorie
»Erkenntnis des Tages« taucht zuweilen Gott recht unvermittelt auf. Aber bei

genauerem Hinsehen kommt auch anderes zur Sprache. So schildert er auf
der Hälfte des Weges Erinnerungen an Erfahrungen mit dem Tod, u. a. einen
Gedanken, der ihm von seinem Auftritt auf dem Sommerfest der Aids-Station
der Uni-Klinik Frankfurt haften geblieben ist: »… und es zerreisst mir innerlich das Herz. Ich stehe auf dieser Treppe wie ein Depp. Soll ich denn sagen:
›Gott, ich hasse dich für das, was diese Menschen durchmachen!‹ Stattdessen
sage ich – keine Ahnung wie – irgendwas Launiges …« (S. 206).

Auch am Ende der Reisenotizen taucht Gott noch mal auf. Nachdem er sich
von seinen Freunden in Santiago verabschiedet hat und die Heimreise antritt,
notiert er im Zug: »Gott ist ›das eine Individuum‹, das sich unendlich öffnet um
›alle‹ zu befreien … Der Schöpfer wirft uns in die Luft, um uns am Ende über-
raschenderweise wieder aufzufangen. Es ist wie mit dem ausgelassenen Spiel,
das Eltern mit ihren Kindern spielen. Und die Botschaft lautet: Hab Vertrauen
in den, der dich wirft, denn er liebt dich und wird vollkommen unerwartet auch
der Fänger sein. Und wenn ich es Revue passieren lasse, hat Gott mich auf dem
Weg andauernd in die Luft geworfen und wieder aufgefangen. Wir sind uns
jeden Tag begegnet.« (S. 344).
   Das sind die letzten Sätze des Buches.

Wie redet Kerkeling über Gott? Ich kann das zwar nur vom gedruckten Text der
Tagebuchnotizen her erschließen, aber das Erste dabei ist: man hört ihn förmlich reden wie in vielen seiner Auftritte und hat innerlich ein Gesicht vor Augen,
über weite Strecken gerade heraus und mit flotten Sprüchen, ohne lange zu
überlegen. Dabei ist Gott nicht das Grundthema, das wäre eher der Weg, das
je eigene Leben. Auf diesem Weg, im situativen Zusammenhang eines Lebens-
abschnittes spricht er über Gott. Der Entertainer sucht in allem Plauderton und
in aller Situationskomik immer wieder auch nach tiefergehenden Begegnungen.

Nach Gott wird direkt und ohne Umschweife gefragt, ob er existiert, und ob
er schon mit Menschen gesprochen hat. In inhaltlicher Hinsicht findet man in
den Gedanken über Gott sehr unterschiedliche Splitter, gewissermaßen in interkultureller Auffächerung, da seine Pilgerbekanntschaften aus der halben Welt
stammen, von Schweden bis Australien. Die Antworten zeugen nicht eben von
einem guten Religionsunterricht. Das Thema wird episodisch eingeblendet und
im nächsten Moment wieder verlassen.
   Das mag dem Leser auf den ersten Blick zuweilen als unmotiviert und
oberflächlich entgegenkommen. Wenn Kerkeling Erfahrungen mit dem Tod
anspricht, wirkt der Bezug auf Gott sehr plausibel, auch wenn der Entertainer

das nicht irgendwie reflexiv expliziert. Insgesamt geht er durchaus eklektisch
und selbstbezüglich mit »Gott« um, fern ab von »richtigen« Sätzen. An der Sprache finde ich schließlich bemerkenswert, dass auch Kerkeling im Sprechen über
Gott Metaphern und Bilder benutzt, manche davon sind auch kundigen Christen geläufig, manche wie die Metapher vom Film aber recht originell.

Kerkelings Buch hat reißenden Absatz gefunden – trotz oder wegen seiner Sätze
über Gott? Weil er das locker sagen kann, was andere nicht zu sagen wagen? Auf
welches breitere Bedürfnis reagiert der dem Buch nachfolgende Film, in dem
die Gespräche über Gott weiter auskomponiert sind? Kerkelings Sätze über Gott
wollen nicht allgemeingültig sein. Sie wollen erst einmal gar nichts. Er redet nicht,
um Leser zu überzeugen oder ihnen etwas aufzudrängen. Und seine Sätze sind
ja inhaltlich selten von theologischem Tiefgang gekennzeichnet. Und doch liegt
m. E. hier eine Herausforderung an professionelles theologisches Reden von
Gott: Wie kann es einem gelingen, Menschen mit solchen persönlichen Aussagen über Gott ernst zu nehmen, ohne das eigene kritische Denken nicht zu
verleugnen? Mit welchen Kommunikationsformen kann Begegnung gelingen
mit demjenigen, der eigentlich kein intensives wissenschaftliches Oberseminar
sucht, dem man aber ein Grundinteresse an Gott nicht einfach absprechen
darf?[23] Wie kann es gelingen, jenseits von Befragungen oder künstlichen Inter-
viewaktionen solche situative Zusammenhänge aufzuspüren?

6 Gott im Bot

Bot ist die in Fachkreisen gebräuchliche Kurzform für Roboter (von Ro-Bot).
Im Zeitalter der Digitalisierung sind in unserem Alltag nicht mehr allein natür-
liche Sprachen vernehmbar. Ob im Auto bei der Stimme aus dem Navi oder im
Übersetzungscomputer, mannigfaltig bedienen wir uns seit geraumer Zeit auch
der technisch produzierten Stimmen. Wer einen Blick auf populäre Computer-
spiele wirft, wird rasch merken, dass auch Kinder und Jugendliche sich in solchen Sprachwelten mit großer Selbstverständlichkeit bewegen.
    Damit ist eine von Künstlicher Intelligenz bestimmte Welt der Technik
berührt. Nicht nur das menschliche Gehirn, sondern Bots, erstaunlich selb-

---

23 In seiner Rezension zum Buch notiert Horst Peter Koll »Existenzielle Fragen nach Gott oder
    der eigenen Existenz, die, in welcher Weise auch immer, auf einen Urgrund oder auf religiö-
    se Empfindungen verweisen, gibt es im Buch durchaus.« und hebt dies gegenüber dem Film
    heraus; vgl. https://www.katholisch.de/artikel/7406-im-tiefen-loch-des-banalen download
    15.4.2019.

ständig operierende Computerprogramme, regeln bestimmte Entscheidungen im Alltag. Dass hier Entwicklungen von globaler politischer Brisanz berührt sind, zeigt die Diskussion um autonom fahrende Autos, zeigt auch die Debatte darüber, ob solche Bots möglicherweise den US-amerikanischen Präsidentschaftswahlkampf 2016 manipuliert haben.

In unserem Zusammenhang scheint der Umstand von Bedeutung, dass in Verbindung mit der Entwicklung von Bots auch neue sprachliche Welten entstanden sind, Welten, in denen nicht nur technische Vollzüge und Abläufe beschrieben werden, sondern die mit Elementen traditioneller religiöse Sprache bis hin zur Vokabel »Gott« angereichert ist.

Gebhard Fürst, der Bischof der Diözese Rottenburg-Stuttgart warnte in seiner Neujahrsansprache 2018 vor drohendem Gottes-Verlust, vor einer Welt, in der Biotechnologie und Digitalisierung zu einem neuen Paradigma einer religiös-kulturellen Orientierung führen. »Eine neue Religion ohne Gott wird durch die Computerwelten erschaffen. Das neue Paradigma vergöttlicht sich selbst, greift nach dem Status der Religion und verlangt Unterwerfung … Das neue Paradigma wird zur Religion ohne transzendenten Gott.«[24] Man kann fragen, ob sich Kirche mit solchen Positionen wie der des Bischofs eher auf den Rückzug begibt.

In einigen Begleittexten von weltweit operierenden technologischen Bewegungen der Künstlichen Intelligenz ist abzulesen, dass ganz im Gegensatz zum Urteil des Rottenburger Bischofs nicht weniger, sondern mehr von Gott gesprochen wird. Allerdings in ganz spezieller Bedeutung. Dafür gibt es unzählige Belege.

Anthony Levandowski, Spezialist im Bereich selbstfahrende Autos und ehemaliger Google-Entwickler von Waymo, hat nach eigenem Bekunden eine gemeinnützige religiöse Organisation namens »The Way of the Future«[25] begründet. Deren Absicht, so der Gründer, liegt darin, eine Gottheit zu entwickeln und zu fördern, die auf künstlicher Intelligenz beruht. Im Staat Kalifornien hat Levandowski Dokumente eingereicht, die ihn als CEO und Präsidenten der Organisation ausweisen. Darin heißt es u. a., dass »durch Anbeten der Gottheit zu einer Verbesserung der Gesellschaft beigetragen werden soll«.

---

24 Gebhard Fürst, Neujahrsansprache 2018; http://www.drs.de/bischof/texte-und-reden/a-bi-schof-dr-gebhard-fuerst-neujahrsanspr-00006375.html; download 15.11.2020.
25 Vgl. http://www.wayofthefuture.church/ download 10.10.2019.

Als christlicher Theologe aus Deutschland mag man solche Botschaften für irrelevant halten, weil sie nichts mit der originären Botschaft der Bibel zu tun haben, wie uns das auch aus so vielen anderen Stimmen auf dem bunten synkretistischen Religionsmarkt der USA entgegenkommt. Hier wird die seit den Tagen der Golem-Erzählung nicht abreißende literarischer Produktionen über von Menschen erschaffene Überwesen neu belebt. Und wenn von »Gott« gesprochen wird, dann offenkundig nur äquivok. Und sogar Wirtschaftsjournalisten urteilen religionskritisch: »Dieser ex-Google Star vergöttert Maschinen im Wortsinn«[26].

Allerdings ist nicht zu übersehen, dass Leute wie Levandowski auch ganz bestimmte Elemente aus christlichen Anschauungen über Gott aufnehmen, um sie werbestrategisch noch zu überbieten. Vollmundig wirbt er u. a. mit der Versprechung göttlicher Resonanz für sein Produkt: »Es gibt Tausende Geschmacksrichtungen des Christentums, des Judentums und des Islam. Aber es geht immer nur um etwas, das man weder messen noch sehen oder kontrollieren kann. Dieses Mal ist es anders. Dieses Mal kann man zu Gott sprechen – und sicher sein, dass er zuhört.«[27]

Verfolgen wir die Spur des Sprechens von »Gott« in der Diktion von Techno-Religionen noch etwas weiter. Robbee Minicola, eine leitende Mitarbeiterin von Microsoft, führt weiter aus: »Was Gott betrifft, ist für Christen das Alte und Neue Testament ein großer Datenvorrat. Diese Daten helfen uns durch maschinelles Lernen und der Formulierung von Algorithmen über die christliche Bibel Einsichten darüber zu gewinnen, was Gott tun würde oder was Gott sagen würde. Mit KI könnte dann das, was Gott damals gesagt und getan hat weiterentwickelt werden zu dem, was Gott heute sagen und tun würde – so

---

26 Arvid Kaiser, Dieser Ex-Google-Star vergöttert Maschinen – im Wortsinn 20.9.2017, http:// www.manager-magazin.de/unternehmen/personalien/anthony-levandowski-stiftet-religion-fuer-kuenstliche-intelligenz-a-1170543.html download 10.10.2019. In den USA hat allerdings schon eine seriöse theologische Diskussion begonnen, vgl. Remington Tonar, The Church of Artificial Intelligence: A Religion in Need of a Responsible Theology https://medium.com/@ Altheist/the-church-of-artificial-intelligence-a-religion-in-search-of-a-theology-fa7e73f46900 download 10.10.2019.
27 Zit. nach Michael Moorstedt, Im Silicon Valley will eine Religion künstliche Intelligenz anbeten, Süddeutsche Zeitung 23.12.2017, https://www.sueddeutsche.de/digital/technologie-im-silicon-valley-will-eine-religion-kuenstliche-intelligenz-anbeten-1.3798363 download 15.2.2021.

etwas wäre denkbar.«[28] Weitere Kostproben hat Jörg Lohrer in seinem Beitrag »Gott ist ein Bot« gesammelt.[29]

Diese Stimmen scheinen singulär und wenig repräsentativ, man müßte sie mit entsprechenden Foren im Internet abgleichen. Allerdings: Der Einwand, das seien Entwicklungen aus eher elitären Gruppen, zudem aus dem fernen Amerika, verfängt aber angesichts der weltweiten Verbreitung und Vernetzung wohl kaum. Das populärste Gegenbeispiel lieferte der »Segens-Roboter BlessU-2«, der auf der Weltausstellung der Reformation 2017 in Wittenberg im EKHN-Parcours »Moments of Blessing« seinem Gegenüber auf Wunsch einen Segen in mehreren Sprachen zusprach. Die Installation hat große Beachtung gefunden.[30]

Ein Kuriosum am Rande: »Gott im Bot« findet sich laut der google-Suchmaschine bereits in einem Text von Martin Luther. Der PC ist schlau, so schlau, dass er digitalisierte Faksimile-Seiten eines alten Luther-Druckes lesen kann – fast. Auf die Eingabe »Gott im Bot« erscheint u. a. ein Eintrag zu Luther Hauspostille von 1547, wo dieser die Fastengebote und die Anfechtung des Bauches im Anschluss an Mt 4 erläutert: »Da haifft vnser Herr Gott ainen yeden, das er Gottes wort hören/Gott lieben **Gott** … da er saget Bist du Gottes so mache das die stain **bot** werden.«

7 Zwischenbilanz

Meine Streifzüge durch Felder und Situationen, wo die Leute über Gott sprechen, haben ein buntes Kaleidoskop erbracht. Die Sichtung wäre sicher noch beliebig fortzusetzen. Ich breche hier ab, um am Ende zu sortieren, Zwischenbilanz zu ziehen und Fragen zu formulieren, die weiter zu bedenken sein werden.

Über Gott wird geredet, allen Problematisierungen wissenschaftlicher Reflexion, allen theologischen und philosophischen Krisen zum Trotz. Inhaltlich gesehen begegnet uns ein sehr breites Spektrum, was nicht Wunder nimmt in einer hoch diversifizierten Kultur, es gibt in hoch komplexen Gesellschaften nicht mehr einfach »die« Leute. Und sicherlich reden nicht mehr alle Leute

28 Zit. nach Jörg Lohrer, Gott ist ein Bot – Künstliche Intelligenz und religiöse Bildung, rpi virtuell 8.11.2017, https://news.rpi-virtuell.de/2017/11/08/gott-ist-ein-bot-kuenstliche-intelligenz-und-religioese-bildung/ download 15.2.2021.
29 Lohrer a. a. O.
30 Vgl. https://www.theology.de/skurriles/der-segensroboter-blessu-2.php download 15.2.2020.

über Gott, darüber darf die Zufallsauswahl nicht hinwegtäuschen. Aber manche eben schon, manche immer noch, andere wieder neu. Was da gesagt wird, ist inhaltlich nicht immer spannend und substanzhaltig. Wenn diese Sammlung sicher keine normative Kraft beanspruchen kann für professionelles Reden von Gott von Theolog*innen, so lassen sich doch einige Einsichten festhalten. Dabei ergeben sich interessante Differenzierungen.

Das Reden von Gott ist immer noch im klassischen Settings kirchlich-gemeindlicher Gespräche anzutreffen. Allerdings, solches Reden über Gott ist nicht mehr allein im kulturellen Sonderbereich der Kirchen und religiösen Gemeinschaften anzutreffen, es greift z. B. längst im Unterhaltungssektor und im Kabarett Platz. Über Gott wird in multireligiösen Kulturen sehr unterschiedlich gesprochen. Und es geschieht nicht immer nach expliziter Ankündigung. Nicht überall wo Reden über Gott drin ist, steht Reden von Gott drauf.

Wenn Leute über Gott reden, ist das fast immer subkulturell (ein-)gebunden in bestimmte Milieus. Das ist eigentlich kirchensoziologisches Allgemeinwissen. Und doch wird in theologischen Reflexionen zum Adressatenbezug des Redens von Gott quasi automatisch eher ein bildungsbürgerliches Milieu unterstellt. So besteht die Gefahr, kirchenferne Menschen am unteren Rande der sozialen Skala gar nicht in den Blick zu bekommen.

Eine weitere Differenzierung, die allerdings in meiner zufälligen Auswahl noch nicht erreicht wurde, ergibt sich im Blick auf Altersgruppen. Für die über 80jährigen, insofern sie in kirchlichen Milieus groß geworden sind, gehören Liedertexte wie »Großer Gott wir loben dich« noch zu selbstverständlichen Sprachmustern. Bei der mittleren Altersgruppe der Senioren (60 und 70jährige) trifft man bereits weniger traditionell geprägte Sprachformen und auch eine größere Reserve, überhaupt von Gott zu reden.

Auf meine Ausgangsfrage zum Kapitel, *wie* die Leute von Gott reden, kann man neben inhaltlichen Unterschieden noch weitere Beobachtungen machen. Wenn Leute über Gott sprechen, so ist dieses vorwissenschaftliche Reden an situative Zusammenhänge eingebettet. Das scheint ihre konkrete Prägung und auch das Interesse der Redenden zu bestimmen.

Wir treffen auf eine oft ungeklärte Praxis des Sprechens über Gott, ungeklärt, wie viele andere Elemente alltäglicher sozialer Praxis auch, das Sprechen geschieht eher vorwissenschaftlich. Das Urteil, da würde immer nur platt und eher affirmativ von Gott gesprochen, trifft allerdings nicht immer zu. Mitunter fällt den Leuten zwar selbst auf, dass sie nicht immer genau sagen können, wer oder was Gott ist. Gleichwohl ist auffällig, wie hier und da von Leuten auf sehr kreative Weise über Gott gesprochen wird, mit überraschenden Metaphern und in durchaus kreativen Konstruktionen. Ohne das schon zu einem Trend mit repräsentativer Geltung erhärten zu können, gibt es nach den Streifzügen ferner eine deutliche Tendenz dazu, über Gott eher theistisch zu sprechen. Dabei findet sich in der Auswahl auf den ersten Blick keinerlei gesteigertes Interesse an lehrhaftem Reden oder Dozieren über Gott. Auf klassische Traditionen der Rede von Gott in biblischen Texten oder in angestammten Bekenntnissen wird seltener zurückgegriffen. Und doch ist es auch in weitgehend kirchenfernen Lebenszusammenhängen nicht allen Leuten einfach egal, was und wie über Gott geredet wird.

Manche der Äußerungen wie etwa die Sprache der künstlichen Intelligenz kommen mir arg überdreht vor, manche reizen aber zum theologischen Widerspruch. Wenn eine Jugendliche formuliert »Gott kann man nicht erkennen, nur selber erschaffen«, dann würde ich jedenfalls gern ins vertiefende Gespräch einsteigen, nicht gleich um zu sagen, dass das wohl so aus dem und dem Grund nicht geht, aber doch um mehr über den Menschen erfahren und über den Lebenszusammenhang diesen Redens über Gott.

Ein letzter Punkt: Leute reden in der Regel geradeaus und unumwunden über Gott. Das elaborierte Reden über Gott lernen Theologin*nen gewöhnlich erst im Verlauf der professionsbezogenen Ausbildung. Bekanntlich hat diese Redekompetenz Vor- und Nachteile für die verständliche Rede von Gott. Deshalb stellt sich die Frage: Kann man wieder lernen, wie die Leute über zu Gott reden und dabei das Theologenlatein nicht im Gestus des »Gottprotz« benutzen, wie das Elias Canetti scharfzüngig beschrieben hat?[31]

Ein pensionierter Pfarrer, Wolfgang Lück, hat sich mit dem interessanten Übergang vom professionellen zum nicht mehr professionellen Reden von Gott näher befasst.[32] Er notiert: »Es fällt mir auf, dass pensionierte Theologen plötzlich anders von Gott reden. Ein holländischer Kollege schrieb mir, dass sich seit seiner Pensionierung sein Gottesverständnis verändert habe. Es sei weniger bestimmt und personal, dafür universaler geworden. Das Wort »Gott« treffe

---

31 Elias Canetti, Der Ohrenzeuge: Fünfzig Charaktere, München 1974; vgl. den Textauszug im Kap. »Theo-Poetische Variationen.
32 Wolfgang Lück, Von Gott reden. Ein Plädoyer für Zurückhaltung, in: Deutsches Pfarrerblatt 9/2009, 469–474.

für diese neue Erfahrung fast gar nicht mehr zu.«[33] Auch Lück vermutet, dass
Probleme mit dem Reden von Gott mit einer bestimmten Lehre zu tun haben,
die man und frau als Profi erlernt hat und auf die man dienstverpflichtet wurde.
Für Lück steht so am Ende die Frage, ob man das »Gottwort« eigentlich braucht.
Die immer wieder gestellte Frage, ob man mit Leuten von Gott so zu reden,
dass das »Gottwort« nicht benutzt werden muß, verdient weitere Beachtung.

---

33 Lück, a. a. O.

1.2 Annäherungen an das Feld und Leitinteressen

1 Steile Theologie und unsanfte Niederungen
2 Begeisterung und Kontrolle
3 Am Anfang steht das Erleben
4 Etwas Sagen
5 Reden oder Sprechen?

1 Steile Theologie und unsanfte Niederungen

Im ersten Abschnitt haben wir Erkundungen dazu unternommen, wie »die Leute« über Gott sprechen. Es hat sich bereits in diesem ersten Anlauf gezeigt, dass dabei keineswegs nur »laienhaft« geredet wird im Sinne von unklar oder theologisch irrelevant. Da tauchten Fragen und Perspektiven auf, an denen Profis nicht achtlos vorbei gehen sollten.

Auch diese theologischen Profis reden von Gott. Sie tun das im Vergleich zu Laien nicht immer geradeheraus und nicht unumwunden. Sie wissen um die Schwere der Aufgabe und um die Grenzen ihrer Möglichkeiten, dieser Aufgabe nachzukommen. Deshalb ist Theologie als Reflexion gefragt. Sie soll die Gestalten religiöser Sprache, ihre Intentionen und Wirkungen, aber in alledem auch Inhalte genauer klären. Speziell die Rede von Gott wird, seitdem es den Begriff »Theo-Logie« gibt, als Domäne dieser wissenschaftlichen Disziplin betrachtet. Da werden gewichtige Fragen verhandelt: Wie kann man von Gott reden nach einer langen Kette religionskritischer Argumente? Wie soll man von Gott reden? Was soll man da sagen, so dass Gott zur Sprache kommt? Gerade im wortbewusster protestantischer Theologie hat man auf hermeneutische Reflexion zur Sprache sehr viel wert gelegt.

Auch wer Redepraxis verantwortlich gestalten möchte, wird fragen: Welche Metaphern sind angemessen und eröffnen Gott über die bloße Vokabel »Gott« hinaus? Die Angebote der biblischen und christlichen Tradition sind vielfältig; sie reichen von mythischer Beschreibung über Metaphern bis hin zu begrifflichen

Umschreibungsversuchen: »unser Vater im Himmel«, »ein feste Burg ist unser Gott«, »der ganz andere«, »das, was uns unbedingt angeht«. Und viele Beiträge wissenschaftlicher Theologie verhandeln auf die eine oder andere Weise Antwortversuche auf die angesprochenen Fragen, kommen schließlich immer wieder auch an die Frage, ob man heute »Gott« angemessen gerade durch den Verzicht auf das »Gott-Wort« (vgl. Wolfgang Lück im letzten Abschnitt) weitergibt.

Was wäre in diesem Konzert der Bemühungen eine sinnvolle Fragerichtung der Praktischen Theologie? Wie sollte sie sich auf die Praxis des Redens über Gott beziehen? Und zwar so, dass das »Wie« auch Orientierungswissen für das »Was?« abgibt?

Über das Wie des Sprechens im Interesse der Praxis-Anleitung gibt es eine Fülle von konkreten Anregungen und Empfehlungen zu methodischer, rhetorischer und handwerklich-technischer Anleitung der Redepraxis. Und all dies ist gewiss nicht überflüssig. Aber man kann fragen, ob es dabei eigentlich nur (noch) um das »Wie« geht. Oder steckt nicht auch in der Gestaltung der Rede mehr von inhaltlicher Botschaft, als man auf den ersten Blick meinen möchte, mehr kollektive und strukturelle Formatierung, mehr verdeckte oder offene Machtdynamik, die im Sprechen aktualisiert wird, als Theologen und Theologinnen das lieb ist? Es sind ja konkrete individuelle Menschen, die reden, und die in/mittels ihrer Rede zur Sache Gottes immer auch Botschaften dazu einbringen, wie sie selbst zu dieser Sache stehen.

Im folgenden Abschnitt möchte ich die spezielle Fragerichtung des Buches genauer umschreiben.

Immer wieder ist gefragt worden, ob es im Blick auf Gott eigentlich angemessen ist, *über* ihn zu reden, ob es nicht bessere theologische Gründe dafür gibt, sich für das Reden *aus* Gott stark zu machen. Eine profilierte theologische Kritik am »reden über« lieferte der Neutestamentler Rudolph Bultmann vor beinahe hundert Jahren in seinem berühmten Aufsatz »Welchen Sinn hat es von Gott zu reden?«[1] Seine Eingangsthese lautet: »Versteht man unter ›von Gott‹ reden ›über Gott‹ reden, so hat solches Reden überhaupt keinen Sinn; denn in dem Moment, wo es geschieht, hat es seinen Gegenstand, Gott, verloren.«[2]

Aus existenztheologischer Perspektive wird als einzig gegenstandsangemessenes Reden das Reden von Gott aus der Situation existenzieller Betroffenheit

---

1   Rudolf Bultmann, Welchen Sinn hat es, von Gott zu reden? 1925, in: Glauben und Verstehen 1. Band, Tübingen 3. Aufl. 1958, 26–37.
2   Bultmann a. a. O.

bezeichnet, bei dem sich der Redende in die Wirklichkeit Gottes stellt und also von sich selber spricht. Das ist die Position des Glaubens. Alles andere, jeder Versuch einer neutralen Rede über ein Objekt »Gott« fällt bei Bultmann unter das dogmatische Verdikt der Sünde.

Mit ähnlichen Argumenten hat jüngst der Systematische Theologe Ingolf Dalferth ein Plädoyer für die klare Überordnung des »aus Gott reden« so zugespitzt: »Weil sie in diesem Sinn von Gott und nicht nur von ›Gott‹ handeln will, kann Theologie nicht nur in theoretischer Beobachterperspektive über das menschliche Reden von Gott reden, wenn sie ihrem eigentlichen reformatorisch präzisierten Thema treu bleiben will ... Nur aus Gott kann man gehaltvoll zu, von und über Gott reden. ... Als kritische Erkundung und denkende Verantwortung gelebten Glaubens ist Theologie eine Wissenschaft des Betroffenseins von und Beteiligtseins an dem, wovon sie handelt, und sie verliert ihren Gegenstand, wo Beobachtung an die Stelle dieses Betroffen- und Beteiligtseins tritt und nicht in dieses eingebunden bleibt.«[3]

Gute Theologie verweist auf den notwendigen Lebenszusammenhang des Redens über Gott, diese Reflexion macht Sprechen über Gott kategorial als Lebenspraxis begreifbar.

Allerdings verfolgt manche steile Systematische Theologie eine eher abstrakte und situationsunabhängige Global-Programmatik; dabei berücksichtigt sie weniger oder gar nicht die Frage, wie denn de facto gesprochen wird und welche Relevanz diese empirischen Befunde für das Verständnis christlicher Praxis haben könnten. Sie richtet sich in aller Regel auf Näherbestimmung der Inhalte idealer christlicher Sprachpraxis und auf normative sprachtheologische Vorgaben im Horizont des christlichen Glaubens insgesamt, also auf Fragen von Geltung und Wahrheit des Sprechens.

So ist z. B. unverkennbar, dass Bultmanns Klärungen gar nicht auf die Erfahrbarkeit von menschlichem Reden zu zielen scheinen und überhaupt nicht an einer Differenzierung von Modalitäten menschlicher Sprachpraxis interessiert sind, wenn sie »die tatsächliche Situation des Menschen vor Gott« beschreiben. Die Argumentation Bultmanns hebt nicht auf empirische Wirklichkeit von Reden oder Hören ab, sie zielt nicht auf Sprechakte, sondern auf das Denken

---

3 Ingolf Dalferth, Gibt es eine wissenschaftliche Rede von Gott? In: Markus Kleinert/Heiko Schulz (Hg.), Beiträge zur Religionsphilosophie Hermann Deusers, Tübingen 2017, 467.

theologischer Rede von Gott[4]. Allerdings, wenn er von einer »Situation existenzieller Betroffenheit« sprach, dann ist diese nicht ohne Erfahrung vorstellbar.

Es ist klar: an theologischen Normen kommt man sicher bei der Aufgabe nicht vorbei. Aber an der Lebenspraxis eben auch nicht. Aufgegeben ist das Reden über Gott nicht nur als Text, sondern als Lebenspraxis. Wenn man das ernst nimmt, dann geht das wohl über die alte Forderung nach »Lebensnähe« theologischen Redens hinaus. Allerdings kann man mit dem sperrigen Begriff der »Lebenspraxis« sehr Unterschiedliches meinen.

In manchen Denktraditionen wird dabei die Polarität von Theorie und Praxis stark gemacht, was in einigen Konzepten der Theologie dann auf eine hierarchische Unterscheidung von »reiner« Theologie und deren sekundärer »Anwendung« hinauslief. Von Dalferths Argument ist zu lernen, dass Lebenspraxis nicht als etwas Sekundäres zu begreifen ist gegenüber einem primären Reden von Gott.

Das nehme ich auf, möchte es allerdings ausweiten und anreichern. In dieser Intention möchte ich Lebenspraxis zunächst als lebensweltlich vorgegeben Zugang verstehen, als den der abstrakten Reflexion vorausgehenden Lebens- und Erfahrungszusammenhang, und zwar vergegenwärtigt im Modus des Er-Lebens, also in der Perspektive der 1. Person. In Zusammenhängen des Lebens finde ich mich immer schon auch als ein die vorvertraut erlebten Verhältnisse Distanzierender, zurückfragend Reflektierender. Sodann darf der Horizont dieses Lebenszusammenhangs nicht nur von der ›vita activa‹ bestimmt sein. Zur Lebenspraxis in einem anthropologisch und theologisch gehaltvollen Sinne gehört nicht nur das »Machen«, sondern auch das »Erleiden«, nicht nur die ›poiesis‹ im Aristotelischen Sinne des instrumentellen Einwirkens, sondern auch das »pathische Weltverhältnis[5]. Diese Weite hat auch Bedeutung für unterschiedlichen Umgang mit der Sprache. Und schließlich möchte ich den Zusammenhang des Redens von Gott mit der Lebenspraxis im Sinne von Johann Baptist Metz als eine das Leben immer auch wieder verstörende Erfahrung verstehen. »Der christliche *Gottesgedanke*

---

4   Auf die gleiche Pointe läuft Karl Barths bekannter Vortrag »Das Wort Gottes als Aufgabe der Theologie« (1922) hinaus mit der These »Wir sollen als Theologen von Gott reden. Wir sind aber Menschen und können als solche nicht von Gott reden. Wir sollen Beides, unser Sollen und unser Nicht-Können wissen und eben damit Gott die Ehre geben«. Barth argumentiert durchaus im Horizont professionspraktischer Probleme des Predigens und fragt nach »zeugniskräftiger Rede«, konzentriert sich aber dann – in der Dialektik von »reden müssen« und »nicht reden können« – schwergewichtig auf die Klärung der »Sachen«, d.h. auf die menschliche Aufgabe, von Gott zu reden.

5   Beschrieben etwa beim niederländischen Anthropologen Frederik Buytendijk, Allgemeine Theorie der menschlichen Haltung und Bewegung. Berlin 1956

ist aus sich selbst ein praktischer Gedanke. Gott kann gar nicht gedacht werden, ohne daß dieser Gedanke die unmittelbaren Interessen dessen irritiert und verletzt, der ihn zu denken sucht … Geschichten der Umkehr und des Exodus dienen deshalb nicht etwa der dramatischen Ausschmückung einer vorgefaßten ›reinen‹ Theologie; sie gehören vielmehr in den Grundvorgang dieser Theologie selbst. Diese praktische Verfassung des Gottesgedankens ist auch der Grund dafür, daß die Rede von Gott nicht nachträglich und gewissermaßen nur zur kategorial-ornamentalen Auffüllung, sondern wesentlich und unaufgebbar Erinnerungs- und Erzählstruktur hat.«[6]

In solcher erweiterten Orientierung wird man weiterfragen und zurückfragen müssen nach der Lebenspraxis, nach der Praxis des Sprechens, auch danach, was denn Menschen da erfahren und was ihnen begegnet, wenn sie so oder so über Gott sprechen. Und was dies alles theologisch zu bedeuten hat. Darin sehe ich die erste und primäre Fragestellung der Überlegungen in diesen Band. Die Zeiten sind vorbei, da man diese Fragerichtung eher belächelte, als lenke sie vom »theologisch wirklich Erheblichen« ab und führe auf die »sanften Auen«[7] praktisch-theologischer Überlegungen. Denn solche Beurteilung übersieht ja, was denn Menschen im Einzelnen an höchst *un*-sanfte Erfahrungen machen, wo sie merken, dass solches Reden nicht immer glatt über die Lippen kommt, merken, dass ihnen u. U. die Worte ausgehen bei ihren Versuchen, über Gott zu reden, oder wo sie dabei unversehens an innere Abgründe geraten. Entsprechend werden wir auf die Vielschichtigkeit und Ambivalenzen zu achten haben, die in verschiedensten Erfahrungszusammenhängen des Sprechens gegeben sind.

2 Begeisterung und Kontrolle

Christen und Christinnen erfahren sich zuweilen als von Gott, vom Unbedingten, angesprochen, fühlen sich dann gedrängt und beauftragt zu konfessorischem Reden, zur Weitergabe heilvoller Erfahrungen auch mittels sprachlicher Kommunikation: »Wes das Herz voll ist, des geht der Mund über« (Mt 12,34). Die Gestalten der Religionspraxis reichen insgesamt sicher weiter als Sprachpraxis, jene macht gleichwohl doch einen gewichtigen Teil religiöser Vollzüge aus. Die Variationsbreite der Redeformen und Redesituationen von Theolog*innen ist

---

6 Johann Baptist Metz, Konzept einer politischen Theologie als praktischer Fundamentaltheologie, in: ders., Glaube in Geschichte und Gesellschaft, Mainz1977, 47 f.

7 Georg Lämmlin/Stefan Scholpp, Die »sanften Auen der Praktischen Theologie«, in: dies. (Hrsg.), Praktische Theologie der Gegenwart in Selbstdarstellungen, Tübingen 2001, 1–18. Das dictum geht auf Karl Barth zurück, vgl. K. Barth, Der Römerbrief, München 1921, XVII.

sehr vielfältig: Predigt, Gebet, Segenszuspruch, Kanzelabkündigung, Wort zum
Sonntag, Gemeindevortrag, Evangelisationsrede, Lehrervortrag in der Klasse,
seelsorgerliches Zwiegespräch, Erzählung im Kindergottesdienst usw.

Nun ist seit einiger Zeit auch hierzulande emphatisches Sprechen von Gott
und vom Glauben als Ideal auf dem Vormarsch. In evangelikal und erst recht
in fundamentalistisch geprägten Frömmigkeitskulturen etwa in den USA war
dies immer schon zu finden. Wenn es nicht nur um Richtigkeiten geht, sondern wenn man sich auf sein Leben hin angesprochen fühlt, – so diese Position – dann muss man auch zu anderen mit voller Überzeugung, authentisch,
mit Begeisterung und aus tiefster Seele von der Sache des Glaubens sprechen,
dann muss man eher »aus der Sache heraus« sprechen als »bloß über eine Sache«.

Warum hat die Empfehlung zu begeisterndem und emphatischen »sprechen aus«
derzeit solche Konjunktur? Warum ist nach langer Phase der Kritik am Gebet
(als Kritik am überlebten Theismus) in der letzten Zeit das theologische Interesse am Beten geradezu sprunghaft angestiegen? Wie hängt dies mit innerkirchlichen Entwicklungen zusammen? Und inwiefern wirkt hier das gesamtkulturelle
Umfeld mit fortgeschrittener religiöser Pluralisierung und mit zunehmenden
weltanschaulichen Auseinandersetzungen zwischen fundamentalistischen Positionen einerseits und religiösem Indifferentismus andererseits nach?

Die angesprochene Tendenz findet sich vor allem in Empfehlungen zur
Gestaltung von Predigten und Gottesdiensten,[8] auf breiter Front aber auch weit
darüber hinaus: etwa in Ansätzen zu »missionarischem Gemeindeaufbau« und
zu christlicher Seelsorge[9], oder auch in der Profilierung von »Glaubenskursen«.
Nicht zuletzt ist auch der schulische Religionsunterricht betroffen, wenn sich
Menschen seit langem dafür stark machen, dass man christliche Religion auch
an der Schnittstelle zur säkularen Gesellschaft nur unter starker Einbeziehung
»religiöser Kommunikation« aus der Innenperspektive, also konfessorisch, und
nicht in neutral informierender Weise lehren kann.

So stellt sich für Theolog*innen die Frage: Woher kommt heute der Impetus
zum Reden von Gott? Von wo aus sollen wir sprechen, damit wir Gehör finden?

---

8   Folkert Fendler im Auftrag der Liturgischen Konferenz (Hg.), Qualität im Gottesdienst. Was
     wesentlich ist. Was stimmen muss. Was begeistern kann, Gütersloh 2015. Fendler spricht in
     der Einleitung ausdrücklich von »Begeisterungsfaktoren«, a. a. O. 13.
9   Michael Herbst, beziehungsweise. Grundlagen und Praxisfelder evangelischer Seelsorge, Göt-
     tingen 2012.

Das Neue Testament führt Jesus mit emphatischem Sprechen über Gott vor. Er redet aus Gott in Vollmacht (»exousia« etwa in Mk 1,21 ff.). Der biblische Text betont vor allem die Resonanz, die solche Rede bei den Umstehenden auslöst. »Und sie entsetzten sich alle, also daß sie untereinander sich befragten und sprachen: Was ist das? Was ist das für eine neue Lehre? Er gebietet mit Gewalt den unsauberen Geistern, und sie gehorchen ihm« (Mk 1.27).

Kann und darf solches Reden aus Vollmacht heute kopiert werden, oder besteht die Gefahr, dass die, die Gott im Munde führen, sich geistlich überheben und sich wie Elias Canettis »Gottprotz«[10] aufführen? Wer kann heute in einer Schulklasse einer Berufsschule in Anspruch nehmen, *aus* Gott zu reden? Ein Ansatz, der den Prediger als Zeugen versteht (wie bei Dietrich Bonhoeffer oder auch bei Ernst Lange), kann ja nicht ungebrochen in die Schule exportiert werden. Wir sind nicht die Botschaft, sondern sollen eine Sache bezeugen, die weit über unser Vermögen geht.

Die Frage ist also, von welcher Kraft und Begeisterung wir zehren in unserer Sprachpraxis, welche Sprachpraxis im Interesse der Rede von Gott empfohlen werden soll, jenseits der »Er-Mächtigung« oder falschen »Be-Mächtigung« des Gegenstandes. Und welche Kontrolle des Redens deshalb unerlässlich ist. Gilt das emphatische »sprechen aus Gott« situations-unabhängig und uneingeschränkt und für alle Felder religiöser und kirchlicher Praxis? Soll allein oder dominant die Begeisterung für die Sache das Sprechen steuern? Hin und wieder ist doch auch Besonnenheit und Zurückhaltung angezeigt im Sprechen, denn der auf Dauer gestellt übersteigert emphatische Sprechmodus kann übers Ziel hinausschießen, wäre vielleicht dem Ziel eines verständigen Ein-Verständnis mit dem Glauben sogar hinderlich.

Dabei ist also – gegen den wachsenden Authentizitätskult – erneut auch die theologische Bedeutung der Information und argumentativen Klärung von relevanten Sachverhalten geltend zu machen, und zwar nicht nur im Kontext wissenschaftlicher Diskurse, sondern auch für die kirchliche Praxis. Hier liegt es nahe, die begriffliche Unterscheidung von Theologie als Reflexion und Religion als Vollzug einzubringen. Bultmanns Argumentation in seinem Essay »Welchen Sinn hat es von Gott zu reden?« verfährt durchweg als »reden über«, um das Problem existenzieller Betroffenheit versus der Verobjektivierung Got-

---

10 Elias Canetti, Der Gottprotz, in: ders., Der Ohrenzeuge. Fünfzig Charaktere, Frankfurt/M. 20. Aufl. 2007, 77 f. vgl. den Textauszug im Kap. »Theo-Poetische Variationen« diesem Band.

tes zu artikulieren. Kirche nach der Aufklärung und im Angesicht wachsenden Fundamentalismus hat Bedarf an beidem. Engagement und Distanz müssen in die notwendige Balance gebracht werden.

Wenn es gerade in Bezug auf Gott um »Glauben *und* Verstehen« (Bultmann) geht, dann gehören auch sachliche Information und die kritische Rückfrage zum Repertoire angemessener christlicher Sprachpraxis. In solcher Richtung muss man also fragen, wie sich das Wagnis des nicht verklausulierten und unumwundenen Redens von Gott (und Fragen und Klagen!) zur reflexiven Distanz verhält. Denn ein Wagnis bleibt es allemal. Und das auch dann, wenn man in nach-christlicher Zeit zu Menschen spricht, denen religiöse Sprache fremd ist, die auf Distanz zur Religion leben und doch vielfach Sehnsucht nach »unmittelbarer« ungeschütztem Reden von Gott äußern.

3 Am Anfang steht das Erleben

Gott ist streng genommen unsagbar, das wußte gute Theologie schon immer. Aber auch unterhalb dieser steilen These ist im Reden auf Sagen und das Unsagbare zu reflektieren. Manche Rede ist »viel-sagend«, andere empfinden wir als »nichts-sagend«. Hier und da stockt der Redefluss. Dem Redner geht etwas durch den Kopf. Oder ihm ist ein Gedanke gekommen, den er aber nicht aussprechen mag. Oder eine bestimmte Reaktion im Publikum lässt ihn oder sie zögern, weiterzusprechen. Ein Blick zum Gegenüber kann viel mehr sagen, als hundert Worte. Nicht alles wird explizit verbal gesagt, es gibt auch unausgesprochene Elemente der Rede, es gibt das hörbare Verschweigen im Sagen.

Ob und wie Sprechen gelingt, hängt von vielen Faktoren ab. Man kann Techniken angemessener Rede beschreiben, man kann danach fragen, wie die sozialen Codes von Sprechenden und Hörenden zueinander passen, wie das etwa Basil Bernstein mit seinem soziolinguistischen Instrumentarium (elaborierter versus restringierter Code) getan hat.[11] Schritte im Sprechtraining sind in der praktischen Ausbildung von Theologen und Theologinnen inzwischen wieder eingebürgert, aber ihr Fokus ist in der Regel eher technisch-praktischer Art. Eine genauere Beschäftigung mit dem Sprechen als Grundvollzug von Verhalten scheint bisher unergiebig und überflüssig. Es gibt zwar lange und imponierende

---

11 Basil Bernstein, Soziale Schicht und sprachliche Entwicklung: eine Theorie sozialen Lernens, in: ders., Studien zur sprachlichen Sozialisation, Düsseldorf 1980.

Traditionen der Sprach-Theologie, aber von der Theologie des Wortes zur Theologie des Sprechens ist es vorläufig noch ein weiter Weg.

Mit dem Sprechen über Gott steht das Sprechen im Fokus. Und das Schweigen.

- Jemand hält einen sachlichen Vortrag, im Tonfall eher kühl distanziert, sodass man nicht erkennen kann, ob er hinter der Sache steht, es kommt in der Situation auch gar nicht darauf an. In dem Falle wird man ihm nicht das Prädikat »Er redet aus der Sache heraus« attestieren, man wird das unschwer als »über etwas sprechen« einsortieren, was dann ja auch gar kein negatives Werturteil impliziert.
- Ein anderer, z. B. ein engagierter Ökologe, hält vor einer Versammlung von Hobbygärtnern eine flammende Rede zu neuen Methoden des Gewässerschutzes in der Region, um seine Zuhörer zum Handeln zu bewegen. Der Funke springt über auf die Zuhörer*innen Sie haben den Eindruck »Ja, so muß man's machen. Der Mensch kennt seine Sache.«
- Menschen finden sich zum Gottesdienst am Sonntagmorgen aus unterschiedlichen Lebenslagen heraus zusammen. Einer ist froh und glücklich, vertraute biblische Texte und vertraute Formeln des Gebets zu hören. Das »spricht ihm aus dem Herzen«. Eine andere trägt schwer an den Erfahrungen der letzten Zeit, vielleicht so schwer, dass das zerrissene Herz keine Worte findet und das Gebet als Raum zu stummer Klage vor Gott nimmt.

Wenn sprachliche Kommunikation gelingen soll, bedarf das sicherlich der Klärung über Inhalte. Aber im Sprechen geschieht mehr. Wer spricht, aktiviert lebensweltliche Vorgegebenheiten und Selbstverständlichkeiten, probiert kreative Variierungen und gebraucht zuweilen auch Worte am Rande der Konventionen. Und wenn es um Gott geht, gerät das Sprechen zuweilen auch ins Stammeln und Stottern. Solche gesprochene Sprache wird nicht nur verstanden (oder missverstanden), nach sozialen Mustern dekodiert, sie wird zuerst *erlebt*, von Zuhörer, vom Dialogpartner, vom Sprechenden selbst.

Ehe ich höre, dass einer über Gott spricht oder von ihm, finde ich mich schon immer in einer konkreten Situation vor, die von bestimmten (oder unklaren) Intentionen mit gesteuert ist, aber zugleich immer auch von lebensweltlichen Zufälligkeiten. Ich höre, dass einer über Gott spricht, und ich habe den Eindruck, er redet ganz oberflächlich, ist uninformiert, eine andere spricht fesselnd, authentisch, es kommt ganz von innen heraus. Ich erlebe es, dass da jemand fasziniert ist, dass er es ernst meint. In einer Unterrichtssituation sind Schüler

und Schülerinnen plötzlich gefesselt vom Vortrag der Lehrerperson, man kann
eine Stecknadel fallen hören.

Wenn das Reden über Gott wie oben notiert theologisch auf einen unerläss-
lichen Zusammenhang mit der eigenen Lebenspraxis verweist, und zwar in all
ihrer situativen Konkretheit, Ambivalenz und Widersprüchlichkeit, dann muss
es folgerichtig in der näheren Betrachtung dieses Redens darum gehen, was
Menschen erfahren, wenn sie über Gott sprechen.

Am Anfang steht das Erleben. Ich erlebe im einen Fall eine gesprochenen Predigt
eher mit distanziert-informativem Gestus, der mich als Zuhörer weniger direkt
anspricht, im anderen Fall erlebe ich einen Vortrag, bei dem ich als Zuhörer das
Gefühl habe »der meint das so mit seiner ganzen Person; der steht voll hinter
der Sache, ja, in der Sache«.
       Ich erlebe den Segen am Ende des Gottesdienstes im einen Fall als leere
Rede, bei der zwar die Worte der Segensformel in meinem Kopf ankommen, bei
der aber keine Kraft des Segens und des Liturgen/der Liturgin zu mir herüber-
kommt; im anderen Fall erlebe ich den Vollzug des Segens als stimmige Einheit von sprachlicher Formel, Kraft in der Stimme, Blickkontakt, ich fühle, der
bekannte Satz »der Herr lasse leuchten sein Angesicht über uns« gilt mir, da
fließt Kraft des göttlichen Segen durch die Person auf mich und gibt mir Nahrung.

Menschen sprechen über Gott mit menschlichen Möglichkeiten und Ausdrucksformen. Und sie wagen sich zuweilen an die Grenzen solcher Ausdrucksformen.
Aber es gilt: Niemand spricht im luftleeren Raum. Ich höre auf die Stimme eines
anderen. Ich mache in einer bestimmten Situation die Erfahrung: Da wird etwas
für mich zum Sprechen gebracht, ich bin fasziniert, durch diese Sätze in Bann
gezogen, ein Funke springt über. Etwas wird für mich zum Sprechen gebracht,
spricht mich an, sagt mir etwas, was ich so noch nie gehört habe – oder die
Rede bleibt kalt für mich.

Das alles hängt offensichtlich nicht nur an Wortwahl und Satzbau, sondern am
komplexen Zusammenspiel vieler Faktoren in der Begegnung in dieser Sprech-
Situation, mit meiner Resonanz auf die Rede wie auf die Person. Und gerade
die zündende Rede geht jeweils nur in Momenten, in Augen-Blicken, die doch
Nachwirkungen haben. So etwas lässt sich nicht machen, nicht mit Techniken
herstellen, aber es wird doch erlebt. Da ereignet sich etwas – oder im anderen
Fall bleibt es aus. Komplementär dazu kann man sagen: Wenn ich zu anderen

über etwas spreche, dann kann ich an den Gegenüber ablesen: ihre Augen leuchten, diese oder jener werden Feuer und Flamme.

Wenn man diese unterschiedlichen Erfahrungen mit dem Sprechen genauer untersuchen will, dem eigenen wie demjenigen des anderen, dann gehört die Resonanz der Hörenden auf die Redenden unbedingt hinzu. Es hilft deshalb zum Verstehen des Geschehens, wenn man weiter fragt, was denn im Einzelnen im Erleben die Dichte der Situation ausmacht oder ihre Kälte, im Erleben der Sprechend und der Angesprochenen. Erfahrungen des Redens sind eingebettet in Begegnung mit Menschen und Dingen, mit Weltverhältnissen (vgl. dazu das Kap. Resonanzen: Reden als Angesprochene)[12].

Im Umfeld des Sprechens über Gott machen Menschen schließlich auch Erfahrungen des Mangels; sie merken zuweilen, dass ihre Worte nicht reichen für das Übergroße, das sie da sagen wollen/sollen. Zumal angesichts des Erschreckens bleiben ihnen die Worte im Halse stecken, sie verstummen vor dem Unaussprechlichen. Dann wird im Reden oder nicht-Reden in Kraft gesetzt, was man im Kopf immer schon wusste: Gott ist immer größer als alles, was wir von ihm sagen können. Zuweilen fehlen uns die Worte, um das auszusprechen, was uns im Tiefsten bewegt, im Schmerz wie in der der Freude. Nicht vergessen werden darf deshalb in unseren Untersuchungsgängen auch nicht das Nicht-Sprechen-Können, das Schweigen vor Gott, das Schweigen zu Gott. Das Schweigen ist zuweilen schmerzhaft empfundener Abbruch der Kommunikation, es kann aber viel mehr und anderes sein. Weil und insofern zum Reden von Gott auch das Schweigen vor Gott gehört, muss es als integraler und zugleich exponierter Teil des Sprechens näher betrachtet werden (vgl. dazu das Kap. Vor Gott schweigen).

4 Etwas Sagen

Sprache, reden und sprechen

Mit dem Sprechen befassen sich verschiedenste wissenschaftliche Disziplinen wie Rhetorik, Linguistik, Literaturwissenschaft, Sprechakttheorie, Kommunikationstheorie und Hermeneutik. Auf den französischen Sprachwissenschaftler Ferdi-

---

12 Der hier verwendete Begriff des Erlebens nimmt Einsichten zu »gelebter Erfahrung« auf, die ich in anderen Arbeiten beschrieben habe, vgl. dazu Hans-Günter Heimbrock, Leben. Praktische Theologie als Theorie »gelebter Religion« in: Birgit Weyel/Hans-Günter Heimbrock/Wilhelm Gräb (Hg.), Praktische Theologie und empirische Religionsforschung. Leipzig 2013, 121–142.

nand de Saussure (1857–1913) geht eine relevante Grundunterscheidung zwischen der Sprache als menschlichem Grundvermögen und dem konkreten Gebrauch der Sprache im Sprechen zurück (›language‹ und ›parole‹). Sprache wird von anderen Theorien bestimmt als Träger von Sinn, als die Gesamtheit von bedeutsamen Zeichen und deren Verknüpfungsregeln. Sprache kann näher bestimmt werden nach einem Vokabular, nach der Grammatik und nach ihrer Verwendung (Semantik; Syntax; Pragmatik).[13]

Sprache kann in Texten verschriftet und kodifiziert werden. Zu den Gattungen der Sprache gehört die *Rede* (neben der Lesung, der Erzählung oder der Rezitation). Ein gängiges Verständnis bestimmt eine Rede als einen zunächst »ge-fertig-ten« Text, der dann anschließend im Vortrag zu Gehör gebracht wird. Rede und reden werden dabei zugeordnet als inhaltliche Konzipierung eines Textes und dessen sekundäre mündliche Präsentation. Das Reden-Können erscheint als unproblematische Grundfähigkeit des Menschen. Man kann in dieser Richtung gedacht Sprechen als Ausführen der Sprache verstehen: Erlernte Wörter werden mit den Werkzeugen der Stimme artikuliert und zu Gehör gebracht.

Aber solche Betrachtung greift zu kurz. Das Sprechen ist ein Vorgang, bei dem verbale Botschaften aber auch mit nonverbalen Signalen des Körpers verbunden sind. Die Gestaltung des Sprechens variiert bezüglich der Lautstärke, der Tonhöhe oder auch des Sprechtempos.

Jemand beschreibt, wie bei ihm ein bestimmter Tonfall eines Redners als eine wichtige Botschaft angekommen ist. »Die Stimme wirkt wie ein erhobener Zeigefinger«. Damit ist im Einzelfall möglicherweise auch ein bestimmter »pastoraler« Tonfall gemeint, den Zuhörer in einer Rede unterhalb der Semantik wahrnehmen.

Propositionen und ihr Jenseits
Gerade im Protestantismus wurden und werden Worte einer Rede oder einer kirchlichen Verlautbarung vorzugsweise im Blick auf ihrem Inhalt behandelt. Menschen machen Aussagen, reden über einen bestimmten Inhalt. Sie informieren über einen bestimmten Sachverhalt. Das Sprechen hat einen propositionalen Gehalt. Manche Sprachtheorie binden die Frage nach der Wahrheit von Aussagen ganz an propositionale Inhalte.

---

13 Einen ausgezeichneten Überblick liefert Albrecht Grözinger, Die Sprache des Menschen. Ein Handbuch Grundwissen für Theologinnen und Theologen, München 1991.

Es steht außer Frage, dass Sprechen hinsichtlich des Inhalts bestimmt werden kann. Aber »Etwas sagen« beinhaltet bei näherem Hinsehen und Hinhören stets mehr als propositionale Gehalte, seien diese Beschreibungen von Sachverhalten oder Ansage poetischer Weltsichten. Der Klang einer Dialektsprache des behäbigen Schwäbisch etwa beinhaltet nicht nur Mitteilungen über Sachverhalte jenseits der Worte, sondern in sich eine eigene Welt.

Dass eine inhaltlich fokussierte Betrachtung zu kurz greift, hat auf prägnante Weise der Dichter Berthold Brecht in einer seiner Keuner-Geschichten zum Ausdruck gebracht: »Zu Herrn K. kam ein Philosophieprofessor und erzählte ihm von seiner Weisheit. Nach einer Weile sagte Herr K. zu ihm: ›Du sitzt unbequem, du redest unbequem, du denkst unbequem.‹ Der Philosophieprofessor wurde zornig und sagte: ›Nicht über mich wollte ich etwas wissen, sondern über den Inhalt dessen, was ich sagte.‹ ›Es hat keinen Inhalt‹, sagte Herr K. ›Ich sehe dich täppisch gehen, und es ist kein Ziel, das du, während ich dich gehen sehe, erreichst. Du redest dunkel, und es ist keine Helle, die du während des Redens schaffst. Sehend deine Haltung, interessiert mich dein Ziel nicht.‹[14]

Schließlich: Unabhängig vom Inhalt der Rede ist auch der Mensch selber ein Inhalt seiner Rede. Er spricht in seiner Rede nicht nur über ein Etwas, sondern er sagt ausschnitthaft immer auch sich selber mit aus, angefangen von dem, was in seiner Stimme verlautet. Die Stimme wird vom Sprechenden jedoch nicht vollständig gesteuert, sie enthält auch unkontrollierte Ausdruckselemente.

Sprechen heißt In-Beziehung-treten

Ein Sprecher macht eine Mitteilung an ein Auditorium. Aber was gehört eigentlich zu den Mitteilungen? Insbes. phänomenologisches Sprachverständnis hat herausgearbeitet: »Sagen bedeutet stets mehr als etwas sagen, es bedeutet stets auch ein Sich-sagen und ein Zum-Anderen-Sagen.«[15] Im Sprechen, mittels des Sprechens, vollzieht ein Mensch einen bedeutsamen Schritt von innen nach außen, von sich selber weg, hin zu anderen und zur Welt.

Umgekehrt gesagt, er oder sie tritt mir im Reden zugleich in einer bestimmten Haltung entgegen: er will mir etwas mitteilen, er will sich Sorgen vom Leibe reden, oder er will einfach nur quatschen. Die Sprachwissenschaftlerin Ruth Berger ist dem Beziehungsaspekt der Sprache genauer nahgegangen. »Da sind zwei Leute, die reden miteinander, aber es geht eigentlich gar nicht so sehr um

---

14 Berthold Brecht, »Weise am Weisen ist die Haltung«, Geschichten vom Herrn Keuner (1956), Frankfurt/M. 2003. Den Hinweis auf Brechts Text verdanke ich Bernhard Waldenfels.
15 Bernhard Waldenfels, Platon. Zwischen Logos und Pathos, Frankfurt 2017, 98.

das, was inhaltlich ausgetauscht wird, sondern es geht darum, dass die beiden
ihre Beziehung entweder aufbauen oder verstärken oder intensivieren oder einfach bestätigen, dass diese Beziehung weiterhin besteht. Das passiert eben darüber, dass man mit jemandem redet, und wenn man nicht mehr mit jemandem
redet, dann hat man diese Beziehung aufgekündigt.«[16]

Menschlicher Sprachgebrauch geht also nicht allein in Nutzung instrumenteller
Möglichkeiten zur Benennung und Klassifizierung von Objekten auf. Vielmehr
können Menschen, wie der französische Phänomenologe Maurice Merleau-
Ponty von seinem leibphänomenologischen Ansatz her transparent gemacht
hat, Sprache mitunter auch als einen intentionalen Ausgriff auf die Wirklichkeit verwenden. Dabei wird Sprechen wie Wahrnehmung als gestisches Aus-
drucksphänomen gewürdigt. Worte sind nicht nur lexikalisch verfügbare äußere
Transportmittel von innerlich gefaßten Gedanken, sondern ebenso wie Wahrnehmungen Ausdruck meines »Zur-Welt-Seins«[17].

Die Beziehung, die Menschen im Reden miteinander eingehen, hat zur Bedingung, dass sie kommunizieren und irgendwie einander verstehen. Aber diese
Kommunikation ist stets »verkörperte Kommunikation«. Damit ist nicht nur
eine beliebig wählbare oder ganz entbehrliche »Begleitmusik« der Rede gemeint.
Unterhalb einer geteilten Semantik ist die Körpergebundenheit des Sprechens
vielmehr eine der vorgängigen Bedingtheiten. »Der Körper bildet so … auch
die erste und grundlegendste Brücke in der sozialen Interaktion.«[18]
Einer tönt in seiner Rede, wie die Posaunen von Jericho. Ein anderer flüstert
wie eine Maus. Und das hängt in beiden Fällen auch am Körpervolumen des
Sprechenden. Diese Spur des Körperbezugs im Sprechen findet sich aktuell in
unterschiedlichsten Settings und Situationen.

Menschen nehmen in Redesituationen intuitiv die Körpersignale des Gegenübers auf und sind im Einzelfall irritiert von dem, was sich da zeigt. Mit der
Stimme des anderen und der anderen begegnet mir zugleich ausschnitthaft die

16   Ruth Berger, Warum der Mensch spricht; Zitat aus dem Interview http://www.deutschlandfunk-
     kultur.de/sprechen-notfalls-mit-haenden-und-fuessen.2193.de.html?dram:article_id=411539
     download 20.6.2019.
17   Maurice Merleau-Ponty, Phänomenologie der Wahrnehmung, Berlin 1966.
18   Ipke Wachsmuth, Verkörperte Kommunikation Embodied Communication, https://www.uni-
     bielefeld.de/Universitaet/Einrichtungen/Zentrale %20Institute/IWT/FWG/MAX/Embodied.
     html Download 16.3.2018

Person des Gegenübers, in Rhythmus und Klang und Sprechtempo der Worte, in der Tonhöhe und Lautstärke, im freien oder gehetzten Sprachduktus.

Eine Pfarrerin, die in der Grundschule Religionsunterricht mit Engagement und viel Freude gibt, erzählt folgende Szene. Sie unterrichtet u. a. in einer 3. Klasse, es gibt lebendige Gespräche mit den Kindern. »Ich bin gern in der Grundschule. Wenn ich eine Geschichte aus der Bibel erzähle, dann steige ich da manchmal auch mit meiner ganzen Energie ein. Und ich merke, das macht den Kindern auch Spaß. Ja, und dann sitzt da hinten an der Wand eine Integrationshelferin, die hält die ganze Stunde die Arme vor der Brust verschränkt und sitzt reglos und teilnahmslos da. Das macht mir zu schaffen. Ich weiß im Kopf, sie sitzt hinten, weil ihr Kind wegen gesundheitlicher Probe gegebenenfalls rasche Hilfe braucht. Deshalb habe ich gar nichts dagegen, dass sie da sitzt. Aber es ist schon komisch, wenn ich da ganz angeregt spreche und da hinten jemanden sehe, der so steif da sitzt.«[19]

5 Reden oder Sprechen?

In den Überlegungen bisher habe ich für die Beschreibung der Grundaufgabe die Begriffe »reden« und »sprechen« weitgehend äquivalent gebraucht, also »von Gott reden« bzw. »von Gott sprechen«. Das ist im Blick auf den alltäglichen Sprachgebrauch wie auch für die gehobene Schriftsprache durchaus angemessen. Die Sprachwissenschaft kann zunächst darauf verweisen, dass beiden Verben dieselbe Grundbedeutung zukommt, nämlich: »mündlich kommunizieren«.

Gleichwohl ist immer wieder versucht worden, unterschiedliche Bedeutungs-nuancen auszumachen, stilistische Unterschiede, funktionale und auch gene-tische Differenzen. So kann man auf den entwicklungspsychologischen Sach-verhalt verweisen, dass Kinder zuerst sprechen lernen und später dann reden lernen. Kinder lernen früher sprachliche Laute zu artikulieren (z. B. Mama, Papa), erst später sind sie zum Reden in der Lage im Sinne der Konstruktion und Artikulation längerer sinnvoller Äußerungen.

Eine entsprechende Bedeutungsdifferenz wird an den Substantiven »Sprecher« und »Redner« festgemacht. Der Regierungssprecher trägt eine vorgegebene Mei-nung vor, den Text eines/einer anderen. Ein Synchronsprecher im Film setzt seine Stimme ein, um einen im Original fremdsprachigen Film in die eigene

---

19 Diese Erfahrung gab mir Pfarrerin Christine Gengenbach weiter.

Sprache zu übertragen. Ein Redner dagegen ist Autor eines von ihm selbst verfassten Textes. So könnte man also sagen: »Sprechen« beschreibt das Vermögen des Menschen, Sprache hervorzubringen, richtet sich auf den Vorgang der Sprachproduktion als solcher; jemand spricht deutlich, oder laut oder nuschelnd. Reden dagegen bezieht sich auf einen sozialen Akt, bei dem eine Person etwas zu anderen sagt, und zwar in mehr oder weniger zusammenhängender Weise und in seinem sinnstiftenden Kontext. In diesem Sinne ist reden also mehr als sprechen.

Mit Gründen – und angesichts einiger Verlegenheiten – werde ich in den weiteren Überlegungen gleichwohl beide Begriffe verwenden. Zunächst wird man die angesprochene kleine Differenz nicht überbewerten dürfen. Man trifft nicht nur in der Umgangssprache immer wieder auf Verunklarungen und auf Ausnahmen von der Regel. So wird z. B. eine öffentliche Rede durchweg auch als »Ansprache« bezeichnet. Und auch in regionaler Hinsicht fällt der Sprachgebrauch sehr unterschiedlich aus. Erst recht gerät die vermeintlich klare Unterscheidung ins Schwimmen, wenn man Substantive wie »Gespräch« und »Gerede« heranzieht.

Auch die berühmte Anekdote über den Papagei hilft nicht wirklich weiter. Dieses hat der Systematische Theologe Eberhard Jüngel im Rahmen seiner Überlegungen zum Bekenntnis mit der pointiert zugespitzten Erzählung vom Antiochenischen Papagei vorgeführt. In jener dogmengeschichtlich bedeutsamen Stadt trug man den Streit um die Geltung dieser oder jeder Bekenntnisformeln der fama nach auf dem Markt aus. Dabei gelangte ein Papagei zu besonderer Berühmtheit. Denn der sagenhafte Vogel konnte sogar das Bekenntnis zum dreimal heiligen Gott (»Trishagion«) mit krächzender Stimme vortragen. Jüngel bezweifelte allerdings, dass der Papagei schon damit einen Bekenntisakt vollzog. »Denn was der Bekenntnispapagei aufzusagen hat, ist eben ein Papageienbekenntnis, mehr nicht. Der Papagei hat etwas aufzusagen; aber er hat nichts zu sagen.«[20]

Etwas zu sagen haben im metaphorischen Sinne geht über die Produktion akustischer Laute hinaus. Mit seiner schön erzählten Anekdote durchkreuzt also auch Jüngel den Versuch der klaren Unterscheidung von sprechen und reden im theologischen Zusammenhang. Denn dass der Papagei »nichts zu sagen hat«,

---

20 Eberhard Jüngel, Bekennen und Bekenntnis (1968), in: ders., Ganz werden. Theologische Erörterungen V, Tübingen, 76.

meint ja nicht die Artikulation von Lautgebilden, sondern sinnvolle zusammen-
hängende Rede.

Man kommt also trotz mancher Bemühungen um sinnvolle und nachvollzieh-
bare Unterscheidungen an einer synonymen Verwendung beider Begriffe im
Phänomenbereich, um den es in meinem Zusammenhang vornehmlich geht,
nicht vorbei. Wenn es um das Sprechen in religiösen Kontexten geht, wenn
es darum geht zu fragen, welche Implikationen es hat, das Wort »Gott« aussprechen, von Gott zu reden usw., dann muss man sich eingestehen: Niemand
hat hier das Monopol aufs Sagen.

2
Kontexte

Authentisch reden!
1 Beobachtungen in der Praxis
2 Fallen der Authentizität
3 Gesichtspunkte der Analyse
4 Herausforderungen für religiöse Rede

»Gott existiert!«
1 Phänomene
2 Streit-Positionen
3 Ausdrucksformen
4 Folgerungen

Multi-, inter- oder trans-kulturell?
1 Die Vielfalt
2 Beten wir alle zu demselben Gott?
3 Konflikte und Machtpositionen
4 Gesichtspunkte für differenz-sensible Redepraxis

Zwischenbilanz

Pfarrer*innen und Lehrer*innen reden über Gott von Berufs wegen und sie wollen eine theologische Botschaft rüberbringen. Das tun sie auf eine Weise, die sie in der Ausbildung gelernt und in langer Berufspraxis habitualisiert haben. Im letzten Abschnitt habe ich den engeren Fokus der Überlegungen skizziert. Es soll darum gehen, wie einzelne Menschen ein Reden von Gott in konkreten situativen Zusammenhängen erleben, ihr eigenes Reden und das Reden der Anderen, dem sie zuhören.

Diese Mikro-Perspektive darf nicht isoliert angewandt werden. Das Reden, Hören und Schweigen von theologischen Profis findet sich in kulturellen Kontexten vor, wo andere das Wort »Gott« in den Mund nehmen, es mit Worten und Taten und Bildern kommentieren, propagieren oder auch verzerren. Im Umfeld professioneller kirchlicher Redepraxis und weit jenseits davon sind thematische Facetten und Modi des Sprechens anzutreffen, strukturelle Formatierungen, die Hörer*innen kirchlicher Veranstaltungen in ihrem Alltag auf die eine oder andere Weise mitbekommen, die deren Erwartungen vorprägen und mit bestimmen.

Aber auch wenn unser Zeitalter »nach-christlich« genannt wird, reden außer uns auch viele andere Menschen über »Gott und die Welt«, und auch eben über Gott in einem theologisch relevanten Sinne. Man kann die Vokabel »Gott« in der TV-Talkshow und in der Hitparade antreffen, im Museum und in Pop-Songs, im Netz, als Aufschrift auf einem Bus und zuweilen auch im Gerichtssaal. Und das alles inzwischen auch in Mitteleuropa multi-lingual: auf Deutsch, auf Englisch, auf Russisch, auf Arabisch und in manchem anderen Idiom.

Deshalb kann es erhellend sein, solche übergreifenden Modi des Sprechens, thematische Strukturen und vorgeprägte Erwartungshaltungen genauer auszuleuchten. Dem dienen die nachfolgenden drei Skizzen.
• Authentisch reden!
• »Gott existiert!«.
• Multi-, inter- oder trans-religiös

Die Zahl möglicher Horizonte ist prinzipiell unendlich. Meine Auswahl ist also keineswegs erschöpfend. Die Sichtung der Kontexte fällt zugegebenermaßen generalisierend aus, aber als Generalisierungen mittlerer Reichweite geben sie gleichwohl erste Orientierung für das Umfeld der Erfahrungen mit dem Reden über Gott. Dabei gilt mein besonderes Augenmerk zunächst der Praxis, die nicht christlich theologisch normiert ist, auch der Praxis abseits institutionalisierter christlicher Religion. Ich habe Phänomene und Situationen gesammelt, sortiert und ansatzweise reflektiert. Am Ende sind jeweils Herausforderungen für professionelles theologisches Reden von Gott notiert.

Authentisch reden!

1 Beobachtungen in der Praxis

Wenn das Evangelium proklamiert werden soll, wenn im Namen des christlichen Gottes gesprochen werden soll, wird niemand der Forderung widersprechen, dass dabei authentisch gesprochen werden soll, ob auf der Kanzel oder ob im Fernsehen. Und authentisch reden geht einher mit authentisch leben.

Eine freikirchliche Predigerkonferenz lädt ihre Mitglieder zu einer Fortbildung ein:

> »Die 6. Predigerkonferenz steht unter dem Motto: ›Predige das Wort – lebe authentisch!‹. Auf der Grundlage des 2. Timotheusbriefes werden die Referenten verschiedene Aspekte eines authentischen Lebensstils betrachten. Ein authentischer Lebensstil ist nicht per se ein christlicher Lebensstil. Aber als Christ lebe ich authentisch. Wir wollen nicht nur mit Worten, sondern auch mit unserem Leben überzeugen. Dazu fordert Paulus seinen jungen Mitarbeiter Timotheus heraus.«[1]

Diese Anpreisung in Sachen Authentisch-sein ist kein Einzelfall. Auch Angebote des Zentrums für evangelische Gottesdienst- und Predigtkultur der EKD in Wittenberg werben mit ähnlichen Angeboten, wenn man etwa die Kursankündigung zum Predigtcoaching liest.

> »Wir nennen unser Predigtcoaching cura homiletica. Das lateinische Wort enthält Aspekte von Pflege, Sorge und Zuwendung. Mit dieser Grundhaltung begleiten wir Predigerinnen und Prediger auf dem Weg zu ihrer eigenen, glaubwürdigen und wirksamen Predigtsprache und einem authentischen, überzeugenden Predigtauftritt. Wir verstehen die cura homiletica als Prozess, der –

---

1   http://www.predigerkonferenz.com/ download 18.7.2018.

wie vergleichbare Coachingprozesse – eine zeitlich begrenzte, methodengeleitete und individuelle Beratung zur Erreichung beruflicher Ziele darstellt.«[2]

Die christliche Botschaft authentisch zu verkünden ist nicht nur Anliegen von Institutionen und Initiativen zur Fortbildung. Sie prägt das Erscheinungsbild von Kirche insgesamt. Auch der gegenwärtige Ratsvorsitzende der EKD, Bischof Heinrich Bedford-Strohm, trat von Anfang seiner Amtszeit dafür ein, dass Kirche authentisch sein soll und gerade mit diesem Markenzeichen in die Öffentlichkeit strahlt. Das Ideal einer authentisch redenden Kirche sprach er bereits im ersten Interview nach seiner Wahl 2011 an[3]. Mit seiner klaren und unverklausulierten Sprache, mit einer Botschaft der Liebe Gottes zu den Menschen, die die Menschen innerlich überzeugt, kam er gut rüber in der kirchlichen wie säkularen Öffentlichkeit. Und diese Linie hat er in seinen Reden und Texten bis heute konsistent durchgehalten. In gleicher Richtung entwickelte er in seinem Buch zum Auftrag der Kirche in der Gegenwart das Modell einer »authentischen öffentlichen Kirche in der pluralistischen Gesellschaft«[4]. Denn Authentisch-sein ist für ihn die wichtigste Qualität einer glaubwürdigen und wirksamen Evangelischen Kirche der Gegenwart.

Dieses Authentisch-sein will Bedford-Strohm von der Kirche und ihrem professionellen Personal gerade auch in der Medien-Kultur durchgehalten wissen. So forderte er auf dem christlichen Medienkongress im Januar 2018 als Grundorientierung für christliche Publizistik »Die journalistische Leistung ist es, diese Geschichten aufzuspüren, mit den Menschen Kontakt aufzunehmen, ihnen zuzuhören und den Ausschnitt aus ihrem Lebens- und oft Leidensweg authentisch in Wort und Bild zu fassen.«[5]

---

2   http://www.predigtzentrum.de/Seiten/Predigtcoaching/Cura1.html download 18.7.2018.
3   https://www.evangelisch.de/inhalte/106679/28-10-2011/bedford-strohm-kirche-muss-authentisch-und-oeffentlich-sein 28.10.2018.
4   Heinrich Bedfort-Strohm, Radikal lieben. Anstöße für die Zukunft einer mutigen Kirche, Gütersloh 2017.
5   Ders., Die Botschaft von der freien Gnade Gottes an alles Volk – die Verkündigung des Evangeliums in digitalen Zeiten. Vortrag vor dem Christlichen Medienkongress am 13.1.2018 in Schwäbisch Gmünd. https://www.ekd.de/bedford-strohm-vortrag-beim-christlichen-medienkongress-31765.htm, download 19.2.2018.

2 Fallen der Authentizität

Authentisch reden und authentisch sein hat Konjunktur. Aber eben nicht nur im Sprachtraining und Übung in Liturgischer Präsenz für angehende Pfarrer*innen und in Ausbildungsmodulen für kirchliches Führungspersonal. Authentisch reden, das preisen auch viele andere ebenso mit Verve an, Kommunikationsexperten und Sprachtrainer ebenso wie Dating-Agenturen und Marketingstrategen, als »philosophisch« firmierende Beratungspraxen ebenso wie Coaching-Programme in Banken. Es fällt nicht leicht, sich im Wust der mit Echtheitsrhetorik garnierten Angebote zu Seminaren, Online-Kursen und Büchern hinsichtlich ihrer Qualität noch zurechtzufinden. Der Druck dazu, auf jeden Fall authentisch zu sein, ist immens angewachsen. Und niemand hat ein Monopol darauf zu bestimmen, was damit eigentlich gemeint ist. Das Prädikat »authentisch« darf gleichwohl nicht mehr fehlen. »Heutzutage soll alles authentisch sein: der Urlaub, das chinesische Restaurant um die Ecke, die Menschen, die Marke. Alles soll echt sein, denn echt ist gut. Die Bezeichnung authentische Werbung aber ist ein Widerspruch in sich – und ein Lückenfüller«.[6]

Und solche Angebote kommen inzwischen nicht mehr ganz platt und naiv daher. Oft sind sie garniert mit dem Nimbus der kritischen Haltung. So eröffnet uns z. B. eine Internet-Seite mit dem wohlklingenden Titel »Karrierebibel« die Tücken des Echt-Seins:

> *»Spielen wir nicht alle unsere Rollen, jeden Tag? Tagein, tagaus entsprechen wir Erwartungen im Job, erfüllen manches Klischee, erfüllen Geschlechter- oder Status-Stereotypen im Büro oder spielen Rollen im Privaten, um anderen zu gefallen, sie zu provozieren oder beachtet zu werden – je nach Bedarf. Aber ist das alles noch echt oder schon eine faustdicke Lebenslüge? Verständlich, dass da in Vielen die Sehnsucht nach Authentizität wächst, der Wunsch die Masken abzunehmen, echt zu sein – authentisch eben. Aber geht das überhaupt – und wenn ja wie?«*[7]

Geschickt nutzen clevere Authentizitäts-Experten die Orientierungsdefizite für ihre Werbestrategien: Zwei Aussagen: »›Sei bloß authentisch!‹ und ›Bloß nicht authentisch sein!‹ – Ich sage: Beides stimmt. Authentizität gibt's nur im

---

6   http://www.absatzwirtschaft.de/echt-jetzt-warum-werbung-nicht-authentisch-ist-72877/.
7   karrierebibel.de/authentizitat/Authentizität: Die Kunst authentisch zu sein Download 19.02.2018

Doppelpack: Passend zur Person und passend zur Situation. Authentisch sein ist alles andere als einfach.«[8] Und mancher Zeuge fürs Authentische kommt schon nicht mehr ohne eine paradoxe Intervention aus: »Sei nicht authentisch: Warum Sie besser nicht so sind wie Sie sind«[9]. Auch dieser Ratschlag entpuppt sich bei näherem Hinsehen weniger als an Wahrhaftigkeit der Lebensführung interessiert, hat eher die Marktchancen der Klienten fest im Blick, wenn wir im Angebot weiter lesen: »Ein schlicht Klartext sprechender deutscher Manager hat schon ein Problem in Indien, wo Klartext eine Beleidigung ist, wie wir nächste Woche im Interview mit einem ehemaligen Indien-Manager erfahren werden.«[10]

Andere wie der Soziologe Armin Nassehi sind noch weiter gegangen und haben daraus die Empfehlung abgeleitet, religiöse Kommunikation im Modus von Authentizität zu gestalten, d. h. weniger die inhaltliche Bestimmung als vielmehr den Kommunikationsstil in den Vordergrund zu rücken.[11]

Das fast marktschreierische Anpreisen des Authentisch-Rüberkommens im Vorstellungsgespräch und in der Produktplatzierung machen Ausbildungsstrategien für authentische Kommunikation in der Kirche zur wirksamen Verbreitung der evangelischen Botschaft an die Welt gewiss nicht hinfällig. Aber sie illustrieren kulturelle Kontexte und können vielleicht sensibel machen dafür, dass hier kulturelle Fallen lauern. So plausibel es ist, wenn für kirchliches Personal gefordert wird, dass man und frau dort gerade um der Wirkung in der weiteren Öffentlichkeit außerhalb von Kirche authentisch reden solle, so prekär wird die Sache, wenn man sich das kulturelle Umfeld vergegenwärtigt.

3 Gesichtspunkte der Analyse

Authentisch reden und authentisch sein hat Hochkonjunktur. Echt sein, man selbst Sein, ohne Zwänge leben, werden der man ist, das markiert einen idealen Lebensstil der Gegenwart. Da das aber immer schon auf ein Misslingen angelegt ist, muss man schärfer sagen: authentisch-sein stellt eine unerfüllbare Sehnsucht der gegenwärtigen Kultur dar. Und ein von dieser Sehnsucht bestimmter

---

8   http://antrobius.de/authentisch-ist-das-neue-echt-zeit-uber-innere-haltung-zu-reden.html.
9   https://karriereblog.svenja-hofert.de/2015/05/sei-nicht-authentisch-warum-sie-besser-nicht-
      so-sind-wie-sie-sind/.
10 Ebd.
11 Armin Nassehi, Der soziologische Diskurs der Moderne, Frankfurt/M. 2006 (vgl. insbes. das
      3. Kapitel, »Das Besondere des Besonderen. Kritik der authentischen Vernunft«, 159–232).

Lebensstil ist keineswegs aufs unverwechselbar Einzigartige meiner eigenen Person aus. Authentisch-Sein ist eine soziale Erfindung.[12] Die sozialen Zwänge zum Authentisch-Sein sind bei näherem Hinsehen nicht zu übersehen. So bekannte der berühmte amerikanische Literatur-Nobelpreisträger Saul Bellow: »Als ich mir mein Geld damit verdiente, die persönlichen Erinnerungen von fremden Leuten zu schreiben, habe ich entdeckt, dass kein Amerikaner je einen richtigen Fehler begangen, niemand gesündigt oder nur eine einzige Sache zu verbergen hatte; Lügner gab es nicht. Die angewandte Methode ist Vertuschung durch Offenheit, um Doppelzüngigkeit in Ehren zu garantieren.«[13]

Jenseits der sarkastischen Kommentare eines humorvollen Schriftstellers finden wir mittlerweile handfeste sozialpsychologische und medienwissenschaftliche Analysen, die die zeittypischen kulturellen Mechanismen der Sehnsucht authentisch zu sein, weiter aufklären.

Menschen haben im Laufe ihrer Persönlichkeitsentwicklung zu allen Zeiten die psychosoziale Aufgabe der Ausbildung eines funktionsfähigen Ichs zu etablieren, einer Steuerinstanz für Verhalten und Erleben in der Balance unterschiedlicher interner Ideale und externer Rollenanforderungen. Die Sehnsucht nach wie auch der spezifische Druck zum Authentisch-sein kann auf dem Hintergrund einer ganz bestimmten sozialpsychologischen Konstellation für Identitätsbildung verstanden werden. Rainer Funk, Psychoanalytiker und Schüler Erich Fromms, ist der hier einschlägigen Dynamik der Ich-Orientierung in der Postmoderne weiter nachgegangen. Dabei wird die Sehnsucht danach sich frei, spontan, unabhängig und ohne Maßregel von außen selbst bestimmen zu können, analytisch entmystifiziert. Nach Funk begünstigen verschiedene Faktoren die Ausbildung eines Charaktertypus des ›aktiven Ich-Orientierten‹. »Der aktive Ich-Orientierte zeigt eine besondere Leidenschaftlichkeit, glaubwürdig und authentisch zu sein. Dies tut übrigens auch der Marketing-Orientierte, doch ihm geht es darum, sich überall dort authentisch zur Darstellung zu bringen, wo er sich mit seiner Authentizität und Glaubwürdigkeit, seiner originellen oder alternativen Selbstdarstellung besser verkaufen und rüberbringen kann.«[14]

---

12 Heidemarie Uhl (Hg.), Die Er/Findung von Authentizität, Bielefeld 2013.
13 Saul Bellow, Humboldts Vermächtnis. Identität in der Postmoderne, Frankfurt/M. 2013.
14 Rainer Funk, Erich Fromms Menschenbild und das postmoderne Verständnis von Authentisch leben, http://www.fromm-gesellschaft.eu/images/pdf-Dateien/Funk_R_2004.pdf 16 download 20.7.2020.

Die Modellierung des Charakters in solchen Typen wird ihrerseits, so Funk, begünstig – und auch erst voller verständlich – wenn man eine von Digitalisierung und elektronischen Medien geprägte Lebenspraxis mit in den Blick nimmt. »Die uns umgebende und die eigene körperliche, seelische und geistige Wirklichkeit lässt sich mit Hilfe perfekt inszenierter, virtueller oder simulierter Erlebniswelten um vieles besser, ›hyperrealer‹, authentischer und attraktiver gestalten.«[15] Die zeittypische Leidenschaft, authentisch zu leben, ist also ohne die Möglichkeiten der elektronischen Medien und der social media nicht zu erklären. »Immer geht es um die Erfahrung, dass die Orientierung am Eigenen, Gewachsenen, Gewordenen, Natürlichen weniger attraktiv ist als die Orientierung an einem Ich, das sich mit den neuen Produktions- und Gestaltungsmöglichkeiten selbst-bestimmt erzeugen kann. Das leidenschaftliche Bestimmtsein von den Möglichkeiten der Ich-Orientierung hat in diesen neuen Techniken seinen wichtigsten Grund.«[16]

Eine mit der Medientechnik verbundene kulturelle Formung des Authentischen liegt in der Spannung von Echtheitsforderungen im Zeitalter der Künstlichkeit. Der Medienforscher Norbert Bolz ist dem »Kult des Authentischen« in dieser Hinsicht weiter nachgegangen. Die Sehnsucht nach dem Echten wird im Zeitalter digitaler Erzeugung und Manipulation von Wirklichkeit paradoxerweise noch gesteigert, denn »die Medienwirklichkeit erzeugt erst die Erwartung einer authentischen Realität«[17] Und so liegt ihr eigentlicher Betrug »im Versprechen der Echtheit«.[18]

4 Herausforderungen für religiöse Rede

Wo liegen in solchen kulturellen Kontexten Herausforderungen für eine Kirche des Wortes? Gewiss muss sie sich von überzogenen Authentizitätsidealen und einem technisch polierten und strategisch verzweckten Echt-Sein abgrenzen, aber sie kann gleichwohl nicht daran vorbeigehen, dass sie in nach-christlicher Zeit zunehmend auf glaubwürdige personale Repräsentanz der Botschaft angewiesen ist.

---

15 Ebd. 8.
16 Ebd. 19.
17 Norbert Boltz, Der Kult des Authentischen im Zeitalter der Fälschung, in: A. K. Reulecke (Hg.), Fälschungen. Zu Autorschaft und Beweise in Wissenschaften und Künsten, Frankfurt/M. 2006, 415.
18 Ebd. 416.

Was wären Konsequenzen für das Reden über Gott?

- Gegenüber den Zwängen übersteigerter und rhetorisch aufgemotzter Echtheitsideale muss man zunächst auf den inneren Zusammenhang von Person und Sache im Reden, um das es hier geht, verweisen. Von Gott reden bedeutet in traditioneller Sprache gesprochen glaubwürdiges Reden der Zeugen über etwas, das sie existenziell bestimmt. Sie sollen und müssen sich nicht rhetorisch vermarkten, in dem Sinne nicht über sich selbst reden, sondern über das, was Leben und Freiheit, Heil und Wohl ausmacht. Die Zuhörer begeistern soll auf Dauer nicht der Bote, sondern die Botschaft.
- Bedeutsam sind also Sache und Person. Wenn es um Gottes Willen nicht um einen Kult des Simulierten gehen kann, sondern um Wahrhaftigkeit, dann ist dabei gleichwohl der Bedarf zu ansprechendem und gelingendem Reden über Gott nicht zu leugnen. Das hat die rhetorische Wende in der Praktischen Theologie vor 40 Jahren deutlich gemacht.[19] Die angesprochene Einsicht galt allerdings schon lange, bevor das Wort authentisch in Mode gekommen ist, wie man das am Ringen des Apostels Paulus um die angemessene Ausdrucksweise seiner evangelischen Botschaft erkennen kann. Religiöse Profis unterliegen den gleichen Kommunikationsbedingungen und -wirkungen wie andere Menschen. Es ist deshalb ein Erfordernis von Professionalität, sich im zentralen Segment religiöser Berufe, dem Reden, deshalb in bestimmter Weise auch kompetent zu machen. Dazu gehört es u. a., das Prinzip der »selektiven Authentizität«[20] zu beachten. Auch Pfarrer*innen und Lehrer*innen sollen nicht alles sagen, was sie denken, aber alles, was sie sagen, soll authentisch sein.
- Rechtfertigung gilt auch dem sprachlich unbeholfenen Mose (2Mos 4, 10). Zum glaubwürdigen Reden zählt unbedingt auch der stumme, aber beredte Kommentar durch die eigene Lebenspraxis. Und dabei geht es nicht nur um individuelle Lebenspraxis der Redenden, sondern auch darum, dass solche Rede (hoffentlich!) auch durch das Handeln und Dasein der Gemeinde gedeckt oder begleitet wird.[21]
- Authentisch reden ist nicht dasselbe wie über das Authentisch-Sein zu reden. Ein gehaltvoller Begriff von authentisch reden geht auf das Erleben des Redens bei den Zuhörenden aus. Für eine zielführende, kommunikations-

---

19 Einer der maßgeblichen Promotoren dafür war Manfred Josuttis, vgl. ders., Rhetorik und Theologie in der Predigtarbeit, München 1985.
20 Der Begriff geht auf Friedmann Schultz von Thun, Miteinander reden. Störungen und Klärungen, Reinbek 1981, 116 ff. zurück, der sich dabei auf Ruth Cohn beruft.
21 Vgl. Andrea Bieler, Hans-Martin Gutmann, Rechtfertigung der »Überflüssigen«. Die Aufgabe der Predigt heute, Gütersloh 2008.

förderliche Ausbildung scheint es mir nicht notwendig, die Vokabel »authentisch« trotz ihres Hypes in der Gegenwartskultur fallenzulassen. Aber es hilft, sie zu übersetzen, um analytisch Elemente einer Haltung zu identifizieren, die dann ihrerseits in gezielten Schritten beruflicher Sozialisation erworben werden können. Sinnvoll scheint insgesamt empirische Erkundung der Resonanz im Detail. Das geschieht in den Abschnitten des Kapitels »An-Sprechende Erfahrungen« und wird theoretisch vertieft im Kapitel »Resonanzen. Reden als Angesprochene«.

»Gott existiert!«

1 Phänomene

Menschen reden über Gott auch in nach-christlicher Zeit. Und die einen beharren in ihrem Reden vehement darauf, dass es ihn gibt. Andere treibt es weniger um, ob Gott existiert oder nicht. Als typisch kann diese Aussage eines Jugendlichen gelten: »Wir hier im Westen glauben nun mal an Gott!« So kriegte es eine Religionslehrerin von Gymnasiasten zu hören, die sich alsbald gelangweilt zu ihren Nachbarn umdrehen und wichtigeren Dingen nachgehen. Wie Polemik heute generell nicht mehr als positiv bewertetes Sozialverhalten gilt, so scheint auch religiöse Polemik über Gott inzwischen eher unfein und uninteressant, im Klassenzimmer unserer Schulen wie auf den Kanzeln.[1]

Dabei hat die Diskussion um die Existenz Gottes intellektuelle Eliten in Theologie wie Philosophie Menschen vieler Epochen beschäftigt, denkt man an Aristoteles mit seiner Bestimmung Gott als »unbewegtem Beweger«, an die Kette der verschiedenen Gottesbeweise (ontologisch, kosmologisch, modallogisch usw.) von Maimonides, Anselm von Canterbury über Immanuel Kant bis Kurt Gödel und an die Kette der Widerlegungen in der nachaufklärerischen Religionskritik.

Ob Gott existiert oder nicht, spielt für theologische Wissenschaft nach der Aufklärung in methodischer Hinsicht kaum noch eine Rolle. Denn auch da gilt der Grundsatz des »*methodologischen Agnostizismus*« oder kürzer: des »*methodischen Atheismus*«. Die Formel »methodischer Atheismus« zielt im Unterschied zum »weltanschaulichen Atheismus« nicht auf eine generelle Verneinung

---

[1]   Dass auch zum Studium der evangelischen Theologie in den Universitäten im Fach Dogmatik einmal »Apologetik« ebenso wie »Polemik« zählte, galt noch zu Zeiten Schleiermachers, ist inzwischen lange in Vergessenheit geraten, vgl. Friedrich Schleiermacher, Kurze Darstellung des Theologischen Studiums zum Behuf einleitender Vorlesungen 1810, § 40 f., Nachdruck Darmstadt 1973.

des Gottesgedankens, sondern nur auf die Suspendierung spezieller religiöser Voraussetzungen auf Seiten des Forschers für die wissenschaftliche Wirklichkeitserkenntnis. So könnte man meinen, es gäbe über Gott inhaltlich gesehen jenseits des innertheologischen Gezänks in der nachchristlichen säkularen Gesellschaft eigentlich nichts mehr zu streiten.

2 Streit-Positionen

Im Oktober 2008 fuhren merkwürdig dekorierte Busse durch die Londoner City. Auf großen Reklametexten zeigten sie die Botschaft »There is probably no God. Now stop worrying and enjoy your life« (»Es gibt wahrscheinlich keinen Gott, also machen Sie sich keine Sorgen mehr, und genießen Sie Ihr Leben.«) Die von einer englischen Journalistin initiierte und von militanten Atheisten wie Richard Dawkins unterstützte »Atheist Bus Campaign«[2] sollte die Grundhaltung des Atheismus in die breite Öffentlichkeit zu tragen. Einige planten, diese Kampagne auch auf große Städte anderer Europäischer Ländern auszudehnen. Allerdings lehnten die Verantwortlichen der öffentlichen Verkehrsbetriebe in deutschen Großstädten wie Berlin, Köln, München, Dresden u. a. eine entsprechende Bitte ab. Auch in Dortmund votierten die Verkehrsbetriebe gegen eine Beteiligung an der Atheismus-Kampagne, sie genehmigten aber einen Bus mit der Aufschrift »Keine Sorge: Es gibt Gott. Also schönen Tag«[3], bei einer Atheismus-Kampagne könne man jedoch nicht sicher sein, ob sich Menschen beleidigt fühlten.

Die Zurückhaltung der ÖVP-Verantwortlichen entspricht wohl ganz dem Befund des »Eurobarometers« in Bezug auf die Meinung der Bevölkerung in Deutschland über die Existenz Gottes.[4] Ausweislich dieser repräsentativen Statistik glaubten 52 % der Befragten in den EU-Staaten Anfang 2005 an einen Gott; 27 % glaubten an eine andere spirituelle Kraft, 18 % glaubten weder an einen Gott noch an eine andere spirituelle Kraft.[5] Während in sechs EU-Staa-

---

2   Vgl. den Artikel der Urheberin der Kampagne Ariane Sherine, All aboard the atheist campaign vom 21. Oktober 2008 in der Zeitung »The Guardian«, https://www.theguardian.com/commentisfree/2008/oct/21/religion-advertising download 19.2.2019.

3   Vgl. den Kommentar »Buswerbung gegen Gott. Fahrt doch zur Hölle« in der Süddeutschen Zeitung 17. Mai 2010.

4   Das sog. »Eurobarometer« ist eine regelmäßig von der Europäischen Kommission in Auftrag gegebene Meinungsumfrage in den Ländern der Europäischen Union.

5   Zahlen des Eurobarometer, entnommen der Veröffentlichung der Bundeszentrale für politische Bildung vom 20.12.2011, download 21.2.2018.

ten 80 oder mehr Prozent an einen Gott glauben, fielen die Zahlenverhältnisse
für Deutschland deutlich schlechter aus: 47 % bejahten das Item »Ich glaube,
dass es einen Gott gibt«, 25 % glauben, dass eine andere spirituelle Kraft exis-
tiere, nur 25 % verneinten es. Mit welcher Intensität hier bejaht oder verneint
wurde, geht aus der Statistik nicht hervor. Jedenfalls kann man in Deutschland
offenbar nicht Mehrheiten für gott-lose Werbung mobilisieren.

Minderheiten allerdings sehr wohl. »Der Feind ist Gott. Sie schießen auf Gott«
so formulierte polemisch der englische Mathematiker John Lennox in seiner
Streitschrift »Gott im Fadenkreuz – Warum der neue Atheismus nicht trifft«[6]
seinen Angriff auf den sog. »neuen Atheismus«, wie der von namhaften Wissen-
schaftlern wie Richard Dawkins und Steven Hawkins vertreten wird. Lennox
gilt als einer der Vordenker und Vorkämpfer gegen militanten Atheismus und
ist weit über die Grenzen seines Heimatlandes bekannt. Er will den Atheisten,
die unter Verweis auf religionsmotivierte Gewalt lautstark gegen Gott auftreten,
Argumente (seiner Art) der Wissenschaft für den Gottesglauben entgegensetzen.
    2012 hielt er einen Vortrag in der bis auf den letzten Platz voll besetzten
Münchener Matthäus-Kirche. Von den Vorträgen mit Lennox in München
wurden nach Angaben der Veranstalter 10 000 DVDs erstellt, die national und
international verbreitet werden.[7]
    Lennox will den in vieler Hinsicht dürftigen Argumenten[8] und z. T. sehr
platten öffentlichkeitswirksamen Werbekampagnen militanter Atheisten wie
der Reklame auf Bussen seriös, glaubwürdig und mit rationalen Argumenten
für die Existenz Gottes entgegentreten. Der entschieden christlich gesonnene
Mathematik-Professor aus Oxford hält in humorvollem Ton Vorträge, diskutiert,
bemüht logische und kosmologische Argumente. Das Ganze ist eher Apologetik
als Polemik für die Existenz Gottes im 21. Jahrhundert.

Streitgespräche über Gott werden in Deutschland im Allgemeinen zwar scharf
und polemisch, gleichwohl zivilisiert ausgetragen, wie man auch an dem 2012
veröffentlichten Briefwechsel zwischen dem bekannten Politiker Norbert Blüm
und dem politischen Journalisten Peter Henkel ablesen kann.[9] Die literarische
Auseinandersetzung und die entsprechende Inszenierung in Radio- und TV-
Duellen fand zwar breites Echo in den öffentlichen Medien, löste jedoch in der
breiten Öffentlichkeit kaum hitzige Debatten aus.

---

6   John Lennox, Gott im Fadenkreuz, dt. Witten 2013.
7   Quelle: http://cvmd.eu/gottimfadenkreuz/ download 18.2.2018.
8   Richard Dawkins, Der Gotteswahn (The God delusion) Berlin 2007.
9   Norbert Blüm/Peter Henkel, Streit über Gott. Ein Gespräch, Freiburg 2012.

Gottes Existenz zu beweisen oder zu widerlegen war allerdings nie nur eine Sache der Intellektuellen, die mit den Waffen der Argumente ausgefochten wurde. Neue Zuspitzung des Streits lässt sich in der jüngeren Vergangenheit, nach dem 11. September 2001, beobachten. Dafür stehen insbesondere Ereignisse in Frankreich. Am 7. Januar 2015 wurde auf die Redaktion des Satire-Magazins *Charlie Hebdo* in Paris in der Rue Nicolas Appert 10 ein Mordanschlag verübt, mit dem Ruf »Allahu Akbar« stürmten die Täter das unter Polizeischutz stehende Gebäude und schossen auf die versammelten Redakteure. Wenig später fielen in einem koscheren Supermarkt tödliche Schüsse. In der Redaktion der Zeitschrift, im jüdischen Supermarkt und wohl auch in einem Park in Fontenay-aux-Roses wurden insgesamt 17 Menschen erschossen. Die Täter gehörten offenbar zu einem Al-Qaida-Netzwerk im Jemen und zu anderen islamistischen Gruppierungen.

Es ist bekannt, dass das Satire-Magazin Charlie Hebdo in seiner Religionskritik seit längerem vornehmlich Spotkolumnen und Karikaturen über den Islam publizierte, um fanatisierte Muslime und ihre Gewaltbereitschaft anzuprangern. Mehrmals waren in den Ausgaben des Magazins die dänischen Mohammed-Karikaturen von Jyllands Posten abgedruckt worden. Und die auf alle monotheistischen Religionen pauschal bezogene kritische Botschaft »Dieu n'existe pas« (»Gott existiert nicht«) durchzieht viele Beiträge in vielen Nummern des Magazins.[10] Das verschärfte sich mit der Jubiläumsausgabe zum Jahrestag der Attentate aber deutlich. 2016 titelte Charlie Hebdo im Heft, das mit einer Startauflage von 1 Million Exemplaren verkauft wurde: »L'Assasin court toujours« »Der Mörder läuft immer noch frei herum!«[11] und präsentierte neben dieser Zeile einen bärtigen Mann im langen, blutbefleckten Gewand, mit wallendem Haar und mit Bart, mit grimmigem Blick, der sich umschaut um wie auf der Flucht, auf dem Rücken eine Kalaschnikow, über seinem Kopf ein Dreieck, mit einem Auge in der Mitte. Die Karikatur stilisierte damit einen »Mörder«, der vor allem den kitschigen Vorstellungen von einem christlichen, wenn auch entstellten Gottvater entspricht. Gott ist ein Mörder. Und zwar der christliche Gott. Das ist die provokante These der Titelseite der Extra-Ausgabe von Charlie.

Nach den Anschlägen kam es in Frankreich und auch in vielen anderen Städtchen Europas zu Trauerdemonstrationen. An der zentralen Gedenkkundgebung, dem sogenannten Republikanischen Marsch, am Sonntag, den 11. Januar 2016,

---

10   Eine Zusammenstellung findet sich unter http://www.stripsjournal.com/tag/ath%C3%A9es/p10-0.html.
11   Charlie Hebdo Ausgabe Januar 2016.

beteiligten sich dann in Paris etwa 1,5 Millionen Menschen, landesweit wurden
mindestens 3,7 Millionen Demonstranten gezählt.

3 Ausdrucksformen

Die skizzierten Geschehnisse sind von höchst unterschiedlicher Art. Sie spielen sich in religionskulturell sehr heterogenen Ländern ab und berühren das
Thema des Redens von Gott deshalb auf sehr unterschiedliche Weise. (Und daneben berühren sie auch zahlreiche andere Themen.) Und auch der Modus des
Redens fällt sehr unterschiedlich aus. Die einen diskutieren öffentlich über die
Existenz Gottes, andere inszenieren ihre Botschaft in Bezug auf Gott mit visuell
wahrnehmbarer Ironisierung, wieder andere führen gar keine Diskurse mehr,
reden nicht einmal mehr, sondern schreien nur noch »Gott ist groß«, um dann
im Namen ihres Gottes Gewalt und Terror sprechen zu lassen. Verschiedene
Religionen und weltanschauliche Positionen sind involviert, von überzeugten
konservativ-christlichen Standpunkten über laizistische Überzeugungen bis
hin zu fundamentalistisch geprägten Muslimen wie auch Christen. Wo heute
in Deutschland religiöse Profis in den Bahnen liberaler akademischer Theologie von Gott moderat und argumentativ abwägend reden, da führen andere
außerhalb von Kirche z. T. heftige und militante Auseinandersetzungen um
die Existenz Gottes. Dabei geschieht Rede von Gott stark im Modus der Kritik,
der Bestreitung jeder Vernunft in der Rede von Gott. Und nicht nur mit überzogener verbaler Polemik wird da gestritten, sondern mit Gewalt, auch mit der
Gewalt der Bilder in Satire und Karikatur.

Das Medium der Karikatur gewinnt heute für die Artikulation religiöser Polemik offenbar neue Aktualität und es entfaltet zum Teil ungeheure Wirkung,
wie an den Reaktionen auf die Mohamed-Karikaturen in Jyllands Posten insbes. in der Islamischen Welt ablesbar ist. Aber inzwischen werden auch inner-
europäische religionspolitische Auseinandersetzungen mit den Mitteln der Karikatur geführt, wie das Beispiel des Schweizer Minarettstreits 2007–2009 zeigt.
Wichtigste Intention sind Kritik und Verunglimpfung des Gegners, Ironisierung
und Übertreibung.[12] Der Kontext einer medial bestimmten und gesteuerten
Öffentlichkeit bietet einen sehr fruchtbaren Nährboden für die massenhafte
Wirkung von Karikaturen.

---

12 Eine detaillierte Analyse auch der Verwendung von Karikaturen in religiösen Konflikten der
    Neuzeit liefert Monika Glavac, Der ›Fremde‹ in der europäischen Karikatur, Göttingen 2013.

Die Polemik der Bilder entfaltet im Streit um Gott schließlich eine besondere affektive Wirkung. Sie mobilisiert Schichten der Persönlichkeit unterhalb des rational steuernden Ichs. In der öffentlichen Debatte ist nun im Zusammenhang solcher Affektmobilisierung durch provokative Bilder ein Begriff wieder aufgetaucht, der lange Zeit als Überbleibsel vormoderner kultureller Anschauungen galt: »Blasphemie«, Gotteslästerung. Die besondere Provokation des Satire-Magazin Charlie Hebdo z. B. scheint darin zu liegen, dass man bewusst in Kauf nimmt, Gläubige mit Mitteln bildhafter, visueller Satire in ihren religiösen Gefühlen zu verletzen. In Frage steht dabei: Dürfen Menschen vom Staat erwarten, dass er ihren Gott vor Lästerung schützt? Im laizistischen Frankreich ist Blasphemie kein Straftatbestand. Es ist bemerkenswert, dass der Umgang mit dem Blasphemiegesetz[13] in mehreren anderen Staaten Europa neu diskutiert wird. Gestritten wird inzwischen um Recht und Grenzen der Satire im säkularen Rechtsstaat.[14] Atheisten wie Liberale protestieren, wenn gefordert wird, dass der Staat Gotteslästerung strafrechtlich verfolgt, nicht Gott werde gelästert, wird argumentiert, sondern die Gefühle religiöser Menschen.

4 Folgerungen

Wenn die angesprochen Analysen nicht ganz fehl gehen, was folgt aus ihnen für unser Reden über Gott? Wo liegen Herausforderungen? Was ist aus christlicher Perspektive den militanten Atheisten entgegenzusetzen? Was ist theologisch zu sagen zu einer Debatte, die darauf fixiert ist, eine Existenz Gottes beweisen oder zu wiederlegen zu wollen, die also offensichtlich an einem theistischen Gottesverständnis hängen bleibt?

Als Theolog*In sieht man sich zunächst vielleicht dazu angeregt, nach inhaltlichen Antworten bzw. nach theologischen Argumenten der verschiedenen Formen des Streits um Gott zu suchen. Mancher und manche möchten vielleicht

---

13   § 166 (1) STGB: »Wer öffentlich oder durch Verbreiten von Schriften (§ 11 Abs. 3) den Inhalt des religiösen oder weltanschaulichen Bekenntnisses anderer in einer Weise beschimpft, die geeignet ist, den öffentlichen Frieden zu stören, wird mit Freiheitsstrafe bis zu drei Jahren oder mit Geldstrafe bestraft.«

14   Der Artikel »Verletzung religiöser Gefühle« in der Parodie auf Wikipedia, genannt »Uncyclopedia«, beginnt mit der Notiz »Dieser Artikel verletzt absichtlich religiöse Gefühle und erfüllt somit die Kriterien für gute Satire. Shalom!«, http://de.uncyclopedia.wikia.com/wiki/Verletzung_religi %C3 %B6ser_Gef %C3 %BChle download 21.7.2020.

ganz einfach Dietrich Bonhoeffer mit seiner These »Einen Gott den es gibt, gibt
es gar nicht«[15] zitieren. Allerdings verfängt das nur wenig.

Und insbes. nach den verschiedenen Terroranschlägen mit islamistischem
Hintergrund liegt es nahe, inhaltlich danach zu fragen, ob es da eigentlich um
Gott geht, um unterschiedliche Verständnisse von Gott im Christentum und im
Islam, oder um ganz andere Fragen wie etwa den Stellenwert von Religion im
Aufeinanderprallen interkulturell höchst unterschiedlicher Prägungen.

Vom christlichen Gottesverständnis her scheint es mir wenig angemessen und
geistesgeschichtlich auch überholt, im 21. Jahrhundert Streitereien über die
Existenz Gottes neu aufzulegen, die ins 17. Jahrhundert gehören. Wenn seriöser
Naturwissenschaftler wie der Astrophysiker Ben Moore behaupten »Gott wurde
von den Menschen erfunden, um Dinge zu erklären, die sie nicht verstanden
haben«[16], dann wäre eine theologische Gegen-Rede wohl eher im Verweis auf
die Eigenart religiöser Rede von Gott zu geben. Die alternative Auslegung Gottes von biblischen Zeugnissen her muss sich nicht mehr am Vorwurf des Kons-
truktivismus festbeißen. Sie kann aber inhaltlich und sprach-theologisch einen
anderen Akzent setzen. Dabei kann Eberhards Jüngels prägnante Formel »Gottes Sein ist im Werden« gute Orientierung geben, weil sie den Akzent stärker
auf das Heraufkommen des Zukünftigen legt, und nicht um »Erklärung« von
etwas faktisch Existierendem bemüht ist.

Allerdings bleibt es ein irritierendes Faktum, dass klassische theologische Einsichten – von Bonhoeffer bis Jüngel – bisher wenig Gehör gefunden haben. Die
theologischen Argumente erreichten bisher kaum die tiefsitzenden Affekte, die
(immer noch) beim Streit um die Existenz Gottes im Spiel sind. Was kann man
der vermeintlichen Sicherheit des »Gott existiert!« wirkungsvoll entgegensetzen?
Die z. T. heftigen Auseinandersetzungen um Gott mobilisieren Gefühle. Viele
in traditioneller Kirchlichkeit geprägte Christen in Mitteleuropa lässt das eher
kalt. Und von akademischer Theologie hat man gelernt, dass es ein gefährlicher
Gedanke sei, Gott als Gefühlssache, als Erleben letzter Intensität neu kultivieren zu wollen. Zu sehr dröhnen uns da die Argumente theologischer Religionskritik in den Ohren, Gott in Gefühl auflösen zu wollen und ohne die kritische
Kraft der Reflexion gänzlich abzuhängen.

---

15   Dietrich Bonhoeffer, Widerstand und Ergebung, Werkausgabe Bd. 8, Gütersloh 1998, 514 f.
16   Ben Moore, Schreckliches Ende im Nichts, UniMagazin Universität Zürich 3/09, 32–35 Zitat 34
     download 21.7.2020.

Aber der Faktor »Macht« hat im Reden von Gott eine Sprengkraft, die gerade in herkömmlicher protestantischer Wahrnehmung unterschätzt wurde. Wie wäre das zu verstehen und in der Praxis zu gestalten – Gott als ein Macht-Wort? Dem ist weiter nachzugehen (vgl. das Kap. »Wer hat das Sagen? Macht – Wort – Gott«).

Es bleibt für theologisches Reden die realistische Einschätzung der eigenen Wirkungsgrenzen. Offenbar hat das Reden in der von Bildwelten bemächtigten Wirklichkeit nicht die besten Startvoraussetzungen. Es hat wenig Aussicht auf Erfolg, sich mit dem Reden über Gott in christlicher Absicht marktförmig den dominanten Medien mit plakativ-suggestiven Botschaften anpassen zu wollen. Und es macht wohl wenig Sinn, die Rede von Gott als die »bessere« Mitteilung über ein irgendwie existierendes höheres Wesen anzugehen, sondern eher als Eröffnung eines Freiraums, als Verzicht auf Eindeutigkeit, Einladung zum Selber-Sprechen, zum sprechenden Antworten. Das könnte die Stärke religiöser Rede neu zur Geltung bringen.

Schließlich: der Kontext atheistisch-theistischer Polemik um die Existenzfrage kann weitergeführt werden, indem man genauer fragt, was es heißt, das Wort »Gott« zu verwenden. (Das wird weiter unten im Kapitel »Gott‹ sagen« näher untersucht).

Multi- Inter- oder Trans-kulturell?

1 Die Vielfalt

Die Lage ist bunt und unübersichtlicher geworden. Menschen reden von Gott und zu Gott heute inmitten einer vielstimmigen, religiös pluralen Gesellschaft. Die Beobachtungen im Abschnitt »Gott existiert!« haben dabei hohes interkulturelles Konfliktpotenzial zutage gefördert.

Wer im deutschen landeskirchlichen Protestantismus aufgewachsen ist und dann einmal in einer ganz durchschnittlichen schwarzen Baptistengemeinde in den USA Gottesdienst mitgefeiert hat, der wird beeindruckt sein davon, mit welcher Energie und auch Lautstärke anderswo zu Gott gesprochen werden kann. Auch Christ*innen hierzulande sprechen zu Gott im Gebet und reden über Gott. Sie tun das in unseren Breiten in aller Regel aber nicht in erhöhtem Tonfall, sondern bedächtig, besonnen, zivilisiert. So wie die Musik auch eher gemäßigt ausfällt. Die kulturellen Differenzen sind augenfällig. Und unabhängig vom Grad theologischer Kenntnisse der Mitfeiernden beeinflussen sie deren Erleben der religiösen Feier erheblich. Und sie irritieren manche Menschen.

In Deutschland wie in anderen Ländern Europas begegnen sich Menschen unterschiedlicher religiöser und kultureller Prägung im Religionsunterricht der staatlichen Schulen oder in gemeinsamen Schulfeiern. Religiöse Vielfalt prägt den Alltag insbes. in der Berufsschule. Erfahrene Praktiker berichten immer wieder, dass die größte Nachfrage unter Schülern sich auf das Thema der religiösen Prägung anderer richtet. Und wenn da z. B. eine überzeugte muslimische Schülerin fragend in die Runde blickt und die Schulpfarrerin herausfordernd anspricht: »Ich möchte ja gern mal wissen, wer von den Christen hier eigentlich gläubig ist!«[1] dann kann man den skeptischen Unterton der Fragenden nicht überhören.

---

1 Ich verdanke den Hinweis Petra Sorg.

Allerdings liegt auch die Rückfrage auf der Hand, was denn die muslimische Schülerin ihrerseits unter »gläubig« versteht und welchen religiös-kulturellen Prägungen sich ihre Maßstäbe verdanken.

Wenn es dabei um Gott geht, versuchen manche Christen, religiöse Differenzen eher abzublenden nach dem Motto »Alle Menschen beten zu demselben Gott unter verschiedenen Namen«. George W. Bush, ein früherer Präsident der USA und Mitglied der Methodistischen Kirche, provozierte mit einer entsprechenden Behauptung einen Aufschrei im eigenen religiösen Lager. Gefragt, ob Moslems denselben Allmächtigen anbeten wie Juden und Christen, antwortete der Methodist im Weißen Haus: »Ich glaube, wir verehren denselben Gott.«[2] Ob Christen und Muslime zu demselben Gott sprechen, stellt eine heute weltweit nicht nur unter theologischen Experten, sondern in der breiten Öffentlichkeit, in allen Zeitungen viel diskutierte Frage dar.

2 Beten wir alle zu demselben Gott?

Interkulturelle Begegnungen und Dialoge der Religionen scheinen das Gebot der Stunde in einem von religiös-kulturellen Konflikten geprägten Land. Initiativen und Aktionen die an Verständigung und Toleranz orientiert sind finden sich in Deutschland seit langem.

Um einen integrationspolitisch reflektierten Umgang mit religiöser Vielfalt geht es in der »Interkulturellen Woche«. Der Faktor Religion rangiert zwar nicht an vorderer Stelle, aber religionsbezogene Programmelemente sind immer wieder anzutreffen. So werden ökumenische Gottesdienste zur Eröffnung gefeiert, so gibt es z. B. das Chorprojekt »Musik aus Judentum, Christentum und Islam« auf der Frankfurter Woche 2017, um religiöser Intoleranz und dem wachsenden Antisemitismus wirksam zu begegnen.[3] In diesen Aktionen wird hin und wieder auch der Bezug auf Gott thematisiert. So heißt es in der gemeinsam herausgegebenen kirchlichen Verlautbarung »Es geht um die Einladung, den

---

2   Im Wortlaut sagte Bush im Interview mit dem Sender Al Arabia 2007 »Well, first of all, I believe in an Almighty God, and I believe that all the world, whether they be Muslim, Christian, or any other religion, prays to the same God.«, http://www.wnd.com/2007/10/43906/ download 2.3.2018.

3   https://www.vielfalt-bewegt-frankfurt.de/de/angebote/chorprojekt-musik-aus-judentum-christentum-und-islam download 2.3.2018.

liebenden Blick Gottes auf alle Menschen nachzuvollziehen.«[4] Man sucht offenbar das Gemeinsame in Bezug auf Gott zu betonen und die Differenzen eher
hintanzustellen.

Kinder reden von Gott, u. a. dann, wenn man sie danach fragt. Das tat vor einiger Zeit die junge muslimische Theologin Fahimah Ulfat im Rahmen eines
Forschungsprojekts. Ihr Interesse war es, empirisch verlässliche Auskunft darüber zu bekommen, was muslimisch erzogene Grundschulkinder über ihre
Gottesbeziehung denken. Dazu befragte sie Kinder einer 4. Klasse, ausgewählt
waren Jungen und Mädchen mit türkischem, arabischem, serbischem, albani-
schem, irakischem und afghanischem Migrationshintergrund.[5] Nach sozialwissenschaftlich bewährten Methoden führte Ulfat narrative Einzelinterviews,
in denen die Kinder auf einen Eingangsimpuls der Forscherin hin ausführlich
und möglichst ohne Lenkung durch die Erwachsene über Gott sprechen und
ihr persönliches Gottesverständnis im Gespräch ausbreiten konnten. Auf dieser
Grundlage kam die Forscherin zur einer differenzierten und sehr interessanten
Typenbildung dazu, wie sich Kinder ihr Verhältnis zu Gott vorstellen.

In unserem Zusammenhang verdient eine Auffälligkeit der Studie das besondere Interesse. Dankenswerterweise kann man im Buch die Interpretationen der Forscherin
zurückverfolgen zu den entsprechenden Interviewpassagen. Ich greife einen Abschnitt
aus dem Gespräch mit der türkischen Schülerin Leyla (9 Jahre) heraus[6].
Leyla: … also. meine Cousine die war so 17 oder 16 /ehm/. die // also sie wollte über die
Straße es war grün aber sie wurde von einem Reisebus überfahren. war sehr traurig ich
hab geweint. also ich hab dann Allah gesagt dass nie so etwas also passieren soll auch
nicht meinen Eltern oder Verwandten oder jemandem den ich sehr mag und darum find
ich jetzt meistens jemanden nett bevor er jetzt stirbt oder so etwas (15)
I: (fragend) du hast das zu Allah gesagt
Leyla: ja ich hab meine Hände aufgemacht hab gesagt dass nie so etwas passieren soll
hab duaj^4 gemacht. hab auch meiner Mutter gesagt dass sie auch // also dua machen soll
vielleicht dass es ne Wirkung gibt oder so etwas (5) und seit dem bete ich auch immer
mache namaz tu ich halt.

---

4   Gemeinsames Wort der Kirchen 2017 zur Interkulturellen Woche 2017 Begegnung – Teil-
    habe – Integration https://www.ekd.de/ekd_de/ds_doc/Gemeinsames-Wort-Interkulturelle-
    Woche-2017.pdf download 3.3.2018.
5   Fahimah Ulfat, Die Selbstrelationierung muslimischer Kinder zu Gott. Eine empirische Stu-
    die über die Gottesbeziehung muslimischer Kinder als reflexiver Beitrag zur Didaktik des Is-
    lamischen Religionsunterrichts, Paderborn 2017.
6   Ulfat a. a. O. 138

Darauf folgt direkt Ulfats Kommentar: »Die Form der direkten Ansprache an Gott zeigt in der Dimension der Perspektivität, dass Leyla sich in ein Gegenüber (hier Gott) hineinversetzt und ihm zumindest unterstellt, dass er ihr zuhört. Zugleich ist ihr Versuch der Bewältigung des Todes auch immanent und innerweltlich deutbar, in dem Sinne, dass sie durch den Tod ihrer Cousine den Wert des Lebens kennengelernt hat. Diese beiden Strategien schließen sich gegenseitig nicht aus.«[7]

Der Name »Allah« taucht wie selbstverständlich in der zufällig herausgegriffenen Interviewpassage mit Leyla und auch in den Fragen der Interviewerin an das Kind auf. Im Kommentar wechselt die Forscherin ebenso quasi selbstverständlich zum Begriff »Gott«.

Was in dieser kurzen Passage in sprachlicher Hinsicht greifbar wird, durchzieht das ganze Buch. Bereits im Titel, dann aber durchgängig in der Darstellung benutzt die Forscherin das Wort »Gott«, in den Passagen zu sozial- und religionswissenschaftlichen Diskussionen ebenso wie in den auf islamische Glaubensanschauungen bezogenen Ausführungen. In der vorgenommenen Gleichung von »Gott« und »Allah« folgt Ulfat sachlich der oben angesprochenen Behauptung »Alle Menschen beten zu demselben Gott unter verschiedenen Namen«. Dahinter verbirgt sich allerdings ein hermeneutisches Problem, das in der gegenwärtigen Situation verschärfter interreligiöser Diversität für religiöse Erziehung wie für kulturelle und politische Diskurse auf Dauer nicht übergangen werden darf.

Was in der gerade angesprochenen Einzelstudie als relativ unproblematisch anklingt, die Übereinstimmung oder wenigsten eine Konvergenz im Gottesverständnis zwischen Christen und Muslimen, das verfolgen andere mit plakativen Formeln unter Hinweis auf die sog. »Abrahamitische Trias«, »abrahamitische Religionen« oder »die drei monotheistischen Religionen.« Und diese Formeln genießen auf der einen Seite große Popularität nicht nur unter Religionswissenschaftlern, sondern auch vielen religiös interessierten Zeitgenossen, sie treffen auf scharfe Kritik bei anderen.

Während fernöstliche Religionen wie der Hinduismus von einer Vielzahl von Göttern gekennzeichnet sind, sehen viele die Gemeinsamkeit zwischen Judentum, Christentum und Islam gerade in gemeinsamen historischen Wurzeln und – unbeschadet vieler Differenzen im Detail – in einer grundsätzlich gleichen monotheistischen Ausrichtung des Gottesverständnisses. Das Gemeinsame der religiösen Grundorientierung zu betonen ist für viele angesichts religiöser

---

7   Ebd.

Intoleranz von allen Seiten ein ethisch höchst bedeutsames Anliegen, das dem
Frieden der Religionen und dem Frieden der Kulturen förderlich sei. Auch in
Programmen zu »Interreligiöses Lernen im Religionsunterricht in staatlichen
Schulen« findet man die Formel einer »abrahamitischen Trias«, um das Ver-
bindende der drei Religionen stark zu machen.

Manche fragen aber kritisch zurück: »Beten wir alle zum gleichen Gott?«[8] Und
sie halten den inklusiven Sprachgebrauch für sachlich unangemessen oder gar
schädlich. Sie verweisen darauf, dass hier mit einer historisch sekundären Konstruktion ein Oberbegriff »Gott« etabliert werden soll, der den religiösen Traditionen nicht gerecht werde. So kommentiert der französische Philosoph Rémi
Brague: »Falsch sind die Bezeichnungen, sofern sie der eigentlichen Natur der
drei Religionen nicht gerecht werden, wenn man ohne weiteres davon ausgeht,
sie alle auf einen Nenner bringen zu können. Brisant sind diese Begriffe, da sie
eine intellektuelle Bequemlichkeit fördern, die sich nicht unbedingt um eine
Auseinandersetzung mit der Realität bemüht.«[9] Und auch von jüdischer Seite ist
mittlerweile Kritik angemeldet worden an einem nicht differenzierenden Reden
von Gott, das Gemeinsamkeiten zwischen Juden und Christen nur vortäusche.

So lösen sich bei näherem Hinsehen also heute in einer Kultur mit starker religiöser Pluralisierung bei der Verwendung des Wortes »Gott« Selbstverständlichkeiten im Sprachgebrauch auf. Was den einen als Bemühung um Verständigung
über Trennendes hinweg wichtig wird, das kritisieren andere als unerlaubte
Vereinnahmung. Das Wort »Gott« auszusprechen birgt auch in dieser Hinsicht
Probleme.

3 Konflikte und Machtpositionen

Interreligiöse Dialoge um Gott und Glauben sind keine Erfindung unserer Zeit.
Der Blick in die reichhaltige Vorgeschichte in Europa fördert allerdings nicht
nur Verständigung zwischen den Partnern. Das kann man beispielhaft ablesen
an den berühmten Religionsgesprächen zwischen Christen und Juden, wie diese
im katholischen Spanien im 12., 13. und 14. Jahrhundert inszeniert wurden. Weit
verbreitet war nämlich der Typ erzwungener »Religionsgespräche«, einem sog.

---

8   Andreas Renz, Beten wir zum gleichen Gott? Wie Juden, Christen und Muslime glauben,
     München 2011.
9   Rémi Brague, Schluss mit den »Drei Monotheismen«! In: IKZ Communio, 36 (2007) 98.

Wikkuach, was faktisch auf die Fortsetzung der spanischen Judenverfolgungen im 14. Jahrhundert und der anschließenden Konversion zum christlichen Gott in der Praxis der Zwangstaufen hinauslief.

Wir haben nur wenige Quellen, die die konkrete Praxis dieser Religionsgespräche genauer beleuchten. Man kann sich aber leicht vorstellen, wie diese Gespräche mit Aggressionen gegen die »Ketzer« und mit Angst um Leib und Leben verbunden waren, es ging nicht um akademische Angelegenheiten, sondern von der »richtigen« Antwort hing das Schicksal der ganzen Gruppe ab. Aus den wenigen Notizen zu diesen Dialogen zwischen Christen und Juden im Mittelalter kann man ablesen, dass interreligiöse Dialoge in vorgängige soziale Strukturen einschließlich bestimmter Machtverhältnisse eingebettet waren. Diese haben sich seit dem 14. Jahrhundert in Europa gründlich verändert, dass aber Sprechen über Gott aus unterschiedlichen Machtpositionen heraus geschieht, bleibt eine Konstante.

In welchen Kontexten spielen sich sog. »inter-religiöse Gespräche« heute ab? Menschen reden über Gott. Sie sprechen über ihren Glauben an ihren Gott zu anderen. Oder sie suchen eine gemeinsame Sprache, um mit anderen zu beten oder ihre Betroffenheit in kollektiven Notlagen zum Ausdruck zu bringen. In der Lebenspraxis ist das »Interreligiös über Gott reden« stets eingebettet in eine konkrete Situation. Jemand redet zu einem anderen in einer konkreten Lebenssituation, mit spezifischem Setting/Interessen. Und andere nehmen dieses Sprechen wahr, kommentieren es womöglich in Zustimmung oder Widerspruch.

Zum Beispiel so:
Im Advent 2010 sollte in dem für alle Schüler gedachten Schulgottesdienst in einer Vorstadtgemeinde der norwegischen Hauptstadt Oslo aus dem Koran gelesen werden.[10] Die Bevölkerung des Stadtteils ist nach religiöser und kultureller Prägung sehr divers, es gibt einen relativ großen muslimischen Bevölkerungsanteil, viele davon mit Migrationshintergrund. Die zuständige Pfarrerin wollte während des (lutherischen) Gottesdienstes aus dem Koran die islamische Fassung der Geburtsgeschichte Jesu, also die Passage über Maryam und Issa vorlesen (Sure 19, 22–25). Die Eltern der Schüler waren zuvor darüber informiert worden. Es gab bereits am Vortag des Gottesdienstes Kommentare im staatlichen Fernsehprogramm. Eltern beschwerten sich über die Pfar-

---

10 Vgl. die ausführliche Schilderung des Falles bei Carsten Schuerhoff, Identität und Reform – Der Koran im Schulgottesdienst, in: Hans-Günter Heimbrock/Silke Leonhard/Peter Meyer/ Achim Plagentz (Hg.), Religiöse Berufe – kirchlicher Wandel. Empirisch-theologische Fallstudien, Berlin 2013, 184 ff.

rerin. Journalisten, aber auch Mitglieder einer konservativen Partei meldeten sich zu Wort. Der damalige Bischof von Oslo wurde in ein Fernsehinterview zur Sache verwickelt, in dem er als Vorgesetzter über die Legitimität des Planes urteilen sollte. Kollegen im Pfarrkonvent berieten hinterher über die ganze Sache.

Reden über Gott wird, wie das Beispiel zeigt, in einer religiös pluralen Kultur rasch konfliktreich, weil dieses Reden-über nicht isoliert geschieht, sondern auf einer Metaebene in andere Konflikte eingespannt werden kann. Da reden Menschen miteinander mit unterschiedlichen Motiven, z. B. dem der Verständigung zwischen Mitgliedern verschiedener Glaubensgemeinschaften, dem der Bewahrung religiöser Tradition. Ins Spiel kommen rasch auch unterschiedliche Interessen, neben einem religiösen z. B. auch das Interesse von Journalisten an Sensationsnachrichten über konfrontative Ereignisse. Was im interreligiösen Dialog »inter« heißt, also die Fronten in den Dialogen, die verlaufen nicht einfach entlang der Konfession- bzw. Religionsgrenzen.

Es klingt trivial, muss aber trotzdem immer wieder bewusst gemacht werden: Alle Gespräche über Gott sind stets kulturell mitgeprägt. Dies ist inzwischen auch in wissenschaftlichen Analysen genauer untersucht worden. Man kann das z. B. an einer instruktiven Studie zur Rezeption von Predigten mit dem Interesse des kulturellen Vergleichs ablesen. Vor einigen Jahren hat Peter Meyer untersucht, wie Protestanten in Deutschland und in den USA über Gott sprechen, wie die Profis das in Predigten tun und wie Gemeindeglieder solches Reden über Gott erleben.[11]
Der Fokus des interkulturellen Vergleichs schärft Einsicht in die kulturell vorherrschenden Rede- und Hörmuster. Was der Autor der Studie in differenzierter Weise nach einer hochkomplexen empirischen Studie beschreibt und interpretiert, könnte man sehr grob vereinfachend so zusammenfassen: die Deutschen scheuen sich eher in direkter Weise von Gott zu sprechen. Sie tun es eher mit komplexen reflexiven Redestrategien. Für US-Amerikaner ist es viel selbstverständlicher, das Wort Gott in den Mund zu nehmen, über Gottes Wirken und seine Existenz zu sprechen. Das gilt nicht nur für religiös naive, sondern auch für theologisch Geschulte. Und die Erwartungen der Hörenden an die Predigt decken sich weitgehend mit solcher Rede von Gott.

---

11   Peter Meyer, Predigt als Sprachgeschehen gelebt-religiöser Praxis. Empirisch-theologische Beiträge zur Sprach- und Religionsanalyse auf der Basis komparativer Feldforschung in Deutschland und in den USA, Tübingen 2014.

Schließlich gehört auch die Wahrnehmung verschärfter weltanschaulicher Pluralisierung ins Bild. Im Zuge von Globalisierungsprozessen, verstärktem interkulturellem Austausch und gestiegener Migration und ist das Vordringen afrikanischer und pfingstlerischer Frömmigkeit in ehemals rein weiße Kirchengemeinden in Deutschland nicht länger zu übersehen. In konkreten Situationen der Begegnung irritiert westeuropäisch geprägte Christ*innen die Konfrontation mit numinosem Weltwissen, mit selbstverständlichem Umgang von spirituellen Heilungsprozessen usw. in z. T. verstörender Weise. Der Experte für Interkulturelle Theologie Werner Kahl beurteilt die Ausgangssituation so: »Das in Afrika verbreitete Wissen von Welt steht in einem fundamentalen Gegensatz zur Wirklichkeitswahrnehmung der meisten Nordeuropäer.«[12]

Das Aufeinandertreffen unterschiedlicher Weltbilder beinhaltet Herausforderungen für theologische Hermeneutik in Bezug auf geltende Wirklichkeitsverständnisse, die nicht mehr nach dem schlichten Schlüssel »vor-modern« versus »modern« abgehandelt werden können. Es bietet Herausforderungen für die Gestaltung ökumenischen Lernens. Und nicht zuletzt beinhaltet die Situation ekklesiologische Herausforderungen für christlich verantwortbare Gestaltung transkultureller Gemeinden.

4 Gesichtspunkte für differenz-sensible Redepraxis

Menschen reden über Gott und hören andere über Gott reden. Wo liegen in der Situation kultureller Pluralisierung der Lebenssituationen Herausforderungen für sachgemäße, theologisch angemessene Gestaltung des Redens? Mit welchen Fragen wird man bei der Gestaltung in der Praxis unweigerlich konfrontiert?
- Wie man von Gott redet und zu Gott betet, etwa in sog. »inter-religiösem Gebet« oder in multireligiösen Feiern etwa in der öffentlichen Schule, gehört heute zu den drängenden Aufgaben vor Ort. Menschen fragen, wie man sensibel werden kann für Pluralität der religiösen Traditionen und sensibel für die beteiligten Anderen, fragen, wie es möglich ist, ihre religiösen Gefühle nicht zu verletzen und Verbundenheit auszudrücken gerade in Situationen gemeinsamer Trauer.[13] Kann man eine gemeinsame Sprache finden und doch die Differenzen wahren? Wie immer man darauf mit konkreter Gestaltung

---

12 Werner Kahl, Hexenglaube, Flüche und Jesus-Power: Irritierende Begegnungen mit dem pfingstlich-charismatischen Christentum Westafrikas in Deutschland, in: Hans-Günter Heimbrock/Christopher Scholtz (Hg.), Kirche: Interkulturalität und Konflikt, Berlin 2016, 126.
13 EKD (Hg.), Klarheit und gute Nachbarschaft. Christen und Muslime in Deutschland. Eine Handreichung des Rates der EKD, EKD-Texte 86, Hannover 2006.

reagiert – wenig hilfreich erscheint eine Ontologisierung nach dem Motto »*Haben* eigentlich alle denselben Gott?« Auch in kultureller Vielfalt gilt die hermeneutische Brechung: Es sind Menschen, die da reden, und das Reden von Gott bleibt persönliches Bekenntnis.

- Reden von Gott in Dialogen zwischen Menschen verschiedener Kulturen geschieht im Rahmen bestimmter Konzepte von Kulturbegegnung. Diese sind in der Regel nicht explizit markiert, bleiben gleichwohl wirksam für die Praxis. Das Konzept interkultureller Verständigung bedarf der Weiterentwicklung, insofern man heute kaum noch von separaten Einzelkulturen ausgehen kann, die einander begegnen. Angemessener erscheint ein Verständnis »trans-kultureller« gegenseitiger Austauschprozesse. Das betrifft auch alle religiösen Leitvorstellungen. Wer sie verwendet, aktiviert bei sich und den Zuhörenden mit inhaltlichen Aussagen über Gott stets zugleich auch bestimmte Weltbilder und kulturelle Normen, Bewertungen der eigenen und der »fremden« kulturellen Standards. Und da ist es interessant genauer zu verfolgen: Wer hat eigentlich das Sagen bei solchem Sprechen? Da werden sich rasch Asymmetrien zeigen, die beginnen mit dem Gebrauch oder dem Gebrechen an dem, was im Gespräch selbstverständlich als »Muttersprache« gilt.

- Über interreligiöse Dialoge redet in Situationen wachsender Divergenzen eigentlich jeder, insbes. viele christliche Gesprächspartner und vielen »mit besten Absichten«, im Interesse an Kultivierung von Verständigung und Toleranz. Es ist wohl lohnend, hier genauer hinzuschauen, wo und wie solches Sprechen praktisch geschieht. »Gott« ist da im seltenen Fall das Hauptthema, eher Dinge wie »unser christliches Abendland«, Fluchtursachen oder Berechtigung für Wohnung und Sozialhilfe für Ausländer. Auf Gott und religiöse Prägungen kommt eher beiläufig die Rede.

- Weitere Beachtung verdient wohl auch, mit welchen ausgesprochenen und welchen unausgesprochen Erwartungen Menschen da miteinander ins Gespräch kommen. Nicht selten geschieht das mit harmonistischen Erwartungen in Richtung auf Überwindung oder Ausklammerung bestehender Differenzen. Und dabei wird schnell der ganze Unterbau kultureller Selbstverständlichkeiten abgehängt. Und ein ernsthaftes Reden von Gott, das auch eigene Positionen kennt, allemal.

- Schließlich: Wie man in solchen Situationen über Gott sprechen kann in einer Weise, die noch etwas sagt, das ist wohl erst zu klären und dann praktisch einzuüben. Wenn man hinter die Vielstimmigkeit des Redens von Gott in religiös pluralisierten Gesellschaften zurückgeht, kommt man an den Punkt zu fragen, was denn überhaupt gesagt ist, wenn man das Wort

»Gott« benutzt. Was versucht ein Mensch da auszusagen? Was wird angesagt? Ist das ein identifizierbarer Eigenname, oder hantiert man einen ganz verschwommenen Gattungsbegriff? Und wird Gott nicht dort viel angemessener und gehaltvoller weitergesagt, wo man auf das eine Wort verzichtet und stattdessen viele Worte macht, z. B. in gleichnishafter Rede? Diese Fragen werden vertieft im Kapitel »Gott sagen«.

Zwischenbilanz

Was hat die Sichtung von Kontexten erbracht? Nach der engeren Perspektive des individuellen Erlebens (vgl. 1.2) richtete sich der Blick auf Umfelder, auf Lebenswelten und kulturelle Dynamiken des Sprechens. Das kann theologische Reflexion erden und die eigene Perspektive erweitern, indem Herausforderungen genannt werden. Kirchlich professionelle Redner*Innen kommen mit fremder Sprachpraxis in Kontakt, die etwas weiter ab von pastoraler idealer Praxis liegt. Auch mit dem, was unterhalb der Textebene des Sprechens virulent ist, elementare, gleichwohl oft übersehenen Dimensionen des eigenen Sprechens.

Der Blick auf Kontexte sichtet übersehende situative Zusammenhänge an den klassischen Orten kirchlicher Rede von Gott, in der Predigt oder im Unterricht, die in mancher theologischen Beschreibung nicht im Blick sind. Er fördert zuweilen Inhalte, Intentionen und überindividuelle kulturelle Muster des Sprechens über Gott zutage, die wir in der Schultheologie nicht im Blick haben. Schließlich konnten weiterreichende Analyseperspektiven notiert werden, die in späteren Kapiteln aufgegriffen werden.

Man wird die Orientierungskraft solcher Kontexte im Blick auf theologische Angemessenheit des Redens von Gott nicht überschätzen dürfen. Denn da sind oft weder rhetorische noch theologische Profis am Werk. Wer die Vokabel »Gott« in den Mund nimmt, kann ja schon immer alles Mögliche meinen, ist mehr oder ist weniger informiert. Und was bei den einen als effektive, erstrebenswerte und wirkungsvolle Rede ankommt, das beurteilen die anderen als unzivilisierte Hasspredigt oder als politische Propaganda.

Auf die Sichtung der Kontexte folgen individuellen Fallskizzen, An-Sprechende Erfahrungen«, wo Einzelne über Erfahrungen besonders dichtem Reden von Gott und Reaktionen von konkreten anderen darauf berichten.

3
An-Sprechende Erfahrungen
Der mikroskopische Blick auf Szenen

Einleitung

Wenn im letzten Abschnitt unter drei Stichworten kulturelle Konstellationen des Redens von Gott eher flächig beleuchtet wurden, dann soll jetzt auf konkrete Sprechsituationen näher eingegangen werden. Dazu haben dankenswerterweise fünf Kolleginnen und Kollegen, die mit dem lebensweltttheoretischen Ansatz vertraut sind, Situationsbeschreibungen und Rekonstruktionen ihres Redens bereitgestellt.

An sie erging die Bitte, aus ihrer beruflichen Praxis der letzten Zeit eine Sprechsituation auszuwählen, die sie als einen besonders dichten Moment in Erinnerung haben. Diese sollten sie im Erzählmodus dichter Beschreibung notieren, eine praxisnahe Rekonstruktion des Erlebens zu Papier zu bringen, zunächst ganz ohne Fußnoten und ohne Bezüge zu Theorien. Erbeten wurde aber eine erste eigene Kommentierung, Notizen zu überraschenden Momenten in der Rückschau, irritierende Elemente und Rückfragen an die eigene Praxis.

Von meiner Seite aus gab es nur wenige Vorgaben zur Strukturierung dieser aussagekräftigen Skizze der Gesprächssituation in Richtung auf Momente »gelebter Erfahrung«. Das geschah ungefähr mit diesen Impulsen:
- Inhaltliche Elemente aus dem Gespräch möglichst in verbaler Anlehnung an real abgelaufene Kommunikation (wo fließt es? wo stockt es? Wo schweige ich?)
- Eine Skizzierung des situativen Kontextes (meine Rolle, beteiligte Personen und ihre Beziehungen zu mir; das räumliche und zeitliche Setting)
- Wenn möglich und relevant: eine Skizzierung zu individuellen Vorbereitung der Redesituation
- Erste eigene Kommentierung im Rückblick (*Wie* habe ich geredet? Wo hat es geknistert? Was waren theologisch dichte Momente? An welchen Themen?)
- Wie und wo hatte mein Sprechen erkennbare Folgen?

So kann im Einzelnen und an ganz verschiedenen Praxisfeldern wie Gemeindevortrag, Religionsunterricht oder auch Hochschulseminar exemplarisch die Innenperspektive der Erfahrungen verfolgt werden. »Exemplarisch« meint aber jetzt nicht vorbildlich. Mit dem Blick auf das Konkrete des Einzelfalls sollen hier keine Ansprüche auf ideale Sprechpraxis verbunden werden. Die versammelten Skizzen zu »An-sprechenden Erfahrungen« wollen an unterschiedlichen Situationen die Wege und Umwege alltäglichen Sprechens näher beleuchten. Damit ist beabsichtigt, Leser*Innen in das persönliche Erleben der in concreto immer höchst verwickelten Gesprächsdynamik hineinzunehmen und so eher dazu anregen, eine Wahrnehmungshaltung für die eigene Praxis anzubahnen. Daraus kann man für professionelles Reden Folgerungen ziehen.

Lars Christian Heinemann[1]

Verwickeltes Sprechen, sprechende Stille

Es ist meine erste Pfarrstelle, in einer großen Stadtgemeinde. *Taufen* gehört zum Alltagsgeschäft, die zugehörigen Gespräche sind in aller Regel Routine. In diesem Fall sollte das anders sein.

Genauer handelt es sich um eine ganze Sequenz von Sprechsituationen, die sich von August bis Dezember zog. Mein Gegenüber waren in einem ersten Gespräch der Taufvater Herr P., dann im zweiten Gespräch die gesamte Tauffamilie (Herr und Frau P., die Täuflinge Christian und Maria), schließlich im Rahmen der Taufe selbst die Gottesdienstgemeinde insgesamt.[2] Hier sollten die Reaktionen zweier Frauen, B. und H., noch einmal meine Wahrnehmung der Situation erweitern. Die vielen Seitengespräche des Gesamtvorgangs (mit den Kollegen vor Ort, mit Kolleg*innen darüber hinaus, mit dem Gemeindebüro, den Patinnen etc.) sind nachfolgend nicht berücksichtigt. Bereits diese kurze Auflistung zeigt, dass der eigentliche Vorgang – die Taufe zweier Kinder im Rahmen eines Sonntagsgottesdienstes – einen Umhof von Gesprächen, Absprachen, Begegnungen, eigenen Überlegungen etc. mit sich führt, der im Ganzen praktisch nicht zu überblicken ist. Verwickeltes und verwinkeltes Sprechen und Handeln – ich denke: keineswegs untypisch für den pfarramtlichen Alltag. Das Wort wie die »Sache« Gott laufen dabei mit. Mal explizit, zumeist aber mehr implizit.

Erster Akt. Spätsommer, August, nach der Sommerpause nimmt das Gemeindeleben wieder spürbar Fahrt auf. Nachricht aus dem Gemeindebüro, dass ein Herr P. um Kontakt bittet. Nähere Informationen gibt es nicht. Ich telefoniere mit P.: Es gehe um die Taufe seiner Zwillingskinder Christian und Maria, alles Weitere bitte im persönlichen Gespräch. So weit, so unklar, so geheimnisvoll – zumindest von Seiten meines Gesprächspartners. Ihm geht es um etwas, was ihm am Herzen liegt. Und was gleichzeitig anscheinend so fragil ist, dass es nur

---

1   Lars Christian Heinemann, Jahrgang 1975, Gemeindepfarrer in Frankfurt/M. (Sachsenhausen, St. Katharinen, Bornheim), Dissertation zu Paul Tillichs Symboltheorie bei Ulrich Barth, regelmäßige Mitarbeit u. a. im Rahmen der Predigtstudien.
2   Die Namen der Beteiligten sind anonymisiert.

unter vier Augen besprochen werden kann. Ich bin neugierig, gleichzeitig aber nicht unangestrengt: Was an dieser Taufe kann so besonders sein?

Wir treffen uns in einer der beiden Kirchen der Gemeinde, ich zeige P. kurz den Kirchraum. Hier würde eine potenzielle Taufe stattfinden. Mein Gegenüber ist geschätzt Mitte 50, gepflegtes Äußeres, sortiert. Es geht ihm darum, dass seine beiden Kinder getauft werden: Zwillinge, ein Junge Christian und ein Mädchen Maria, ca. fünf Jahre alt. Er selbst ist nicht (mehr) in der Kirche, biographisch habe er festgestellt, dass dies nicht »sein Weg« sei. Er schätzt allerdings die »Werte, die durch die Kirche vermittelt werden«. Seine Frau ist in Polen aufgewachsen, katholisch, »da ist das ja alles etwas anders, strenger«. Jetzt sei sie distanziert und ebenfalls aus der Kirche ausgetreten. Seine Frage ist, ob eine Taufe der beiden Kinder trotz der – durch den Austritt institutionell dokumentierten – Distanz zur christlichen Kirche möglich sei, und ob ich diese Taufe übernehmen würde.

P. formuliert sein Anliegen klar. Ich kann sein Interesse gut hören. Es scheint mir glaubwürdig. Ich weise ihn darauf hin, dass eine Taufe im Falle zweier Elternteile, die keiner der ACK-Kirchen zugehören, zwar ungewöhnlich ist, »aus seelsorgerlichen Gründen« aber möglich. Ich frage ihn – mit Hinweis darauf, dass seine Bitte ungewöhnlich ist – geradeheraus, was seine Motivation ist. Darauf P.: »Mir ist dieser Weg, der Kirche, verschlossen. Aber für meine Kinder soll der offen sein. Sie sollen ihre eigenen Erfahrungen machen und dann selbst schauen, ob das mit Gott etwas für sie ist.« Ich weise ihn darauf hin, dass mindestens eine evangelische Patin, ein Pate benannt werden muss, wenn beide Eltern keine Kirchenmitglieder (mehr) sind. Er nennt eine Nachbarin, Frau M.-H., fügt aber hinzu, dass sie den Großteil des Jahres nicht in Deutschland lebe.

Die gesamte Konstruktion scheint mir fragil – aber andersherum: P. hat eine klare Bitte. Die Taufe seiner Kinder liegt ihm am Herzen. Er spricht offen. Und ich, meinerseits? Die kirchenrechtlichen Rückfragen, die gefühlte Fragilität der Gesamtkonstellation sind das eine. Das andere: Taufen ist besser als nicht taufen. Besser den Kindern diesen Weg eröffnen – und vielleicht den Eltern, bei positiver Erfahrung mit der Kirche? –, als diese Tür möglicherweise endgültig zu schließen.

Wir gehen so auseinander, dass ich mich nach Rücksprache mit der angedachten Patin bei ihm melde. So geschieht es dann auch, ich erkläre mich bereit, die Kinder zu taufen. Als beiderseits frühestmöglicher Tauftermin kristallisiert sich indes der Dezember heraus – gute fünf Monate nach dem Erstkontakt.

Zweiter Akt. Das eigentliche *Taufgespräch* mit den Taufeltern P. und den beiden Täuflingen Christian und Maria, Ende November, etwa zwei Wochen vor

dem Tauftermin. Wieder treffen wir uns in der Kirche, wieder zeige ich kurz
den Raum. Wir gehen auch zum Taufbecken. Gesprächsversuche mit den beiden Kindern, die aber nicht recht verfangen. Für sie ist anscheinend nicht klar,
worum es bei dem Treffen oder auch der Taufe selbst gehen soll. Was ich insgesamt spüre, bei mir wie bei den Taufeltern – Distanz. Auch: Unsicherheit. Wir
kommen nicht wirklich »ins Gespräch«, in Kontakt.

Am stärksten sind die Erinnerungen an die Mutter – aber das vor allem, weil
wir einander fremd bleiben. Sie ist vielleicht Mitte 30, und also deutlich jünger
als ihr Mann. Sie scheint keine innere Bindung zur Religion, zum Christentum
oder dem Thema Taufe zu haben – anders als ihr Mann in seiner bewussten
Abgrenzung von der Institution. Die Kinder werden offensichtlich auf seinen
Wunsch hin getauft. Das ist insofern ungewöhnlich, als der Taufwunsch in aller
Regel primär von der Mutter, weniger vom Vater ausgeht. Mein Eindruck ist,
dass sie auch vom Sprachsinn her nicht alles versteht, was wir – im Grunde zu
Dritt, die Kinder sind kaum eingebunden – besprechen. Spürbar ist nur: Distanz. Große Distanz. Die sprechendste Szene zum Abschied, wir stehen schon
im Vorraum der Kirche, an der Kirchentür. Ich: »Alles Gute, wir sehen uns in
zwei Wochen zum 2. Advent hier wieder.« Frau P.: »Alle? Muss ich kommen?
Ist das notwendig?« Ich, entgeistert: »Ja, das ist notwendig.« Frau P., kurz: »Ok.«
Die vier gehen. Und ich bleibe mit der – bangen – Frage zurück: Wird die Mutter überhaupt zum Taufgottesdienst kommen?

Dritter Akt, in mehreren Szenen. *Taufgottesdienst* – der im Grunde überladen
ist: Die Taufe findet am 2. Advent statt, aufgrund älterer Absprachen ist der
als musikalischer Gottesdienst gestaltet, es singen gleich zwei Chöre. Die eine
Patin, Frau M.-H., ehemalige Opernsängerin, möchte ebenfalls etwas Musika-
lisches zum Gottesdienst beitragen. Als zweite Patin ist in der Taufwoche kurz-
fristig eine katholische Freundin des Paares hinzugekommen. Schließlich: Erster Sonntag im Monat, Abendmahl. Räumlich gestaltet sich das Ganze so, dass
die Taufeltern mit den Täuflingen Christian und Maria sowie der (überschau-
baren) Taufgesellschaft direkt vor der Kanzel sitzen, die Chöre auf der gegen-
überliegenden Lesepultseite, ebenfalls ganz vorne. Das bedeutet auch: Taufgesellschaft und Chöre belegen auf beiden Seiten des Kirchenschiffs die ersten
Reihen »im Block«. Dahinter die Sonntagsgemeinde, die sich über diese beiden
Gruppen hinaus eingefunden hat.

Erste Szene. Auf die Eingangsliturgie folgt die eigentliche *Taufe.* Hier ist mir vor
allem eine Situation in Erinnerung: Die Taufeltern sowie die beiden Patinnen
stehen mit den Täuflingen am Taufstein. Ich frage die Eltern: »Wer soll denn

den Anfang machen, wen wollen wir zuerst taufen, Christian oder Maria?« Die Eltern verständigen sich kurz und antworten dann: »Maria!« Ich taufe – und als der Sohn Christian als zweites an der Reihe ist, büchst er in Richtung Altarraummitte aus. Die Menschen reagieren heiter, ein wenig amüsiert, und mir rutscht spontan heraus: »Na – da hätten wir wohl lieber den Jungen zuerst getauft«. Schmunzeln der Eltern, Schmunzeln in der Gemeinde.

Es ist ein leichter Augenblick, ein Intermezzo in einem eher gedrängten Gottesdienst. Und ich erlebe einen Augenblick der Nähe: Die Taufeltern sind – bei aller Aufregung und Angespanntheit der Situation in einem für sie fremden Kontext – gelöst. Die Familie kommt der Gemeinde näher, weil diese sie in einem gleichsam alltäglichen, spontan-ungeplanten Moment erlebt. Die Gemeinde kommt in ihrer leichten Heiterkeit der Familie näher, weil sie auf das Verhalten des Sohnes eben zugewandt reagiert, und nicht abweisend. Und: Auch die Tauffamilie und ich kommen uns in dem Augenblick nahe – die Leichtigkeit verbindet uns. Und das interessanterweise in dem Moment, in dem die rein physische Nähe am Taufstein sich in Richtung Altarraummitte hin auflöst, wohin der Junge »geflüchtet« war. Im Anschluss an die Taufe singt die Patin M.-H. im Wechsel mit der Gemeinde *Ich bin getauft auf deinen Namen.* Meine Erinnerung: Das Lied berührt, die Situation ist schön und gesammelt.

Zweite Szene. Predigt, zum Thema »Taufe«, anhand von Agp 8, der Geschichte von Philippus und dem Kämmerer. Dabei spielt die Predigt im Wesentlichen zwischen zwei Polen: dem der Offenheit der Taufe (»Was hindert's?«) und der Freiheit der Getauften, auch abseits der Kirche fröhlich ihrer eigenen Wege zu ziehen, einerseits. Und andererseits dem Pol einer Verbundenheit und Angewiesenheit der Getauften aufeinander (»Verstehst du auch, was du liest/lebst?«).

Auf der Textoberfläche adressiere ich dabei »die Gemeinde« im Ganzen, dann die Taufeltern, indirekt auch die Patinnen, dann wieder primär »die Gemeinde«, im Schlussteil hintereinander die Täuflinge selbst, Eltern und Patinnen und schließlich wieder die Gemeinde. Mein »geheimer« erster Adressat ist dabei wohl der Taufvater. Ihn hatte ich vor allem in der ersten Begegnung zwar als gegenüber »der Sache mit Gott« distanziert erlebt – aber eben nicht ohne Ambivalenzen: Im Taufwunsch sprach sich ja ebenso ein, wenn auch über die Kinder vermitteltes, indirektes Interesse aus. Ihn also versuche ich zu erreichen. Ob das gelingt? Schwer zu sagen. Zu Beginn scheint er »da«, im Verlauf der Predigt jedoch weniger.

Wer sich aber stattdessen ganz offensichtlich angesprochen fühlt, ist eine ältere Frau aus der (Kern)Gemeinde, B., ca. 80 Jahre alt. Sie sitzt auf »ihrem« Platz, vom Altarraum aus gesehen linker Hand auf der Kanzelseite, relativ direkt hinter der Taufgesellschaft. Etwa zur Mitte der Predigt, ich stelle dem freien und ungebundenen Pol der Taufe eben den gebundenen Pol mit dem »Verstehst du auch, was Du liest?« des Philippus gegenüber, entfährt ihr ein deutlich vernehmbarer Kommentar: »Genau! So ist das nämlich.« Meinem Gefühl nach sprach sie dabei eher laut mit sich selbst, ganz aus der Situation heraus. Ihr Kommentar galt weder der Taufgesellschaft, noch den anderen Gottesdienstbesucher*innen, noch mir – in ihm verdichtete sich vielmehr ihr eigenes Angesprochensein.

Dritte Szene. Nachspiele. Im Anschluss an die Predigt feiert die Gemeinde Abendmahl – traditionell in einer einzigen (sehr) großen Runde, rund um den Altar. Auch der Taufvater nimmt teil. Im Anschluss an den Gottesdienst kurze Gespräche an der Kirchentür. Der Taufvater ist sichtlich dankbar und zugewandt, »Danke, das war schön!« – und gleichzeitig hat unser Kontakt hier auch etwas Abschließendes. M.-H., die eine Patin, ist sehr herzlich: »So ein schöner, feierlicher Gottesdienst. Und die Predigt, nicht so politisch. Danke!« Wir werden uns später noch einmal nach einer Christvesper an der Kirchentür begegnen, auch (mindestens) einen weiteren Gottesdienst wird sie in den kommenden Jahren besuchen. Ihre Reaktion ist immer dieselbe: Sie schätzt den feierlichen, (für ihre Ohren) nicht zugespitzt politischen Charakter der Gottesdienste.

Und noch eine Reaktion gibt es, im Nachgang. In der auf den Taufgottesdienst folgenden Woche erhalte ich eine E-Mail von H. Sie ist gleichfalls eine Frau von ca. 80 Jahren. Wir kennen uns noch aus meiner Vikariatszeit, haben seitdem sporadischen Kontakt. Sie schreibt: »Lieber Herr Heinemann, Ich muss mich doch noch einmal zur Predigt vom Sonntag melden. Herr Dr. G. und ich haben uns den ganzen Rückweg noch darüber unterhalten. Was uns aufgefallen war – und das weiß ich nicht, ob Sie das auch gemerkt haben – man hätte einen Stecknadelskopf fallen hören können. Wir kennen es ja von Ihren Predigten, dass die Kirchenbesucher sehr aufmerksam zuhören. Aber eine solch gespannte Aufmerksamkeit wie diesmal habe ich noch nie erlebt.« Interessanterweise kann ich mich an die von H. beschriebene hochkonzentrierte Atmosphäre nicht erinnern, ich habe hier also nichts Besonderes »gemerkt«. Vielleicht, weil ich mit meinen Gedanken primär bei den Taufeltern war? Ob darüber die Gottesdienstgemeinde im Ganzen – die ich ja immer wieder angesprochen, aber gedanklich wohl eher mit-gemeint hatte – am Rande meines Wahrnehmungsfeldes verblieb?

Reflexionen

Die Taufe eines Zwillings-Geschwisterpaares in einem Sonntagsgottesdienst – ein einfacher Sachverhalt, möchte man meinen. Und doch fällt mir mit zeitlichem Abstand auf, wie lange sich der Prozess im Ganzen zog: Zwischen der ersten Kontaktaufnahme und der eigentlichen Taufe lag beinahe ein halbes Jahr, ohne dass hier viel miteinander kommuniziert worden wäre. Ein Indikator für Unsicherheiten auf Seiten aller Beteiligten, Unklarheiten, Ambivalenzen? Oder aber für einen stabilen Prozess, in dem es eben nicht viel zu besprechen gab? Eine eindeutige Antwort fällt mir schwer. Denn rein äußerlich gingen die Dinge ihren linearen Gang. Innerlich, für meine Wahrnehmung, gestaltete sich der Weg hingegen kurvenreich. Auf die Erstbegegnung mit dem Vater, die ich als gelungen erlebte, folgte ein doch recht holpriges Taufgespräch. Der Taufgottesdienst bleibt für mich eine *mixed bag*. Hier stehen konträre Wahrnehmungen nebeneinander.

Also noch einmal, Akt für Akt.

Für den *Ersten Akt* – das Vorgespräch zwischen P. und mir – mag das Gegensatzpaar »Offenheit« und »Verschlossenheit« ein Spotlight an die Hand geben, das die Szene nochmals ausleuchtet. P. trat in mehrfacher Hinsicht »offen« in unsere Begegnung ein: Er benannte sein Anliegen geradeheraus. Er positionierte sich klar zur Institution Kirche, artikulierte seine Distanz. Er zeigte sich trotzdem für die Taufe seiner beiden Kinder offen, ja, er wünschte sie ausdrücklich. Er war auch – sein Anliegen war als echte Frage formuliert – offen dafür, dass ich die Taufbitte ausschlage. Von diesen Offenheiten lebte die Situation. Sie ermöglichten es mir, mich andersherum für seine Bitte zu öffnen. Mehr noch: Seine Offenheiten weckten bei mir Sympathien, die unsere Sprechsituation vorantrieben und die Sequenz der Begegnungen bis hin zur Taufe eröffneten.

Gleichzeitig: Zeigte ich mich nicht vollständig offen. Die rechtlichen Vorbehalte wurden markiert. Ich erbat das Telefonat mit der angedachten Patin M.-H. im Vorfeld meiner Taufzusage, verknüpfte die Taufe also mit Bedingungen. Und auch mein Gegenüber, P., blieb an mehreren Punkten zugeknöpft. Klar war seine Distanz zur Institution Kirche. Klar war, dass er gleichwohl die Taufe seiner Kinder wünschte – diese Spannung sollte für mich unaufgelöst bleiben. Aus dem Verweis auf den eigenen Lebensweg der Kinder, deren Chance, hier eigene Erfahrungen zu machen, sprach zwar sicherlich ein Wahrheitsmoment – aber ob das die ganze Wahrheit war? Biographische Hintergründe für jene Distanz wie den Taufwunsch blieben für mich jedenfalls im Dunkeln. Und daran anknüpfend: Bei mir blieb insgesamt ein unbestimmtes, aber nichts desto weniger deutliches Gefühl, dass – bei aller prinzipiellen Offenheit seinerseits – etwas »nicht zur Sprache kam«. Der weitere Gang der Dinge legt nahe, dass der Taufwunsch von seiner Partnerin kritisch gesehen wurde – letztlich bleibt das allerdings Spekulation. Zusammengenommen, bei aller Ambivalenz von »Verschlossenheit« und »Offenheit«, wog letztere schwerer, die Sequenz der Begegnungen kam in Gang.

Schienen mir die Dinge – bei aller skizzierten Fragilität – mit dem Vorgespräch und den anschließenden Klärungen im Grundsatz sortiert, änderte sich das mit dem *Zweiten Akt*, dem eigentlichen Taufgespräch. An die Stelle einer überwiegenden Klarheit trat das Gefühl umfassender Diffusität. Ansprechen wollte ich die Täuflinge, ansprechen wollte ich die Mutter. Beides gelang nur sehr bedingt. Ein Anteil war wohl, dass ich schlicht nicht den richtigen Ton traf. Hinzu kommt ein Anteil, den ich nicht überblicke – und auch nicht überblicken kann. Er gehört gewissermaßen zum »ganz normalen Verwickeltsein« meines Sprechens als Pfarrer: Ganz offensichtlich standen die Eltern unterschiedlich zur Taufe ihrer Kinder. Wie weit die internen Differenzen gingen, bleibt Spekulation. Hineingewirkt in das Taufgespräch haben sie allemal – als für mich nicht greifbarer, aber durchweg präsenter Horizont der Begegnungen. In diese unübersichtliche Gemengelage hinein gelang es mir nur sehr bedingt, »ansprechend« zu reden.

Der *Dritte Akt* schließlich, der Taufgottesdienst, hinterließ bei mir ein gemischtes Bild. Auf der einen Seite stehen Frau B., Frau H. sowie die Patin M.-H., die sich sichtlich angesprochen fühlten. Die Predigt und der Gottesdienst im Ganzen trafen für sie etwas. B. erlebte einen »dichten« Moment, die Predigt brachte etwas prägnant zum Ausdruck, was sie offensichtlich beim Thema Taufe beschäftigte. H. beschrieb gar die Predigtsituation insgesamt als eine außergewöhnliche. Die für sie besondere Atmosphäre sprach sich just in einer beinahe gebannten Stille aus. M.-H. artikulierte ihr Angesprochensein nicht nur unmittelbar nach dem Gottesdienst, sondern auch mit folgenden Kirchgängen. Also alles gut? Eine rundum gelungene Sprechsituation?

Nicht ganz. Denn: Wen wollte ich ansprechen? Zumindest auf der Textoberfläche ließ etwa die Predigt das offen – und in dieser Weite bzw. Unklarheit artikuliert sich exemplarisch etwas, das den Gottesdienst insgesamt kennzeichnete. Die Kommunikationssituation war unübersichtlich, »verwickelt«. Adressiert waren reihum Gemeinde, Tauffamilie, Eltern, Patinnen, sogar die Täuflinge selbst. Schaue ich aber mit Abstand auf den Gesamtprozess, dann war wohl primär der Taufvater, mittelbar auch die Mutter, gemeint. Mit Blick auf die beiden war es ja die seltene – einmalige? – Gelegenheit, ins Gespräch zu kommen. Ob das gelungen ist? Schwer zu sagen. Unzweideutig positive Reaktionen gab es – hinsichtlich der Predigt – von anderer Seite. Ganz offensichtlich waren die, die mit dem Gottesdienst-Setting und mir als Pfarrperson vertrauter waren, dann doch leichter anzusprechen – und wahrscheinlich waren sie in Sprache und Stil de facto meine Adressaten, so gerne ich die distanzierteren Taufeltern erreicht hätte. Bei der Taufhandlung selbst sieht es vielleicht noch einmal anders aus. Hier mag die Leichtigkeit der Szene, in der schließlich der Junge getauft wurde, auch die Eltern und die Taufgesellschaft insgesamt angesprochen haben. Mag. Mehr als ein eigener Eindruck bleibt hier nicht.

Zusammengenommen zeigt sich mir die Gottesdienstsituation also als eine, in der ich zwar A ansprechen will, hier aber gar nicht sicher sein kann, ob eigentlich etwas berührt ist. Während mir B aus einer anderen Richtung – die ich nicht primär anvisiert hatte – deutlich zu verstehen gibt, dass er oder sie angeredet ist. So erinnere ich die Gesamtsequenz als »verwickelt« – und dieses Verwickelte ist sicherlich alles andere als untypisch für (pfarramtliche) Sprechsituationen: Intendierte und tatsächliche Adressat*in sind konstitutiv zweierlei und lassen sich nicht gegenrechnen oder gar gegeneinander ausspielen.

Was zudem bleibt, sind Erinnerungen an Momente »dichten« Erlebens: Das initiale Gespräch mit dem Vater, bei dem eben die Waage von Offenheit und Verschlossenheit das Weitere auf den Weg bringt. Die geballte Sprachlosigkeit, die kommunikative Stille zwischen Taufmutter und mir zum Ende des Taufgespräches. Die Szene des »Ausbüchsens« des Täuflings im Rahmen der Taufhandlung, das die Situation emotional öffnete. Der hörbare Kommentar von B., Spiegel ihres intensiven Erlebens der Predigt. Die nachgängige Reaktion von H., die mir eine sprechende Stille im Positiven rückmeldete. Interessanterweise waren auch diese »dichten« Momente nicht im engeren Sinne intendiert – sie ereigneten sich wiederum an den Rändern meines Sicht- und Sprechfeldes.

Peter Meyer[3]

»Dann hast du ja gelogen!« Wenn Gott im Religionsunterricht zur Sprache kommt.

»Kindermund tut Wahrheit kund«, lehrt das Sprichwort. Für die folgende Szene gilt das gewiss. Dafür sorgt allerdings weder ihre theologische Tiefe noch ihr Offenbarungspotenzial – obwohl ich beides nicht in Frage stelle. Nein, es geht um eine Wahrheit anderen Kalibers: Es geht um Bedingungen des Redens von Gott in der Gegenwart. Es geht um den unübersichtlichen, vor Leben strotzenden Zusammenhang von Erziehung, Beziehungen, Weltanschauungen und Solidaritäten, der uns dazu bringt, so oder so von Gott zu sprechen, zu schweigen – und dann und wann gründlich aneinander vorbei zu reden.

Die Szene, um die es gehen soll, nimmt während einer Unterrichtsstunde im Fach Evangelische Religion ihren Lauf. Genauer gesagt nimmt ein hitziger Dialog seinen Lauf, ein Gespräch ohne Samthandschuhe. Seine Protagonisten ringen um »die Sache« – und auch miteinander.

Das Setting der Szene liefert mehr als nur das Lokalkolorit und sei darum ausführlicher notiert: Wir finden uns in einer aus Dritt- und Viertklässler/innen zusammengewürfelten Religionsgruppe einer Grundschule in einem Stadtteil am Rand einer Großstadt wieder. Um den alten, ländlich geprägten, kräftig nachverdichteten Ortskern herum wuchsen in den letzten Jahrzehnten neue Siedlungsgebiete, unter anderem ein Hochhausviertel im Autobahnkreuz, jüngst auch ein Neubaugebiet »auf der grünen Wiese«. Die Vielfalt der Bewohnerinnen und Bewohner im Ort schlägt sich im Klassenraum nieder. Das Unterrichtsgeschehen ist immer hoch lebendig. Unterrichtsgespräche sind nur für kurze Zeit konzentriert möglich. Das Arbeitsverhalten der Schülerinnen und Schüler unterscheidet sich gewaltig – von selbständig, sorgfältig und sicher bis an die Grenze von Entzug oder Arbeitsverweigerung. Ich unterrichte als Pfarrer – leidenschaftlich gern, aber auch rundum gefordert.

---

3   Der Autor, Jg. 1978, war nach akademischen Stationen und Vikariat von 2015 bis 2019 Gemeindepfarrer der Ev. Kirche in Hessen und Nassau. Seit 2019 ist er als Referent für Homiletik und Predigtcoaching am Zentrum für evangelische Gottesdienst- und Predigtkultur der EKD in Lutherstadt Wittenberg tätig.

Die Stunde, um die es geht, ist Teil einer längeren Unterrichtseinheit zur Taufe. Konkret geht es um die Bedeutung des Wassers. Bisher haben wir in der Einheit darüber nachgedacht, »was Wasser macht«, mit allen im Klassenraum den Ablauf einer Taufe nachgespielt, die biblischen Erzählungen vom Kämmerer aus Äthiopien und von der Taufe Jesu erkundet. Und: Die Bedeutung der Aussage »du bist mein geliebtes Kind« vom Alltag der Kinder her interpretiert.

Heute geht es um kleine Kunst-Szenerien, die von den Kindern auf A-5-Karton zur Überschrift »Was mir jetzt am Wasser am wichtigsten ist« angefertigt wurden. Zum Abschluss sollen diese Werke wechselseitig präsentiert und ihr Bedeutungsgehalt auf die Taufe übertragen werden.

Es dauert lange, bis dazu alle im Stuhlkreis im vorderen Teil des Klassenraumes sitzen. T. macht eine große Show daraus, dass eine kleine Ranzen-Blockade seinen Weg versperrt. Schließlich finden doch alle einen Platz.

PM: »Ihr habt alle gemalt, was ihr davon am tollsten findet: Was Wasser macht. Wer möchte sein Werk den anderen zeigen?«

Reihum zeigen die Kinder ihre Bilder: Ein Fluss schlängelt sich zwischen Bäumen entlang. Strandleben. Unterwasserwelt. Trinkflasche. Abstrakt: Ein Wassertropfen fällt.

PM: »Jetzt lasst uns noch einmal scharf nachdenken. Ihr wisst ja: Wir taufen mit Wasser, weil Wasser so viel bedeuten kann. Weil das zusammengehört: Wasser macht viel. Und: In der Taufe sehen wir, was Gott macht. Jetzt frage ich euch: Geht das auch mit euren Bildern? Zu sagen: Das Wasser macht etwas. So, wie Gott etwas macht?«

G. *(meldet sich):* »Hä, das verstehe ich nicht!«

PM: »Hat jemand eine Idee? Ja, V.«

V: »Ja, Gott gibt den Tieren Leben!«

PM: »Das sagst du, weil du gemalt hast …«

V: »Die Tiere kommen ans Wasser und trinken. Ohne Wasser können die ja nicht leben.«

PM: »Und dann sagst du: So wie das Wasser macht es auch Gott. Gott sorgt dafür, dass Tiere leben können.«

T. *(ruft rein):* »Und erfrischt, und erfrischt!«

PM: »T., mit Melden, bitte. Jetzt bist du dran, sag es noch einmal.«

T.: »Gott erfrischt. Wie hier die Leute am Strand sich erfrischen.« *(Er fuchtelt mit seinem Papier herum.)*

PM: »Gut! P. jetzt pass mal auf! Da hat gerade ein Mitschüler was gesagt – und du hast nur Quatsch gemacht! S., was willst du sagen?«

S.: »Ich will sagen, dass Gott auch uns zu trinken gibt!«

PM: »Aha. Und gibt er uns nur zu trinken? A.!«

A.: »Nee, Gott gibt uns ja alles, damit wir leben.«

Z. meldet sich dringlich

PM: »Z., was meinst du?«

Z.: »Also, also ich glaube das nicht. Ich glaube das so wie meine große Schwester. Die sagt: Das mit Gott, der Menschen Leben gibt, das haben sich Menschen nur ausgedacht. Die erzählen das, damit sie sich gut fühlen.«

D. ruft laut: »Genau! Ich glaube auch nicht, dass es Gott gibt!«

Reaktionen in der Runde: hämisches Grinsen. Böse Gesichter. Unruhe.

PM: »Psst! D., mit Melden! Ja, das ist ja auch in Ordnung. Es gibt Menschen wie Z.s Schwester oder D., die glauben nicht an Gott. Und dann gibt es andere, denen geht es anders. Ich glaube auch, dass es sehr sinnvoll ist zu sagen: Gott macht das Leben.«

D.: »Aber da war doch der Urknall. Und dann hat sich alles entwickelt. Das ist doch ganz klar.«

PM: »Das muss ja kein Widerspruch sein. Ich glaube auch, dass es den Urknall gab und die Evolution. Dass so die Pflanzen, Tiere und Menschen entstanden sind. Ich glaube aber auch, dass es gut ist, von Gott zu reden. F., was denkst du?«

F. *(hält es kaum noch aus auf seinem Stuhl):* »Aber du hast uns doch erzählt, wie *Gott* Tiere und Menschen erschaffen hat. Dann hast du ja gelogen! Da, als wir in der Zweiten [Klasse] diese Bilder gemalt haben!«

PM *(defensiv und leicht genervt):* »Aber es waren ja verschiedene Geschichten davon, wie Gott die Welt macht, ganz unterschiedlich, erinnerst du dich? Von Pflanzen und Tieren und Menschen nacheinander. Aber auch, wie der Mensch aus einem Erdklumpen gemacht wurde. Die Menschen wollen damit ja was von Gott erzählen – und nicht, dass die Welt genauso und auf keinen Fall anders entstanden ist.«

F.: »Aber wie ist denn dann die Welt entstanden? Was hat Gott gemacht?«

PM: »Du, das sind wichtige Fragen. Darüber können wir bald auch noch einmal in Ruhe sprechen. Aber es ist schon spät. Jetzt müssen wir zurück zum Wasser. Es geht ja drum, was Menschen davon glauben: Was für ein Bild von Gottes Macht sich drin versteckt.«

Auch ganz ohne Gedanken an ihre Aussagekraft fürs Reden über Gott: Die Szene hat mich beeindruckt; sie ist bei mir geblieben. Ich habe sie als dynamisch, intensiv erlebt – wie F. auf seinem Stuhl hin und her rutschte, dass D. mit voller Stimme (»im Brustton der Überzeugung«) sprach, weil Emotionen greifbar wurden. Als Lehrperson war ich selbst mittendrin, sowohl angegangen als auch angefragt. Die Gruppe geriet trotz langer Zeit im Stuhlkreis auf Z.s Intervention hin in eine Art Alarmzustand, konzentriert und darauf aus, sich mit den jeweiligen Meinungsführer/innen zu solidarisieren. Ich empfand Empathie für alle beteiligten Schüler/innen: Sie nutzen ihre sprachlichen Mittel, um ihre Positionen klarzumachen – in einem sozialen Zusammenhang, in dem es erkennbar um etwas geht, und zu Worten, die offenkundig nicht anspruchslos sind.

Die wilde Vielschichtigkeit der Situation lädt zu allerlei Analysen ein – sicherlich zu pädagogischen, entwicklungspsychologischen oder religionsanalytischen Kommentaren, um nur drei naheliegende Perspektiven zu nennen. Denn all das ist ja mit Händen zu greifen: Die Konstruktionslust der Kinder im symbolisch-sprachlichen Bereich gerät rasch in den Strudel einer Gruppendynamik, in der Autoritäten angefragt und Legitimationen dem Belastungstest unterzogen werden. Dieses Beziehungsdrama im Klassenraum fußt wiederum auf den (religiösen) Sozialisationsbedingungen der Kinder – familiär, kognitiv, altersspezifisch. Aber auch tonangebende Deutungsmuster der gegenwartskulturellen Auseinandersetzung um Religion kommen ins Spiel, Grundschule hin oder her.

Eine Analyse, die sich dem Reden und Schweigen von Gott widmet, kann an dieser Vielschichtigkeit nicht vorbei. Es ist der Kern ihrer Sache. Denn genau darin tut Kindermund in einem generelleren Sinne Wahrheit kund: Der ebenso kämpferische wie lustvolle Eifer der Dritt- und Viertklässler/innen legt offen, welche Energien, Bedürfnisse, Lebenslagen mutmaßlich stets im Spiel sind und auf dem Spiel stehen, wenn heute über Gott geredet wird.

Diese Voraussetzungen treten eben nur deutlicher und wohl auch schonungsloser zutage, als unter den gedämpften Bedingungen professioneller, distanziert-beobachtender oder feuilletonistischer Gottesrede. Die Annahme, die im Klassenraum lebenssatt ausgemalten Grundfaktoren des Gesprächs »über Gott« spielten in jenen anderen, gesetzten und abgetönten Bereichen des Redens keine maßgebliche Rolle, wäre ein großer Irrtum: Sie sind dort von der Bildoberfläche verschwunden, aber nicht überwunden.

Hier ist kein Raum für minutiöse Rekonstruktion. Ich begnüge mich mit einigen Hinweisen darauf, was mit Blick auf die »Rede über Gott« aus der Unterrichtssequenz mit besonderer Deutlichkeit hervorsticht und generelle Aussagekraft hat.

»Genau! Ich glaube auch nicht, dass es Gott gibt!«

Dieser Satz vehementer Zustimmung bringt auf den Punkt, worum es geht. Die Rede über Gott provoziert im Stuhlkreis die direkte *und* abstrakte Auseinandersetzung über die Existenz und/oder Nichtexistenz Gottes. Die Dramatik des Unterrichtsgeschehens wird dadurch befeuert, dass es sich entlang dieser wie selbstverständlich in Köpfen und Herzen präsenten Konfliktlinie organisiert.

Auf ihrer Grundlage werden Autoritätsfragen aufgeworfen (»Halte ich es mit meiner Schwester oder mit meinem Lehrer?«). Auf ihrer Grundlage wird die durch die schiere Existenz des Faches Evangelische Religion manifeste These (»Zu Gott gibt es etwas zu lernen.«) im Kontext der Sinnfragen mit Blick auf die Schule bearbeitet (»Gibt es hier überhaupt etwas zu lernen?«). Auf ihrer Grundlage schließlich werden religiöse Interessen schlechthin getestet (»Wie ist die Sache mit Gott?«). Solidarisierungseffekte treten in alle Richtungen zutage, drängen sich auf: »Auf welcher Seite des Arguments stehe ich?« Auch ich als Lehrperson werde in diesen Strudel hineingezogen, didaktische Vorplanung und religionspädagogische Selbstdistanz hin oder her.

Kurzum: Das Wörtchen Gott entpuppt sich bereits in der Grundschule als Lexem, mit dem und über das nicht »einfach so« geredet wird. Wenn in der distanzierten, rationalisierten Sprache anderer Lebenswelten »von Gott« die Rede ist, lässt sich das leicht übersehen, mit Argumenten verbergen, aber: Die Rede von Gott wirkt sich hochgradig »tribalisierend« aus. Von manchen wird sie erwartet. Einigen dient sie als Erkennungsmerkmal. Andere werden sie als Beleg für Unvernunft und Unüberbrückbarkeit, als negatives Distinktionsmerkmal empfinden und pflegen.

»Also, also ich glaube das nicht. Ich glaube das so wie meine große Schwester.«
Indem die Schülerin Z. ihre Schwester als eine ihren Mitschülern einleuchtende Autorität ins Feld führt, gibt sie zu erkennen, was für die ganze Gruppe gilt: Die Rede der Kinder von Gott und besonders drastisch ihre Haltungen zur Existenzfrage fallen nicht vom Himmel. Zu welcher Gruppe sie sich zuordnen, welche Fragen sie weltanschaulich bewegen und inwiefern Gott dabei eine Rolle spielt, hat mit ihrer Sozialisation zu tun, mit der Beziehung zu Bezugspersonen und mit deren Rede von Gott. Den individuellen Scharfsinn der Schüler/innen stellt diese Beobachtung nicht in Abrede. Sie weist vielmehr auf den schlichten Umstand hin, dass es bei der Rede von Gott (anders als bei vielen, bei weitem nicht allen anderen Feldern sprachlichen Umgangs) selbstverständlich nicht um überpersönliche, neutrale Muster der Weltbeschreibung geht.

Wenn ich die Gesprächsszenerie Revue passieren lasse, gehen mir viele Indizien dafür durch den Kopf: D. berichtet oft von seinem Vater, der Ingenieur und bekennender Agnostiker ist. F. verbringt viel Zeit mit seinem Großvater, der F.s Entdeckungslust für technisch-naturwissenschaftliche Zusammenhänge fördert, und mit seiner kirchlich aktiven Großmutter, die kritische Fragen nicht scheut. V. erzählt regelmäßig von »ihrer Kirche«, einer freikirchlichen Gemeinde, in der die ganze Familie sonntags viel Zeit verbringt.

Mit vollem Recht spielen die Schüler/innen in der Szene auch mit meiner Rolle: verbunden mit der Community der Lehrenden, verbunden mit dem Fach Ev. Religion, als Pfarrer auch verbunden mit »der Kirche« und ihrer Praxis, wie selbstverständlich über Gott zu reden. Auf diese Rollen und in diesen Rollen angesprochen, sehe ich mich aber zugleich in der Verantwortung, allen Kindern das Recht zur Entfaltung ihrer Position vor der Gruppe ausdrücklich einzuräumen. Ich fühle mich andererseits auch berufen, das Wörtchen »Gott« sagbar zu halten – es weder einer allzu simplen Religionskritik preiszugeben noch dem naiven Schöpfungsglauben zu überlassen.

Damit werde ich selbst zum besten Beispiel für diese Eigenart der Gott-Rede: Die lebensgeschichtlichen Bedingungen des Redens über Gott reduzieren sich nicht auf den familiären Nahbereich. Sie werden im Laufe der individuellen Entwicklung von äußeren Umständen überlagert, durch neue Erfahrungen herausgefordert, von Schicksalsschlägen konterkariert. Die eigene Haltung zur Welt und das sprachliche Handling des Wortes *Gott* können in kritischer Distanz koexistieren. Die inflationäre und eher automatisierte Gottes-Rede manch kirchlicher Profis ist selbst Resultat solch lebensgeschichtlicher Prozesse. Aber in den meisten Zusammenhängen gilt doch: Reden oder Schweigen über Gott redet oder schweigt von dem her, was wir Redenden im Kern wurden.

»Aber du hast uns doch erzählt, wie Gott Tiere und Menschen erschaffen hat. Dann hast du ja gelogen!«

An der Empörung von F. ist nichts gekünstelt. Er ist aufgeweckt, neugierig und schlagfertig. Er scheut sich nicht davor, schwierige Fragen zu stellen – und gibt sich nicht mit leichtfertigen Antworten zufrieden. Vor allem: Wie bei den meisten seiner Mitschüler/innen gehört auch für F. das Reden und Nachdenken über Gott klarerweise nicht zum Alltag. Er verbindet es vor allem mit dem Religionsunterricht – mit der Begegnung mit mir als »religiösem Profi«. Es gründet also auf einer schmalen lebensweltlichen Basis.

Da berührt sich die Rede von Gott mit der religiösen Signatur der Zeit: Reden von Gott aktiviert für die meisten Zeitgenossen weder im Positiven wie im Negativen einen weiten existenziellen Zusammenhang, appelliert nur beschränkt an die Grundfragen von Leben und Sterben, an die Intensität von Hoffnung oder Zweifel.

Wer meint, einfach »drauflos reden zu können« (wie ich in der Unterrichtssituation), wird unweigerlich diese Erfahrung machen:

Wir reden vom gleichen Wort – aber möglicherweise über etwas ganz anderes.

Carsten Schuerhoff[4]

Martin Luther im Groruddal

Im Folgenden will ich eine Redesituation genauer darstellen, es ist ein von mir im November 2017 gehaltener Vortrag zum Luther-Jubiläum in einer lokalen Volksakademie.

Dieser Text entsteht in seinen Grundzügen ein halbes Jahr nach dem Vortrag. Dabei gehe ich allein in Gedanken zurück. Ich habe die Redesituation nicht aufgezeichnet, versuche aber, Stimmungen, die räumliche Situation und kleinere Begegnungssequenzen zu erinnern.

Vor den Sommerferien werde ich angerufen. Die Frau, engagiert in einer lokalen Volksakademie, fragt ziemlich direkt, ob ich einen Vortrag zum Reformationsjubiläum halten könnte, nach dem Sommer vielleicht.

Sie sagt: »Du bist ja deutsch.« Ich nehme es als Qualifikationsbeschreibung und schmunzele. Und frage mich doch, ob dies der Grund ist, dass sie mich angerufen hat. Denn ich wüsste nicht, dass ich jemanden in der Akademie kenne. Das macht mich neugierig. Außerdem freue ich mich darüber, gefragt worden zu sein. Ich nehme also die Einladung mit einem Mal an.

Der Sommer kommt und der Sommer geht, ich schiebe die Vorbereitungsarbeit vor mir her. Es kommt der Herbst und ich engagiere mich noch immer nicht, ohne dass ich einen Grund dafür anführen könnte.

Am 31. Oktober 2017 hält Trygve Wyller einen Vortrag in einer der Kirchen im Groruddal. Dieser Vortrag wird mir zur Inspiration, denn Wyller präsentiert ein Niveau, das mir angemessen erscheint. Die Struktur sagt mir zu, er benutzt eingängige Bilder – wie zum Beispiel das des lutherischen Herzschlags, der nach außen, in die Welt pulsiert –, er erinnert an die dänisch-norwegische Kirchen-

---

4   Carsten Schuerhoff, geb. 1974, studierte evangelische Theologie in Marburg und Oslo, 2019 Promotion an der Goethe-Universität Frankfurt am Main. Seit 2009 Pastor in einer Vorstadtgemeinde Oslos, zur Zeit beurlaubt und am KIFO Institute for Church, Religion, and Worldview Research (Oslo) tätig.

ordnung des 17. Jahrhunderts und zwei Lieder aus dem Gesangbuch lockern
das Ganze ein wenig auf.

Mein eigener Vortrag entsteht so innerhalb weniger Stunden. Ich gestalte
einen Eingangsteil, der Daten aus Martin Luthers Biografie aufnimmt. Die Lieder
streiche ich, denke, dass sie unpassend, vielleicht sogar invadierend sind. Ferner
erweitere ich den Abschluss mit direkten Bemerkungen zum multikulturellen
und multireligiösen Groruddal, das erscheint mir dem gestellten Titel – Was
bedeutet Luther für uns im Groruddal? – angemessen.

Gerade bei der Niederschrift der biografischen Daten, aber auch bei den
Überlegungen, wie ich denn die Idee der Freiheit eines Christenmenschen möglichst frei erzählend darstellen kann, denke ich immer wieder Eric Tills Luther-
film von 2003, lasse Szenen vor meinem inneren Auge ablaufen und schreibe
eine Notiz in mein Manuskript: »Lach, entspann dich, erzähl die guten Geschichten, denk an den Film«.

Am Vortragsabend gehe ich zu Fuß, etwa eine halbe Stunde. Es ist Herbst, es ist
dunkel und nass, ungemütlich, ich merke, dass ich (an)gespannt bin.

Der Vortrag findet im alten Bauernhof Tveita statt, den die Stadt Oslo gerade
aufwendig restauriert hat; der Hof hält neben den Blöcken und Hochhäusern
der 1960-er Jahre Stand, ein baulicher Kontrast. Durch die Restaurierung war
der Hof mehrere Jahre geschlossen, es ist tatsächlich lange her, dass ich dort
war. Ich fühle mich als Gast – und ungewohnt fremd.

Ich betrete das Gebäude, dort steht ein Tisch mit Hefegebäck und Kaffee, ich
sehe mich um und sehe, dass ich kaum jemanden kenne. Ich frage mich: Welche Erwartungen hat das Publikum? – Mir fehlen gemeinsame Referenzpunkte,
an denen ich mich orientieren kann.

Ein Mann kommt herein. Er hat kein Bargeld dabei, so bezahle ich seinen
Kaffee und sein Gebäck. Für mich ist der Kaffee gratis, das Gebäck lehne ich
dankend ab.

Ich spreche mit der für die Technik zuständigen Frau, installiere mich, setzte
mich zu einer älteren Frau und einem älteren Mann an den Tisch. Ihn kenne
ich nur vom Sehen, sie kenne ich besser, da ich ihren Mann beerdigt habe. Ich
muss mich anstrengen, ein Gespräch in Gang zu halten, bin froh, dass es losgeht.

Mein Einstieg ist davon geprägt, dass ich beginnen darf, er gelingt, so scheint
es mir, energisch.

Mein Intro ist der historische Graben, exemplifiziert an Kritik, die sich daran
entzündete, dass das norwegische Fernsehen den Festgottesdienst im Nidaros-
dom in Trondheim am 31. Oktober in voller Länge übertrug. Mein Anliegen war

es, zu zeigen, dass die Reformation Bedeutung für die heutige Gesellschaft hat, gleich wie sich der/die Einzelne zur ›Botschaft‹, zur Kirche und zu Religion stellt.

Es schließt sich ein biografischer Teil an. Ich erzähle frei, memoriere Bilder und Szenen des Lutherfilms. Der Teil wird, in jedem Fall gefühlt, recht lang, aber nicht langweilig. Ich erinnere mich an Wyllers Vortrag, bis in einzelne Formulierungen hinein. Und, beinahe erstaunt, stelle ich fest: Es läuft, es kommt an, ich fühle mich präsent, es kommt etwas zurück.

Das Gefühl verändert sich mit dem Abschluss des biografischen Teiles, meine innere Perspektive verschiebt sich. Etwas bricht im Übergang zum mehr inhaltlich-theologischen Teil ab.

Schon im Sprechen frage ich mich: Wirst du mit dem Bild des Herzschlages zu verkündigend? Sind deine, mir wichtigen!, Äußerungen zur Freiheit eines Christenmenschen zu pastoral, zu direkt? Ich merke, dass ich mich bemühe, engagiert und engagierend zu wirken.

Im abschließenden Teil, der vom Groruddal handelt, in dem ich die Bedeutung der Reformation auch für ein Verstehen einer multireligiösen und multikulturellen Gesellschaft unterstreichen will, in dem ich die Reformation als Faktor der Ermöglichung von Vielfalt starkmachen will, melden sich verwandte kritische Rückfragen: Habe ich schon durch mein Intro in ein bekanntes ›Wir– Die–Schema‹ eingeladen, das letztlich darauf hinausläuft, dass ›wir‹ norwegisch sind, dass wir die ›Gesellschaft‹ und die ›Religion‹ (das ›Luthertum‹) stellen und dass ›die anderen‹ entweder nicht dazugehören oder die Kritischen sind? Habe ich mein Publikum überrumpelt?

Nach dem Vortrag gibt es die Möglichkeiten zu Fragen und zu Kommentaren. Diese engagieren mich nicht sehr. Es wird viel vom Buchdruck gesprochen, den ich nicht erwähnt habe. Das Groruddal und seine kulturelle und religiöse Vielfalt werden nicht weiter kommentiert, das finde ich bedauerlich, lag doch hier der Zielpunkt meiner Ausführungen.

So packe ich zusammen und gehe ohne größeres, über normale Höflichkeit hinausgehendes, Verabschieden. Ich gehe wieder zu Fuß, gehe nach Hause, es ist noch immer nass. Ich lasse den Abend Revue passieren und denke, ja, das war völlig im Rahmen, gut, aber nicht mehr als das.

Einige Wochen später treffe ich eine Frau, die dem Vorstand der Akademie angehört, beim Einkaufen. Sie sagt: »Danke für den Besuch, das war interessant und gut.« Das ist schön zu hören, leider nicht vielsagend. Es entwickelt sich auch kein weiteres Gespräch. Wieder einige Wochen später treffe ich sie bei einer Gemeindeveranstaltung. Es gibt Verbindungen, über die ich mir nicht im Klaren war.

Der Abend stellt sich mir nicht als besonders gelungen dar. Mir war in der Situation eine Präsenz bewusst, gleichwohl habe ich auf mehr gehofft. Präsenz, aber kein *Flow*, keine gegenseitige Resonanz, vielleicht ist das eine mögliche Beschreibung.

Ferner hat sich die Gemengelage der theologisch-professionellen Motivation als undurchsichtiger dargestellt, als ich es erwartet hätte. An welcher Stelle wurde der theologische Fachmann erwartet, der für fundierte Information einsteht, an welcher Stelle wurde der Pastor, der als Vertreter der Kirche für die Sache einsteht, vermisst oder auch als störend empfunden?

Das Publikum blieb, in jedem Fall stellenweise, unzugänglich und meine persönliche Freude am Thema, mein Engagement, sicherte keine durchweg geglückte Redesituation.

Gerade der Bruch nach dem biografischen Teil lässt aufhorchen, die schon im Vollzug gestellten Rückfragen machen deutlich: Hier passierte etwas, das nicht allein in meiner Hand lag.

Ich will einen Seitenblick versuchen.

Der Pfarrer meiner Gemeinde hat die letzten zwei Jahre Gesprächsabende organisiert und durchgeführt; für Mitte Oktober 2017 werde ich eingeladen.

In der Vorbereitung entscheide ich mich schnell dazu, eine Diskussion weiterführen zu wollen, die im Rahmen der Erarbeitung eines Strategiepapieres für die Gemeinde aufkam. Es ging um die Frage einer möglichen Unterscheidung von »Jesus« und »Jesus Christus«. Sowohl in der Diskussion als auch für den Gesprächsabend war es mir wichtig, die Möglichkeit der Unterscheidung aufrechtzuerhalten. Verkürzt etwa in dieser Absicht: Der erste ist der historische Jesus, der zweite ist Christus der Kirche. Man kann informiert über Jesus reden und redet (kirchlich) von und aus Jesus Christus.

Im Verlaufe des Abends aber gelingt es mir nicht, die Rollen des Fachmannes, des Theologen und des Pastors zu unterscheiden. Es kommt zu Missverständnissen und zu emotionalen, ablehnenden und kontrastiven Reaktionen.

Einige Tage später spreche ich mit einem der Anwesenden und seine Reaktion war mir erhellend: Dein Versuch, Theologe zu sein, über Jesus informiert zu reden, wurde abgelehnt. Es wurde vielmehr von dir gefordert, involviert zu sein, von Jesus Christus zu reden. Daher die deutlichen Reaktionen.

Sollte es (gleichwohl oder gleichzeitig?) möglich sein, die ablehnende Reaktion als Resonanz zu deuten?

Wäre dies auch auf den Luthervortrag hin zu wenden?

Von Mikkel Gabriel Christoffersen und Niels Henrik Gregersen übernehme ich die Einsicht, dass Reden und Resonanz immer mit Risiko verbunden sind. Ich deute dies etwa so: Mit der Zusage zum Vortrag in der Volksakademie bin ich ein Risiko eingegangen, das wird in der Vorbereitung und im situativen Kontext und seinen Beschreibungen von Abstand deutlich, und noch deutlicher wird es, als schon während des Vortrages Rückfragen einsetzen. Ich stehe am Abgrund und balanciere – und will doch mehr.

Vielleicht, und das als vorläufiger Abschluss: Religiöses Reden orientiert sich weniger an Ideen und Theorien, sondern ist mit Risiko verbunden, will man einer unverfügbaren Resonanz auf der Spur bleiben.

Es gilt Motivationen zu klären, sich etwas zu trauen, sich etwas zuzutrauen. Nicht unüberlegt, aber mutig – und immer mit den Anderen rechnend.

Denn, und das ausdrücklich nicht als Trost, sondern als Möglichkeit: Hat die Frau beim Einkaufen recht? Habe ich womöglich vor lauter Resonanzjagd gar nicht bemerkt, dass es zu Resonanz und/oder produktiver Dissonanz kam, dass die Sache mit Luther doch ankam?

Petra Sorg[5]

Momente der Resonanz

Es gibt Religionsstunden, die unvergesslich sind. Zwar können sie dies auf vielfältige Weisen sein – es gibt unvergesslich intensive, aufwühlende, thematisch gescheiterte Stunden und solche, die sich erst im Nachhinein als unvergesslich erkennen lassen, weil sie Produkte eines späteren Zurückschauens sind und das Label der Reflexion tragen. Aber es gibt auch solche, die sofort, noch in im Präsentischen der Stunde, im realen Erleben als unvergessliche identifizierbar sind. Selten geschieht es, dass sie bereits – jedenfalls kommt es mir als Lehrende so vor – im direkten, deckungsgleichen Moment des Erlebens als unvergessliche Momente auf sich aufmerksam machen, dass sie im Jetzt spürbar werden als unvergessliche, die sie später sein und bleiben werden. Und die Stunde, um die es in meiner Erinnerung geht, war bereits in der Jetzt-Zeit des Erlebens eine solche. Wie es tatsächlich für alle solche Momente oder Stunden gilt, sie sind unverfügbar, unplanbar und betreffen alle im Raum Anwesenden mit einer Intensität, der sich keine und keiner zu entziehen vermag.

Und was das bedeutet, dass sich tatsächlich niemand entziehen kann, wird vielleicht erst recht sichtbar, wenn man weiß, wer in den Religionsstunden – es handelt sich um eine große berufliche Schule im Zentrum einer Großstadt – alles zusammen in einem Raum am Unterricht teilnimmt. Es sitzen in den beruflichen Schulen im Religionsunterricht häufig aus rein pragmatischen Gründen nicht nur etwa evangelische Lernende, die sind sehr häufig in der absoluten Minderheitensituation, es sitzen Lernende aus allen Konfessionen, allen Religionen, allen auch unsicher religiösen, kaum religiösen oder dezidiert atheistischen Hintergründen zusammen. Im guten Fall erzählen sie einander von dem, was sie glauben, im besseren Fall erzählen sie auch von dem, was sie bezweifeln. Und unvorhersehbar sind die Momente, in denen jemand so authentisch von

5   Petra Sorg, Theologiestudium in Frankfurt/M., Basel und Hamburg, Journalistin, ist seit 2009 Schulpfarrerin in Frankfurt. 2020 Promotion an der Goethe-Universität Frankfurt mit einer Arbeit zu interreligiösen Lernprozessen »Religionsunterricht im globalisierten Klassenzimmer«. Sie lehrt interreligiöses und interkulturelles Lernen am Institut für Theologie und Sozialethik der TU Darmstadt.

beidem erzählt, dass alle anderen sich eben nicht entziehen. Dann entsteht nach meiner Beobachtung ein neuer Raum, in dem es urplötzlich um das Eigene, das Gedachte, Geglaubte, Erlebte, Bezweifelte geht.

Ein solches Erlebnis hatte ich, als ich als neue Schulpfarrerin an eine solche große berufliche Schule kam. Dass mir diese eine Stunde heute einfällt, erzählt davon, dass sie nachwirkt, Gegenwärtigkeit evoziert, biografische Spuren und Beziehungen hinterlassen hat.

Ich war damals vielleicht ein Jahr an der Schule und ersichtlich bemüht, den Anforderungen irgendwie gerecht zu werden, die sich aus den besonderen Lerngruppenzusammensetzungen beruflicher Schulen ergaben. Diese umfassten nicht nur Lernende mit vielfältigen Religionszugehörigkeiten, sondern auch solche mit verschiedenen, manche gar mit pluralen konfessionellen Beheimatungen sowie Schülerinnen und Schüler, die gänzlich konfessionslos geprägt waren. Mein Bemühen galt in besonderer Weise jenen Schülern, die mehr als die evangelischen, sich als religiöse zu erkennen gaben: den muslimischen. Zunächst lernte ich von ihnen in Gesprächen im Unterricht, später absolvierte ich ein zweijähriges nebenberuflich universitäres Studienprogramm »Islam und christlich-muslimische Begegnung« mit einer Islamwissenschaftlerin als Lehrender. Danach fühlte ich mich sicherer im Umgang mit den mir anvertrauten Schülerinnen und Schülern.

Die Lernenden haben an der Fachoberschule, die sie insgesamt normalerweise zweijährig besuchen, nur ein Jahr Religion. Für eine erste Stunde dieses ersten und einzigen Jahres Religionsunterricht hatte ich mir als Einstieg ein kleines Spiel ausgedacht. Jeder und jede sollte in Form eines Speed-Datings in einer Minute, die von einem Schüler als Zeitwächter streng überwacht wurde, sich selbst in möglichst persönlich-unverwechselbarer Weise vorstellen. Ziel war es, jede und jeden Einzelne(n) in ihrer und seiner persönlichen Eigenart, Individualität, Einzigartigkeit darzustellen und allen eine einminütige Bühne zu bieten. So konnte nicht nur ich alle Lernenden erst einmal kennenlernen, sondern sie konnten sich auch Gedanken machen darüber, was sie als Persönlichkeit besonders und einzigartig machte, was nur zu ihnen gehörte. Dabei reichten die Antworten üblicherweise von »ich liebe Sushi«, bis »ich habe drei Hunde«, »vier Geschwister«, »spiele Schach«, »mache Parkour,« aber es eröffnen sich auch verschiedene Beheimatungen, wenn etwa eine Schülerin sagt: »ich bin seit fünf Jahren in Deutschland.«

Nach dieser meist sehr auflockernden Runde, die auch für die Lernenden selbst sehr viel Neues hervorbringt, weil sie sich über derlei Dinge vorher nie klassenöffentlich Auskunft gegeben haben, durfte jede und jeder auf einen Zettel diejenige Frage schreiben, die er oder sie immer schon mal stellen wollte. Eine Frage, die im weiten Horizont von Sinn, Religion, Glauben und Leben für ihn und sie bedeutsam war. Da die Fragen dann blind von je einem Lernenden gezogen und versuchsweise beantwortet wurden, waren alle gewarnt, keine Blödsinnsfrage zu notieren. Schließlich hätte es sein können, dass sie selbst ihre eigene Karte ziehen und diese dann auch hätten beantworten dürfen. Reihum entspannten sich auf diese Weise einige lebhafte Diskussionen um Fragen nach dem Sinn des Lebens, nach dem, was danach käme, nach Glauben und nach dem Tod. Als ein Schüler an der Reihe war, erzählte er in ruhiger, aber für alle Anwesenden deutlich spürbarer Bedeutsamkeit vom Tod des Großvaters. Der Großvater hatte Tauben und der Enkel, mein Schüler, war dann mit den Tauben und den für ihn überwältigenden Erinnerungen an den prägenden Opa nach dessen Tod allein. Die Eltern waren verstritten und der Opa sein Halt in haltloser Zeit gewesen. Es blieben die Tauben. Und dann wurde es sehr still im Klassenzimmer. Er erzählte das Ganze in einer bedächtig sachlichen Form, die sich kaum vom Alltagston anderer Üblichkeiten unterschied. Ich weiß noch, dass ich überrascht war, dass ein Schüler sich traut, in einer allerersten Stunde in dem für alle neuen Fach Religion so etwas zu erzählen und uns allen zu berichten. Ein wenig mag ich auch die Luft angehalten haben, was jetzt wohl passieren würde. Die Klasse kannte mich nicht, ich sie auch nicht. Erstaunlicherweise reagierten alle mit einer emphatischen Zugeneigtheit, die mich berührt hat. Es meldeten sich andere Lernende, erzählten dann von eigenen Erfahrungen mit dem Thema Tod und Sterben, eine Schülerin berichtete Tröstliches aus ihrer Familie, eine andere sagte, »bei uns im Islam heißt es: Wenn eine Tür zugeht, öffnet sich eine andere.«

Alle versuchten zu helfen, zeigten Verständnis und sprachen von eigenen Erlebnissen im Umgang mit dem Tod in ihrem Leben. Ein Schüler berichtete sogar vom Tod seines Vaters und dass er die Schule danach »schleifen ließ«. Er fasste die Erzählungen und Berichte der anderen Schülerinnen wie Schüler so zusammen, dass sie übergeordnet eine Struktur ergaben, reflektierte in einem erstaunlichen Maße die Schilderungen der anderen und ließ die verschieden religiösen Bearbeitungen der Umgangsformen mit dem Tod erkennbar werden. Dabei machte er deutlich, dass er den Schüler, dessen Opa verstorben war, als seinen Freund ansah. Schließlich sagte er, dass er zwar als Muslim erzogen worden sei, aber überhaupt nicht mehr religiös sei. Dennoch aber, fügte er an, glaube er daran, dass etwas Gutes nach dem Tod passiere.

Er fiel mir in jedem Fall auf. In der Tür sprachen wir nochmals kurz zusammen, weil ich nachfragte, was dann mit der Schule nach dem Tod des Vaters bei ihm geworden sei. Und er erzählte, dass er das Gymnasium dann habe verlassen müssen wegen zweier Fächer und dass es sonst eigentlich gut ausgesehen habe bei ihm.

Nach einiger Zeit kam es zu einer Begegnung, in der es um das Thema Zukunft und die Schule ging, wobei sein Unbehagen, seine Unsicherheit und Ratlosigkeit deutlich wurde, und ich sagte ihm: SIE können studieren. Wieso ich das sage, wollte er wissen und ich sagte ihm: Weil ich das sehe. Darauf sagte er noch so etwas wie: »Aber Frau Sorg, das Bett, ich liege da so.« Und dann kamen Erklärungen, wieso es ihm nicht möglich erschien zu studieren, ganz einfach, weil er schlicht oft nicht aufstehen könne.

Wir hatten dann ein intensives Jahr im Religionsunterricht zusammen, ich fuhr mit der Klasse auf Klassenfahrt, lernte sie dort noch besser kennen. Und später machte der Schüler eine gute Fachoberschulabschlussprüfung. Er ging dann zum Studieren – Informatik – und schrieb mir auf WhatsApp, dass er sich das ohne mein Wort nie getraut hätte. Er habe gute Noten, käme gut zurecht. Ich freute mich sehr, sagte, dass ich das doch gesehen hätte. Und er sagte, es müsse mehr solche Lehrer geben, die einen dermaßen ermutigten. Seither treffen wir uns regelmäßig, duzen uns, er berichtete mir, dass er Tutor war, dass er lernen müsse, er fragte mich, wenn er die Wahl hat, wohin er als Werkstudent gehen soll. Er besuchte schon mehrmals meine Klassen, um den Lernenden aus dem Studium zu berichten. Auch dass der Schüler, der damals in jener ersten Stunde vom Tod des Großvaters berichtet hat, gestorben sei, erfuhr ich Jahre später zuerst von ihm. Er trauerte wie ein Bruder. Ich musste für ihn auf der Beerdigung Fotos machen, weil er zu spät davon erfahren hatte und nicht rechtzeitig aus der Türkei zurückkommen konnte. Am Tag der Beisetzung nahm ich dann vor Ort wahr, dass andere Lehrer und Lehrerinnen darauf warteten, was ich, als Pfarrerin ins Kondolenzbuch schreiben würde. Und ich ahnte, dass ich etwas schreiben sollte, was für andere Lehrende eine Tür sein könnte. »It was easy to make a smile last forever«, ich schrieb das als seine frühere Lehrerin.

Der Zusammenhang zum Thema »Reden über Gott« liegt für mich – ohne dabei diese sicher auf mehreren Ebenen zu analysierende Szene sezieren zu können – auf drei Punkten. Da ist zunächst die Totalität des Lebens, die mit dem Thema Tod und damit verbunden dem persönlich ausgedrückten Glauben zu Tage befördert wird. An der Grenze der eigenen Lebensgeschichte wird das Reden von Letztendlichem und auch von Gott herausgefordert und authentisch. Das ist die Vorderseite, die thematisch gewordene Seite des Geschehens – auf der Ebene der Innenseite, der Seite des Erlebens zeigt sich, dass diese umso bedeutender wird, je mehr das emotional persönliche Erleben, das in jeder Erzählung von Totalität mitschwingt, für andere erfahrbar und spürbar wird. Es gibt hier dann keine kritische Distanz zum Thema. Stattdessen wird eine existenzielle Unmittel-barkeit durch authentisches Erzählen, das andere zu Miterlebenden macht, in den Raum getragen. Es wird nicht etwas gehört, sondern etwas (mit)erlebt und das hat bannenden Charakter. Hier sitzt jemand, der mir erzählt, wie er diese Totalität erlebt hat und ich höre, sehe, fühle, was das bedeutet. Die Tauben des Opas, die Verlorenheit des Jungen inmitten der zerstrittenen Eltern. Und da ist andererseits die so evozierte Resonanz, der Widerhall des thematisch und emo-tional Gehörten und Erlebten bei den anderen Jugendlichen im Raum.

Ein zweiter Punkt führt zu der dem Schüler rundheraus zugesprochenen Fähig-keit, studieren zu können. Interessanterweise konnte der Schüler, dem die gym-nasiale Schullaufbahn mit dem Tod des Vaters abgeschnitten wurde, da die Trauer seine Konzentration und Kraft beanspruchte, nämlich zwischen dieser existenziell betroffenen Ebene und der Ebene des Einordnens und Reflektie-rens hin und her switchen. Er konnte von der eigenen Position des Fühlens und des Nachfühlens und Mitfühlens als authentischer Erzähler und der des *darü-ber* Reflektierenden hin- und her wechseln. Er konnte zwischen dem, was das eigene Authentische religiös ausgedrückt bedeutet und dem, was die Aussagen der anderen über deren Positionierung aussagen, die Perspektive verändern. Und diese gedankliche und emotionale Beweglichkeit erschien mir bildungs-theoretisch aufschlussreich. Hier konnte jemand die Perspektive wechseln, und zwar in mehrfacher Weise: Zuerst innerhalb der eigenen Position als Fühlender und Reflektierender (Wechsel von Binnen- zu Außenperspektive), und dann zwischen Religionszugehörigkeiten (Wechsel zwischen verschiedenen religiösen Zugehörigkeiten), sowie zuletzt zwischen religiösen und nichtreligiösen Posi-tionen (Wechsel von religiöser zu nicht religiöser Position) und damit zeigte er an, dass er sich der Perspektivität des Zugriffs auf das Geschehen bewusst war. Damit ist rein intellektuell auf der Vorderseite des Geschehens der Grund geliefert, für den zugesprochenen Möglichkeitsraum: Sie *können* studieren. Er konnte das kognitiv, wie in der Diskussion zu bemerken war.

Aber, und das eröffnet meinen dritten Punkt, das ist nur die Außenseite. Die andere, die Innenseite, die dazu geführt hat, diesen Ermöglichungsraum für den Schüler aufzuschließen in Form eines Zuspruchs, rührte aus dem Erleben seines Zweifelns und Haderns. Das Können im Sinne des Vermögens war sichtbar geworden. Die reflektierenden und resümierenden und emotionalen Ebenen, die der Schüler sicher betreten konnte, hatten dies gezeigt. Es fehlten ihm aber die Zutrauen zusprechenden Worte, die das für ihn auch fühlbar machten. Es fehlten andere, bedeutende andere, die ihm zu sagen vermochten: *Sie* können, so dass er es annehmen konnte.

Und damit verschränkte sich die gegenwärtig gemachte (schulische) Erfahrung mit einer zugesprochenen Vergegenwärtigung von (universitärer) Zukunft. Und dieser Moment, der im Nachhinein anmaßend wirken kann, wirkte weiter und hatte Resonanz. Nicht nur für den Schüler, der seinen Weg motiviert anging, und bis heute Kontakt zu seiner früheren Lehrerin hält. Sondern auch für mich als Lehrende, die noch heute über das Evangelische des Momentes nachdenkt. Schließlich revitalisierte die Wahrnehmung des an seinem schulischen Vermögen zweifelnden Schülers eigene als Schülerin erlebte von außen (extra me) zugesprochene Worte: *Du* kannst.

Im Erleben dieses Zuspruches eröffnete sich ein Raum, der noch nicht da, aber von Seiten des Schülers (und der einstigen Schülerin und heutigen Lehrerin) von ab da für möglich gehalten wurde.

Erna Zonne-Gätjens[6]

Das Exposé

Seit Oktober 2013 unterrichte ich an einer kleinen von drei Landeskirchen subventionierten Fachhochschule in Norddeutschland. Dort wird ein englischsprachiger Studiengang »Intercultural Theology Migration and Congregational leadership« angeboten, an der sich Studierende aus verschiedenen Kontinenten eingeschrieben haben. In dem genannten Studiengang wurden vor allem Studentinnen immatrikuliert, die bereits mehrere Jahre in Deutschland, u. A. in Migrationskirchen, gearbeitet haben. Die meisten Studierenden wohnen während der Vorlesungszeit auf dem Campus. Lehrende und Studierende essen, feiern und lernen zusammen. Das prägt auch den Umgang miteinander. Im Folgenden wird eine Szene beschrieben, in der eine Westafrikanische Studentin im Rahmen eines verpflichteten Modules »Vorbereitung der BA-Arbeit« eine Präsentation hält.

Die Studentin befindet sich im letzten Fachsemester. Das Format der Präsentation soll ein Vortrag sein, der anhand des Exposés, vorher von der Studentin verfasst worden ist. Diese Rede ist Teil der Prüfungsleistung. Das Modul kann nur erfolgreich abgeschlossen werden, wenn das vorher schriftlich abgegebene Exposé, das sogenannte »Proposal«, in dem das Forschungsvorhaben vorgestellt wird, mit wenigstens 4,0 benotet worden ist. Der mündliche Vortrag selbst ist für diesen Studiengang lediglich eine »unbenotete Studienleistung«. Den bereits vorbereiteten Leistungsschein mit Note erhalten die Studierenden individuell und erst nach Abschluss einer Reihe von studentischen Präsentationen. Für die Studierende ist die Präsentation, die dem geschriebenen Exposé nachgeschaltet wird, einerseits einen Aufschlag zur eigentlichen Forschungs- und Schreibphase, andererseits auch eine Vorübung aufs Kolloquium, in der einige Monate später die fertige BA-Arbeit konstruktiv-kritisch diskutiert werden soll.

---

6 Erna Zonne-Gätjens, geb. 1976, war 2006 bis 2009 Dozentin Youth Ministry an der Protestants Theologische Universiteit, Niederlande und 2009 bis 2013 Juniorprofessorin Fachdidaktik Evangelische Religion an der Universität Osnabrück. Seit Oktober 2013 ist sie Professorin für Soziale Arbeit in interkultureller Perspektive an der Fachhochschule für Interkulturelle Theologie Hermannsburg.

Sowohl das mündliche Präsentieren (ca. 20 Minuten) als auch die Diskussion (ca. 10 Minuten) mit gleich mehreren Professorinnen und Interessierten aus anderen Studiengängen ist für die Studierenden neu und aufregend. Bis zu diesem Punkt im Studienverlauf gab es eher Präsentationen im kleinen Rahmen, d. h. im Seminarraum unter Anwesenheit der Mitstudierenden im gleichen Fachsemester sowie der Modulverantwortlichen. Sprecherfahrungen im größeren akademischen Setting haben die meisten Studentinnen in Deutschland noch nicht gemacht. Dazu kommt, dass das letzte Semester oft als sehr stressvoll empfunden wird. Einige Studierende sind daher bei dieser Präsentation angespannt, obwohl sie bereits wissen, dass die schriftliche Arbeit bereits mit einer bestimmten Note bewertet worden ist. Andere Studentinnen sind eher erleichtert, dass sie präsentieren dürfen, denn es passiert gelegentlich, dass eine Studentin nicht zur Präsentation zugelassen wird, da aus inhaltlichen Gründen das schriftliche Exposé mit 5,0 bzw. »nicht bestanden« bewertet wird.

An einem Mittwoch kurz nach Ostern betrete ich leger in Jeans und Jackett bekleidet und bepackt mit Protokollbögen einen Unterrichtsraum. Ich war gerade in einem anderen Seminarraum bei einer recht gemächlich gelaufenen Präsentation von einer BA-Studentin aus dem südlichen Afrika aus dem deutschsprachigen Studiengang. Nun gibt es eine fünfminütige Pause, in der sowohl Lehrende – je nach Absprache – sowie Mitstudierende – je nach Interesse und Sprachkenntnisse – die Räume wechseln können. Eine BA-Studentin, die heute in diesem Seminarraum ihr Forschungsvorhaben für die BA-Arbeit präsentieren wird, ist bereits da. Aus Vorgesprächen weiß ich bereits, dass sie das Thema »Soziale Integration von westafrikanischen Frauen« u. A. auf die Bemühungen von Migrantenkirchen zur Unterstützung einer solchen Integration ausrichten möchte. Ich habe bereits ihr Exposé erhalten und korrigiert. Das von der Studentin eingereichte Schriftstück hat mir gut gefallen und daher freue ich mich auf die Rede. Weil ich diese nicht benoten muss, ist es von meiner Seite eine relativ entspannte Angelegenheit.

Die Studentin steht am Pult und sortiert ihre Notizen. Sie hat sich mit Sorgfalt gekleidet, geschminkt und frisiert. Hier steht kein Mäuschen. Sie nimmt Raum ein. Trotz bevorstehender Präsentation umarmen wir uns und ich frage vorsichtig, ob sie sehr nervös sei. Sie bejaht und winkt sich selbst mit den manikürten Fingern Frischluft zu. Ich wünsche der Studentin viel Erfolg und blicke in Richtung des Fensters.

Dort sehe ich bekannte Gesichter und einen freien Platz. Ich setze mich mit meinem Rücken zum Fenster neben zwei Kollegen. Eine weitere Kollegin, die im Sommer das Zweitgutachten zu der BA-Arbeit schreiben wird, sitzt zu meinem Rechten. Da die Tische aus den 1970er Jahren in U-Form gestellt worden sind, sitzt mir gleich gegenüber auf der langen Seite in einiger Ferne noch ein älterer Kollege. An der kurzen Seite haben mehrere männliche Studierende Platz genommen, zum Teil Pastoren von Migrantenkirchen, anderen Studiengängen und anderen Fachsemestern.

Es ist Zeit zu starten. Ich begrüße Kolleginnen, Studierenden und Studentin. Ich erkläre noch einmal den Ablauf und kläre den zeitlichen Rahmen. Dann wünsche ich der Studentin gutes Gelingen und lehne mich zurück.

Die Studentin steht auf, macht sich groß und schaut das Publikum sofort auffordernd an. Sie nimmt sich ihren gefertigten Text und liest diesen vor. Trotz des eher nüchternen, sozialwissenschaftlich ausgerichteten Inhaltes ist der Ton ihrer Stimme laut und melodisch, mit manchmal leicht drohendem Unterton und passender Gestik sowie ausdrucksvoller Mimik. Die redebegleitenden Handbewegungen gehen in Richtung des Publikums. Die Studentin schaut vor allem die afrikanischen Studierenden, aber auch die anderen Anwesenden, eindringend an. Die Einflussnahme durch das Erstrecken ihres Radius und die Lautstärke irritieren mich. Sie wirken nach meinem Empfinden übergriffig. Ansonsten fällt mir auf, dass auch ihre Stimmlage viel tiefer und die Intonation ausgeprägter ist als sonst. Die gedehnte Stimme ähnelt einem langsam heraufziehenden Gewitter, das von keinem aufgehalten werden kann und darf. Es ist deutlich, dass diese laut sprechende Rednerin sich durchsetzen will und nicht unterbrochen werden möchte.

Ich bin überrascht, denn so dominant kenne ich die Studentin gar nicht. Der Klang ihrer Stimme ist gewöhnlich weder außerordentlich laut oder leise, weder tief noch hoch. Im Gespräch ist sie zwar oft sehr energisch, aber sie hat fast immer eine bejahende Grundstimmung in ihren mündlichen Beiträgen. Normalerweise hat sie einen eher weichen Augenausdruck und ein Lächeln im Gesicht. Auch im Seminar ist sie aufgeschlossen und sehr umgänglich. Jetzt aber scheint es mir, als ob sich eine »180 Grad-Wende« vollzieht, sowohl im Stil als auch im jetzt recht scharfen Tonfall. Es scheint, als ob sie sich bewusst für diese verteidigende und angriffslustige Art entschieden hat, es für passend hält und geplant hat, dies bis Ende der Präsentation durchzuziehen.

Für mich kommt die Änderung so unerwartet, dass ich erstmal ein klein wenig geschockt bin. Mein Schock ist desto größer, da ich eher voller Zuversicht mich zurückgelehnt hatte, da die Studentin das recht gutes »Proposal« vorher schriftlich vorgelegt hat. Was steht auf ihrem Blatt? Das müsste doch eigentlich genau

das gleiche Expose sein, oder? So war es vereinbart. Präsentiert sie uns jetzt etwas
ganz anderes? Ihre Stimme scheint sich gar nicht zum Rede-Ziel und -Inhalt zu
orientieren. Verwirrt hole ich mir den Text aus meiner Akte.

Nachdem ich mich einigermaßen an den rechtfertigenden Ton und recht
massiven Auftritt gewöhnt habe, kann ich nach und nach den Inhalt wieder-
erkennen. Sie liest tatsächlich – mit einigen freien Zwischenbemerkungen, die
im Kern zum bekannten Exposé passen, eins zu eins den Text vor, den sie ans
Studiensekretariat geschickt hat.

Nach der Präsentation stellen zuerst die Studierenden Fragen. Danach sind die
Kolleginnen dran und zuletzt kann auch ich mich nach Einzelheiten erkundigen.
Die Studentin antwortet energisch und laut, fast verteidigend, aber inhaltlich
plausibel.

Die Zeit ist um. Alle Studierenden verlassen den Raum. Mit den Kolleginnen
spreche ich kurz den Stil der Studentin an, der m. E. einer Verteidigungsrede
ähnelte. Die Studentin soll zudem einige Vorschläge, welche Begrifflichkeiten in
der späteren BA-Arbeit noch klarer definiert werden müssten, erhalten. Ebenfalls klären wir, welche der vorgeschlagenen Forschungsmethoden vermutlich
den zeitlichen Rahmen sprengen wird. Da sie im Schriftlichen inhaltlich sonst
kaum Punkte »liegengelassen« hat, gab es Konsens darüber, dass die bereits im
Vorfeld gegebene gute Note für das Exposé vertretbar war. Die Zeit drängt, die
nächste Präsentationsrunde wartet, und für diese Studentin ist die Sache nun
erledigt. Die unbenotete Studienleistung wird abgehakt und der Schein kann
im Sekretariat ausgehändigt werden.

Da ich dieses Studienjahr keine weiteren BA-Studierenden im Rahmen ihrer BA-
Arbeit betreue, ist meine Anwesenheit bei den anderen Präsentationen nicht
erforderlich. Ich verabschiede mich, packe meine Sachen und radele nach Hause.
Die Studentin verspricht mir nächste Woche Kontakt mit mir aufzunehmen, da
sie nun auf Basis des Exposés ihre BA-Arbeit schreiben wird. Dann kann ich
auch in Ruhe Feedback zur heutigen Präsentation geben.

Unterwegs nehme ich mich vor, die Studentin zu ermutigen, im Sommer,
bei der Präsentation des Endergebnisses der BA-Arbeit, einen weniger ver-
teidigenden und eher reservierten Präsentations-Modus zu probieren. Bei
Gelegenheit möchte ich mit ihr klären, ob die Sprechweise eher unbewusst,
durch Anspannung und Unsicherheit entstanden ist, oder von der Studentin
intendiert worden ist. Vorläufig gehe ich davon aus, dass sie die heute prakti-
zierte Art des Sprechens in schulischen Veranstaltungen in der Heimat kopiert

hat. Vielleicht benutzt sie diese Redensart auch bei Treffen, z. B. in Migrationskirchen, mit Westafrikanischen Personen in Deutschland. Falls dies tatsächlich
der Fall ist, wäre es vielleicht eine Lösung, zum fließenden Wechseln von den
relevanten Sprachmodi je nach Setting zu ermuntern. Obwohl ich mir sicher
bin, dass ich damit eine »Sozialisation« des Sprechens betreibe, die ihr für ihre
Hochschulkarriere bestimmt zugutekommt, ist mir auch klar, dass diese Kor-
rektur als kulturvereinnahmend eingeschätzt werden kann. Mit der dringenden
Empfehlung, in dem hiesigen akademischen Setting sich auf eine bestimmte
Art und Weise zu verhalten, ist zudem noch nicht von selbst gegeben, dass das
Sprechen in einer solche »Zwangsjacke« auf Anhieb authentisch wirken wird.
Vielleicht findet die Studentin nach einigen Experimenten für sich einen eigenen
Weg. Dann wäre meine Aufgabe lediglich eine Ankurbelung des Suchprozesses …

Zum Lerngewinn der Praxis-Sequenzen

Wie notiert, zielten die fünf Skizzen von theologischen Praktikern und Praktikerinnen zu »Ansprechende Erfahrungen« nicht auf die Präsentation idealer Sprechgestaltungen religiöser Rede. Sie wollten an unterschiedlichen Situationen und mit ganz unterschiedlichen Inhalten die Wege und Umwege alltäglichen Sprechens mit mikroskopischem Blick näher beleuchten. Die Rekonstruktionen von Beteiligten bieten sicherlich zunächst singuläre und unvergleichbare Erfahrungen mit ihren lebensweltlichen Bedingtheiten und Zufälligkeiten, die keinen Modellcharakter für Sprechpraxis theologischer Profis insgesamt haben. Sie spiegeln kulturelle Konstellationen, von denen in den Skizzen zu kulturellen Kontexten des Redens von Gott die Rede war, z. B. inter-kulturelle Gemengelagen, in die das Sprechen heute unausweichlich verwickelt ist.

Für wen erbringt solche Erinnerungsarbeit an eigenen Erfahrungen einen Lerngewinn und in welcher Hinsicht? Was kann man aus ihnen für das Verstehen des Redens von Gott in praktischer Absicht lernen?

Wirft man einen genaueren Blick auf die Praxis der Rede und die Erfahrungen dabei, dann ergibt zunächst wohl dies, dass auch kleine Sequenzen hoch komplex ausfallen sind, ja, zuweilen disparate und zunächst unklare Sprechsituation. Die Autor*innen klären sich und Leser*innen ein Stück weiter auf über das Geschehen beim Reden im dynamischen Wechselspiel von Person, Sache und Gesprächspartnern bzw. Zuhörern. So werden innere Ambivalenzen aufgespürt und auch Differenz-Erfahrungen: Jemand möchte Kontakt aufnehmen mit seiner Rede, möchte Leute für etwas gewinnen – und muss erleben, dass er in der konkreten Situation bei den Beteiligten vor die Wand läuft. Eine anderer hat berechtigte Erwartungen an den Vortrag der Kandidatin in einer Prüfungssituation, und sie ist verblüfft, dass sich da plötzlich eine ganz andere Rednerin zeigt.

Sodann: Nähert man sich an die Sprechsituation ohne explizite normative Vorgaben über »richtige« theologische Inhalte, ohne Schere im Kopf eher vom eigenen Erleben her, dann zeigt sich, dass eine ganze Gemengelage theologischer und nicht-theologischer Motive das eigene Reden, Hören und Agieren mit bestimmt. Man macht mitunter die verblüffende Erfahrung, dass in einem Gespräch, für das man schon längst berufliche Routinen entwickelt hat, die Intention der Rede doch weniger klar sind, ja sich manchmal erst im Interagieren in der Situation ergeben. Jemand hat begründete Handlungsstrategien für ein Taufgespräch, aber im Verlauf kommen ganz andere Motive dafür zum Zuge, wen er warum ansprechen will. Die Erinnerungsarbeit zeigt, dass dem handelnden Subjekt die Motive zuweilen unklarer sind als ihm lieb ist.

Schließlich: Die Verlangsamung des Blicks auf konkrete Gesprächsverläufe kann dazu verhelfen, Misstrauen zu wecken gegen ein blindes Vertrauen in Groß-theorien, kann vielmehr den eigenen Klein-Theorien auf die Schliche kommen. Mit der Klärung eigener Stärken und Schwächen in sachlich-theologischer und in kommunikativer Hinsicht ergibt sich die Einsicht: manche Themen und Verläufe des Gesprächs lassen sich vorplanen und in der konkreten Situation auch steuern. Anderes lässt sich im Gespräch eher wahrnehmen und wenn es gut geht: flexibel aufnehmen, um in der Situation mitzugehen.

4
Vertiefungen aus philosophischen und kulturwissenschaftlichen Theorien

Resonanzen: Reden als Angesprochene

1 *»Viva vox evangelii«*
2 *»Gott wird Wort«*
3 *Resonanz als Weltbeziehung*
4 *Responsivität der Stimme*
5 *Resonanz und Dissonanz*

1 »viva vox evangelii«

Es ist bekannt, dass die Reformation ihre rasche Verbreitung vor allem dem gerade erfundenen Buchdruck zu verdanken hatte. Ohne Gutenbergs bahnbrechende technische Innovation, ohne die Flugblätter als Agitationsinstrument und ohne die sich entwickelnde Lesekultur hätte die protestantische Lesart des Glaubens wohl erst sehr viel später in den Köpfen und Herzen der Menschen Platz greifen können. Doch trotz des Buches als äußerst effektivem Medium zur Verbreitung protestantischer Anschauungen bestand Luther wiederholt auf Mündlichkeit als vorgeordneter Vollzugsform des erneuerten Glaubens. Das Evangelium sollte unter die Leute gebracht werden nicht durch Lesen oder Vorlesen, sondern indem Gottes Wort als »viva vox evangelii«[1] proklamiert wird. Denn: »Evangelium heißt nichts anderes, denn eine Predigt und Geschrei von der Gnade und Barmherzigkeit Gottes ... und ist eigentlich nicht das, was in Büchern steht und in Buchstaben verfasst wird, sondern mehr eine mündliche Predigt und lebendiges Wort und eine Stimme, die da in die ganze Welt erschallt und öffentlich wird ausgeschrien, dass mans überall hört.«[2]

Aus diesem Grund stand und steht für den Protestantismus das Predigtamt im Vordergrund. So schärfte es schon der redegewandte Reformator Martin Luther seinen Zeitgenossen ein. »Das Amt des Neuen Testamentes ist nicht in steinerne und Tote Tafeln entstellt, sondern in den Laut der lebendigen Stimme gelegt.«[3]

---

1   Jan Hermelink/Alexander Deeg (Hrsg.), Viva Vox Evangelii – Reforming Preaching, Leipzig 2013.
2   Martin Luther, Epistel Sanct Petri gepredigt und ausgelegt 1523, WA XII, 259.
3   Ders., Operationes in Psalmos XVIII, WA 5, 537.

Und zur Begründung wird ein historisches Argument über die »ursprüngliche« Mitteilungsform bemüht: So heißt es in einem Kommentar Luthers zu Mt 21, 1–9: »Auch so ist des Neuen Testaments und Evangelii Art, dass es mündlich und mit lebendiger Stimme soll gepredigt und getrieben werden; Auch Christus selbst nichts geschrieben, auch nicht befohlen hat zu schreiben, sondern mündlich zu predigen. Also sind die Apostel nicht gesandt, biß das Christus kommen ist gen Mund Haus, das ist, biß daß es Zeit war, mündlich zu predigen, und das Evangelium aus der todten Schrift und Federn, in die lebendige Stimme und Mund bracht würde. Von der Zeit an heißt die Kirche billich Bethphage, darum daß sie die lebendige Stimme hat und höret.«[4]

Und die Resonanz, die Gottes Wort im hörenden Menschen auslöst, soll dem entsprechen. Das Gebet als die Antwort des Menschen, der auf die »viva vox evangelii« recht hört, beschrieb Luther mit der mittelalterlichen Tradition als »Aufstieg« zu Gott. Und auch hier steht die Stimme im Vordergrund: »Das Gebet ist der Aufstieg des Geistes zu Gott. Die Worte sind die Stufen. Aber die Stimme ist das Werkzeug, mit dessen Hilfe wir die Stufen emporsteigen.«[5] Nicht zu vergessen das Singen im Gottesdienst, das Luther ebenfalls sehr schätzte.

Im Kontext der seit der Reformation erfolgten kulturellen Umbrüche der Moderne und Nach-Moderne ist heute nicht nur das Buch als Leitmedium weitgehend verabschiedet. An seine Stelle drohen Twitter und andere »social media« zu treten. Und die eine »Stimme, die da in die ganze Welt erschallt und öffentlich wird ausgeschrien«, ist im Zeitalter religiöser Pluralisierung von vielerlei anderen Stimmen überlagert.

2 »Gott wird Wort«

Ich mache nach der Erinnerung an die theologische Bedeutung der Mündlichkeit einen Sprung in die Gegenwart. Ein katholischer Pfarrer in Leipzig, Andreas Knapp, ringt seit Jahren mit dem Auftrag, in einem völlig entkirchlichten Milieu in Leipzig Menschen das Evangelium nahezubringen, Gott zu Worte kommen zu lassen. Er hat bewusst viele Jahre neben seiner pastoralen Tätigkeit auch als Saisonarbeiter am Fließband gearbeitet, um in Kontakt zu kommen mit

---

4   Ders., Kirchenpostille Bd 1 Am 1.Sonntag des Advents.
5   Ders., Decem praecepta Wittenbergensi praedicata populo 1518 WA 1; 445, 47 f. »Oratio enim est ascensio mentis in deum: verba sunt scalae, Sed vox est apparatus scalarum«.

den Menschen, die er erreichen möchte. In einer kleinen Meditation unter dem Titel »Gott wird Wort« hat er seine Gedanken festgehalten.[6] Knapp benutzt dabei den Begriff der Resonanz nicht, der Sache nach geht es ihm aber darum.

Er leidet spürbar daran, dass er und mit ihm viele andere pastorale Mitarbeiter so wenig Resonanz finden in einer über Generationen der Kirche entfremdeten Alltagskultur. Die Menschen in seinem Wirkungsfeld kommen ihm durchweg »areligiös« vor[7]. Das Wort »das trifft«, das ihn getroffen hat und er weiter schwingen lassen will, kommt nicht an. Die Menschen antworten nicht; er fragt sich, ob sie die Antwort verweigern, oder ob sie nicht antworten können. Aus dieser Not heraus begibt er sich auf die Suche nach dem Wort, »das trifft«. Und er macht sich Gedanken darüber, warum die Resonanz ausbleibt. Schmerzlich bekennt er seine Not, dass er trotz der gemeinsam geteilten deutschen Sprache Schwierigkeiten verspürt, von seiner Gotteserfahrung zu reden, weil er findet, dass die Sprache der Religion nicht mehr geteilt wird. Die Menschen, die er erreichen möchte, geben keine für ihn erkennbare Antwort.

Eine wesentliche Ursache für die Misere sieht der Pfarrer in Leipzig darin, dass die angestammten Bedeutungen religiöser Sprache zumal im Osten Deutschlands nicht mehr präsent sind, dass Religion als »Grundwortschatz unserer Sprache«[8] ihre Prägekraft von ehedem verloren hat. »Religiöse Worte sind nichtssagend geworden, weil sie ihren Sinn verloren haben«[9].

Neben und unter der Entkirchlichung seines kulturellen Kontextes sieht Knapp als Ursache für den weitgehenden Verlust religiöser Sprache einen reduzierten Umgang mit der Sprache überhaupt. Gegen die Sprache als Instrument der bloßen Sachinformation und des verobjektivierenden Umgangs mit der Welt will er einen anderen, einen zweiten Sprachgebrauch stark machen. Weil Religion von und in diesem zweiten Sprachgebrauch lebt.

»Von Gott aber können wir nur in dieser zweiten Sprache reden. Denn das Wort ›Gott‹ ist ein Name. Das meint: Es ist kein Sachwort, sondern ein Rufwort. Mit Gott meinen wir keinen Sachverhalt, sondern jemanden, zu dem wir schreien können. Ein Ruf-Name, den wir ehrfürchtig flüstern oder liebevoll aussprechen.

---

6   Andreas Knapp, Gott wird Wort. In der modernen Welt vom Unsagbaren reden, in: Publik Forum Nr. 24 2018, 31–34.
7   Das nennt er ironisch »homo areligiosus Leipzigenis«.
8   Knapp 31.
9   Knapp 34.

>Gott‹ *ist ein Wirkwort: Die Nennung seines Namens will uns nicht informieren, sondern sie will uns erschüttern, beglücken, bekehren. Das Wort* ›Gott‹ *ist ein sakramentales Wort, das etwas bewirken will. Religiöse Worte sind nicht informativ, sondern performativ. Es sind Wandlungsworte, die nicht nur Brot und Wein, sondern vor allem uns wandeln wollen.*«[10]

Die kurze Meditation ist angereichert durch beeindruckende Versuche des Autors, Gott neu in Sprache zu bringen, z. B. in diesem Gedicht:

»*Gott*
Unwort der Jahrtausende blutbesudelt und missbraucht und
darum endlich zu löschen aus dem Vokabular der Menschheit
Redeverbot von Gott
getilgt werde sein Name,
die Erinnerung an ihn vergehe
wie auf Erden so im Himmel
wenn unsere Sprache aber dann ganzgott los ist in welchem Wort
wird unser Heimweh wohnen
wem schreien wir noch den Weltschmerz ent
gegen und wen loben wir für das Licht«.

Knapps Zugang zu »Gott« geht über digitalen Sprachgebrauch hinaus, jedoch ist seine Reflexion fokussiert auf das, was wir sagen, auf Sprache als Ausdruck von und für Sinn, der weitergegeben oder eröffnet werden soll. Die ausbleibende Resonanz auf die kirchliche Botschaft sieht Knapp verursacht in einem Sprachverlust, verstanden als Schwund von einem Bedeutungsreservoir. Auch wer nicht in Leipzig lebt, sondern in einer westdeutschen Großstadt, wird nachvollziehen können, dass Knapp an der ausbleibenden Resonanz auf seine Versuche, Gott anzusagen, leidet. Denn Entkirchlichung und Traditionsverlust sind ja keine exklusiv ostdeutschen Phänomene. Und man wird einem Pfarrer, der nicht mehr einfach »von der Kanzel herab« redet, sondern der das Alltagsleben teilt, die persönliche Hochachtung nicht versagen können.

Welchen Weg sucht Knapp, die religiöse Sprache gegen alle Widerstände neu zu Gehör zu bringen? Wie versteht er Sprache und ihre Wirkungsmöglichkeiten? Und welche Empfehlungen ließen sich ableiten, um mit Menschen in einer nachkirchlichen Kultur über Gott in Kontakt zu kommen? Er versteht religiöse

---

10 Knapp a. a. O. 34.

Sprache als ein (weitgehend abhanden gekommenes) Vokabular, das einmal Deutungshilfen zur Erschließung von Welt bereitstellte, das damit bestimmte Erfahrungen überhaupt erst »in Sprache fasst«. Er will Gott Wort werden lassen gerade auch in der Spannung zwischen Sagbarem und dessen Unaussprechlichkeit. Der Autor macht dazu insbes. poetischen Sprachgebrauch stark gegen digitale Kommunikation.

Es bleibt unverkennbar, dass sich der Ansatz (trotz aller poetischen Kreativität seines Verfassers) weitgehend darum dreht, *was* gesagt wird. Und implizit läuft das auf die Empfehlung hinaus, Menschen wieder in Kontakt mit der Sphäre der religiösen Sprache zu bringen. Die soll keineswegs die von gestern, die alte, die in Traditionen erstarrte Sprache bleiben, sondern religiöse Sprache soll kreativ erneuert werden. Das alte Wort soll neu gesagt werden. Und das mit Vorsicht und Umsicht, den Mund nicht zu voll nehmend, mit dem Wort »Gott« nicht leichtfertig um sich werfend.

Der Ansatz erscheint zunächst plausibel und engagiert, denn er verschließt ja nicht die Augen vor den Schwierigkeiten der Kommunikation. Aber – obwohl ihm an Begegnung mit Gott sehr liegt – wir erfahren in seiner Meditation noch wenig von konkreten Begegnungen und davon, wie seine alternative Rede von seinen Erfahrungen mit Gott im Einzelnen und bei unterschiedlichen Menschen unterschiedlich verläuft. Wie drücken Menschen in seiner näheren Umgebung das aus, wenn sie vor Sehnsucht schreien, wenn sie ehrfürchtig flüstern? Wie schreien sie ihren Weltschmerz heraus? Das hängt doch wohl nicht allein am religiösen Vokabular. Und die Auskunft »areligiös« fällt ja noch etwas pauschalisierend aus. Was Knapp die »Sprachwelt unseres Alltags« nennt, wird vermutlich bei näherem Hinsehen jenseits des Grau-in-grau manche Schattierung zeigen. Auch die Montagsdemonstrationen in der Leipziger Nikolaikirche Ende der 80er Jahre gehörten dazu.

Solche Rückfragen sind hier nicht mit der geheimen Absicht gestellt, die Zustände doch am Ende religiös zu verklären. Vielleicht geht es aber beim Thema Resonanz für Gott gar nicht allein um den Text, um die Kommunikation einer religiösen Vorstellungswelt, sondern darum, wie Menschen überhaupt mit der Welt intensivere Beziehung aufnehmen, wie sie im Wechselspiel zwischen Sprechen und Hören die Welt erleben, höchst unterschiedlich.

3 Resonanz als Weltbeziehung

Die »Resonanz«, die Knapp vermisst, ist als Konzept in der Praktischen Theologie bereits gelegentlich diskutiert worden. Im Jahr 2002 erschien zu Ehren von Gerhard Marcel Martin der Sammelband »Resonanzen. Schwingungsräume Praktischer Theologie«[11]. Martin hatte selbst festgestellt, es gehe im Bibliodrama »um das Phänomen der Resonanz, darum also, dass Traditionen und Gegenwart, Texte und Menschen in ein gemeinsames Feld von durchaus differenzierten, sich gegenseitig verstärkenden, aber auch irritierenden und verfremdenden Schwingungen geraten«.[12]

Starken Widerhall auf das, was mit »Resonanz« auch in der Theologie gemeint sein kann, verdanke wir jedoch einem Sozialwissenschaftler. Der Jenaer Soziologe Hartmut Rosa hat vor einiger Zeit das Verstehen kommunikativer Interaktionen, das menschliche Wechselspiel von Reden und Hören, auf eine neue Ebene gerückt, indem er es nicht primär von Inhalten angeht, sondern es in den weiteren Rahmen einer Theorie menschlicher Weltbeziehungen einordnet. Als Schlüsselbegriff dient ihm dabei eben der aus der Physik entlehnte Begriff der »Resonanz«.[13] Rosa nimmt diesen Begriff auf und weitet ihn metaphorisch aus: vom Phänomen zweier sich in Schwingung versetzender Körper kommt er so zur Beschreibung der Qualitäten des psychosozialen Erlebens von Welt in einzelnen Aspekten des menschlichen Lebens (Atmen, Gehen, Lachen, Lieben usw.) und in vielen kulturellen »Resonanzsphären« (Familie, Schule, Arbeit, Sport usw.). Im Unterschied zur physikalischen Bedeutung des Wortes meint »Resonanz« bei Rosa nicht das mechanische Zurückgeben der empfangenen Schwingungen wie bei einer Stimmgabel, sondern die Beziehungsfähigkeit von Subjekten und ihre intersubjektiven Strukturen. Dabei konstituieren sich diese überhaupt erst aus solchen Resonanzerfahrungen bzw. deren Abwesenheit.

Die damit verknüpfte sehr weitreichende soziologische Absicht, eine übergreifende modernitätstheoretische Analyse zu liefern, mag für unseren Zusammenhang ausgeblendet bleiben. Aber der genauere Blick auf das von Rosa beschriebene Resonanzgeschehen kann uns für unsere Fragestellung neue Verstehenshilfe bereitstellen. Denn Rosa fragt nach Eigenart und Bedingungen dafür, dass Menschen beim Miteinander-Sprechen in Resonanz kommen können,

---

11 Constanze Thierfelder/Dietrich Hannes Eibach (Hg.), Resonanzen: Schwingungsräume Praktischer Theologie, Stuttgart 2002.
12 Gerhard Marcel Martin, in: Thierfelder/Eibach, a. a. O., 9.
13 Hartmut Rosa, Resonanz. Eine Soziologie der Weltbeziehung, Frankfurt/M. 2016.

»dass sie als aufeinander antwortend, zugleich aber auch mit eigener Stimme sprechend, also zurück-tönend begriffen werden können«.[14] Und er fragt nach Umständen, die das eher verhindern.

Die Antwort rückt eine auf inhaltliche Aspekte gerichtete Analyse von Kommunikation in den Kontext von Begegnungen des Menschen mit unterschiedlichsten Facetten des Erlebens von den Dingen und von anderen Menschen. Dazu gehören sinnliche Erfahrungen der eigenen Körperlichkeit und unterschiedlichste kognitive wie emotionale der Weltaneignung.

»Die Qualität der Weltbeziehung eines Subjekts hat viele unterschiedliche Facetten. Tatsächlich handelt es sich ... weniger um eine einfache Beziehung als vielmehr um mehrere verschiedene Weisen der Bezugnahme. Stellen Atmung und Ernährung die beiden zentralen Formen des leiblichen Prozessierens von Welt dar, sind es vor allem *die Hände,* mittels deren wir *manipulativ* und zielgerichtet in die Welt *eingreifen.* Über sie realisieren wir insbesondere instrumentelle Beziehungen zur Welt. Gerade deshalb sind Handlungen wie *die Hände in den Schoß legen* oder *die Hände zum Gebet falten* bewusste Unterbrechungen des instrumentellen Weltverhältnisses.«[15]

Diese Theorie hat große Resonanz auch in Kirche und Theologie hervorgerufen, nicht zuletzt deshalb, weil darin auch Religion resonanztheoretisch gedeutet wird. In der Theorie geht es ums Ganze, ums Leben, und also auch um Gott. Unter Berufung auf Kronzeugen wie Friedrich Schleiermacher, William James und Martin Buber kommt er in der Hinsicht zur Grundthese: »Gott ist ... im Grunde die Vorstellung einer antwortenden Welt«[16] Und in vielen biblischen Texten sieht er poetische Ausdrucksgestalten dieser Maxime: »Vom Flehen Salomons bis zum Schrei Jesu am Kreuz erscheint sie als ein einziges Dokument des menschlichen Flehens, Bittens und Betens, Wartens und Harrens, Flüsterns und Rufens um Antwort. Und man könnte hinzufügen, dass sie auf dieses Flehen vielleicht ein einziges großes Gegenversprechen gibt, welches da lautet: *Da ist einer, der Dich hört, der Dich versteht, und der Mittel und Wege finden kann, Dich zu erreichen und Dir zu antworten.*«[17]

Folgerichtig kann auch die religiöse Praxis des Gebets resonanztheoretisch verstanden werden: »Aus diesem Versprechen entwickelt sich gleichsam natürlich

---

14   Rosa Resonanz 285.
15   Rosa Resonanz 109.
16   Rosa Resonanz 435.
17   Rosa Resonanz 441.

die Gestalt des Gebets und die Haltung des Betens, die schon ihrer Idee nach auf die Herstellung einer ›Tiefenresonanz‹ in Form eines holenden und antwortenden Redens (und Handelns) hin angelegt sind. Dass das Beten auf die Form der Weltbeziehung als solche, auf das Hervorrufen von Resonanz zielt, lässt sich auch daran ablesen, dass es gleichermaßen nach *innen* wie nach *außen* gerichtet ist: Der Betende schließt die Augen und wendet sich nach innen, adressiert jedoch zugleich ein Draußen mit dem Ziel, eine intensive Verbindung zwischen beiden spürbar werden zu lassen. Weil und insofern Resonanz einen Moment der Verflüssigung der Selbst-Welt-Beziehung bezeichnet, lässt sich in dieser Haltung für ihn gar nicht mehr genau angeben, was *innen* und was *außen* ist.«[18]

Für unseren Zusammenhang ist es nützlich, nicht vorschnell in eine theologische Debatte über Rosas Deutung von Religion oder über verborgenes Theologisieren des Soziologen einzusteigen.[19] Weil die Resonanztheorie auch sprachliche Kommunikation im Horizont von fundierenden bzw. umgreifenden Weltbeziehungen genauer zu fassen versucht, gilt mein Augenmerk eher dieser Intention Rosas und ihrem möglichen Erkenntnisgewinn für uns.

Rosa geht aus von der »Überzeugung, dass die Qualität des menschlichen Lebens (und der sozialen Verhältnisse) nicht einfach an den Optionen und Ressourcen gemessen werden kann, die zur Verfügung stehen, sondern einer Untersuchung der Art des Weltverhältnisses oder der Weltbeziehung bedarf, die für dieses Leben prägend sind … Ob Leben gelingt oder misslingt, hängt davon ab, auf welche Weise Welt (passiv) erfahren und (aktiv) angeeignet oder anverwandelt wird und werden kann. In der Traditionslinie der Kritischen Theorie bildet die Suche nach einer anderen Form der Weltbeziehung von Anfang an ein manchmal dominantes, häufig aber implizites Thema.«[20]

Nicht immer erlebt sich ein Mensch im Gleich-Klang mit der Welt. Der Autor beschreibt das Erleben von Welt in der qualitativen Spannbreite zwischen »stum-

---

18 Ebd.
19 Martin Laube kommt in seiner systematisch-theologischen ré-lecture von Rosas Theorie zur Vermutung, dass die Resonanztheorie protestantische Grundmotive in einem soziologischen Gewand darbietet – zugespitzt formuliert: »Der ›kirchliche‹ Erfolg Rosas beruht darauf, Theologie zu treiben, die als Theologie gerade nicht erkenntlich ist.« ders., »Eine bessere Welt ist möglich«. Theologische Überlegungen zur Resonanztheorie Hartmut Rosas, in: Pastoraltheologie Jg. 107, 2018, Resonanz, 356–370, Zitat 358.
20 Rosa Resonanz 5.

men« und »resonanten«, zwischen »warmen« und »kalten« Beziehungen.[21] Das
Erleben kann in der einen Begegnung tendenziell eher in stimmiger Kongru-
enz verlaufen, in der anderen dem Menschen tendenziell eher eine ver-stumm-
ende Welt bieten. »Resonanz« und »Entfremdung« sind denn auch bei Rosa die
Schlüsselworte für diese beiden Pole. Und er betont ausdrücklich gegen eine illu-
sionäre Sicht von auf Dauer gestelltem Resonanzerleben: »Resonanz entsteht also
niemals dort, wo alles ›reine Harmonie‹ ist, und auch nicht aus der Abwesenheit
von Entfremdung, sondern sie ist vielmehr gerade umgekehrt *das Aufblitzen
der Hoffnung auf Anverwandlung und Antwort in einer schweigenden Welt.*«[22]

Zu den unbestreitbaren Vorzügen in Rosas theoretischem Entwurf zählt der
Umstand, dass er seine Gedankengänge immer wieder konkretisiert und illus-
triert; generalisierende Aussagen werden so verständlich gemacht durch ein-
geblendete Narrative, Szenen und auch durch mannigfache Bezüge zu literarischen Texten und zu Elementen der Popkultur.

Es ist bemerkenswert, dass Rosa die unterschiedlichen Qualitäten des Erlebens
von Begegnungen in typisierter Art und zugleich sehr plastisch in Bezug auf
Bildungsprozesse mit jungen Menschen erläutert. Als Leitvorstellung formuliert
er im Anschluss an ein *dictum* von Heraklit »Kinder sind keine Fässer, die gefüllt
werden müssen, sondern Fackeln, die es zu entzünden gilt«.[23] Es geht für Rosa
abgesehen von strukturellen Bedingungen schulischer Lernorganisation, dabei
im Kern um die Frage, ob der Stoff den Schülern als Subjekten etwas zu sagen
hat oder nicht und ob die Lehrperson mit ihrer Art der Präsentation ankommt
oder nicht. Letztlich »geht es immer um die Frage, ob Lehrer, Schüler und Stoff
füreinander stumm und feindlich oder gleichgültig bleiben oder ob die Lehrer
die Schüler zu erreichen vermögen, ob sie den Resonanzdraht in Schwingung
versetzen können und die Welt zum Singen bringen.«[24]

Mit zwei Grafiken, dem »Entfremdungsdreieck« und dem »Resonanzdreieck«
wird Schule als misslingender oder *gelingender* Resonanzraum beschrieben:
- Die Erfahrung der »*Schule als Entfremdungszone*«, misslingende Lernsi-
  tuationen, macht sich in einer Situation breit, »in der Lehrer, Schüler und
  ›Stoff‹ sich im Grunde *nichts zu sagen haben,* und mehr noch: in der sie sich

---

21 Das erinnert an den Sozialanthropologen Marcel Mauss, der von »kalter Gesellschaft« und
    »warmer Gemeinschaft« sprach.
22 Rosa Resonanz 321.
23 Rosa Resonanz 408.
24 Rosa Resonanz 407.

gleichgültig oder aber ablehnend und feindlich gegenüberstehen … Schule wird dann für alle Beteiligten zu einer *Kampfzone:* Lehrer haben das Gefühl, ständig gegen Störungen, Ablenkungen, Provokationen kämpfen zu müssen; ihre soziale Selbstwirksamkeitserwartung sinkt in dem Maße, wie sich ihr Eindruck verfestigt, sie könnten die Schüler ohnehin nicht erreichen, diese seien desinteressiert an der Sache und auch für die persönliche Begegnung nicht offen. Umgekehrt erfahren die Schüler ihre Lehrer (und häufig auch ihre Mitschüler) ebenso als ihnen gegenüber desinteressiert, gleichgültig oder sogar als ablehnend und feindlich.«[25] Es sind also Situationen, in denen Lehrkräfte die deprimierende Erfahrung machen, dass »nichts rüberkommt und infolgedessen auch nichts zurückkommt«.[26]

- Ganz anders die Erfahrung der »*Schule als Resonanzraum*«: hier wird kein »toter« Stoff traktiert, hier gelingt es, den Stoff für junge Menschen »zum Klingen zu bringen«, ihn in einen wechselseitigen Austausch zu bringen. Bedingung dafür ist u. a. einerseits, dass die Lehrkraft von der Überzeugung beseelt ist, Schülern etwas zu sagen zu haben, sie begeistern zu wollen, Bedingung ist andererseits, dass die Lehrkraft die Erfahrung gemacht hat, dass das Thema ihr selbst auch etwas zu sagen habe, dass er und sie von der Sache fasziniert ist und sie zum Sprechen bringen möchte. Dann funkeln die Augen, dann knistert es im Klassenraum.[27]

Dass sich hier bildungstheoretische und bildungspolitische Fragen anschließen, wie etwa die nach dem Verständnis von Schule und Allgemeinbildung oder die nach dem Verständnis der Rolle eines Lehrers als Profi, liegt auf der Hand.[28] Und ihnen verweigert sich Rosa keineswegs. Deshalb plädiert er dafür, die programmatischen Orientierungsversuche realistisch mit den Bedingungen zu konfrontieren, unter denen öffentliche Schule heute abläuft. Auch dies nimmt Rosa auf, indem er seine Resonanztheorie als kritischen Maßstab für Schule hinsichtlich systematisch verzerrter Chancenzuteilung für resonante Lernerfahrungen in der Gesellschaft geltend macht. Auch diese Fragestellung sei hier lediglich notiert, um zu signalisieren, dass die resonanztheoretische Beschreibung schu-

---

25 Rosa Resonanz 409.
26 Rosa Resonanz 410.
27 Vgl. dazu ausführlich H. Rosa/Wolfgang Endres, Resonanzpädagogik. Wenn es im Klassenzimmer knistert, Weinheim 2016.
28 Zur erziehungswissenschaftlichen Diskussion von Rosas Bildungsgeschehen als Resonanzgeschehen vgl. u. a. Jens Beljan, Schule als Resonanzraum und Entfremdungszone. Eine neue Perspektive auf Bildung, Weinheim Basel 2017.

lischer Kommunikation und Begegnungserfahrung nicht auf schwärmerische Positionen hinausläuft.

Unverkennbar ist gleichwohl, dass Rosas Beschreibungen erfahrungsnah ausfallen. Wohl auch deswegen findet die Theorie auch in Kreisen von Lehrern und Lehrerinnen großen Anklang.

In systematisierender Form beschreibt Rosa das Resonanzgeschehen in Dimensionen und Koordinaten. Resonanz hat vier Dimensionen:
1. Von etwas berührt werden (eine lebendige Verbindung tritt ein)
2. Auf Berührung antworten und selbstwirksam tätig werden (mit Gänsehaut, leuchtenden Augen oder einer anderen Körperhaltung)
3. Verwandelt werden (»Transformation« versus »Repulsion«)
4. Unverfügbarkeit: Resonanz ist nicht machbar, ihr Ergebnis ist offen.

Und die »Welt« der »Weltbeziehungen« wird genauer verfolgt entlang dreier Resonanzachsen: er unterscheidet
• die »horizontale« Achse, dazu gehören soziale Beziehungen in Familie, Freundschaft und Gesellschaft
• die »vertikale« Achse, dazu gehören Aspekte der Welt im ganzen wie Religion, Natur, Kunst und Geschichte
• die »diagonale« Achse, dazu zählt er die Welt der Dinge, zu denen Menschen Beziehungen aufbauen

Auch wenn Rosa durchgängig darum bemüht ist, die Relevanz seines Konzeptes für die Gestaltung sozialer Beziehungen zu verdeutlichen, wehrt er sich dagegen, sein Ansatz als Verfügungswissen zu missbrauchen. Dazu verweist er im pädagogischen Zusammenhang etwa auf die Grunddifferenz zwischen Resonanz und »Kompetenz«. »Kompetenz bedeutet das sichere Beherrschen einer Technik, das jederzeit Verfügen-Können über etwas, das ich mir als Besitz angeeignet habe. Resonanz dagegen meint das prozesshafte In-Beziehung-Treten mit einer Sache. Natürlich können mir Kompetenzen in diesem Prozess helfen, aber was dabei herauskommt, steht nicht von Anfang an fest. Resonanz enthält ein Moment der Offenheit und der Unverfügbarkeit, das sie von Kompetenz unterscheidet. Kompetenz ist Aneignung, Resonanz meint Anverwandlung von Welt: Ich verwandle mich dabei auch selbst.«[29]

---

29 Endres Rosa 78.

Rosa spricht von Resonanzen als Soziologe, auch wenn er extensiven Gebrauch von Religion macht. Wenn man versucht, Erträge aus der Resonanztheorie im Blick auf unsere Fragestellung des Redens von Gott zu formulieren, dann kann man Folgendes festhalten:

Rosas Theorie bekräftigt zunächst eine bekannte fundamentalanthropologische Einsicht: Unser Reden zu anderen hat inhaltlich bestimmbare Botschaften, sie ist gleichwohl immer schon eingebettet in Beziehungserfahrungen unterschiedlicher Qualität, wir reden immer schon im Modus eines antwortenden Sprechens – und unser Reden glückt mehr oder weniger. Bei Rosa gehen die Begriffe »Antwort« und »Resonanz« oft durcheinander. Man könnte die beiden so voneinander abheben: Gegenüber dem Begriff »Antwort« (response) betont »Resonanz« die Erfahrungsqualität solchen Sprechens für das Subjekt.

Antworten als ein responsives Verhalten agiert und reagiert mit der aktuellen Dialogsituation zugleich auf weiter reichende Welterfahrungen, die wir sammeln und die uns prägen. Hier nimmt Rosa Elemente von Martin Bubers Sprachphilosophie auf, in der der Zusammenhang von Sprechen und Beziehung, von Leben und Angesprochensein im Zentrum steht.[30]

Diese Theorie geht ferner davon aus, dass Religion und religiöse Erfahrung von Menschen eingebunden sind in unterschiedliche Qualitäten der unterschiedlichen Resonanzerfahrungen, dass sie zu verstehen sind als Ausdruck und als Bearbeitung einer menschlichen Grundsehnsucht danach, gehört zu werden. Religion wird in anthropologischer Perspektive verstanden als Medien, »welche es den Subjekten erlauben und ermöglichen, sich in einer antwortenden, entgegenkommenden Welt *getragen* oder sogar *geborgen* zu fühlen.«[31]

Die Resonanztheorie Rosas beschreibt stumme und resonante Beziehungserfahrungen eines Subjektes nicht nur prinzipiell und abstrakt, sie konkretisiert das nuanciert in Bezug auf unterschiedliche Resonanz-Segmente in der Kultur, etwa den Alltag im Klassenzimmer oder das Erleben von Pop-Musik in der Freizeit. Der metaphorische Gebrauch des Resonanz-Begriffs verdichtet und bündelt Praxiserleben von Subjekten. Allerdings: Der metaphorischen Beschreibung liegen Vollzüge der sinnlichen Wahrnehmung und Gestaltung der Beziehung zugrunde, die Modulation der Stimme beim Sprechen, deren Wirkung beim Hören. Auch wenn sich Rosa zu recht dagegen wehrt, dass man das Resonanz-

---

30 Er bezieht sich vor allem auf Martin Buber, Das dialogische Prinzip, Gütersloh 1973.
31 Rosa Resonanz 59.

konzept sozialtechnologisch missbraucht, könnte man auf seiner Linie weiter gedacht hier mit dem mikroskopischen Blick genauer danach suchen, wie denn welche Resonanz zustande kommt. Diese Frage ist in theologischen und pastoraltheologischen Rezeptionen von Rosas Konzept, soweit ich sehe, bisher nicht verfolgt worden.

4 Responsivität der Stimme

Es lohnt sich deshalb, das Phänomen der Stimmlichkeit als Resonanzgeschehen von Sprechen und Hören weiter zu verfolgen, weil sich dabei über Rosas zuweilen flächige Thesen hinaus interessante Nuancierungen ergeben. Und jenseits eines sicher zweckmäßigen, aber begrenzten Sprechtrainings ergeben sich grundsätzliche anthropologische Einsichten mit Orientierungspotenzial auch für die Praxisgestaltung des Sprechens. Der schon erwähnte Martin Buber, hat in seiner Sprachphilosophie zugespitzt eine für protestantisches Denken irritierende These formuliert: »Wir hören nicht auf das Wort. Wir hören auf die Stimme.«[32] Ist diese These, unterhalb ihrer jüdisch-theologischen Herkunft im Grundgebot eines »Höre Israel!« (Dt 6,4) auch anthropologisch belastbar? Gerade dann, wenn man den Ansatz der Resonanztheorie nicht krude methodisieren und für Lektionen des Sprachtrainings methodisieren darf, kann es für Sprecherfahrung von Subjekten in religiösen Vollzügen (z. B. im Predigtvollzug, bei Gebeten oder beim Segen) nützlich sein, die konkrete Erlebensdynamik empirisch weiter zu verfolgen.

Der oben angesprochene Pfarrer Andreas Knapp aus Leipzig erlebt sein Handeln so, dass sein Reden von Gott bei den Menschen in seinem sozialen Kontext ohne Resonanz bleibt. Und er fragt nach neuen Zugängen, um das vielleicht zu ändern. Die Resonanztheorie, die wir uns soeben vor Augen geführt haben, fragt – unterhalb der Gottesbeziehung – in anthropologischer Absicht nach der »Stimmigkeit« in einer Begegnung zwischen Menschen. Diese hängt sicher von vielen Facetten des sinnlichen Erlebens ab, vom Blick, der den anderen trifft und beantwortet wird, von der Körperhaltung, die das Gegenüber als zugewandt oder verschlossen wahrnimmt. Es kann für eine Theologie, die

---

32 Martin Buber, Das Wort das gesprochen wird, 1951; wiederabgedruckt in Martin Buber Werkausgabe, Bd. 6: Sprachphilosophische Schriften, 125–137; vgl. zum Thema auch Sabine Sander, Dialogische Verantwortung. Konzepte der Vermittlung und des Fremdverstehens im jüdisch-deutschen Kontext des 19. und 20. Jahrhunderts, München 2017 (darin zu Buber Kap 7 Antwort als Verantwortung S. 281 ff.).

eine an-sprechende Beziehung zwischen Gott und Mensch von der Anrede her denkt, nicht gleichgültig sein, was anthropologische Analyse zur Erfahrung des Sprechens und Hörens erbringen kann. Denn horizontale und vertikale Anteile liegen ja ineinander.

Wenn man physiologische und auch hermeneutische Zugangsweisen verlässt und Sprache als Ereignis des Sprechens mit phänomenologischer Aufmerksamkeit angeht, zeigt sich, inwiefern dafür der Bezug zum Anderen, zum Fremden konstitutiv ist. In dieser Richtung hat Bernhard Waldenfels mit seiner Analyse angesetzt. Er geht dabei aus von der Bestimmung des antiken Empirikers Aristoteles, dass die menschliche Stimme nichts weniger ist als der lautliche Grundausdruck »eines beseelten Lebewesens«[33], eine »viva vox«, also mehr ist als ein Bedeutungsträger oder Ausdrucksmedium für Informationen. Auf dieser Linie kann man weiter fragen: was worin liegt ihr Besonderes, was ver-lautet in der Stimme?

Man kann mit Waldenfels davon ausgehen, dass alle Wahrnehmung immer schon responsiv funktioniert, indem die Sinne auf die Ansprüche des Beziehungsgeschehens, in dem Sprechen und Hören Platz haben, aktiv antworten. Das gilt par excellence für das Hören einer Stimme. Der Blick auf die Phänomenvielfalt des Responsiven im akustischen Modus fördert rasch eine breite Palette von Sachverhalten zutage. In Worte gefasst reichen entsprechende Erfahrungen von der Antwort über den Wiederhall, das Echo und den Nachklang, im digitalen Zeitalter bis hin zur Stimme auf dem Anrufbeantworter. Im reflexiven Durchgang durch diese Erfahrungen erbringt eine Phänomenologie des Responsivischen[34] genauere Einsichten in die anthropologischen Gegebenheiten des an die Stimme gebundenen Resonanzgeschehens.

Stimme ist ein »voluminöses Quale«.[35] Das Verlauten wie das Vernehmen der Stimme ist gebunden an Körperlichkeit, eine Stimme dringt nicht nur über die Ohren, sondern über den ganzen Körper in ein Subjekt ein. Prägnant for-

---

33 Aristoteles, De anima II, 8, 420b 5 f.
34 Vgl. insbes. Bernhard Waldenfels, Antwortregister, Frankfurt/M. 1994 sowie ders., Medialer Wiederhall der Stimme, in: ders., Phänomenologie der Aufmerksamkeit, Frankfurt/M. 2004, 186–204.
35 Helmuth Plessner, Zur Anthropologie der Musik, in: Jahrbuch für Ästhetik und Allgemeine Kunstwissenschaft 1 (1951), Köln, 110–121.

muliert: »Wo Stimme ist, ist Körper und Leib.«[36] Und bevor ich semantische Bedeutungsgehalte der Stimme eines anderen »entziffert« habe, teilt sich mir ihre Gefühlsqualität mit, wirkt sie im konkreten Fall auf mich sympathisch, schneidend oder bedrohlich. Genauer gesagt ist Stimme an das Volumen von Sprechern und Hörern in zwischenleiblicher Materialität gebunden. So kann man Resonanz als ein Geschehen verstehen, »das die Stimme des anderen im eigenen Leib mittönen läßt.«[37] Und das Resonanzgeschehen von Hören und Sprechen findet, was bereits Buber betont hatte, nicht in isolierten Sprechakten oder Wortwechseln statt, sondern es ist eingebettet in Szenen und Handlungsverläufe, die in einem Redefeld stattfinden.

Deshalb muß man sagen: »Die Stimme ist nicht bloß Vollstreckerin der Rede, sondern die immer auch geschlechtsspezifische Spur des Körpers im Sprechen, welche die Rede kommentiert, nicht selten auch unterminiert.«[38] Die Aufhebung der Grenze reicht aber weiter: als gehörte Stimme gehört die Stimme nicht mehr allein dem Sprechen: »Die Stimme hat in dieser Hinsicht keinen Ort, ja sie erweist sich selbst als eine Art Unort, insofern sie offenbar nicht präziser als mit der Metapher eines instabilen ›Dazwischen‹ zu erfassen ist.« [39]

Waldenfels macht in seinen Analysen darauf aufmerksam, dass die basale Erfahrung der Stimme im Vernehmen der »Fremdstimme« liegt. Aber das Ich hört in der fremden Stimme zugleich die eigene. Hören und Gehört-Werden sind darin aber komplexe Wahrnehmungsvorgänge. Die Stimme ist »nicht einfach ein Produkt von jemandem, der Herr seiner Stimme wäre, sondern wir finden den Anderen und uns selbst *in* der Stimme. Man kann sagen: die Stimme wird nicht selber mitgeteilt, sondern sie ist das Verschwiegene im Gesagten. Die Stimme ist das unhörbare Ereignis des Gehörtwerdens, des Gehörfindens; sie ist kein bloßer akustischer Hall innerhalb einer Welt hörbarer Daten. Aus all

---

36 Kristin Westphal, Wirklichkeiten von Stimmen. Grundlegung einer Theorie der medialen Erfahrung, Frankfurt/M. 2002, 44.

37 Josef-Anton Willa, Die (Gebets)Stimme als Resonanzorgan, in: Simon Peng-Keller (Hg.) Gebet als Resonanzereignis. Annäherungen im Horizont von Spiritual Care, Göttingen 2017, 55–68.

38 Sybille Krämer, Verkörpertes Sprechen: Über die Sprache als Stimme und als Schrift*, http://web.fu-berlin.de/postmoderne-psych/berichte3/kraemer.htm; vgl. auch dies., Gibt es eine Sprache hinter dem Sprechen, In: Herbert Ernst Wiegand (Hg.), Sprache und Sprachen in den Wissenschaften: Geschichte und Gegenwart, Berlin 1999, 372 ff.

39 Waltraut Wiethölter, Stimme und Schrift. Szenen einer Beziehungsgeschichte, in: W. Wiethölter/Hans-G. Pott Alfred Messerli (Hrsg.«), Stimme und Schrift, zur Geschichte und Systematik sekundärer Oralität, München 2008, 20.

dem folgt, daß das Hören respondierend ist, daß es *auf etwas* hört, noch bevor es etwas *als etwas* hört und versteht.«[40]

Mit der Stimme kann eine Verdoppelung gegeben sein, etwa im Echo, dabei ist jedoch die Differenz zwischen gesprochener und gehörter Stimme bedeutsam. Die Stimme kommt aus einem Subjekt, das etwas sagt und sich dabei auch selbst sagt. Und diese Stimme wird wiederum vom sagenden Ich gehört. So kann Sprechen zur Resonanzerfahrung werden, da, wo sich gleichzeitig ein Sich-Sprechen-Hören ereignet. Deshalb gilt mit Helmuth Plessner als »Grundphänomen der akustischen Modalität ihre »rezeptiv-produktive Zweiseitigkeit«.[41]

Allerdings ist damit das Hören ein verwickelter Vorgang, denn es gilt: »Das Hören der fremden Stimme zeichnet sich aber auch ... dadurch aus, daß ich mich nicht angeredet höre, wie ich mich angeredet sehe. Das Gehör als solches ist allen Zusammenhängen entrückt, auf eine Weise wie es der Blick nicht ist. Die Stimme als solche zeigt mir nicht, woher sie kommt und wohin sie geht. Die Stimme zeigt überhaupt nicht. Wir sind so sehr gewohnt, das Gesagte und Gesehene eines Handlungskontextes zur Hilfe zu nehmen, daß uns diese Fremdheit der Stimme entgeht. Wir glauben zu hören, was wir anderswoher wissen oder zu wissen meinen.«[42]

Ferner: Geht man beim Hören hinter die Botschaft des Sprechers zurück, hören wir auf eine Stimme, so hören wir zunächst »jemanden in der Stimme«, ohne den Sprecher zu hören. »Die Stimme erscheint als das *Verschwiegene im Gesagten* oder als das *Lautlose in der gehörten Verlautbarung*. Ebendeshalb gilt sie traditionsgemäß als Symbol für eine Stimme, die an keine sichtbare Instanz gebunden ist, wie etwa die ›Stimme Gottes‹, die ›Stimme des Gewissens‹ oder die ›Stimme des Volkes‹, mit der Gefahr, daß der gehörten Stimme eine ›Stimme aus der anderen Welt‹ als höhere Instanz unterschoben wird. Die Stimme steht für das Verschwiegene im Gesagten, nicht für ein Schweigen jenseits des Gesagten ...«[43].

---

40 Bernhard Waldenfels, Das leiblich Selbst. Vorlesungen zur Phänomenologie des Leibes, Frankfurt/M. 2000, 384.
41 Waldenfels, Antwortregister Frankfurt/M. 1994, 492 im Anschluß an H. Plessner, Philosophische Anthropologie Frankfurt/M. 1970, 214.
42 Waldenfels, Antwortregister 494.
43 Waldenfels, a. a. O. 494; vgl. ferner ders., Medialer Wiederhall der Stimme, in: ders., Phänomenologie der Aufmerksamkeit, Frankfurt/M. 2004, 186–204 sowie ders., Das leibliche Selbst, Frankfurt/M. 2000 (»Stimme und Echo, Blick und Spiegel, 379–388).

Nicht nur der Inhalt von Worten wird hörbar im Sprechen, sondern zuvor
wird dabei die Stimme selbst hörbar. »Sprechen teilt uns das mit, was vor dem
Sprechen schon entstanden ist, aber auch, was im Sprechen erst entsteht und
als drittes, was im Zwischen, in der Verschränkung von Gesagtem und Nicht-
gesagtem, von Sinn und Nichtsinn geschieht. Sprache ist nach diesem Verständnis weniger als ein Zustand zu begreifen, sondern als Prozess, in dem die Differenz von Sagen und Gesagtem aufscheint und immer mehr als nur das Gesagte
zum Ausdruck kommt.«[44]

Angesichts fortgeschrittener digitaler Technik zur Aufbereitung der Stimme, der
Verbreitung von Anrufbeantwortern und Sprachasisstenten ist die Frage auf-
gekommen, was solche Mediatisierung für das Hören der Stimme über technische Optimierung hinaus bedeutet. Solche Innovationen berühren das Wirklich-
keitserleben einer Stimme mehr oder weniger beträchtlich. Hier ist allerdings
darauf aufmerksam zu machen, dass Sprechen und Hören immer schon mediale
Ereignisse sind, denn das Verhältnis des Menschen zur Welt ist immer schon
medial vermittelt. Im digitalen Zeitalter wird dies verdoppelt, technisch ver-
mittelte Weltzugänge stellen Variationen sinnlich-leiblicher Erfahrungen dar, die
sich von der leiblichen Organisation immer weiter entfernt haben. Technische
Medien zur artifiziellen Generierung von Stimme sind bereits fortgeschritten
im Bemühen, Echtes zu simulieren. Die »life-Aufnahme« kann vom Automat in
brillanter, der Realität täuschend ähnlicher Klangqualität erzeugt sein. »Natürlichkeit« und »Künstlichkeit« im Hörerleben überlagern sich immer stärker. Aber
es bleibt mit Kristin Westphal als unabdingbare Basis, »dass digitale Medien
vor-digitale Strukturen benötigen, um überhaupt wahrgenommen zu werden«[45].

Unsere Skizze zum Erleben des Sprechens im Verlauten und Wahrnehmen der
Stimme hat weitere Einsichten in die responsive Grundstruktur menschlichen
Weltverhaltens erbracht. Der Grundansatz, Evangelium sei als mündliche Predigt zu nehmen, der theologische Grund-Satz des Paulus »Der Glaube kommt
vom Hören« – und nicht vom Lesen – wird dabei anthropologisch ausgeleuchtet.

---

44 Westphal, a. a. O., 68 f.
45 Westphal, a. a. O. 47; vgl. entsprechend ihre These »dass sich eine technische Welt ohne hu-
    mane leibliche Referenz und Wahrnehmungsregister schwerlich vorstellen lässt. Sie ist ohne
    den leiblich präsenten Leser/Hörer/Zuschauer nicht möglich« ebd. 119.

5 Resonanz und Dissonanz

Die Überlegungen in diesem Kapitel zu Resonanz und Stimme erbrachten anthropologische und soziologische Einsichten in die dialogische Struktur menschlicher Weltbeziehungen, in Faktoren ihres Gelingens, in Ambivalenzen ihrer Realisierungsversuche zwischen »Stimmigkeit« und »Entfremdung«. Menschen verhalten sich zur Welt, indem sie sprechen. Und: Indem sie etwas sagen, verhalten sie sich zur Welt. Sie nehmen Weltbeziehungen auf, indem sie auf eine Stimme hören, auf die des anderen und auch auf die eigene. Dem inhaltlich Gesagten liegt mit dem Sagen immer schon etwas voraus. Menschen sind dialogische Wesen, die diese dialogische Struktur jedoch sehr unterschiedlich realisieren. Insgesamt gilt mit Martin Buber: »… nie ist Sprache gewesen, ehe ›An-sprache‹ war«.[46]

Das bisher vor allem sozialpsychologisch und sprachphänomenologisch angegangene Resonanzgeschehen hat in theologischer Lesart eine gewichtige Pointe. Das Reden über Gott kann als ein Beziehungsgeschehen transparent werden, welches Beziehungen zur Welt in ihren unterschiedlichen Qualitäten zur Voraussetzung und zum Mit-Inhalt hat. Dieses Reden beinhaltet sicherlich auch in Sätzen fassbare theologische Inhalte. Aber es reicht sehr viel weiter als die Angabe materialer Inhalte.

»Gott« als Symbol für unterschiedliche Beziehungsmodi zu denken ist in traditioneller jüdischer wie christlicher Theologie vor allem im Blick auf die Beziehung Gott – Mensch entfaltet worden. Theologie hat den Menschen dabei als ein von Gott angesprochen Wesen begriffen, hat ihn als antwortendes Wesen[47] ausgelegt. Vor allem Reden über Gott steht da nicht die Lektüre heiliger Texte und Traditionen, sondern Gottes Stimme, Gottes Reden an den Menschen. Martin Bubers These: »Wir hören nicht auf das Wort. Wir hören auf die Stimme.«[48] ist für den im Judentum verwurzelten Denker sicher nicht denkbar ohne das »Höre Israel!« (Dt 6,4). Freilich wird in den biblischen Erzählungen zu Schöpfung und Sündenfall der Mensch als ein Wesen beschrieben, das diesem Anspruch nicht ent-spricht, dass ihn vielmehr ablehnt, sich ihm entzieht, ihn

---

46 Martin Buber, Das Wort, das gesprochen wird, a. a. O.
47 Wolfgang Huber, Der christliche Glaube. Eine evangelische Orientierung, Gütersloh 2008, formuliert: »Der Gott entsprechende Mensch. Zunächst wird der Mensch als antwortendes Wesen beschrieben. Er gilt als dasjenige Lebewesen, das auf Gottes Anrede antworten und seinem Wort entsprechen kann.« Zitat S. 41.
48 Martin Buber, Das Wort das gesprochen wird a. a. O.

verfehlt. Adam versucht, vor der Frage Gottes: »Wo bist du?« (Gen 3,9), wegzu-
laufen. Und Israel ist der prophetischen Botschaft nicht gefolgt, hat die Ohren
vor der Stimme Gottes verschlossen.

Für mich schließen sich hier zwei Fragen an.

Zum einen: Wie kommt man unter gegenwärtigen Bedingungen des Welt-
erlebens und des Denkens in Resonanz mit dem, was die biblische Narration
einst direkt von Gott und seiner Anrede an den Menschen erzählte? Gottes
Stimme erschallt heute nicht mehr direkt. Nur noch in der cineastischen Illusion von Hollywoods Bibel-Filmen wird sie als sinnlich unmittelbar vernehmbar vorgetäuscht. Wie kann man also die Unverfügbarkeit Gottes angemessen
in Sprache bringen, m.a.W., wie verhindert man dabei, dass »das Geheimnis
Gottes und das Geheimnis des Menschen mit eigenen Projektionen aufgefüllt
und vereindeutigt werden«[49]?

Verbunden damit und *zum anderen:* Wie kann eine resonanz-sensible Theologie um Gottes willen zugleich auch dissonanz-sensibel gedacht und gestaltet
werden? Denn die Bibel nimmt nicht nur Sehnsüchte nach stimmiger Relatio-
nen mit der Transzendenz auf. Das Kreuz als stumme Weltbeziehung wird als
Sistierung der Sehnsüchte idealer Harmonie ausgelegt und damit das Verständnis von Resonanz theo-logisch beträchtlich gedehnt. Der katholische Theologe
Michael Schüssler formuliert das so: »Mit Gott ist nämlich auch dann zu rechnen,
wenn alle Resonanz ausbleibt.« Und dieser Gedanke hat durchaus eine praktische
Reichweite: »Gerade in der Seelsorge braucht es, so könnte man sagen, nicht nur
einen Leuchtende-Augen-Index, sondern zugleich ein Weinende-Augen-Gespür
und oft auch das irritierende Aushalten eines abgrundtief leeren Blicks.«[50]

Praxisorientierte Theologie tut gut daran, unter Einbeziehung solcher Einsichten die produktiven Impulse der sozialwissenschaftlichen Resonanztheorie
aufnehmen. Das Potenzial für die kritische Analyse kirchlicher Wirklichkeit im
Zeichen fehlender Resonanz und in der Hoffnung auf praktische Schritte hin
zu einer resonanz-sensibler Kirche ist für mich evident. Dabei denke ich nicht

---

49 Thomas Kläden, Hartmut Rosa als Gesprächspartner für die Theologie, Pastoraltheologie
(Jg. 107) 2018, 394–400, Zitat 399.
50 Michael Schüssler, Resonanz und Distanz, Eine praktisch-theologische Anverwandlung, die
mit eigener Stimme spricht, Euangel 2 2018, download 05.08.2020; vgl. insgesamt zur theologischen Auseinandersetzung mit Rosas Theorie den Band von Tobias Kläden/Michael Schüß-
ler (Hg.), Zu schnell für Gott? Theologische Kontroversen zu Beschleunigung und Resonanz,
Freiburg 2017. Das Stichwort »Dissonanz« taucht in Rosas ausführlichem Register nicht auf.

nur an Gottesdienst und Religionsunterricht, ich denke im Kontrast auch an manchen wenig wertschätzenden Brief von einer Kirchenverwaltung.

Theologische Profis wollen und sollen von Gott sprechen als von Gott Angesprochene, sollen Resonanz geben auf das Evangelium und sie sollen durch ihre Art der Bezeugung/Vermittlung andere zur Resonanz auf Gott bewegen – einschließlich der die in diesem Gotteszeugnis eingeschlossenen »weinenden Augen«. Im Blick auf dieses Grundgeschehen in dieser Kirche gilt: Gerade dann, wenn man Martin Luthers emphatisches Plädoyer für Mündlichkeit als genuine Vollzugsform des Evangeliums bejaht, wird man irdische, menschliche Prediger*innen nicht religiös überfrachten dürfen, sie sind bestenfalls »Zeugen«. Von der Resonanztheorie her gedacht: Auch »direktes Reden« bleibt unverfügbar – wenn und insofern es Resonanz auslöst. Aber die Zeugen tun das nicht ohne das Medium des Sprechens, sie bezeugen die Sache mit ihrer persönlichen Botschaft, geben im Medium ihrer eigenen Stimme ihre Resonanz auf die Botschaft und ermöglichen, wenn es gut geht, Resonanz in der Gemeinde. Und das gilt noch einmal verschärft im Zeitalter der Predigt-Mikrophone und der technischen Re-Produktion der Botschaft in Radiopredigten und TV-Gottesdiensten.

Es ist nicht überflüssig, dabei als eine Konsequenz für die praktische Ausbildung aller, die von Berufs wegen über Gott reden sollen, Stimmbildung anzumahnen. Die Resonanztheorie legt nahe, dabei nicht nur auf Techniken des effektiven und schonenden Umgangs mit der eigenen Stimme zu achten, sondern sensible Selbstwahrnehmung dafür zu wecken, was in der stimmlichen Realisierung der Rede im Sinne des »per-sonare« in Verbindung mit dem gesamten Ausdrucksverhalten hindurchklingt.[51] Von Hartmut Rosa kann man lernen: da klingt eine ganze Welt mit.

Mit der Stimme verlautet auch auf der Kanzel, am Krankenbett und auch im Klassenraum eine individuelle Person, ein Ich. Aber die Person spricht da nicht in alltagssprachlichem Jargon, sondern wählt bewusst und situationsangemessen ihre Worte und ihren Ton. Entfernt sich der Ton zu sehr von alltäglich gewohnter Stimme, erleben die anderen dies als schwülstig oder theatralisch und zweifeln an der Echtheit und deshalb auch an der Wahrhaftigkeit des Sprechenden. Friedrich Schleiermacher hat das bereits im 19. Jahrhundert prägnant kommentiert: »Viele haben einen ganz anderen Ton auf der Kanzel. Es ist sehr häufig,

---

51 Vgl. Michael Thiele, Der pastorale Tonfall oder C'est le ton qui fait l'homiletique, in: ders., Portale der Predigt. Kommunikation, Rhetorik, Kunst, Regensburg 2004, 293–309.

daß wenn man einen Geistlichen nur auf der Kanzel gehört hat, und ihn hernach im Leben wieder hört, man die Identität der Stimme nicht wieder kennt.«[52]

Allerdings gilt auch: In mir und mit meiner Rede sprechen immer mehrere, von allen mir wichtigen Dingen, und also auch von Gott. Ich rede heute und antworte dabei zugleich auf eine Vielzahl bewusster und unbewusster Muster des Redens, die ich von anderen entlehnt habe. Resonanztheorie hilft zur pastoralen Identitätsarbeit, sie dazu zu verstehen und zu klären, *als wer* man spricht.

Fulbert Steffensky hat diesen Gedanken zurückgespielt an einen lebendigen Umgang mit biblischen Texten: »In der Bibel finde ich nicht nur Texte, Lehren, Aufforderungen, losgelöst von Menschen. Es sind Stimmen, es sind Gesichter, die ich dort höre und sehe. Stimmen, die loben, wie meine Stimme loben kann. Es sind Gesichter, deren Augen Gott suchen, wie meine ihn suchen und meistens nicht finden. Ich habe es in der Bibel mit Gebeten, Hoffnungen und Liedern zu tun, die mir meine Toten vorgewärmt haben.«[53]

Wie klingen Versuche, Resonanz und Dissonanz praktisch werden zu lassen? Es gilt, den situationsangemessenen Ausdruck zu finden, der beim Gegenüber ankommen kann, aber die Gestaltung von Resonanz aus der typisch protestantischen Wort-Verengung befreit. Das Geschehen von Verkündigung spielt sich nicht nur von Mund zu Ohr ab, sondern es geschieht in Räumen, in Kirchen als Klang-Räumen, in zwischen-leiblichen Räumen zwischen Menschen, in denen leib-haftiges Spüren von Resonanz der ganzen Menschen möglich werden kann.

»Wir hören auf die Stimme«, sagt Buber. Das gilt anthropologisch und theologisch. Die Stimme ist unverfügbar. Sie begibt sich in das »Zwischen«, gewinnt Raum »in der schwingenden Sphäre zwischen den Personen«. Das Medium der Stimmlichkeit unterstützt die Aufgabe, die Unverfügbarkeit Gottes in menschlichem Ausdruck anzunähern. Es gilt der Vorzug des gesprochenen Wortes vor dem Denken und Lesen. Hörer*innen brauchen zuförderst die Stimme, erst damit den Text. Dem Schreiben über Gott geht das Reden von Gott voraus.

Das Resonanzgeschehen kann ferner praktisch aufgenommen werden, indem neben und unter der textuellen Resonanz in einer homiletischen Kommentierung auch klangliche und musikalische Resonanzen inszeniert werden. »… die

---

52 Friedrich Schleiermacher, Die praktische Theologie nach den Grundsätzen der evangelischen Kirche im Zusammenhange dargestellt, Berlin 1850, Nachdruck Berlin 1983, 311.
53 Fulbert Steffensky, Die Bibel, meine liebste alte Dame, in: Hess. Pfarrerblatt H 1 2019, 4 ff. Zitat 5.

Musik hat hier paradigmatische Bedeutung für nonverbale Sprache, für die Grenzen der Sprache angesichts eines Wortes, das Gott ist.«[54]

Dabei gibt neue wie alte Kirchenmusik viele Beispiele der Gestaltungsspielräume, sie kann dazu inspirieren, sich dem Wohlklang anzuvertrauen, aber auch die Dissonanz der Harmonie als Ausdruck des Risses durch die Schöpfung nicht zu verdrängen. Das nimmt den theologischen Aspekt auf, Resonanz auch auf das Unerhörte/das Un-erhörte zu beziehen, auch auf die Ambivalenzen und die Abgründe des Lebens.

In der unterrichtlichen Praxis der Symboldidaktik geht es dementsprechend bei der Einbeziehung von Musik auch darum zu lernen, wie Gott im Jenseits menschlicher Klänge zugleich im Jenseits menschlicher Rede zu suchen ist. Didaktische Realisationen dazu werden gerade im nicht auf Texte bezogenen Bereich der absoluten Musik zu suchen sein.[55]

Für die Seelsorge kann man mit Michael Klessman ein instruktives Beispiel nennen: »Eine demenzkranke alte Frau kann sich nicht mehr verbal verständigen, fällt aber lebhaft in die Melodien der Choräle ein, die der Pfarrer bei seinem wöchentlichen Besuch eines gerontopsychiatrischen Wohnheims auf dem Klavier spielt. Sie genießt offensichtlich ihr eigenes Singen und das Erleben von Gemeinschaft mit den anderen.«[56]

Solche Versuche können dazu verhelfen, die Variationsbreite menschlicher Resonanz auf das Angesprochen-sein durch Gott zu erweitern über materiale Verengung, die Erfahrung zu öffnen für das Unverfügbare, eine Ahnung aufblitzen zu lassen für »Gott« im Jenseits aller menschlichen Stimmen und Worte. Wichtig scheint mir, dass es nicht nur um das eigene Echo geht, sondern um Versuche der Resonanz auf Gottes Stimme, auf ein externum, das als Unverfügbares präsent werden soll. Das wird im nächsten Essay »Vergegenwärtigung« weiter verfolgt.

---

54 Henning Schröer, Musik als »Offenbarung des Unendlichen?« Die Transzendenz der Kunst und die Offenbarung Gottes, in: Kurt Heinrich Ehrenforth (Hg.), Humanität, Musik, Erziehung, Mainz u. a. 1981, 88.

55 Vgl. die Skizze von Unterrichtsversuchen bei Klaus König, Hindurch-hören. Absolute Musik im Religionsunterricht, in: Informationen für Religionslehrer und Religionslehrerinnen 2/3 1990, 20 ff.

56 Michael Klessmann, Kirchenmusik als Seelsorge, in: Gotthard Fermor/Harald Schroeter-Wittke (Hg.), Kirchenmusik als religiöse Praxis. Praktisch-theologisches Handbuch zur Kirchenmusik. Leipzig 2005, 230.

Erleben von Präsenz

1 »Gott ist gegenwärtig« – Erklärungsnotstände

Religionen reden über Gott und Menschen, über Himmel und Erde, sie geben ethische Normen für gutes Leben und manches mehr. Zu ihren universalen Grundelementen gehört es auch, dass sie dabei auf die Zeit Bezug nehmen, dass sie diese ausdrücklich machen. Sie erzählen vom Heil, das gekommen ist und sie wiederholen die heilvolle Vergangenheit in rituell-symbolischen Handlungen. Eine Grundaufgabe religiöser Praxis besteht darin, die Zeit *anzusagen*, die Botschaft des Heils für den einzelnen oder für die Glaubensgemeinschaft ins Jetzt zu holen, ins »hic et nunc«, in der Gegenwart erlebbar zu machen. Mit religiösen Mitteln über Vergangenheit und Zukunft nicht einfach zu informieren, sondern dies mit dramatischen Mitteln so zu inszenieren, dass Menschen innerlich spüren: das geht mich *jetzt* an, die heilvolle Vergangenheit oder Zukunft geschieht jetzt vor unseren Augen und wir stehen mittendrin.

»Gott ist gegenwärtig« sangen und singen bis heute fromme Christen beider großer Konfessionen mit dem Lied des reformierten Pietisten Gerhard Tersteegen aus dem Jahre 1729.[1] Die originale Überschrift des Liedes lautet »Erinnerung der herrlichen und lieblichen Gegenwart Gottes«. »Erinnerung« bezieht sich aber nicht auf eine schon geläufige philosophische These über die Existenz Gottes, da wird kein Lehrsatz einer richtigen Schultheologie memoriert. Vielmehr hat im Text die Erfahrung sprachlichen Ausdruck gefunden, dass Gott und sein Heil hier und jetzt für uns präsent sind. Die versammelte Gemeinde gibt musikalisch Zeugnis davon, dass sie der Anwesenheit des unendlichen Gottes innewird.

Wir wissen nicht, mit welchen Gedanken und Fragen im Kopf und im Herzen Menschen im 18. Jahrhundert diese Liederzeile über die Lippen gekommen ist. Wir wissen aber nur zu gut, dass die Plausibilität dieses Gotteslobes für viele Menschen heute nicht mehr ungebrochen gegeben ist. Menschen fragen, in welchem Sinne die Sätze Tersteegens denn heute noch verstanden werden können. Und der Hinweis darauf, dass das ja »nur« metaphorische Rede sei, reicht vielen angesichts globaler Krisen, die uns schon lange erreicht haben, nicht mehr. Die Anwesenheit Gottes ist vielen Menschen zutiefst fraglich geworden, fraglich geworden wie die anderen klassischen Prädikate, von Gottes Allmacht, Gottes Güte usw. Sie können es kaum noch widerspruchsfrei zusammenbringen mit Erfahrungen krisenhafter Wirklichkeit.

Heute fragen Menschen angesichts der Tausende auf der Flucht über das Mittelmehr ertrunkener Männer, Frauen und Kinder, wo Gott denn da sei. Nicht-naive theologische Antworten auf solche Fragen begnügen sich nicht mit der zynischen Richtigkeit, dass alle Christen im Prinzip ja Migranten seien und immer im Exodus leben. Der Salzburger katholische Dogmatiker Hans Joachim Sander hat dafür plädiert, Flucht und erzwungene Wanderbewegungen als »Zeichen der Zeit« im theologischen Sinne zu lesen, nicht als Quellen der Offenbarung wie die Schrift, aber doch von großer theologischer Relevanz. Auch auf solche Zeichen müsse das Glaubenszeugnis von Christen bezogen werden. Die alte Fragestellung nach der Erkennbarkeit Gottes in ambivalenter Präsenz wird von Sander mit Blick auf die »Andersorte« des Lebens an den Rändern der sozialen Macht (unter Aufnahme von Foucaults Begriff der Heterotypie) neu interpretiert.[2]

---

1   Im Evangelischen Gesangbuch unter der Nummer 165, im »Gotteslob« unter der Nummer 387. Hartmuth Rosa legt in seiner Resonanztheorie dieses Lied als Beispiel für »existenzielle Antwortbedürftigkeit« des Menschen aus, Rosa, Resonanz, a. a. O. 445 f.

2   Hans Joachim Sander, Menschen im Versteck. Von der tödlichen Gefährdung zur Hoffnung auf Gottes Gegenwart, in: Tobias Keßler, (Hg.), Migration als Ort der Theologie, Weltkirche und Mission 4, Regensburg 2014, 189–207.

Die Geschichte des 20. Jahrhunderts ist voll von politischen und menschlichen Katastrophen, die die Aussage »Gott ist gegenwärtig« zu dementieren scheinen. Wenn es denn je leicht und eingängig gewesen wäre, Gottes Gegenwart zu bezeugen, so steht dagegen mit der Katastrophe der Shoah die Frage des jungen Eli Wiesel »Wo ist Gott?« Der Sohn eines tief religiösen chassidischen Vaters aus den rumänischen Karpaten wurde wie seine ganze Familie von den Nazis nach Auschwitz verschleppt. Und er hält das Grauen fest in seinem Buch »Die Nacht«: »Die SS erhängte zwei jüdische Männer und einen Jungen vor der versammelten Lagermannschaft. Die Männer starben rasch, der Todeskampf des Jungen dauerte eine halbe Stunde. ›Wo ist Gott? Wo ist er?‹, fragte einer hinter mir. Als nach langer Zeit der Junge sich immer noch am Strick quälte, hörte ich den Mann wieder rufen: ›Wo ist Gott jetzt?‹ Und ich hörte eine Stimme in mir antworten: ›Wo ist er? Da ist er … Er hängt dort am Galgen …‹«.[3]

In den angeführten Erfahrungen des Schreckens wird deutlich, dass Reden von Gottes Gegenwart überaus fraglich ist, dass viele Menschen herkömmliche religiöse Deutungsmuster nicht mehr akzeptieren können, weil sie die Wirklichkeit nicht mehr mit dem zusammendenken können, was sie vormals von Gott gelernt haben. Das Ringen um Antworten reißt nicht ab. Die Fraglichkeit von Gottes Macht und Güte, aber damit auch diejenige nach seiner Gegenwart in solchen Katastrophen ist in der Neuzeit zum ersten Mal angesichts des Erdbebens von Lissabon 1755 aufgebrochen. Sie hat in der berühmten Hiob-Frage aber biblisches Alter. Und die Antwortversuche ziehen sich durch die gesamte biblische und nach-biblische Geschichte hindurch, wir finden sie im Rahmen der Theodizee-Debatte von gelehrter Theologie und Philosophie. Wir finden sie in Entwürfen der Pneumatologie zu einer angemessenen Rede von Gottes Gegenwart. Wir finden sie in elementarisierter Form und Sprache seit je her auch außerhalb wissenschaftlicher Diskurse, in neuerer Zeit z.B. da, wo der jüdische Autor Harald Kushner angesichts des Lebensschicksals seines an Progerie erkrankten Sohnes das bedrückende Buch schreibt »Wenn guten Menschen Böses widerfährt«[4].

Als ein Grundmotiv der immer wieder neu aufbrechenden Fragen und vieler Antwortversuche scheint mir die nicht abreißende Suche nach einer irgendwie gearteten denkerischen Rechtfertigung und Sinnerklärung des Grauens und des

---

3   Elie Wiesel, Die Nacht. Erinnerung und Zeugnis, dt. 1958. Die zitierte Erinnerung ist aufgenommen bei Dorothee Sölle, Leiden. Stuttgart 1973, 178.
4   Harald S. Kushner, Wenn guten Menschen Böses widerfährt, dt. Gütersloh 2010.

Unfassbaren, nach einer Sinnerklärung für die abhanden gekommene Präsenz-erfahrung Gottes. Menschen, denen die Gegenwart Gottes fraglich geworden ist, wollen sich gleichwohl nicht zufriedengeben mit der Auskunft, es gebe keine Erklärung. Das Fragen, wie denn Gottes Gegenwart da zu verstehen sei, bohrt in ihnen, so suchen sie neue Antworten, um dem Unfassbaren eine irgend-wie geartete Erklärung beizugeben. Und vielen lassen auch dann nicht ab von Erklärungsbemühungen, wenn frühere Anläufe dazu gescheitert sind. Men-schen wollen verstehen. Auch dies gehört wohl zum Wesen des Menschen als ›animal rationale‹.

Theologisch gebildete Leserinnen und Leser werden angesichts des Problems darauf verweisen, dass es zu den Aufgaben von guter Theologie gehöre, im Rück-griff auf biblische Traditionen ein komplexes, mehrschichtiges Gottesverständ-nis geltend zu machen. Als ein Zeuge unter vielen wird dann auf Martin Luther und seine spannungsreiche Denkfigur des »deus relevatus – deus absconditus« verwiesen: Gott ist nicht einfach nur präsent – er ist zuweilen auch ab-sent. Dem wird man folgen müssen in angemessener Rede von Gott.

Gleichwohl bleibt die Frage: Ist das alles, was in Sachen Präsenz Gottes gesagt oder gesucht werden kann? Enthält die Rede von der »Präsenz Gottes« nicht noch andere Elemente. Wird also nicht etwas vernachlässigt, wenn man sich nur auf die Dimension des Erklärens (einschließlich deren Grenzen und Schei-tern) konzentriert? Ich möchte in diesem Kapitel eine erweiterte und veränderte Blickrichtung auf Gottes Präsenz thematisieren, die sich aus neuerer literatur-wissenschaftlicher Debatte um Präsenz-Erfahrung ableiten lässt.

Quasi als einen ersten Vorblick führe ich zwei Erfahrungen ein.

Die erste Erfahrung ist in einem früheren Kapitel schon angeklungen. Da war die Rede vom entsetzten Zeugen der Katastrophe von Genua im Jahre 2018.[5] In den Abendnachrichten des Fernsehens gab es den Kurzbericht über den Einsturz der großen Morandi-Autobahnbrücke, der 43 Menschen das Leben kostete. Und zu den dramatischen Bildern wird ein Video-Clip eines Augen-zeugen präsentiert, in dem aus dem Off nichts als der vier Mal wiederholte Schrei »O dio!« (»Oh Gott!«) erklingt.[6] Was sich der Schreiende dabei weiter denkt, bleibt ungesagt, habe ich notiert. Aber vor dem Denken liegt in diesem

---

5   Vgl. oben das Kapitel »Wie die Leute von Gott reden«. Die Brücke ist unter großer nationaler und internationaler Resonanz inzwischen wiederaufgebaut worden.
6   https://www.youtube.com/watch?v=_Y2PZvbpL_E download 18.3.2019.

Fall der Schrei des Entsetzens, und der zeugt zunächst von tiefer emotionaler Betroffenheit und Verzweiflung angesichts des Anblicks schrecklicher Zerstörung. Offenbar in einem Moment intensivsten Erlebens artikuliert der Zeuge das verzweifelte »O Dio!«, sozusagen in vorreflexiver Unmittelbarkeit.

Wie ist solches Erleben der unmittelbaren Intensität für uns reflexiv zu beschreiben? Offenbar schreit da jemand das Wort »Gott« heraus und will vorrangig (noch) nicht auf irgendeine Erklärung hinaus. Das Beispiel ist exzeptionell, aber nicht singulär. Man kann ihm weitere Erfahrungen zur Seite stellen. Erfahrungen im Kontext von Religion, in denen Menschen in ganz besonderer und unmittelbarer Weise fasziniert und affiziert sind von etwas außerhalb des gewohnten Alltags, Erfahrungen, in denen sie zunächst nicht aufs verstehende Einordnen aus sind, sondern sich ganz dem Moment hingeben.

In diese Richtung geht mein zweites Beispiel. Es führt zunächst weg von der Rede über Gottes Präsenz. Ich erinnere mich bis heute an den einzigartigen Moment, da ich im Verlauf einer Reise nach Andalusien Gelegenheit hatte, u. a. auch die berühmte Moschee in Cordoba, die Mezquita, zu besuchen. Beim Betreten des Gebäudes durch einen Nebeneingang traf mein Blick ganz unvorbereitet auf ein Meer von zierlichen Säulen, die den ganzen Raum zu füllen schienen. Und ich war unmittelbar fasziniert von der einzigartigen Architektur, die Atmosphäre des halbdämmrigen Säulenwaldes umfing mich und nahm mich gefangen. In dem Moment konnte ich nicht anders: Vor allen Rundgängen durch das Gebäude setzte ich mich stumm auf den Boden zu Füssen einer Säule und ließ das auf mich wirken, was mir da entgegenkam. Ich hatte zur Reisevorbereitung ein paar wenige Informationen zur Geschichte der Muslime auf der Iberischen Halbinsel und zum Baustil dieser Moschee gelesen. Aber das alles rutschte im Moment des Betretens in den Hintergrund. Ich weiß nicht, ob sich diese intensive Erfahrung noch einmal einstellt, wenn ich heute, gut 15 Jahre später das Gebäude nochmals betreten würde. Selten im Leben hat mich ein sakraler Raum derart fasziniert.

Welche Relevanz haben die angesprochenen Erfahrungen für den Umgang mit Religion, speziell für das Reden von Gott? Offenbar gibt es eine Schicht der Erfahrung unserer Wirklichkeit, in der wir uns zumindest für Momente der Gegenwart ganz hingeben, in denen die Reflexion zwar nicht ausgeschaltet ist wie einer Trance, in der das distanzierende Denken aber zurücktritt. Solche Erfahrungen intensiver Gegenwart sind auch in nach-christlicher Zeit hier und da anzutreffen. Wenn Religion, wenn Rede von Gott mit heilvoller Gegenwart zu tun hat – können solche Erfahrungen auch eingehen in die Gestaltung unseres Redens von Gott?

Ich nähere mich den theologischen Fragen zur Präsenzerfahrung im religiösen Sinne auf Umwegen, gehe zunächst auf die anthropologische Ebene und versuche, Phänomenen der Erfahrung von Gegenwärtigkeit nachzuspüren. Diese Denkbewegung kann dann in ein Theorie des Präsent-Machens aufgenommen, wie sie in der zeitgenössischen Literaturwissenschaft entwickelt worden sind.

2 Präsent sein

Zu den elementaren Phänomenen der Präsenz zählt dies, dass ich »präsent bin«, dass ich in einer Situation ganz da bin, die volle Aufmerksamkeit auf das richte, was jetzt dran ist. Ehe ich den Klärungsversuchen nachgehe, anderen etwas präsent zu machen, sei zunächst anthropologisch nach der Verhaltensform des Präsent-Seins gefragt.

Ein Mensch ist präsent, voll in der Situation, er ist »ganz da«, mit der Gestalt-Therapie gesprochen, er ist »im Hier und Jetzt«, er steht nicht »neben sich«. Von Fritz Pearls wird das Präsent-Sein auch als »Awareness« beschrieben.[7] Der Schauspieler, der auf der Bühne steht und den Hamlet verkörpert, der fasziniert mich, wenn er jetzt in voller Bühnenpräsenz agiert und mich vergessen macht, dass da eigentlich ein Ferdinand X im Kostüm steht, der seine Rolle gelernt hat, die er jetzt spricht und der nach der Vorstellung in die Künstlergarderobe zieht und sich wieder abschminkt.

Herr Friedrich gibt Politik-Unterricht. Er steht vor der 9. Klasse und will heute Probleme sozialer Ungerechtigkeit erörtern. Dazu hat einen Kurzvortrag vorbereitet, den er gerade konzentriert präsentiert, aber einer aus der Klasse droht ihn mit einer Frage aus dem Konzept zu bringen. Die anderen schauen teils irritiert, teils gespannt, wie ihr Lehrer die Situation bewältigt. In Bruchteilen von Sekunden gehen Herrn Friedrich Reaktionen durch den Kopf. Da kommt ihm die rettende Idee, den Einwurf geistesgegenwärtig auf das Problem der Ungerechtigkeit zu beziehen und so die Situation aufzufangen.

Die Liebenden sind in der sexuellen Begegnung einander mit Leib und Seele zugewandt, und die Begegnung wird empfindlich gestört, wenn einer von Beiden gewahr wird oder ihn auch nur den Verdacht durchzuckt, dass der/die andere in Gedanken »woanders« sei.

---

7   Vgl. Fritz Pearls, Grundlagen der Gestalttherapie, München 1976.

Präsent zu sein beinhaltet, im momentanen situativen Erlebniszusammenhang mit anderen Menschen oder anderen Lebewesen ko-präsent zu sein und sich in einem zeitlichen Arrangement zu befinden. Aber woran erkennt man das? Wenn ich jemand anspreche und dann meine Frage an ihn wiederholen muss, ehe er zögerlich antwortet, bekomme ich den Eindruck, er sei mit seinen Gedanken woanders, sei »nicht ganz da«. Dass jemand »präsent« ist, sagt er nicht selber von sich, es wird, wenn es überhaupt in Worte gebracht wird, von anderen über ihn gesagt. Und man wird es nicht allein am sprachlichen Verhalten ablesen können, nicht allein an seiner Art, wie er auf Worte und Aktionen seiner Gegenüber in der eigenen Rede eingeht. Aber ob ein anderer jetzt präsent ist, das erlebt sein Gegenüber, erkennt es am Blick, an der Mimik und Körperhaltung.

Allerdings, kein Mensch kann immer gleich präsent sein. Ein schwerer Schock oder auch nur eine traurige Nachricht gehen mir u. U. noch lange nach, ich kann die Bilder der Erinnerung nicht abstreifen, brauche Zeit, ehe ich wieder im Hier ankommen kann. Es gehört zu den Spielräumen des menschlichen Verhaltens, nicht nur in der aktuellen Situation aufzugehen. Ich kann in Träumen abdriften, ich gebe mich meinen Erinnerungen hin oder ich plane meine Vorhaben am nächsten Tag.

»Der Mensch kann hier und dort zugleich sein«, sagt Bernhard Waldenfels treffend, aber wenn ich bemerke, dass mein Gegenüber auch »dort« ist, fällt mir zuweilen als störend auf, dass er eben nicht ganz da ist, nicht ungeteilt hier ist. Allerdings kann man fragen, ob die binäre Aufteilung, entweder »hier« oder »dort« zu sein, der Breite der Verhaltensmöglichkeiten gerecht wird, auch: ob die totale Präsenz nicht einen extremen Grenzfall darstellt. Es gibt offenbar Grade der Präsenz.

Viele professionelle Verhaltensweisen erfordern hohe Aufmerksamkeit auf das, was in der momentanen Situation geschieht, etwas die Leitung einer therapeutischen Gruppe oder auch das Halten einer Predigt. Aber gleichzeitig erfordert diese Aufgabe von der Person, dass sie nicht völlig in der Situation aufgeht, sondern dabei gleichzeitig innerlich prüft, wie sich die Dynamik der Gruppe entwickelt und wie die eigenen Reaktionen bei anderen ankommen.

> *»Einen Moment Geduld bitte, ich bin gleich ganz bei Ihnen« sagt mir ein Verkäufer, der gerade jemand anders bedient. Eine inzwischen ganz gängige Floskel, ein Versprechen, das nur selten eingehalten wird. Ich bin zu oft enttäuscht worden, dass der andere dann kaum »ganz bei mir« ist.*

Ganz im Hier und Jetzt präsent zu sein, ist ein Habitus, der stark von den Möglichkeiten und den momentanen Befindlichkeiten des Individuums abhängt. Aber es gibt auch Kontexte des Erlebens und kulturelle Konstellationen, die das präsent-Sein befördern und Prägungen des zeitgenössischen Alltags, die sich eher einschränkend wirken. Wer im Büro eine hohe Dichte an Arbeitsaufträgen oder Beratungsterminen zu absolvieren hat, ist kaum dazu in der Lage, sich gelassen auf jeden Klienten einzulassen. Die durch Handy und email gegebene permanente Erreichbarkeit von Menschen im Alltag bewirkt häufige Störungen von außen, die mich drängen, aus meiner aktuellen Situation auszusteigen und mich auf andere Situationen einzulassen. Das scheint eine negative Folge der Digitalisierung unserer Kultur. Es ist allerdings Vorsicht geboten vor sozialromantischer Verklärung idyllischer Zustände vergangener Epochen. Auch in agrarisch geprägten Kulturen verlief die Verrichtung alltäglicher Arbeit nicht ohne äußere zeitliche Zwänge. Und der Fließbandarbeiter bei Ford in den 50er Jahren musste präsent sein, um die vom Takt des Bandes vorgegebenen Abläufe nicht zu stören.

Schließlich muss an die eingangs angesprochene Erfahrung der Migration angeknüpft werden, unter der heute Millionen von Menschen leiden. Wer auf der Flucht ist und in alltäglich wechselnden Situationen um das nackte Überleben kämpft, wird kaum Gelegenheit haben, an einer Stelle zu verweilen und irgendwo voll da zu sein. Das Leben gönnt ihm kaum Momente des »präsent sein«.

3 Präsenz-Konzepte in der Literaturwissenschaft

In Zeiten von Corona, im Jahr 2020, ist dem Wort »Präsenz« in Verbindung mit Lehren und Lernen an Schulen und Universitäten eine bis dato ungeahnte Popularität und spezielle Bedeutung zugewachsen: nicht die mediatisierte digitale Formate des Lernens, sondern das reale Erleben der Gegenüber im Klassenraum wird herbeigesehnt. Präsenz, Gegenwart, das benennt anthropologische Erfahrungen, die über die Epoche von Corona hinaus reichen. Im Deutschen wird unterschieden zwischen »Präsens« als Zeitform und »Präsenz« als Gegenwart. Andere Sprachen wie etwa das Englische sind reichhaltiger. »Gegenwart« ist eine unscharfe Zeitangabe zum Zeit-Raum zwischen Gestern und Morgen. Auf Umgang mit Gegenwart zielt die Aktion des Ver-gegenwärtigens. Man kann den Begriff »Vergegenwärtigung« auch zeichentheoretisch fassen, da verweist »Präsent-Machen« auf eine wie immer geartete Darstellung von etwas, das abwesend ist, wobei die Dimension der Zeit keine Rolle spielt.[8] Anders die Umschreibung von Präsent-Machen als »Aktualisierung«; dort regiert zumindest im Hintergrund die Referenz auf das Vergangene, das in der Gegenwart neu verlebendigt wird. Menschen haben ein Erinnerungsvermögen, können sich in Gedanken Vergangenes ins Bewusstsein holen. Und nicht immer, wenn ich im »Präsenz« spreche, mache ich meinen Zuhörern die angesprochene Sache auch im intensiveren Erleben wirklich präsent.

Was sind Formen, Bedingungen, Möglichkeiten und kulturhistorische Eigenarten des Präsent-Machens? Auf den Begriff der Aktualisierung bezogen: Welche Umbrüche der Lebensformen haben dazu geführt, dass viele Menschen heute dabei nicht mehr an literarische Texte, sondern eher an den technischen Vorgang des »updatens« einer Software denken?

Präsenz im Sinne der Inszenierung einer »betonten Gegenwärtigkeit«[9] ist in den letzten Jahren von Vertretern verschiedenster Disziplinen wie Ästhetik, Philosophie und Literaturwissenschaft thematisiert worden. Wenn es, wie eingangs notiert, zu den Grundaufgaben von Religionen gehört, heilvolle Gegenwart nicht nur verstehend zu deuten, sondern auch zu präsentieren, dann ist es für theologische Überlegungen und entsprechende praktische Gestaltung von Belang, einen Blick auf solche Theorien zu »Gegenwart« zu werfen. Insbes. in der Literaturwissenschaft hat Forschung zum Problemzusammenhang von »Präsenz« bzw. Erfahrung von Präsenz seit geraumer Zeit Konjunktur. Und diese Diskurse beziehen sich vielfältig auf Religion.

3.1 »Reale Gegenwart« (George Steiner)

Von Interesse für uns ist zunächst das Präsenz-Konzept, wie es der inzwischen hoch betagte US-amerikanische Philologe *George Steiner* (geb. 1929) in seinem weithin diskutierten Essay »Von realer Gegenwart« vorgetragen hat. Und der Autor operiert mit recht weitgehenden sprachtheologischen Implikationen bzw. Fundierungen seiner kulturwissenschaftlichen Überlegungen.

Der aus einer österreichisch-jüdischen Familie abkünftige polyglotte Universalgelehrte war in Frankreich aufgewachsen, wurde früh mit der Familie zur Emigration in die

---

8   Vgl. den Überblick bei Christine Stridde, Vergegenwärtigung, in: Alexander Lasch/Wolf-Andreas Liebert (Hg.), Handbuch Sprache und Religion, Berlin 2017, 356–382.
9   Martin Seel, Ästhetik des Erscheinens, München 2000.

USA gezwungen, er lehrte und forschte bis zu seiner Emeritierung an verschiedenen prominenten Universitäten (Oxford, Genf, Harvard). Er gehört inzwischen zu den weltweit diskutierten und hoch geehrten Forschern, blieb jedoch lebenslang Außenseiter in der akademischen Welt. In vielen Beiträgen seines imponierenden Œuvres thematisierte er Anspruch und Leistung der Geisteswissenschaften im Rahmen der modernen Gesellschaft. Dabei fokussierte er das Verstehen von Texten und die Eigenart des Lesens. Wichtig war ihm seit der frühesten Prägung durch den hoch gebildeten Vater[10] die elementare Frage: wie lebt Sprache und wie er-lebt man einen Text?[11] Diese Thematik umkreist Steiner immer wieder kulturkritisch mit Blick auf Wandel und zivilisatorische Verluste, insbes. unter dem Eindruck des Zivilisationsbruchs der Shoa. 2003 erhielt er den Ludwig-Börne-Preis der Stadt Frankfurt am Main.

Sein zunächst in englischer Sprache publizierter Essay »Von realer Gegenwart. Hat unser Sprechen Inhalt?«[12] formuliert zum Thema der »Gegenwart« eine Reihe von heftig diskutierten kunsttheoretischen und kulturphilosophischen Thesen. Im Mittelpunkt steht die Auseinandersetzung mit der dekonstruktivistischen Kunst-Theorie. Steiner formuliert eine modernitätskritische Diagnose einer durch kulturellen Umbau verursachten Verlusterfahrung.

Sowohl die akademische Kultur als auch der Umgang mit Kunst und Literatur im Journalismus haben s. E. zu einem Verlust an Unmittelbarkeit geführt. An die Stelle der direkten Begegnung mit den Werken ist die sekundäre Form, das interpretierende »Reden über« die Kunst getreten. Das, so der Kulturkritiker Steiner, sei auch die herrschende Tendenz einer weithin herrschenden Kunsttheorie. Sekundäre Diskurse schließen Menschen tendenziell von der Möglichkeit unmittelbarer Erfahrung aus. Ihre Referenten verlieren sich im Kommentar zu Kommentaren zu Kommentaren und lassen dabei das Original verschwinden. Dagegen gilt nach Steiner aber, dass Menschen auch heute auf das Vertrauen darauf setzen, dass mit dem Sprechen auch ein Versprechen abgegeben wird, dass nämlich die bedeutsamen Worte, die man da spricht, auch eine Bedeutung haben außerhalb der eigenen Rede haben, dass in diesem Sinne so etwas wie »reale Gegenwart« vorhanden ist. Mit den Worten des Kommentators Andreas Mertin gesprochen. »Wir brauchen das Vertrauen darauf, daß mit dem Ver-

---

10 George Steiner, Errata: Bilanz eines Lebens, München Wien 1999.
11 So früh schon in seinem Buch Sprache und Schweigen. Essays über Sprache, Literatur und das Unmenschliche. Frankfurt/M. 1969.
12 Steiner, Von realer Gegenwart. Hat unser Sprechen Inhalt? Mit einem Nachwort von Botho Strauß. dt. München, Wien 1990. Das 1989 publizierte Original trägt den Titel »Real Presences«.

sprechen von Bedeutung auch Bedeutung verknüpft ist, daß reale Gegenwarten vorhanden sind, daß es etwas und nicht vielmehr nichts gibt.«[13]

Dem Lesen (und Leben) aus zweiter Hand stellt Steiner eine Utopie entgegen, in der die Begegnung mit der »realen Gegenwart« von Kunst wirklich wird. »Meine Parabel soll eine fundamentale Frage auf den Punkt bringen: die Frage der Gegenwart (oder Abwesenheit) von poiesis in unserem individuellen Leben und in der Politik unseres Gesellschaftswesens.«[14]

Gegen einen postmodernen Verschleiß der Kunst, gegen Sekundäres plädiert Steiner für die authentische Begegnung mit der Kunst, indem man vom nachträglichen Interpretieren zurückgeht auf die Aufführung des Werkes im Jetzt, »auf direktmöglichste Weise«. Nur so kann dem »Verfall des Wortes« entgegengetreten werden, nur so kann ein unmittelbarer Zugang zur Sprache wiedergefunden werden. Steiner formuliert ein klares Programm: es gilt, vom »sekundären Gerede« zurück zur Aufführung (in) »realer Gegenwart« zu kommen. »Das Problem ist ganz einfach das der Bedeutung von Bedeutung, wie sie bestätigt wird vom Postulat Gottes. ›Am Anfang war das Wort.‹ Einen solchen Anfang gab es nicht, sagt die Dekonstruktion, lediglich das Spiel von Klängen und Merkmalen inmitten der Mutationen der Zeit«[15]. Dieser Versuch der Rettung von Kunst kommt nicht ohne sprach-theologische Fundamente der »realen Gegenwart« aus. Wahrheit in der Rede kann letztlich durch nichts weniger als die Gegenwart Gottes gedacht werden. »Die These lautet, daß jede logisch stimmige Auffassung dessen, was Sprache ist und wie Sprache funktioniert, daß jede logisch stimmige Erklärung des Vermögens der menschlichen Sprache, Sinn und Gefühl zu vermitteln, letztlich auf der Annahme einer Gegenwart Gottes beruhen muß«.[16]

Steiner geht es um Erfahrung von Sinn anstelle des Umgangs mit Sinnsurrogaten aus zweiter und dritter Hand. Er fragt: Wie kann die lebendige Begegnung mit der Aura des Hier und Jetzt an die Stelle des Kults treten? Steiner Thesen, die hier in ihrer kunsttheoretischen Bedeutung nicht weiter verfolgt werden können, machen ein Konzept von Vergegenwärtigung stark, das Anstöße geben kann, aber zugleich Fragen aufwirft.

---

13 Andreas Mertin, Ist Gott eine ästhetische Formel? in: theomag Magazin für Theologie und Ästhetik 1993 https://www.amertin.de/aufsatz/1993/formel.htm download 10.8.2020.
14 Steiner, Gegenwart 39.
15 Steiner, Gegenwart 162.
16 Steiner, Gegenwart 13.

Theologen wie Literaturwissenschaftler haben Steiner unzulässige Ästhetisierung
Gottes und unzulässige Sakralisierung der Kunst vorgeworfen.[17] Gegen sein Kon-
zept wurde der Vorwurf erhoben, er betreibe eine unzulässige Theologisierung
von Kunst, insbes. moderner Kunst, die sich als autonom gegenüber religiösen
Wertsystemen versteht. Steiner gesteht zwar ein, dass die ursprüngliche religiöse
Inspiration der Kunst durch viele Mutationen hindurch gebrochen erscheint.
Aber ihm gilt: »Durchgehend jedoch ist große Kunst in unserer umstrittenen
Moderne, wie alle großen Gestaltungen zuvor, angerührt vom Feuer und Eis
Gottes«.[18]

Liest man Steiner im Lichte theologischer Literaturgeschichte, dann wundert
man sich natürlich, wie das Plädoyer des hoch gebildeten Denkers jüdischer
Abkunft für die authentische Begegnung mit dem »Original« zum Grund-
charakter der jüdischen Tradition passt, in der der lebendige Umgang mit dem
Text in der Konzeption des Talmuds letztlich immer nur auf den Kommentar vom Kommentar trifft. Und insbes. der Grundgedanke der »realen Gegenwart« hat Anlass zu methodologischen Rückfragen gegeben, die darauf zielen,
dass die Bemühung zur Interpretation in hermeneutisch aufgestellten Geisteswissenschaften von Steiner einseitig und überzogen kritisiert werde: »Von realer
Gegenwart adelt eine von hermeneutischen Reflexionen unbeleckte, auf schiere
Erlebnisqualität erpichte Lebensphilosophie mit alten theologischen Titeln und
erhebt sie, nicht ohne ästhetische Restsüße, zur Offenbarung«.[19]

Solche Kritik mag polemisch überzogen sein und auch die spezielle Front-
stellung Steiners gegen bestimmte Auswüchse des Kunst- und Literaturbetriebs
außer Acht lassen. Auf meine im Eingangsabschnitt skizzierte Grundspannung
zwischen Verstehen und Erleben bezogen habe ich den Eindruck, dass Steiner
diese Spannung auflöst zugunsten eines emphatischen Konzeptes von »realer
Gegenwart«. Aber das scheint wie die Lösung des Gordischen Knotens, bei welcher man kurzerhand und eher gewaltsam durchtrennt, was doch untrennbar
ist, das Erleben der Gegenwart gegen das Verstehen ausspielt.

Gleichwohl möchte ich von Steiner den kritischen Impuls für theologische
Praxis des Redens von Gott übernehmen, der gegen das Sekundäre angeht,
im Jargon gesprochen: gegen »aboutism«, auf eine polemische (nicht theo-

---

17 Andreas Mertin, Ist Gott eine ästhetische Formel? a. a. O.
18 Steiner, Gegenwart, 291.
19 Anselm Haverkamp in der FAZ zitiert nach Mertin, a. a. O.

logisch gemeinte) Formel gebracht: »No more second hand Gods!«[20]. Gibt es
eine Möglichkeit, diesen kritischen Impuls festzuhalten, ohne in unzulässiger
Weise das Kind mit dem Bade auszuschütten und das Verstehen-Wollen unter
Generalverdacht zu stellen?

3.2 »Präsentifikation« (Hans-Ulrich Gumbrecht)

Einen gegenüber Steiner differenzierten Ansatz verfolgt Hans Ulrich Gumbrecht,
der zweite Literaturwissenschaftler, der zum Problemfeld berücksichtigt werden
muss. Er hat u. a. Steiners Gedanken aufgenommen und kritisch weitergeführt.

Gumbrecht zählt in internationalen Theoriediskursen neben Gianni Vattimo[21] und
Jean-Luc Nancy[22] zu den wichtigsten Autoren im Feld. Zweifellos ist die einschlägige
deutsche philosophische Diskussion stark bestimmt von seinen Beiträgen.
Gumbrecht (geb. 1948), ist seiner wissenschaftlichen Herkunft nach Literaturwissenschaftler und Historiker, hat zunächst profilierte Studien zur Geschichte romanisti-
scher Sprache und Dichtung geliefert. In Deutschland aufgewachsen und wissenschaftlich sozialisiert wirkt er seit geraumer Zeit von seiner akademischen Wahlheimat an
der Standford University an der US-amerikanischen Westküste aus, was in seinem
Fall mit einer imponierenden Vernetzung mit wissenschaftlichen Zentren Europas
und Nord- und Südamerikas einhergeht. Seine Publikationen greifen inzwischen
weit über Studien zur Literatur im engeren Sinne hinaus, befassen sich in interdiszi-
plinärer Weise mit grundsätzlichen Fragestellungen der Eigenart und Reichweite der
Geisteswissenschaften.

Er hat in seinen streitbaren Thesen weit gespannte Argumentationsnetze entworfen,
die von höchst eigenständiger und eigenwilliger Bezugnahme auf klassische philo-
sophische Ansätze von Aristoteles über Renée Descartes und Immanuel Kant bis in die
Gegenwart reichen. Im 20. Jahrhundert gehören zu seinen Bezugspartnern vor allem
Argumente aus Dekonstruktivismus, Linguistik und auch Phänomenologie, dann die
Reihe prominenter Philosophen von Ernst Cassirer über Martin Heidegger bis zu
Michail Bachtin und Niklas Luhmann. Auch dabei thematisiert er unterschiedlichste
kulturelle Phänomene wie Malerei, Kunst, Sport, Musik, Film oder auch digitale Kultur.
Gumbrecht versteht sich im Erbe der 68er Generation, allerdings ohne der »Kritischen
Theorie« zu folgen Es verwundert nicht, dass er 2009 von der Marburger Fakultät für

---

20 Die Parole geht zurück auf den Architekten und Visionär Richard B. Fuller, No More Second-
    hand God, (1940) 1967.
21 Gianni Vattimo, Jenseits der Interpretation, Frankfurt/M. 1997.
22 Jean-Luc Nancy, The Birth of Presence, Stanford 1993.

neuere Philologie die Ehrendoktorwürde verliehen bekam.[23] Und er berührt immer wieder Entwicklungen und theologumena christlicher Religion.

Präsenzerleben

Das Thema der Präsenz bzw. der »Präsentifikation« steht für Gumbrecht im Kontext seiner Beiträge zur Neuorientierung der Geisteswissenschaften, fokussiert auf den Zusammenhang von Sprache und Wirklichkeit. Seine zunächst in englischer Sprache publizierte Studie »Production of Presence – What Meaning Cannot Convey«, die wenig später als Sammlung von Essays »Diesseits der Hermeneutik«[24] auf Deutsch erschien, entwirft ein kulturtheoretisch und epistemologisch angelegtes Programm, welches mit der Grundunterscheidung von »Präsenzkultur« und »Repräsentationskultur« operiert. Damit meint Gumbrecht Qualitäten von Weltbeziehungen, die sich in spezifischen kulturellen und kulturhistorischen Konstellationen abendländischer Geschichte artikulieren, dann aber auch für Entwicklungen in Nord- und Mittelamerika relevant geworden sind. Der Wunsch nach Präsentifikation hat, so Gumbrechts kulturdiagnostische Analyse, in der Gegenwart allenthalben verstärkte Konjunktur, in Film, in historischen Romanen, in neuartiger Präsentationsformen der Museen. Und hier artikuliert sich mehr als Nostalgie.

Gumbrecht geht aus von Phänomenen intensiven Erleben und den angemessenen Wegen, anderen Menschen eine Ahnung von diesen Erlebnisqualitäten zu eröffnen. Was ist es, das im Hörgenuss einer Mozart-Arie oder eines poetischen Textes von García Lorca, in analoger Weise aber auch zum Mitverfolgen einer gekonnten Sequenz eines Footballmatches zur momentanen Faszination führen kann, die das erlebende Subjekt mit Haut und Haaren, mit Körper und Geist packt und in ein Jenseits des Alltags führt? Gumbrecht spricht hier von »Momenten der Intensität« und meint Erlebnisqualitäten ganz unterschiedlicher Valenz, zwischen Wonnegefühl und Wehmut.

Im Anschluss an lebensphilosophische und phänomenologische Traditionen nimmt er zur Beschreibung bewusst den Begriff des »Erlebens« auf. Damit will er die Analyse-Perspektive abgrenzen von der Thematisierung von »ästhetischen Erfahrungen«, die aus solchem Erleben in der Intention des Verstehens abgeleitet werden. Das ästhetische Erleben intensiver Momente liegt für ihn vor der wei-

---

23 Gumbrechts Vortrag hatte den Titel »Präsenz als theologischer und kulturwissenschaftlicher Begriff. Dynamiken, Tendenzen, Perspektiven im 21. Jahrhundert«, Universität Marburg 2011.
24 Gumbrecht, Diesseits der Hermeneutik. Die Produktion von Präsenz, Frankfurt/M. 2004.

teren Verarbeitung durch das Subjekt, vor Schritten der interpretierenden Sinnzuschreibung.[25] Es gilt einen sprachlich beschreibenden Zugang zur Schicht des intensiven ästhetischen Erlebens zu finden, der vor der hermeneutischen Bemühung liegt.

Als gelungenes Beispiel führt Gumbrecht das Zeugnis eines Hochleistungssportlers an:

>»Die beste mir bekannte Beschreibung des Moments, in dem sich die auf das Eintreten des ästhetischen Erlebens vorbereitende gelassene Einstellung in wirkliches ästhetisches Erleben verwandelt, stammt von einem Sportler. Ich meine die Antwort, die der Schwimmer und Goldmedaillengewinner Pablo Morales auf die Frage gab, warum er, nachdem er sich aus dem Wettkampfsport zurückgezogen hatte, zurückgekehrt sei und sich nochmals für die Olympischen Spiele qualifiziert habe, um eine weitere Goldmedaille zu gewinnen. Ohne zu zögern erwiderte Morales, er habe diese erstaunliche Leistung erbracht, weil er nicht loskomme von dem Gefühl der ›Versunkenheit in fokussierte Intensität‹. Seine Wahl des Worts ›Intensität‹ bestätigt die These, daß der Unterschied, den das ästhetische Erleben ausmacht, vor allem ein quantitativer Unterschied ist: Extreme Herausforderungen spornen zu geistigen und körperlichen Höchstleistungen an. Daß Morales ›versinken‹ möchte, entspricht dem strukturellen Element der Insularität, mithin dem Element der Abstandnahme von der Alltagswelt, das zur Situation des ästhetischen Erlebens gehört. Schließlich nennt Morales die ihn anziehende Intensität ›fokussiert‹, was offenbar daraufhindeutet, daß die Einstellung der gelassenen Offenheit die Kraft verleihende Präsenz eines Gegenstands künftigen Erlebens vorwegnimmt.«[26]*

Von Interesse für Gumbrecht ist komplementär zur subjektiven Seite der inneren Gefühle beim intensiven Erleben auch die objektive Seite des sprachlich evozierten Weltbezugs. Er spricht dabei tastend von einer »Schicht in den kulturellen Objekten«[27]. Dabei nimmt er im Anschluss an Cassirers und Blumenbergs Arbeiten zum Mythos die Denkfigur der »Sprachgebärde« auf.[28] Verwiesen werden soll damit auf eine spezifische Kombination von Semantik und Pragmatik, von Inhalt der Texte und ihrem Lebenszusammenhang.

---

25 Gumbrecht, a. a. O. 120.
26 Gumbrecht, a. a. O. 124 f.
27 Gumbrecht, Hermeneutik 73.
28 Gumbrecht, Präsenz-Spuren. Über Gebärden in der Mythographie und die Zeitreise des Mythos, in: ders., Präsenz. Frankfurt/M. 2. Aufl. 2016, 291–308, insbes. 306.

Solche schwebende Unterscheidung findet sich auch auf der Ebene der theoretischen Begriffe, welche Gumbrecht für die Einordnung der unterschiedlichen Qualitäten der Weltzugänge entwickelt hat: er arbeitet vielfach mit
dem Begriffspaar von »Präsenzkultur« und »Sinnkultur« bzw. »Bedeutungs-
kultur«. Seine typologische Beschreibung führt ein Set von Merkmalen auf und
nimmt zuweilen recht holzschnittartige Charakterisierungen und historische
Zuordnungen vor.[29]

In der Konzeption Gumbrechts spielt die Unterscheidung des Erlebens von
Präsenz von Akten von Sinnproduktion wie schon notiert eine wichtige Rolle.
Allerdings soll das s. E. nach nicht auf einen unsinnigen Konkurrenzkampf
eines Entweder-Oder hinauslaufen. »Präsenz und Sinn treten jedoch stets
zusammen auf und stehen immer in einem Spannungsverhältnis zueinander.
Es gibt keine Möglichkeit, sie kompatibel zu machen oder sie im Rahmen einer
›ausgewogenen‹ phänomenalen Struktur zusammenzubringen.«[30] Sinnverstehen
unserer Erfahrungen und Sich-Einlassen auf Momente gesteigerter Intensität
liegen dicht beieinander. Und auch, wenn Gumbrecht gelegentlich vom »Kol-
laps des hermeneutischen Feldes« spricht und vom historischen Verlust von
Vergegenwärtigung, so soll das Verstehen-Wollen dabei keinesfalls denunziert
werden, eher dessen Genese und zunehmende Dominanz historisch transparent
gemacht werden. Alle Anstrengung kann Gumbrecht im Vermögen zusammenfassen, »daß wir über Begriffe verfügen, die es uns gestatten, das unabänderliche Nichtbegriffliche an unserem Leben zu zeigen«[31].

Es ist wohl eine Stärke, gleichzeitig aber auch eine Schwäche im Entwurf der beiden Typen, dass Gumbrecht hier immer mit einem Ineinander von Phänomen-
beschreibungen, den zugehörigen kulturellen Konstellationen und den reflexiven
Beschreibungszugängen in Gestalt epistemologischer oder wissenssoziologischer
Metatheorien operiert. So werden Interdependenzen zwischen veränderten
Wirklichkeitswahrnehmungen und Wandel in der Begrifflichkeit transparent. Er
will nicht historische Entwicklungen nachzeichnen, eher Tendenzen epistemologischer Verschiebungen, geht aber sehr locker um mit Epocheneinteilungen.
Auch wenn er sich gegen zu grobe Charakterisierungen wehrt, führt er z. B.
immer wieder »aristotelisch« gegen »cartesianisch« ins Feld.

---

29 Gumbrecht, Zehn kurze Überlegungen zu Institutionen und Re/Präsentation, in:, ders., Präsenz, 213–222.
30 Gumbrecht Hermeneutik 126.
31 Gumbrecht Hermeneutik 163.

Religion

Angesichts der breiten soziologischen und sozialphilosophischen Debatten um die Angemessenheit der Diagnosen zum säkularen Charakter gegenwärtiger spätmoderner Kulturen (etwa bei Charles Taylor und Jürgen Habermas) mag es überraschen, in welcher Breite Gumbrecht zum Beleg und zur Illustration seiner Thesen auf Themen aus dem Fundus christlich abendländischer Religionsgeschichte Bezug nimmt.

Mit Unbefangenheit greift er auf religiöse Narrative wie Mose vor dem Gelobten Land und theologisch hoch besetzte Begriffe wie Offenbarung, Epiphanie, Kerygma oder Erlösung zurück. Quasi selbstverständlich kann er die Überlieferung Genesis 22 zu Abraham und Isaak im Sinne seiner Thesen zur idealtypischen Beschreibung von »Präsenzkultur« nutzen. Völlig unbeschwert von gängigen theologischen Interpretationen dieser Perikope zur Explikation eines Glaubensgehorsams seit Paulus und Luther konstatiert er: »Der Text muß als Parcours eines Ritus fungiert haben, welcher den Juden den Nachvollzug, die Vergegenwärtigung und also die Erneuerung ihres Bundes mit Jahwe ermöglichte … Jede Lektüre und jedes Vernehmen dieses Textes waren ein Gegenwärtig-Machen des Geschehens, welches zum Bund des Alten Testaments geführt hatte«[32].

Als klassisches Paradigma seiner Thesen zum spezifischen Modus des Weltbezugs im Sinne der Präsenzkultur zieht Gumbrecht das katholische Ritual der Eucharistie, gedeutet als Realpräsenz, heran, quasi »die Urszene präsenzkultureller Praxis überhaupt«[33], wie Stridde zutreffend bemerkt. Hier handelt es sich um nicht weniger, als »die Produktion der wirklichen Anwesenheit dessen, was eigentlich für transzendental gehalten wird.«[34]

Wir erfahren wenig über die theologie- und frömmigkeitsgeschichtlichen Hintergründe im Einzelnen für Gumbrechts Generalthese, seine Interpretationen verfahren meist freihändig und eher flächig, nehmen Plausibilität ohne detailliertere Beweisführungen aus den relevanten Quellen in Anspruch.[35] Das Interessante

---

32 Gumbrecht, Präsenz-Spuren 303.
33 Christine Stridde, Vergegenwärtigung a. a. O. 365.
34 Gumbrecht, Zehn kurze Überlegungen 218.
35 Wohl schimmern immer wieder auch theologische Kenntnisse über grundlegende innerchristliche Kontroversen durch, etwa wenn er sachlich im Anklang an die Kontroverse zwischen katholischer und protestantischer Abendmahlstheologie formuliert: »Das zum Beispiel das Brot und der Wein der Eucharistie der Leib und das Blut Christi ›sein‹ (und nicht nur ›bedeuten‹) sollen, war offenbarar nicht inplausibel angesichts eines im Mittelalter do-

auch an Gumbrechts Thesen zur Eucharistie scheint mir nicht in einer (mangel-haften) Rekonstruktion theologischen Schulwissens zu liegen. Die Deutung im Fokus der idealtypischen Konzipierung von Präsenzkultur hat m. E. ihre Stärke und ihre praktisch-theologische Relevanz darin, dass sie riskiert, theologisches Wissen mit Welt-Erleben zu verknüpfen. »Die frühneuzeitliche Geschichte der christlichen Theologie lässt uns annehmen, dass die Eucharistie, der zentrale Ritus des Mittelalters, zugleich als ein Heraufbeschwören der Realpräsenz Gottes erlebt wurde und als zeichenhafte Erinnerung an die Fleischwerdung Gottes.«[36]

Sprechen

Der Literaturtheoretiker Gumbrecht geht in seinem Ansatz der Eigenart und Wirkung von Sprache als Weltzugang nach. Bezugspunkt für die Heraus-arbeitung des Erlebens von Gegenwärtigkeit sind über weite Strecken zunächst Texte. Allerdings ist es bemerkenswert, wie er an vielen Stellen seines Œuvres Literatur als geschriebene Sprache – gegen einen mainstream in seiner Zunft – unterhalb der Diskursebene auf Präsenzerleben hin transparent machen kann. Insbes. an Gumbrechts Thesen zur Eucharistie kann auch die Relevanz seines Konzepts für ein erweitertes Verständnis des Sprechens sichtbar gemacht werden. Denn hier vollzieht der Theoretiker der Sprache eine protestantisch anmutende Re-interpretation. Mit den Worten Christine Striddes gesagt: »In der religiösen Kommunikation wird das Wort Gottes (*verbum*) präsent, vergegenwärtigt durch die Stimme des Sprechers, die den Hörer unmittelbar, sinnlich und selbst noch nichtsinnhaft, berührt.«[37] Dies bedeutet also »die gesteigerte Präsenz dessen, was nie wirklich abwesend ist«.[38]

An anderer Stelle hat er Vermögen und zugleich die Grenze der Sprache im Zugang zum Präsenzerleben prinzipiell gefasst: »Zugleich mit dem Bewusstsein verfügen wir über das Potential der Sprache, um das Numinose als ihr Anderes zu registrieren; aber da das Numinose das Andere ist, kann Sprache jenes Andere, welches sie gemeinsam mit dem Bewusstsein registriert, nie ohne weiteres in Begriffe ›übersetzen‹. Sprache trägt also dazu bei, dass wir auf das Numinose aufmerksam werden, aber kann es nicht erfassen. Vielleicht hat uns die neuzeit-lich-traditionelle Engführung von Bewusstsein und Sprache vergessen lassen

---

minierenden Symbolbegriffs, der Form und Substanz aneinanderkoppelte, während dieselbe Vorstellung in der Neuzeit zur intellektuellen Provokation eines *special effect* wurde, der die Grenze zwischen Alltag und Religion tiefer werden ließ« Gumbrecht, Präsenz-Spuren 291.

36 Gumbrecht, Präsenz-Spuren, 308.
37 Stridde, Vergegenwärtigung 371.
38 Gumbrecht 2004, 334.

(und vielleicht helfen uns Präsenz-Reflexionen, die Blockade dieses Vergessens aufzuheben), dass mit der Sprache als Potential jedenfalls und unvermeidlich abgerufen wird eine Träger- und Resonanz-Schicht der Verkörperlichung … Metaphern, absolute Metaphern vor allem, Metaphern, die auf das begrifflich nicht Fassbare reagieren, erscheinen aus dieser Perspektive als Resonanz-Spuren der sprachlichen Verkörperungsschicht auf das Einbrechen des Numinosen.«[39]

Gumbrechts Kritik an der Dominanz einer bestimmten Interpretationskultur ist nicht neu. Aber sie stellt ein weiteres Mal das bekannte Problem scharf. Seine Thesen zum Präsenzerleben in Erfahrungen des Sprechens sind von anderen sprachtheoretisch orientierten Autoren aufgenommen und weitergeführt worden, so etwa von Dieter Mersch: »Der Sprache eignet als Stimme eine substanzielle Präsenz, die das nichtsouveräne Subjekt von außen berührt, noch bevor sie Sinn stiftet. Sprechen ist daher als Reaktion auf das Anrufen eines Anderen gedacht.«[40]

Wenn man diese Debatte aus theologischer Perspektive betrachtet, zeigen sich im Präsenzkonzept früher oder später implizite religiöse Grundannahmen über das, was Sprechen in Bezug auf Gott zu leisten vermag.

4 Präsenz der Absenz

»Präsentifikation«, Präsent-machen als Darstellung von etwas, das abwesend ist, berührt in eminenter Weise die Rede von Gott, mehr noch: es richtet sich auf den Kern sakramentaler Praxis. Insofern ist das »Ereignis der Rezeption« theologisch sehr erheblich für das Verständnis des gottesdienstlichen Geschehens als Präsenz Gottes. Genau in dieser Richtung ist Gumbrechts Intuition zur »Präsenz« in liturgiewissenschaftlicher Hinsicht von Alexander Deeg aufgenommen worden.[41] Für unseren Zusammenhang ist von Belang, dass dabei auch wichtige Klärungen am Präsenzbegriff vorgenommen werden.

Deeg will von der kulturwissenschaftlichen Debatte um Präsenzerleben den Ball in die Praktische Theologie zurückspielen. Die anthropologischen Ana-

---

39 Gumbrecht, Etwas klarer sehen. Reaktionen auf ermutigende Einwände, in: Sonja Fielitz (Hg.), Präsenz Interdisziplinär – Kritik und Entfaltung einer Intuition, Heidelberg 2012, XXXIII.

40 Dieter Mersch, Präsenz und Ethizität der Stimme, in: Sybille Krämer/Doris Kolesch (Hg.), Stimme, Frankfurt/M. 2006, 211–236, Zitat 211.

41 Alexander Deeg, Das äußere Wort und seine liturgische Gestalt. Überlegungen zu einer evangelischen Fundamentalliturgik, Göttingen 2011.

lysen führt er als argumentationsstarke Partner für eine erneuerte evangelische Liturgik ein, die gegen wortzentrierte bzw. sinn-hermeneutische Verengungen ein erweitertes Verständnis des gottesdienstlichen Geschehens mit Würdigung des Eigenwertes der kultischen Aspekte der Liturgie anthropologisch wie theologisch befördert. Deeg stellt dabei, jenseits der Diskussion um Angemessenheit oder Einseitigkeiten liturgiedidaktischer Programme, die sehr viel weiter reichende Frage nach theologischer Abbildbarkeit des ganzen Ansatzes von Präsenzerleben. Und er hält die Frage theologisch deshalb für sehr bedeutsam, weil dabei immer die »Präsenz der Absenz« eingebracht werden muss. Das berührt dogmatische Fragen, dann auch solche der liturgischen Praxis.

Um das Verständnis von Liturgie weiterzuführen und gleichzeitig zu einem theologisch qualifizierten Verständnis von Präsenz zu kommen, lohnt es, theaterwissenschaftliche Konzepte einzuspielen. Das Moment der Abwesenheit als wesentliches Element von Inszenierung kann man mit Studien zum Tanztheater rezeptionsästhetisch genauer beschreiben.[42] »Fragt man danach, wie sich ›Abwesenheit‹ dort konkret im Kontext von Inszenierungen zeigt, so ist vor allem auf die ›Leerstellen‹ zu verweisen, die die übliche Wahrnehmung unterbrechen und so dazu herausfordern, mehr und anderes zu rezipieren als das, was sich momentan auf der Bühne ereignet. Mehr noch: Sie seien es, die das wahrnehmende Subjekt so herausfordern, dass es sich nicht einfach ›spiegelt‹, sondern sich selbst als anderes wahrnimmt.«[43]

Wie kann man solche Reflexion nun auch für die Gestaltung liturgischer Praxis im Sinne von Präsenzerleben einbringen? Deeg will dazu insgesamt die »vertikale Dimension« von Gottesdienst stark machen, mit Martin Nicols Liturgik den Ansatz eines »Weg im Geheimnis«[44] weiter ausbauen. Insgesamt soll die sakramentale Dimension von liturgischen Elementen zurückgewonnen werden. Stets wird betont, dass Gestaltungshinweise nicht im Sinne des »Machen« von Präsenz ansetzen dürfen. Gleichwohl geht es im Gottesdienst aber eben nicht nur um Belehrung bzw. um theologische Klärung von Sinnfragen. Gegen »sinnkulturelle Vereinseitigung« macht Deeg eine Steigerung von Präsenzerleben beim liturgischen Agieren in der räumlichen Dimension, bei der Gestaltung der

---

42 Deeg zieht Gerald Siegmund, Abwesenheit. Eine performative Ästhetik des Tanzes, Bielefeld 2006 heran.
43 Deeg, a. a. O. 381 f.
44 Martin Nicol, Weg im Geheimnis. Plädoyer für den evangelischen Gottesdienst, 3. Aufl. Göttingen 2011.

Lesungen, im Umgang mit der Bibel, bei der Sprache der Gebete usw. stark, weil
damit die kultische Dimension des Redens zu Gott zur Geltung kommen kann.

Bezogen auf die Gestaltung liturgischer Sprache wird als Zielperspektive formuliert, »liturgische Sprache weniger als ein theologisch korrektes Reden über
das, was Glaube ist und ausmacht oder wie sich die Gottesrelation ausdrückt, zu
begreifen, sondern als eine Sprache, die selbst auf der Suche bleibt, in Anläufen
Annäherungen versucht, im ›Stammeln‹ zeigt, dass sie nicht am Ziel, sondern
unterwegs ist – und so mitnimmt und einlässt in eine Art und Weise der Rezeption, die nicht die intellektuelle Zustimmung (oder Ablehnung) herausfordert,
sondern Hörerinnen und Hörer von Gebeten mit hineinnimmt in die offene
und unabgeschlossene Suche nach Sprache.«[45] Dem kann ich nur zustimmen.
Und einige der Beispiele, die Deeg für solche tastende und suchende Sprach-
bewegung anführt, sind sehr überzeugend, allen voran die des niederländischen
Theologen und Dichter Huub Oosterhuis[46].

Deeg stellt die kulturwissenschaftliche Denkfigur der Präsentifikation in den
theologisch angemessenen Zusammenhang der Frage nach Gottes Präsenz im
Reden, was deshalb immer auch an die Frage nach der Absenz führt. Gleichwohl bleiben Fragen offen bei Deeg, wo er vom evangelischen Gottesdienst
insgesamt spricht. Wenn da sehr kategorial von »Gottes-gegenwart« gehandelt
wird, vermisse ich empirisch begründete Differenzierungen. M. E. zu unvermittelt wechselt Deeg von der Analyse des Erlebens auf das Plädoyer für das
Ganze des Gottesdienstes, unabhängig vom Einzelmoment, unabhängig von
dem, was oben von Gumbrecht als die herausgehobenen Momente der Intensität bezeichnet wurde. So landet man tendenziell bei einer Verabsolutierung
und Überschätzung des Potenzials tradierter geprägter klassischer Formen der
Agende. Ich meine demgegenüber, dass die Theorie des Präsenzerlebens Theolog*innen mitunter auch zu schmerzhaften Wahrnehmungen über die Wirkung
ihres Handelns verhilft: das Erleben eines Gottesdienstes besteht doch nicht
immer aus gleich intensivem Momenten. Sie fehlen zuweilen ganz. Nimmt man
die Präsenztheorie Gumbrechts empirisch-kritisch auf, dann wird man genötigt
in Rezeptionsstudien am Einzelmoment zu prüfen, wie Menschen den Gottesdienst in einzelnen Sequenzen erleben.
    Sodann richtet sich Deeg fast gänzlich auf gottesdienstliches Geschehen, was
von seiner liturgiewissenschaftlichen Zielsetzung her verständlich ist. Zugleich

---

45 Deeg, a. a. O.
46 Ein Beispiel dafür findet sich im Kapitel »Theo-poetische Variationen« weiter unten.

möchte ich aber für unsere Fragestellung festhalten, dass Erleben von Präsenz Gottes auch jenseits davon stattfinden kann.

5 Vergegenwärtigung in religiöser Praxis

Wie können Kultur- und insbes. literaturwissenschaftliche Theorien zum Präsenzerleben samt der theologischen Differenzierungen für religiöse Praxis und für eine Gestaltung des Redens von Gott fruchtbar gemacht werden? Bei allen Anleihen an religiösen Traditionen ist deutlich geworden, dass sie sich von ihrer Intention her nicht auf die Frage richten, ob und wie Gott im Text bzw. im Sprechen »präsent« wird. Sie setzen weniger ambitioniert, immanent an, verhelfen dazu, die im ersten Teil angesprochene Differenzierung bzw. Zuordnung von Sinnerschließung und Wahrnehmung intensiver Momente etwas genauer zu formulieren. Aber damit können sie Impulse zum Verstehen und zur Gestaltung religiöser Praxis geben. Das soll im abschließenden Teil skizziert werden.

5.1 Thesen

Ich fasse zunächst wichtige Einsichten zum Thema in Thesenform zusammen:
- In religiöser Praxis geht es vielfältig um Versuche, konkrete Wirklichkeit im Horizont Gottes zu verstehen und zu deuten. Solche Praxis enthält aber daneben vielfältig auch Elemente »intensiven Erlebens« der Gegenwart. Solches Erleben steht teils in engem Bezug zu hermeneutischen Bemühungen, teil aber auch für sich und ohne die Intention des Verstehens.
- Praxis im Modus des intensiven Erlebens zielt auf eine Erweiterung des Praxis-Verständnisses. Dabei geht es nicht um transitives oder gar aktivistisches Handeln.
- »Momente der Intensität« und darauf bezogene Bemühungen um Praxis des Präsent-machens zielen – reflexiv gesprochen – auf pathisches oder auch responsives Verhalten gegenüber der Wirklichkeit.
- Das gilt auch für das Erleben von Sprechen. Sprachpraxis umfasst Verweisung auf Bedeutungen und Bedeutungszusammenhänge. Sie erscheint aber zugleich als sinnlich wahrnehmbares Geschehen im Jetzt mit mehr oder weniger starker Intensität.
- Der Zugang zum Präsenzerleben erweitert das Textverständnis. Neben die Mitteilung tritt dabei der Aspekt der Aufführung eines Textes. Erst Aufführung aktualisiert.

- Man muß unterscheiden zwischen dem Sprechen über Gottes Gegenwart einerseits und dem Versuch, dem Erleben von Gottes Gegenwart in Inszenierungen von Sprache und Ritual Raum zu geben.
- Erleben der Präsenz Gottes ist ein utopisches Moment menschlicher Sehnsüchte, die in biblischen Traditionen zur Sprache kommt (z. B. in der paulinischen Formel 1Kor 13,12 »Von Angesicht zu Angesicht«) Mit dem biblischen Bilderverbot gilt gleichwohl: Keine menschliche Praxis kann Gott auf Erden präsent machen. Gott kann nicht »verunmittelbart« werden.
- In christlich bestimmter Religionspraxis geht es im Hinblick auf Vergegenwärtigung um eine paradoxe Aufgabe: von Gott soll so geredet werden, dass nicht nur über ihn gesprochen wird, sondern dass er präsent wird, – und dass gleichzeitig die Abwesenheit seiner Anwesenheit vergegenwärtigt wird. Das übersteigt alle menschlichen Möglichkeiten des Sprechens und bleibt doch sinnvolle Zielorientierung.

5.2 »Liturgische Präsenz«

Im Blick auf die theologische Ausbildung ist in den letzten Jahren der Ansatz der »Liturgischen Präsenz« verstärkt betont worden. Das steht im Interesse einer Erweiterung liturgischer Kompetenzen derjenigen, die liturgisch agieren und gleichermaßen einer Verlebendigung der Feier für alle Teilnehmer*innen. Mit dem Stichwort »Liturgische Kompetenz« verbindet sich seit langem der Name des Theaterpädagogen Thomas Kabel und seines Programms.

Seine Forderung, dass sich Akteure im Gottesdienst in ihrem liturgischen Agieren stärker an Präsenz orientieren, gründet in diesem Gedanken: »Liturgische Präsenz meint ›im Moment da sein‹, ganz bei der Sache sein, sich nicht mit der Vergangenheit beschäftigen und nicht mit der Zukunft, sondern Schritt für Schritt, wie in einem Film Szene für Szene, Beat für Beat den Gottesdienst zu durchleben und wirklich in jedem Augenblick dabei zu sein. Liturgische Präsenz meint auch, Lebendigkeit im Ausdruck, Lebendigkeit in der Stimme, Lebendigkeit im Kontakt und dabei Natürlichkeit und Wahrhaftigkeit im Ausdruck zu bewahren. Liturgische Präsenz bezieht sich nicht nur auf die liturgischen Teile des Gottesdienstes, sondern ist ein Oberbegriff für die Haltung im gesamten Gottesdienst als einem öffentlichen Auftritt.«[47]

Diesen Ansatz hat Kabel in vielen Kursen in Predigerseminaren und auf Fortbildungstrainings entwickelt. Daraus sind später seine beiden Trainingsbücher

---

47 Thomas Kabel, Handbuch Liturgische Präsenz Bd. 1 Gütersloh 2003, 17 f.

zum Gottesdienst und zu den Kasualien hervorgegangen.[48] Der Grundansatz nimmt ohne große Umwege über kulturwissenschaftliche und theatertheoretisch angelegte Herleitungen der Sache nach praxisnah Elemente des oben diskutierten Ansatzes von Präsenzerleben für liturgische Praxis und darüber hinaus auf.

Die zeitliche Abfolge und innere Dramaturgie der liturgischen Sequenzen wird von Kabel in kleine und kleinste Einheiten unterteilt, um daran die Verbesserung der Darstellung und Inszenierung einzuüben. Diese nennt er gemäß dem vom Theater entlehnten Modell »Szenen« oder besser »Stationen«. Dabei gilt »Jede Station hat ihren *Heiligen Moment*«[49]. »Heilige Momente« sind sozusagen die kleinste Zeiteinheit des Agierens in Präsenz. Solche heiligen Momente gelten ihm als Sternstunden liturgisch angemessenen Handelns.

Kabels Ansatz ist vielerorts praktisch wirksam geworden (u. a. auch im Blick auf Stärkung homiletischer Präsenz). Das Konzept hat aber zugleich in der theologischen Diskussion zu kritischen Anfragen geführt. Eine davon bezieht sich darauf, wie bei aller Praxisnähe von Kabels Programm im Hintergrund doch theologische Normen für die Liturgie aufgenommen sind, die ihrerseits nicht weiter zur Diskussion gestellt werden, wo gleichwohl eine ganz bestimmte »Normalität« von Gottesdienst regiert.[50] Pastoraltheologisch ist mit Kabel, aber zugleich über sein Programm hinaus, der Zusammenhang von Präsenz und Person geltend zu machen. Liturgische Akteure sollen nicht nur in der Wirkung ihrer Person im Moment des Gottesdienstes »authentisch« wirken, sie stehen zugleich als »Re-Präsentant« von Kirche vor der Gemeinde. Liturgisch Agierende sollen »im Einklang von Person und Rolle jetzt ganz da«[51] sein. Es geht mithin auch um eine gewisse Brechung von überzogenen Präsenzidealen. Vor gesetzlichem »Originalitätsdruck und Intimitätstyrannei«[52] auf liturgisch handelnde im Namen von Präsenz-Idealen kann nur gewarnt werden.

Schließlich muss auch im Blick auf Kabels Empfehlungen an die theologisch sachgemäße spannungsreiche Polarität von Präsenz und Absenz erinnert werden, wie wir es in Deegs Überlegungen gefunden haben. Denn mit ihrer Hilfe

---

48 Kabel Bd. 1 und Bd. 2, Handbuch liturgischer Präsenz. Zur praktischen Inszenierung der Kasualien, Gütersloh 207.
49 Kabel Bd. 1, 196.
50 Dies hat Ursula Roth, angemerkt, vgl. dies., Die Theatralität des Gottesdienstes, Gütersloh 2006.
51 Michael Meyer-Blanck, Inszenierung und Präsenz, in: WzM 49 (1997), 2–16. Diesen Gedanken hebt auch Roth, a. a. O. hervor.
52 Deeg, Fundamentalliturgik, a. a. O. 400.

kann gegen eine herrschende Tendenz zu naiver »Präsenzseligkeit« auf die Bedeutung der Darstellung von Absenz verwiesen werden.

5.3 Präsenzerfahrung praktisch

Während Kabels Ausbildungsmodell vor allem professionell Agierende in den Blick nimmt, scheinen mir die literaturwissenschaftlichen Überlegungen zur Präsentifikation für Praxis weiterführend auch für die Perspektive der Teilnehmer*innen. Dazu sei das Praxisbespiel eines Gottesdienstes eingeblendet.

Angesichts heftiger Diskussionen um Sparzwänge und drohende Eingriffe in den Kirchenraumbestand einer Gemeinde habe ich in einem Gottesdienst das Thema »Raum« theologisch aufzunehmen versucht.

Das geschah in einigen Texten von Psalm, Kyrie-Gebet und Fürbitten sowie in Liedern. Dazu thematisierte die Predigt anhand der Perikope Gen 28,10–22 der Gottesbegegnung Jakobs am Jabbok, Zugänge zum Verständnis von Kirchenraum aus protestantischer Sicht. Neben die Argumentationslinie der Kirchenverwaltung in Richtung auf Zweckmäßigkeit und also Finanzierbarkeit gottesdienstlicher Räume traten theologische bzw. religiöse Gesichtspunkte. Dazu wurde das Spannungsfeld von Luthers religionskritischem Ansatz mit seiner Verdiesseitigung ehemals »heiliger« Räume einerseits und den bis heute feststellbaren Sehnsüchten von Menschen nach dem besonderen, dem »anderen« Raum auch in der Nachmoderne andererseits entfaltet. Die Predigt steuerte weiterhin zu auf die Frage, was denn unterhalb der argumentativen Ebene für die hier und jetzt versammelten Gottesdienstbesucher der konkrete sie umgebende Kirchenraum in ihrem eigenen sinnlichen Erleben bedeute.

An dieser Stelle wurde die Predigt unterbrochen und eine einfache Übung mit Klängen eingeschaltet. Dazu bat ich vier Mitglieder des Chores, die auf vier Ecken des Raumes platziert waren, in die Stille hinein zunächst nacheinander ihre Stimme zu erheben und einen klangvollen Ton anzustimmen. Die Töne flossen dann zusammen zu einem Akkord, der einen Moment ausgehalten wurde. Schließlich gingen die vier Personen weiter singend durch den Raum, um so miteinander die Plätze zu tauschen.

Im kürzeren zweiten Teil der Predigt wurde dieses Klang- und Raumerleben nicht kommentiert. Meine Gedanken nahmen den Gedanken der irdischen Raumes auf, schlugen den Bogen zur biblischen Perikope im Gesichtspunkt der

*Ver-besonderung des Ortes mittels der Aktion des Jakob, am Ort der Gottes-
begegnung ein Steinmal zu errichten.*

Das skizzierte Beispiel kann transparent werden, wenn man es im Lichte der
»Präsenztheorien« betrachtet. Es enthält auf der einen Seite kognitive Schritte zur
gedanklichen Auseinandersetzung mit der Frage, was einen Kirchenraum in protestantischer Perspektive ausmacht, nimmt dabei auch bekannte Widersprüche
zwischen reformatorischen religionskritischen Positionen und anthropologisch
erhebbaren legitimen Sehnsüchten auf. Es versucht auf der anderen Seite aber
mittels der Klanginszenierung eine Präsenzerfahrung bei allen Teilnehmern
und Teilnehmerinnen in Gang zu setzen, die eine andere Wertigkeit aufweist,
als dies kognitive Arbeit zu leisten vermag. Die hier und jetzt, in diesem Raum
erschallenden und wahrgenommen Töne haben zunächst keine inhaltliche
Botschaft. Es sind Klangerfahrungen, Erfahrungen, die die Teilnehmer*Innen
des Gottesdienstes nur im Präsens machen können. Entsprechend positiv fiel
denn auch bei der Verabschiedung am Ende des Gottesdienstes das feedback
von vielen aus.

5.4 Zwischenbilanz

Die Überlegungen zum Erleben von Präsenz aus literaturwissenschaftlichen
Konzepten haben Einsichten und Anstöße zur Praxis des Redens von Gott und
entsprechenden Formen der Inszenierung erbracht. Zusammenfassend kann
man für unseren Gedankengang festhalten:
- Gumbrechts Konzept der »Präsentifikation« macht – bei allen begrifflichen
  Unschärfen – mit seinem Hinweis auf ein »Diesseits der Hermeneutik« das
  Moment des intensiven Erlebens stark, ohne dass dies gegen die hermeneutische Grundbewegung des Sinn-verstehens ausgespielt werden soll.
- Solches Erleben »intensiver Momente« mit religiöser Valenz ist keineswegs
  nur auf Gottesdienste und auf Situierung in Sakralräumen begrenzt, kann
  auch jenseits davon stattfinden.
- Präsenzerleben wird gerade in Verbindung mit Sprache gebracht, indem
  es als ein Potenzial gesprochener Sprache gedeutet wird. Das gilt für Gumbrecht zumal für Austausch religiöser Sprache.
- Der Gedanke der »Präsenz« mit dem Insistieren auf dem »nicht-begrifflichen
  am Leben«, das nicht ins Verstehen übersetzbar ist, macht zugleich auf eine
  Dimension religiöser Praxis aufmerksam, die in sinntheoretisch dominier-
  ter Reflexion unterbelichtet geblieben ist.

Der Literaturwissenschaftler Gumbrecht argumentiert über weite Strecken rezeptions-ästhetisch. Und doch spart er die Dimension von Macht und Gewalt im Präsenzerleben nicht aus, thematisiert sie ausdrücklich und wiederholt.[53] Die Momente des intensiven Erlebens werden nicht nur auf das Erleben des Schönen reduziert, auch Gewalt kann als Moment von unterschiedlichen kulturellen Formationen transparent gemacht werden. Es bleibt prüfen, wie das Religion und Rede von Gott betrifft. Das soll im nächsten Kapitel thematisiert werden.

---

53 Gumbrecht Hermeneutik 103.

Wer hat das Sagen? Macht – Wort – Gott

1 Sine vi sed verbo. Machtkontrolle oder Machtverschleierung?
2 Symbolische Gewalt: Pierre Bourdieu
3 Unterwerfung und Subjektivierung: Michel Foucault
4 Gott – Reden von einer prekären Macht

Religion ist eine Macht ersten Ranges, sozial, politisch, spirituell. Religionspraxis hat es auf die eine oder andere Weise mit Machtausübung zu tun. In seinem profunden und epochemachenden Kompendium der Religionsphänomenologie stellte der niederländische Gelehrte Gerardus van der Leeuw an den Anfang aller Ausführungen im § 1 die elementare Erfahrung von Macht: Religion ist die »Weltanschauung der Macht«[1]. Wer Gott sagt, berührt die Machtfrage. Zur Vorstellung Gottes gehören zumindest im Abendland seit eh und je Attribute von Herrschaft und Macht, gar von All-Macht. »Was ist Allmächtigsein anders als Gottsein?« fragte der Kirchenlehrer Hilarius von Poitiers im 3. Jahrhundert.[2]

Übt derjenige, der Gott ansagt, Macht aus? Im Neuen Testament wird berichtet, dass Jesus seine Zeitgenossen in Erschrecken versetzte, weil er nicht wie andere Zeitgenossen über Gott sprach, sondern aus Vollmacht (»exousia«) predigte[3]. Christliche Kirchen und die in ihr Herrschenden übten durch die Geschichte hindurch zweifellos Macht aus, z.B. mit dem Aufruf »Deus lo vult!«, mit dem 1095 ein Papst zum 1. Kreuzzug aufrief, z.B. mit der Warnung vor den »teuflischen« Juden«, wie sie sich in Martin Luthers späten Predigten findet[4], auf die sich viele Generationen von Deutschen in ihrem Antisemitismus beriefen.

---

1   Gerardus van der Leeuw, Phänomenologie der Religion (1933), dt. Tübingen 1956, 8.
2   Zit. nach Jan Bauke-Ruegg, Die Allmacht Gottes. Systematisch-theologische Erwägungen zwischen Metaphysik, Postmoderne und Poesie, Berlin 1998, 6.
3   Vgl. Heinz Blatz, Worte voll Macht gegen die Macht des Imperators. Das Markusevangelium im Kontext des Römischen Reiches, in: Bibel und Kirche 74, (2019), 76–81. Blatz stellt hier neben einer Reihe anderer Machtsemantiken bei Markus auch ›exousia‹ in den Kontext des zeitgenössischen Sprachgebrauchs im Herrschaftsbereich des römischen Kaisers Vespasian.
4   Thomas Kaufmann, Luthers »Judenschriften«: Ein Beitrag zu ihrer historischen Kontextualisierung, Tübingen 2013.

In der Nachmoderne haben sich andere Problemkonstellationen ergeben. Das Reden über Gottes Allmacht ist zwar nicht verstummt, aber es kommt heute vielen Zeitgenossen nicht mehr ungebrochen über die Lippen. Zu viele kritische Rückfragen und Einsprüche aus individueller wie kollektiver Erfahrung liegen vor. Die Allmacht Gottes war fraglich geworden bereits mit dem Erdbeben von Lissabon, die Fraglichkeit verstummt nicht mehr angesichts der Shoah und anderer Katastrophen des 20. Jahrhunderts. Und seit geraumer Zeit fühlen sich viele, die professionell von Gott sprechen, nicht mehr in einer sicheren und unangreifbaren Position. Nicht allen, aber manchen kommt ihr Reden fraglich vor. Sie erleben sich keineswegs in einer Machtposition, erleben ihr Reden nicht als »Reden in Vollmacht.«

Warum bewirkt die Weitergabe von Gottes Macht im Reden auf Seiten der Sprechenden nicht (mehr) eine Bestärkung ihrer Sprach-Macht? Wie redet man theologisch angemessen über Gottes Macht? Im Kontext von Gesellschaften, in denen Religion immer gewaltbereiter zu werden droht, in denen der islamische Gebetsruf »Allahu akbar! Gott ist am größten« seit dem 11. September 2001 für viele Nicht-Muslime Angst vor Attentaten auslöst?

Solchen Fragen gehen die Überlegungen in diesem Kapitel im Dreieck »Macht – Wort – Gott« nach. Ich gehe dabei in folgender Reihenfolge vor. Zunächst wird ein klassischer protestantischer Antwortversuch erörtert, mit dem die Reformation Machtausübung theologisch mit der Bindung an das Wort zu kontrollieren versuchte. Im zweiten und dritten Schritt gehe ich anhand von sozialwissenschaftlichen und philosophischen Theorien der Frage nach, wie in der Praxis des Sprechens Momente und Elemente von Machtausübung eingelagert sind. Schließlich nehme ich im letzten Teil die Frage auf, wie angesichts solcher Befunde heute theologisch von Gottes Macht geredet reden werden kann.

1 Sine vi sed verbo. Machtkontrolle oder Machtverschleierung?

Wer Gott sagt, berührt die Machtfrage. Im Protestantismus ist das Verhältnis von Gott und Macht von Beginn an in besonderer Weise an das Sagen gebunden worden. Von der Grundbestimmung einer machtzentrierten Organisation sind reformatorische Kirchen in ihren Lehrgrundsätzen am Beginn der Neuzeit mit einer bedeutsamen theologischen Grundentscheidung abgewichen. Nicht irdische Macht soll in der Kirche regieren, schon gar nicht darf jemand mit Gewalt zum Akzeptieren der christlichen Botschaft gezwungen werden, nicht weltliche

Gewalt, sondern das »Wort« allein soll das Sagen haben. Denn christliche Kirche ist »creatura verbi«.

Die klassische theologische Antwort des Protestantismus auf die Machtfrage findet sich in der Confessio Augustana (1530) mit der bekannten Formel »sine vi humana, sed verbo«[5], die Kirche sei zu leiten »nicht mit menschlicher Gewalt, sondern allein durch das Wort«. Diese Formel taucht im letzten, sehr umfangreichen Paragraphen XXVIII auf, der die Überschrift trägt »Von der Gewalt der Bischöfe« *(de potestate ecclesiastica)*.

Der Abschnitt handelt explizit von Machtbefugnissen der Bischöfe und zielte auf kirchenleitendes Handeln im Verhältnis zu staatlicher Ordnung (»das weltliche Schwert«), die mit der Formel bündig gefasste Grundtendenz hatte Auswirkungen aber auch auf die Organisation und das Selbstbild der Kirche. Der Text formuliert theologische Grundsätze für politische Ordnung und Machtausübung, abgelehnt werden kirchliche Machtausübung zur Einsetzung von weltlicher Herrschaft, staatlicher Jurisdiktion u. a. Geregelt werden Ordnungen im Staat und in der Kirche unter der Maßgabe, dass solche zweckmäßig und notwendig, keinesfalls jedoch heils-notwendig seien.

Was das Reden angeht, so ist Philip Stoellger der Machtqualität des »Wortes« im Rahmen seiner rhetorisch-theologischen Analyse der Deutungsmacht der Kirche nachgegangen und attestiert hier eine eigentümlich eingeschränkte Auffassung von der Machtlosigkeit des Wortes. »Das ist im Protestantismus zur Denkgewohnheit und Bekenntnisformel geworden: Gewaltfrei und machtlos sich auf das Wort zu verlassen – im Glaube, Liebe und Hoffnung, dass das wohl wirken werde.«[6]

Das damit korrespondierende eher ideologisch verbrämte Selbstverständnis einer Kirche als der irdischen Macht enthobener Raum ist allerdings bereits vor Jahrzehnten kritisch unter die Lupe genommen worden. Peter Steinacker, zu Zeiten Kirchenpräsident der EKHN, hatte in einer differenzierten und in mancher Hinsicht provozierenden Reflexion auf die Tendenzen zur Machtverschleierung im Namen einer sich auf die Augsburgische Konfession berufenden gegen-

---

5   Confessio Augustana zit. nach BSLK, Göttingen 1967, 124.

6   Philip Stoellger, Rhetorik als Organon der Deutungsmacht, in: Gert Ueding/Gregor Kalivoda (Hg.), Wege moderner Rhetorikforschung: Klassische Fundamente und interdisziplinäre Entwicklung, Berlin 2014, 547.

wärtigen Theologie hingewiesen.[7] So »kann die Alternative ›sine vi – sed verbo‹ nicht nur eine Scheinalternative eröffnen – sie bietet sich sogar zur ideologischen, also wahre Abhängigkeiten verschleiernden Instrumentalisierung anderer zum Zweck der Durchsetzung der eigenen Interessen an. Denn sie könnte suggerieren, es gäbe in der Kirche einen machtfreien Raum unter dem Wort bzw. es müßte und sollte ihn eigentlich geben. Darum kann man allen, deren Funktion in der Kirche darin besteht, Macht auszuüben (d. h. bei jedem Kirchenglied, das sich in Fragen der Kirche einmischt, oder vom Kirchenvorstand angefangen), ein schlechtes Gewissen vermitteln, wenn einem Entscheidungen nicht passen. Dies aber ist selber nichts anderes als die verdeckte Anwendung von Macht, insofern die Behauptung, es müsse in der Kirche ohne Macht zugehen, selber als Chance genutzt wird, den eigenen Willen durchzusetzen.«[8]

Dass dem so ist, kann man ohne weiteres heute überprüfen. Fragt man Pfarrer*innen, die schon etwas länger im Dienst sind, wer in der Kirche die Macht hat, so werden sie kaum auf sich selber verweisen oder auf die gute Predigt, sondern in aller Regel antworten: »die Juristen und die Kirchenverwaltung.« Und der kritische Unterton dabei ist kaum zu überhören.

Die Confessio Augustana, so Steinacker kritisch, hat einige Konsequenzen ihrer Thesen nicht hinreichend bedacht. Dagegen fordert er: »Macht darf in der Kirche nicht länger denunziert, verschwiegen und vertuscht werden.«[9] Kirche kann in realistische Betrachtung nicht als machtfreier Raum gelten, weil sie nicht als ein weltleerer Raum angesehen werden kann. Und es gibt auch innerkirchlich eine legitime Praxis der vis humana, die allerdings nicht an Personen, sondern an Funktionsträger gebunden ist. Mit Eilert Herms gesprochen muss man also einem allzu vollmundigen Gebrauch der Formel widerstehen: »Es gehört zum Realismus des christlichen Welt- und Menschenbildes, daß anerkannt wird, daß allein Gott – und kein Mensch – sine vi sed verbo handeln kann.«[10]

In unserem Zusammenhang bedeutsam erscheint mir ferner, dass die Ausübung geistlicher Gewalt über die Gewissen der Menschen in der genannten Formel

---

7 Peter Steinacker, »Sine vi sed verbo« – Von der Macht in der Kirche. Ein Versuch, in: Joachim Mehlhausen (Hg.), Recht – Macht – Gerechtigkeit. IX. Europäischer Theologenkongress, Gütersloh 1998, 546 ff.
8 Steinacker, a. a. O. 570.
9 Steinacker, a. a. O. 592.
10 Eilert Herms, Gewalt und Recht in theologischer Sicht, in: ders., Gesellschaft gestalten. Beiträge zur Sozialethik, Tübingen 1991, 145.

der Augsburgischen Konfession direkt an den Gebrauch des »verbum«, an das Predigtamt gebunden wird. So heißt es an anderer Stelle im genannten Artikel XXVIII: »Gewalt der Schlüssel oder Bischöfe übt und treibt man allein mit der Lehre und Predigt von Gottes Wort und mit Handreichung der Sakramente an viele oder einzelne Personen, gemäß der Berufung.«[11] Zur Ausübung solcher geistlichen Gewalt sind Bischöfe verpflichtet. Das schließt Kontrolle der rechten Lehre und Sakramentsverwaltung ebenso ein wie Sanktionen gegenüber denen, die diesen Grundsätzen nicht entsprechen, dies alles aber eben »*ohne menschliche Gewalt, sondern allein durch Gottes Wort ›sine vi humana, sed verbo‹*«.

Wie der ausführliche Kommentar zur Confessio Augustana, die sog. »Apologie« aus der Feder Philip Melanchtons herausstellt, handelt der Paragraph XXVIII auch von der Kraft des Wortes der kirchlichen Verkündigung. »Denn Christus will uns so viel wie nötig stärken, damit wir wissen würden, daß das überlieferte Wort durch die Menschen wirksam ist und daß man vom Himmel kein anderes Wort erwarten darf.«[12] Und diese Wirkung des Wortes ist an ein Sprachgeschehen in der Gemeinde gebunden.

Jan Hermelink hat darauf hingewiesen, dass man die im Abschnitt XXVIII der Confessio Augustana beschriebene Kontrollfunktion des bischöflichen Predigtwortes als kirchenleitendes Handeln im Zusammenhang des in der Reformation neu entwickelten Instruments der Visitation sehen muss. Mittels landeskirchenrechtlicher Ordnungen und entsprechend mit Autorität ausgestatteter Kommissionen zur Überprüfung angemessener Predigt und Lehre soll der notwendige Regelungsbedarf umgesetzt werden. Sie sollen keine staatliche Macht ausüben, aber im Hinblick auf dieses Instrument »eignet jedoch auch der übergemeindlichen Kirchenleitung eine spezifisch geistliche Vollmacht«.[13]

Die besondere Verpflichtung kirchlichen Redens und Handeln auf das Zeugnis des Friedens und auf Gewaltverzicht haben nach dem 2. Weltkrieg und zumal in Zeiten beginnender Wiederbewaffnung und Stationierung von Atomwaffen ein

---

11 BSLK a. a. O.

12 »Non est enim mandatum cum libera, ut vocant, sed cautio de rato, de speciali mandato, hoc est, testimonium datum apostolis, ut eis de alieno verbo, non de proprio, credamus. Vult enim Christus nos confirmare, quemadmodum opus erat, ut sciremus verbum traditum per homines efficax esse, nec quaerendum esse aliud verbum de coelo. Apol XXVIII,18; BSLK 401.

13 Jan Hermelink, Kirchenleitung durch Lehre, Predigt – und Person. Beobachtungen zur Gestalt der Kirche in der bischöflichen Predigt, in: Jochen Cornelius-Bundschuh (Hg.), Nicht durch Gewalt, sondern durch das Wort. Die Predigt und die Gestalt der Kirche, Leipzig 2011, 48–65, insbes. 54 ff. Zitat 55.

kritisches Korrektiv gegenüber Machtanmaßungen kirchenleitender Personen freigesetzt. Man muss jedoch fragen, ob damit nicht eine Verdrängung des eigenen innerkirchlichen Umgangs mit Macht einherging, die unter je gewandelten politischen und sozialen Konstellationen bis heute anhält. Die Formel »sine vi humana, sed verbo« zielte explizit auf das Leitungshandeln in der Kirche, anders gesagt auf eine theologische Kontrolle von Macht in der Bindung an Gottes Wort. Indem man künftig vor allem von »Amt« und »Leitung« sprach, der abgelehnten staatlichen Macht die »geistliche Vollmacht« gegenüberstellte, beförderte das implizit genau die Abblendung des Faktors »Macht« aus der theologischen Wahrnehmung kirchlichen Handelns und Redens, die Steinacker thematisiert hat.

In welches Wahrnehmungsmuster sozialer Wirklichkeit die reformatorische Formel *»sine vi humana, sed verbo«* bis heute führen kann, hat die Berliner Praktische Theologin Ruth Conrad vor einiger Zeit in homiletisch-theologischen Überlegungen zur Verpflichtung der kirchlichen Predigt auf die Friedensbotschaft der Bibel demonstriert. Das Christentum, so Conrad, ist eine »Friedens-Macht.« Und diese Friedensmacht darf nicht in irgendeiner Weise die Zuhörer manipulieren wollen, sondern soll allein argumentativ expliziert werden mit der Einladung an alle, sich dem aus freien Stücken anzuschließen »… deshalb sind die Kirchen auch in ihrer Organisationsform creatura verbi. Das bedeutet: Alle Organisationsstrukturen, die dem Wesen und Geist dieses Wortes zuwider laufen, sind für christliche Gemeinschaften mindestens problematisierungsbedürftig, wenn nicht gar abzulehnen. Damit wird eine bleibende Distanz des Christentums und seiner Gemeinschaftsformationen zur vorfindlichen Realität und deren Sozialformen markiert. Zum Wesen des Christentums gehört ein Moment der Weltdistanz.«[14]
Innerkirchliche Sprache und Sprechen werden insgesamt als Gegenüber zu dem bestimmt, was unter »Welt« subsummiert werden muß.

Dass das Reden auch als ein »weltliches« Element sozialer Praxis begriffen werden muss, welche auch Formen der Machtausübung beinhalten könnten, die ihrerseits auf Bedingungen und Eigenarten näher zu analysieren sind, wird zwar von Conrad am Rande notiert, wenn es heißt, dass »das ›Wort‹ nicht per se eine gewaltabstinente Kategorie ist. Auch das menschliche Wort kann gewaltförmig sein und entsprechend wirken (etwa in performativen Sprechakten). Durch die Gegenüberstellung von ›vis humana‹ und ›verbum die‹ ist das Predigtwort in

---

14 Ruth Conrad, Sine vi, sed verbo. »Frieden« als Aufgabe christlicher Predigt, in: Das Deutsche Pfarrerblatt 2016, Ausgabe: 5/2016.

einen orientierenden Rahmen eingestellt.«[15] Aber damit ist die grundsätzliche Weltdistanz von Theologie nicht aufgehoben. So unterstützt man das Denkmodell, in der sozialen Wirklichkeit der Kirche regiere der Grundsatz »gewaltfrei und machtlos sich auf das Wort zu verlassen«.

Im Gegenzug zu solcher Art der Weltdistanz hat auch Stoellger in seiner rhetorischen Analyse darauf insistiert, dass Sprechen als Aktualisieren einer vorgängigen Form der Macht begriffen werden muss. »Die Macht des Wortes *entfaltet* Deutungsmacht, wenn es ihr gelingt, etwas so oder so erscheinen zu lassen, sehen zu lassen und zu machen, um den Hörer es so sehen und glauben zu machen und darin den Gegenstand zu dem zu machen, wie er gesehen wird. Nur bleibt dieser Deutungsmachanspruch im Modus der (bestenfalls plausiblen) Möglichkeit.«[16] U. a. auch unter Berufung auf solche Analysen ist ein differenziertes Bild vonnöten, wenn es um angemessenes Begreifen dessen geht, was das »Wort« genannt wird. Macht und Wort hängen offenbar stärker zusammen, als man wahrhaben möchte. Wie aber steht es um die Wirklichkeit des Machtanspruchs? Und um die Mechanismen seiner Realisierung?

Was erbringt der Durchgang durch die Rezeption der reformatorischen Formel »sine vi sed verbo« für das Verständnis von Gottes Macht? Der Grundsatz zielte ursprünglich auf einen theologisch sinnvollen weltlichen Machtverzicht der Kirche und auf eine Machtkonzentration ganz auf das letztlich irdisch unverfügbare »Wort«. Die griffig erscheinende Formel »sine vi humana sed verbo« der lutherischen Reformation stand in einem Text, der die Verständigung über die Grundsätze des neuen Glaubens auf dem Hintergrund von Erfahrungen staatlicher und kirchlichen Machtausübung versprachlicht hat. Zur breiten Palette gehören Ausdrücke wie potestas, vis, ius, traditiones, mandatum, ministerium; auf deutsch Macht, Gewalt, Schlüsselgewalt, Zwang, Recht, Amt, menschliche Satzungen, Regiment, Befehl. Diese Ausdrücke bereiten heute nicht nur philologischen Experten Kopfzerbrechen bei einer angemessenen Übersetzung frühmoderner lateinischer theologischer Texte ins Deutsche. Was im 16. Jahrhundert als Macht oder Gewalt beschrieben wurde, stand auch gegenüber gegenwärtigen Erfahrungen in Mitteleuropa in völlig anderen Erfahrungswelten.[17]

Indem aber theologische und soziologische Wahrnehmung von Macht nach einer diastatisch angelegten Verhältnisbestimmung von Glaube und Welt oft als

---

15 Dies. A.a.O.
16 Stoellger, a. a. O. 553.
17 Das hat Daniel Kehlmann in seinem Roman »Tyll«, Hamburg 2017 meisterhaft umschrieben.

unvermittelt nebeneinander zu stehen kamen, trug dies bei zur Verschleierung von Macht im eigenen Tun und Reden. Religiöse Interpretamente wie »Dienstgemeinschaft« eignen sich vorzüglich dazu Macht abzublenden. Dazu gehört auch der Mechanismus, dass Machtdiskurse oft auf Diskurse über »Vollmacht« und über »Leitung« verschoben wurden und werden.

Es ist eine der Stärken des Protestantismus von seinen Ursprüngen her, die Welt als säkularen Herrschafts- und Gestaltungsbereich von Menschen freizugeben. Diese Freigabe kann aber unterlaufen werden mit einer pauschalisierenden Rede von Welt. Ebendies ist beim Versuch, das »Wort« von »weltlicher Macht« zu unterscheiden, geschehen.

Die Ablehnung von Machtausübung, erst recht von Gewalt, strahlt bis heute auch auf innerkirchlichen Umgang mit Konflikten, in anderer Weise aber auch auf homiletische Grundsätze ab. Wer Gott sagt, berührt die Machtfrage, aber »Macht« ist bis heute kein Leitbegriff in der Praktischen Theologie und in der Theologie generell. Der Protestantismus hat vielmehr einen blinden Fleck im Umgang mit der Macht, wie das schon vor 40 Jahren Manfred Josuttis in pastoraltheologischer Perspektive diagnostiziert hat.[18]

Aus der realistischen Einsicht in die Unhintergehbarkeit der Machtkomponente in aller sozialen Praxis ergibt sich zunächst und fortgesetzt ein Bedarf an ideologiekritischer Reflexion auf die Machtförmigkeit innerkirchlichen Handelns. Es ergibt sich zum zweiten Bedarf zur differenzierenden Analyse der sozialen Phänomene, die mit dem Oberbegriff »Macht« nur allzu summarisch umschrieben sind. Schließlich folgt als dritte Aufgabe, zunächst genauer darauf zu sehen, wie in der Praxis des Sprechens Macht ausgeübt werden kann, relativ unabhängig vom Inhalt der Rede.

2 Symbolische Gewalt: Pierre Bourdieu

2.1

Wer Gott sagt, berührt die Machtfrage. Wird Macht auch im eigenen Sprechen über Gott aktualisiert? Im Selbstbild vieler theologisch professionell Tätiger ist die Erfahrung der Machtlosigkeit des eigenen Redens ein bedrückendes Ele-

---

18 Manfred Josuttis, Der Pfarrer ist anders. Aspekte einer zeitgenössischen Pastoraltheologie, München 1982 (vgl. insbes. das Kapitel »Der Pfarrer und die Macht, S. 70 ff.).

ment. Schon am Beginn der homiletischen Erneuerungsbewegung vor 50 Jahren brachte der Theologe Ernst Lange solche Erfahrung der mangelnden Macht auf den Punkt: »Man war ausgezogen in der Überzeugung von der Eigenmacht, der Eigenbewegung und Alleingenügsamkeit des Wortes, dem die Predigt dient. Und nun macht man die verwirrende Erfahrung, daß man gerade hier, im Kern des Dienstes, merkwürdig isoliert bleibt, daß man nichts ausrichtet, nichts bewirkt, nichts verändert.«[19]

Angesichts solcher Eigenwahrnehmung scheint es zumindest auf den ersten Blick irritierend und abwegig, nach Elementen von Machtausübung in der religiösen Sprachpraxis zu fragen. Die Kategorie scheint unpassend und aufgeladen. Wie könnte mit einer auf Heil und Wohl, auf Frieden und Gerechtigkeit verbundenen Sprachpraxis Macht ausgeübt werden?

Schon in der Alltagssprache sind die Begriffe der Macht wie Gewalt, Einfluss oder Zwang oft normativ hoch aufgeladen, sie transportieren für unterschiedliche soziale Gruppen auch sehr unterschiedliche Bewertungen. Die Sprache der Macht und machtvolles Reden fallen vielfältig aus und werden auch von verschiedenen Menschen ganz unterschiedlich erlebt. Was den einen mit Worten bedrängt oder ihm »zu nahe tritt«, ist für die andere völlig tolerables Verhalten. Was der eine als manipulative Redestrategie kritisiert, gegen die er sich nicht zur Wehr setzen kann, das lässt der andere mit locker-ironischen Bemerkungen abblitzen. Zumal mit einer »Fachsprache« kann man Laien ja mitunter auch mundtot machen.

Wie hängen Sprechen und Machterfahrung zusammen? Welche Machtbeziehungen erzeugt das Reden in religiösen Zusammenhängen und welchen unterliegt sein Inhalt immer schon?

Für einflussreiche Theologen des 20. Jahrhundert wie Karl Barth galt, dass »Macht an sich« immer böse sei.[20] Um hinter solche Behauptung auf die soziale Wirklichkeit zurückzukommen, bedarf es zunächst der Entmystifizierung des Begriffs der Macht.

Dazu kann Max Webers klassische Definition von Macht verhelfen, er bestimmt eine Machtorientierung im Handeln als »jede Chance, innerhalb einer sozialen Beziehung den eigenen Willen auch gegen Widerstreben durchzu-

---

19   Ernst Lange, in: Zur Theorie und Praxis der Predigtarbeit, ders., Predigen als Beruf, München 1982, 18.
20   Karl Barth, Dogmatik im Grundriss, München 1947, 54.

setzen, gleichwohl worauf diese Chance beruht«[21]. Folgt man dieser gedanklichen Spur eines deskriptiven Begriffs, dann öffnet sich der Blick für eine große Palette unterschiedlicher Vollzüge machtbestimmter sozialer Praxis, von der sprachlichen Beschreibung der Wirkung kosmischer Mächte über die Kriegserklärung zwischen Staaten oder dem per Gerichtsurteil dekretierten Lebensschicksal eines Menschen mit großen Folgen bis hin zur Ansage einer Strafarbeit an Schüler oder zu anderen läppisch wirkenden Kleinigkeiten der sprachlichen Regelungen im Alltag.

Sprache als zentrales Element menschlicher Symbolwelten ist nicht nur ein Verständigungsmittel über bestimmte Aussageinhalte, sondern auch ein soziales Instrument zur Normierung von Verhalten und zur Durchsetzung von Interessen. Insofern kann auch menschliches Reden auf der Linie von Max Webers Definition von Macht bestimmt werden. Das gilt unabhängig davon, ob Menschen über Gott sprechen oder über irgendeinen anderen Inhalt. Fast alle neueren Theorien der Macht beleuchten deshalb auch den Zusammenhang von sozialer Praxis, Herrschaftsstrukturen, politischem Handeln und Sprechen. Im Folgenden skizziere ich mit Bourdieu einen prominenten soziologischen Theorieansatz.

2.2

Pierre Bourdieu (1930–2002), einer der einflussreichsten französischen Soziologen und Ethnographen und zudem ein politisch sehr engagierter Wissenschaftler, hat in seinen Schriften u. a. wichtige Beiträge zur Aufdeckung der Machtmachmechanismen im Sprechen erbracht.[22] Ich beginne die folgende Skizze zunächst nicht bei seinen Studien zur Religion, sondern setze ein bei seinem soziologischen Ansatz insgesamt.

Bourdieu entwickelte eine eigenständige sozialwissenschaftliche Praxistheorie[23], stand dabei in der Tradition von Max Weber, insofern er sich auf soziales Handeln der Individuen und nicht von Strukturen oder Systemen richtete. Mit Weber teilte er auch das Grundinteresse an der Aufdeckung sozialer Machtmechanismen. Die Analyse von Macht richtete sich aber nicht wie bei Weber

---

21   Max Weber, Wirtschaft und Gesellschaft (1921), Tübingen 1972, 28.
22   Pierre Bourdieu, Was heißt Sprechen? Zur Ökonomie des sprachlichen Tausches (1982), dt. Wien 2005.
23   Bourdieu, Entwurf einer Theorie der Praxis auf der ethnologischen Grundlage der kabylischen Gesellschaft, Frankfurt/M., 1979.

auf Typen der Herrschaft (rational, traditionell, charismatisch), sondern auf
Machtelemente durch Etablierung der »feinen Unterschiede« im alltäglichen
Handeln der Subjekte.[24] Im Blick auf relevante Phänomene war Bourdieu nicht
so sehr an physisch ausgeübten Zwang und Gewalt interessiert, sondern stärker an Mechanismen der diskursiven Ausrichtung von Wissen, Emotionen und
Körperkonzepten in den Subjekten. Der namhafte Bourdieu-Kenner John B.
Thompson hat das so zusammengefast: »Denn in den Routineabläufen des All-
tagslebens wird Macht selten als offene, physische Gewalt ausgeübt: Sie wird
vielmehr in eine symbolische Form umgewandelt und erhält dadurch eine Art
von *Legitimität,* die sie sonst nicht hätte. Bourdieu drückt dies aus, indem er
sagt, symbolische Macht sei eine ›unsichtbare‹ Macht, die als solche ›verkannt‹
und dadurch als legitim »anerkannt« werden.«[25]

Die angesprochene Prägungen fasste Bourdieu mit dem Begriff des »Habitus«.
Damit meint er Dispositionen, lebensgeschichtlich einsozialisierte Neigungen,
die Menschen ein Gefühl dafür vermitteln, wie sie im Alltag »richtig« handeln. Da solche Verhaltenserwartungen und Verhaltensmuster körperlich tief
verwurzelt sind, spricht er, in Aufnehmen eines von Aristoteles abkünftigen
Begriffs, von körperlich einverleibter »Hexis« der Körperhaltung, des Gehens
und eben auch des Redens. Entsprechende Aneignung von Schemata laufen
ohne bewusste sprachlich explizite Stationen der Verhaltensprägung ab, sie
geschehen aber nie im luftleeren Raum, sondern in sozialen Kontexten oder,
wie Bourdieu sagt: in »Feldern«.

Er untersuchte immer wieder kulturelle Austauschprozesse. Mit seinem begrifflichen Baukasten durchleuchtete er menschliche Sprachpraxis, verstanden
als Prozesse der Vermittlung symbolischer Ordnung, wobei er insbes. den
Ungereimtheiten und Widersprüchlichkeiten des alltäglichen Sprechens nachging. So ergab sich für ihn, »dass Menschen mit unterschiedlichen Graden von
Autorität sprechen, dass Worte unterschiedliches Gewicht haben können, je
nachdem, wer sie ausspricht und wie er sie ausspricht, und dass daher manche
Worte, wenn sie unter bestimmten Umständen geäußert werden, eine Macht
und eine Überzeugungskraft bekommen, die sie sonst nicht hätten«[26].

---

24 Bourdieu, Die feinen Unterschiede. Kritik der gesellschaftlichen Urteilskraft, Frankfurt/M.
    1982.
25 John B. Thompson, Bourdieu über Sprache. Eine Einführung, in: Bourdieu, Was heisst Spre-
    chen?, Wien 1990 25.
26 Thompson, a.a.O., 1.

Dabei zeigt sich, dass in eingeschliffenen Sprachmustern vorreflexive Selbstverständlichkeiten eingelassen sind, und zwar derart, dass sie von den Subjekten
nicht (mehr) als Gewalt wahrgenommen werden. Der Spracherwerb ist direkt
verbunden mit der Einfädelung in soziale Unterschiedene, dem Erwerb unterschiedlicher sozialer Chancen. »Wir sind Experten in den unzähligen und sub-
tilen Strategien, Worte als Mittel zu Nötigung und Zwang zu benutzen, als Instrumente der Einschüchterung und Beschimpfung, als Ausdruck von Höflichkeit,
Herablassung, Verachtung. Kurz, uns ist bewusst, dass Sprache ein integraler
Bestandteil des sozialen Lebens mit all seinen Listen und Ungerechtigkeiten
ist und dass ein Gutteil unseres sozialen Lebens darin besteht, im tagtäglichen
Fluss der sozialen Interaktion gewohnheitsmäßig sprachliche Ausdrücke aus-
zutauschen.«[27]

In Aufnehmen wirtschaftswissenschaftlicher Begrifflichkeit macht Bourdieu
gesellschaftliche Tauschprozesse auf verschiedenen Ebenen stark. In einer »Ökonomie des sprachlichen Tausches« kommen Machtverhältnisse zum Ausdruck,
und zwar gerade in den »Nebensächlichkeiten« wie Akzent, Intonation und Vokabular. So konnte Bourdieu empirische Evidenz für die These beibringen, dass
eine bestimmte dominierende Art und Weise des Sprechens als Ausdruck politischer Machtverhältnisse zwischen Sprechenden und Hörenden zu begreifen
ist, dass diese Praxis als zentrales Medium symbolischer Ordnung als identisch
mit symbolischer Gewalt zu interpretieren ist.[28] »Sprechen heißt, sich einen der
Sprachstile anzueignen, die es bereits im Gebrauch und durch den Gebrauch
gibt und die objektiv von ihrer Position in der Hierarchie der Sprachstile geprägt
sind, deren Ordnung ein Abbild der Hierarchie der entsprechenden sozialen
Gruppen ist.«[29]

Die Analyse kultureller Austauschprozesse führte Bourdieu auch zu eigenständigen Analysen des »religiösen Feldes«[30]. Er hat dies in vielen Studien
wesentlich mit Blick auf Traditionslinien im Katholizismus beschrieben. Eine
seiner zentralen Fragen bei der Analyse von Religion war diejenige, warum »die

---

27 Ebd.
28 Bourdieu, Die verborgenen Mechanismen der Macht. Schriften zur Politik und Kultur Bd. 1,
    Hamburg 1992.
29 Bourdieu, Sprechen, 60.
30 Vgl. dazu u. a. Bourdieu, Genese und Struktur des religiösen Feldes. In: Das religiöse Feld.
    Texte zur Ökonomie des Heilsgeschehens, ders., 39–110. Konstanz 2000; ders., Die Auflösung
    des Religiösen. In: P. Bourdieu, Religion. Schriften zur Kultursoziologie Bd. 5, Frankfurt/M.
    2009, 243–249.

etablierte Ordnung selbst denen, die sie am meisten benachteiligt, fast stets als selbstverständlich und naturnotwendig [erscheint]; als notwendiger und naturgemäßer jedenfalls, als man von Standpunkt derer annehmen möchte, die, von weniger unerbittlichen Bedingungen geformt, jene spontan nur unerträglich und empörend finden können«[31]. Bourdieus Herrschaftsanalyse lenkt also die Aufmerksamkeit von Herrschenden auf die Beherrschten.

Sein Erklärungsansatz geht daraufhin, dass Religionen Herrschaftsstrukturen in Glaubensfragen übersetzen. Dies führt zur »Inkorporierung« der symbolischen Ordnung, die sich hinter dem Rücken der Individuen und nicht durch rational begründete Entscheidungen, durchsetzt, wesentlich durch die Macht der Gewohnheit. Glauben in Form der dem religiösen Feld eigenen Illusion findet sich in allen Feldern und bildet eine Form der symbolischen Macht, der die Akteure unterworfen sind, indem sie sich ihr unterwerfen. Macht beruht daher wesentlich auf Glauben als Form der Selbstunterwerfung. »Symbolische Macht befähigt zur (performativen) Konstitution des Gegebenen durch Benennung, Aussprache, religiös durch Verkündigung.«[32] Man kann sagen, dass Bourdieus Rekonstruktion des Sprechen in der Religion als Medium symbolischer Gewalt von einem Programm der Dekonstruktion geleitet ist: es geht im Grunde um Dekonstruktion der durch Sprache verliehenen Qualität der Heiligkeit.[33]

Bourdieu nennt eine bestimmte Art von Sprachpraxis, bei der die religiösen Amtsträger die soziale Welt mit Worten zu beeinflussen versuchen, »magisch«: »Der wirkliche Ursprung der Magie der performativen Aussage liegt im Mysterium des »Ministeriums«, des Amtes, das heißt in jener Delegation von Macht, aufgrund derer ein einzelner Akteur – König, Priester, Wortführer – ermächtigt ist, im Namen der dergestalt in ihm und durch ihn konstituierten Gruppe zu sprechen und zu handeln … er liegt, genauer gesagt, in den sozialen Bedingungen der *Institution* des Amtes, die den legitimen Amtsträger dadurch, dass sie das Amt als Medium zwischen ihn und die soziale Gruppe stellt, dazu befähigt, mit Worten auf die soziale Welt Einfluss zu nehmen, indem sie ihn

---

31 Bourdieu, Meditationen. Zur Kritik der scholastischen Vernunft, Frankfurt a. M. 2001, 222.

32 Hanns Wienold/Franka Schäfer, Glauben-Machen. Elemente und Perspektiven einer soziologischen Analyse religiöser Praxis nach Pierre Bourdieu, in: Anna Daniel u. a. (Hg.), Doing Modernity – Doing Religion, Wiesbaden 2012, 61–11; Zitat 82.

33 Wienold/Schäfer: »Von den Phänomenen her ist das religiöse Feld bei Bourdieu gekennzeichnet durch einen Kampf um die Definition und Monopolisierung der Heilsgüter. Hieraus ergibt sich eine Ökonomie des Heilsgeschehens, in der die religiösen SpezialistInnen für ihre Klientel Arbeit verrichten, indem sie mit diesen und stellvertretend für diese glauben« a. a. O. 103 f.

unter anderem mit Zeichen und Insignien versieht, die daran erinnern sollen, dass er nicht im eigenen Namen und nicht aus eigener Machtvollkommenheit spricht.«[34]

Obwohl sich Bourdieu im historischen und empirischen Material oft stärker auf katholische Traditionen in Frankreich bezog, macht die These des Umbaus von Religion zur Glaubensreligion interessanterweise ein gewisses protestantisches Element stark.

Welche weiteren praktisch-theologisch relevanten Einsichten lassen sich von Bourdieus machtkritischen Analysen kultureller Austauschprozesse des Symbolischen gewinnen. Sein Gegenstand ist durchgängig nicht »Gott«, sondern das »religiöse Feld« (bezogen auf das Christentum), die religiösen Akteure in diesem Feld. Es scheint ein sehr weiter Weg von Rede von Gott zu den Alltagsvorstellungen und alltäglichen Redemechanismen, die Bourdieu analysiert. Wo wären heute die von Bourdieu avisierten Normierungsprozesse über den Gebrauch der Sprache in religiöser Praxis im Protestantismus anzutreffen? Dass einst Kindern »richtiges« Lesen und Schreiben in der Hochsprache über klassische Texte der Religion wie Luthers Kleinen Katechismus vermittelt wurde und darin eine bestimmte Sprachpraxis gegen andere zur Norm gemacht wurde, ist in deutschsprachigen Ländern längst gesicherte historische Einsicht. Taugen Bourdieus Analysen für den gegenwärtigen Protestantismus also vor allem, um die professoralen Herrschaftsmechanismen des universitären Theologenbetriebs verständlich zu machen?

Dass kirchliches Sprechen als Instrument zur Durchsetzung oder zumindest Unterstützung bestimmter politischer Gesinnung diente, ist in seiner Wirkung gegenüber früheren Epochen verblasst. Predigende heute präsentieren Deutungsangebote für Erfahrungen der Zuhörenden, sie haben schon lange keine Sanktionsmöglichkeiten mehr, die von Bourdieu thematisierte Unterscheidung zwischen »legitimer« und »illegitimer« Sprache des Religiösen scheint gegenstandslos. Sprechverbote in der Kirche muten eher als hilflose und anachronistische Maßnahmen an.[35] Religiöse Praxis als Praxis der »feinen Unterschiede« ist im Protestantismus besonders schwer zu greifen, da diese Praxis

---

34 Bourdieu, Sprechen 2005, 82.

35 Etwa da, wo ein ehemaliger Büroleiter eines Bischofs für den Besitz kinderpornographischen Materials damit bestraft wird, dass er fünf Jahre u. a. keine sprachbezogenen Aufgaben (Assistenz in der Liturgie, Verkündigung des Evangeliums, Spendung von Segnungen) übernehmen darf. https://www.fnp.de/lokales/limburg-weilburg/limburg-ort511172/limburg-hessen-kinderpornos-bistum-diakon-bestraft-zr-12332799.html download 8/14/2020.

von ihrem theologischen Selbstverständnis her in das Ideal der Brüderlichkeit und Egalität eingebettet ist. Es gibt aber auch einen Gebrauch des immer noch benutzten Titels »Bruder«, der verletzend ist oder der, unbewusst und gedankenlos, gerade das Gegenteil von christlicher Brüderlichkeit mit sich bringt. Das zeigt sich u. a. darin, wem der Titel »Bruder« vorenthalten wird. wer nur höflich mit »Herr« angeredet wird.

Bringt man einen entmystifizierten und versachlichten Begriff von Macht für Praxisanalysen des alltäglichen und des all-sonntäglichen Redens in der Kirche in Anschlag und berücksichtigt die breite Palette der Sprechsituationen, dann kann Bourdieus Instrumentarium mit Gewinn genutzt werden, Strategien des Sprechens im Blick auf Über- und Unterordnung der Partner aufzuschlüsseln. Anbiederung, Herablassung, und Zensierung wären dann nicht nur im Blick auf die Sprechsituation von Predigenden anzuwenden, sondern auch im Hinblick auf synodale Debatten und Kirchenvorstandssitzungen.

Und wer den Ablauf eines Gottesdienstes aufmerksam verfolgt, dem wird nicht entgehen, dass der/die Versammlungsleiterin mit bestimmten Sätzen nicht nur Sachverhalte ausspricht, sondern etwa beim Begrüßen oder Dank-Abstatten sich selbst in eine bestimmte herausgehobene Position bringt und andere lenkt. Und das gilt für jede Leitung einer jeden Versammlung. Es wird so von vielen Teilnehmern erwartet. Nicht jeder darf ans' Rednerpult, nicht jeder darf »das Wort ergreifen«, sondern nur bestimmte Personen, nach bestimmten Regeln haben »Rederecht«, also die Erlaubnis vor anderen und zu anderen zu sprechen.

In der deutschsprachigen Theologie ist Bourdieus Werk bereits vielfältig rezipiert worden, nicht nur mit dem zentralen Begriff des »Habitus« in der an Milieu und Lebensstil orientierten Kirchensoziologie, womit die EKD-Kirchenmitgliedschaftsstudien gearbeitet haben. Nun könnte man einwenden, das im Vergleich zu der für Bourdieus Studien maßgeblichen empirischen Basis des katholischen Frankreichs der 60er Jahre des 20. Jahrhunderts die professionell einsozialisierten Habitualisierungen als Handlungsmuster für Machtverteilung im religiösen Feld schon vor Jahrzehnten zerbröselt sind.

Doch dieses Feld ist auch in Europa ja längst nicht mehr nur von christlich geprägten Akteuren bestimmt. Das kann insbes. im Bildungsbereich veranschaulicht werden. Hatte Bourdieu selber eine seiner zentralen Thesen, nämlich die Einübung in soziale Ungleichheit auf dem Wege schulischen Lernens, in diesem Feld entwickelt, so wird diese Perspektive heute neu relevant, wenn man Prozesse interreligiöser Begegnung in einer religiös-kulturell pluralisierten öffentlichen

Schule näher untersucht. Die dänische Religionspädagogin Mette Buchardt hat in ihren Mikroanalysen Bourdieus Instrumente für die kritische Rekonstruktion schulischer Diskurse über Religion genutzt und herausgearbeitet, wie das Etikett »Muslim-Sein« als Instrument der Zuteilung von sozialen Machtpositionen zwischen einer weitgehend entkirchlichten Mehrheitskultur und sozial stark unter Druck geratenen Einwanderergruppen fungiert.[36]

Schließlich: Bourdieus Analyse verstärkt das notwendige Misstrauen gegen eine Anschauung der »Selbstmächtigkeit« des Wortes, auch des »Wortes Gottes«, wie sie in der protestantischen Theologie nur allzu gern gepflegt wird. Sie macht aufmerksam auf soziale Bedingungen und Mechanismen, unter denen von dieser Macht gesprochen wird.

3 Unterwerfung und Subjektivierung: Michel Foucault

Im Rahmen der politischen Philosophie sind im 20. Jahrhundert eine Reihe prominenter Entwürfe zum Verständnis von Macht vorgelegt worden. Dazu zählt etwa Hannah Arendts Essay *On Violence,*[37] den sie vor dem Hintergrund weltweiter Studentenproteste, dem Vietnam-Krieg und dem amerikanischen Rassenkonflikt im Jahre 1970 veröffentlichte.

Zu den einflussreichsten philosophischen Theorien der Macht auch mit breiter Resonanz in der Theologie zählt diejenige von *Michel Foucault* (1926–1984). Mit radikalen modernitätskritischen Theoremen wie »Tod des Menschen« oder »Verabschiedung des Subjekts« verbindet sich sein umfangreiches wissenschaftliches Œuvre, das bis heute nicht komplett veröffentlicht ist.

Abkünftig aus einer Familie von Medizinern und herangewachsen inmitten einer Pariser intellektuellen Elite wandte er sich im Studium der Philosophie zu, erwarb zudem ein Diplom in Psychopathologie. In seinem philosophischen Ansatz nahm Foucault neben Kant und Nietzsche vor allem Elemente des Strukturalismus auf, ebenso kulturkritische Elemente der Psychoanalyse und Aspekte politischer Theorie im Erbe mar-

---

36 Mette Buchardt, Pedagogized Muslimness. Religion and Culture as Identity Politics in the Classroom, Münster 2014; ähnlich auch die These bei Stefan Altmeyer und Bernhard Grümme »Zugespitzt formuliert: Schule integriert nicht, sondern exkludiert«, dies., Unentdeckte Potentiale. Zur Bourdieu-Rezeption in der Religionspädagogik, in: Ansgar Kreutzer/Hans-Joachim Sander (Hrsg.): Religion und soziale Distinktion. Resonanzen Pierre Bourdieus in der Theologie. Herder, Freiburg im Breisgau 2018, 258.

37 Hannah Arendt, Macht und Gewalt (On violence 1970), dt. München 1970.

xistischen Denkens. Über berufliche Stationen im In- und Ausland stieg auch er in seiner akademischen Karriere schließlich zum Olymp der französischen Universität, dem College de France auf, wo er von 1970 bis 1984 lehrte. Seine legendären Vorlesungen dort wurden für Geistes- und Sozialwissenschaften wie auch für die Theologie weit über Frankreich hinaus außerordentlich einflussreich.

Die vernunftkritische und subversive Kritik an den philosophischen und moralischen Idealen der Moderne wie Subjekt, Freiheit und Gerechtigkeit ist bei Foucault untrennbar verknüpft mit einem Lebensstil, der gegen-kulturelle Grenzerfahrungen jeder Art nicht scheute, sondern diese bewusst suchte und damit eine ganze Generation zu provokantem Protest an bürgerlichen Normen der Lebensführung inspirierte. Er wurde zur intellektuellen Leitfigur der gay-Szene in Paris wie in Kalifornien. In obsessiver Weise setzte er sich immer wieder der Pathologie körperlicher Grenzerfahrungen aus, experimentierte mit Drogen. Er starb früh an AIDS.[38]

Gerade Foucaults Denken sperrt sich gegen jede Art schulmäßiger Systematisierung, ja, deren Dekonstruktion war für ihn Leitmotiv. Das kann in der folgenden Skizze einiger Grundgedanken von Foucault zum Zusammenhang von Macht, Wissensformen und Sprachpraxis nur sehr unzureichend abgebildet werden.

Foucault war zeitlebens ein politisch engagierter Denker des Nicht-Normalen, des Abgründigen der Gesellschaft, er entwickelte seine provozierend-faszinierenden Theorieansätze früh schon aus dem Interesse an der Kritik der Pathologie der Macht. Im Kontext einer durchaus schillernden Biografie und speziell auf der Basis persönlicher Erfahrungen in der Psychiatrie ging er den gesellschaftlichen Mechanismen systematischer Ausblendung des als krankhaft deklarierten Wissens nach. Die Veröffentlichung seiner Dissertation zu »Wahnsinn und Gesellschaft«[39], die sich mit der Exklusion des Anderen, des nicht Vernünftigen befasste, wurde sein erster großer Erfolg im Jahre 1961.

Foucault benutzte in diesem Zusammenhang früh schon eine damit verwandte begriffliche Prägung und sprach von »Heterotopien«, Anders-Orten[40]. Damit ist neben geografisch anweisbaren Räumen und dem Reservoir der Imagination ein Drittes gemeint. In Überdehnung der Sprache versuchte er so, auf soziale Konstellationen zu verweisen, die nicht fernab des Normalen existieren,

---

38 Zur Biografie vgl. James Miller, The Passion of Michel Foucault, London, 1993.

39 Foucault, Wahnsinn und Gesellschaft. Eine Geschichte des Wahns im Zeitalter der Vernunft, Frankfurt/M. 1969.

40 Foucault, Die Heterotopien/Der utopische Körper. Zwei Radiovorträge, zweisprachige Ausgabe, übersetzt von Michael Bischoff. Mit einem Nachwort von Daniel Defert. Frankfurt/M. 2005; vgl. auch Foucault, Andere Räume. In: Schriften in vier Bänden. Dits et Ecrits, Bd. 4, Frankfurt: Suhrkamp, 2005, 931–942.

sondern die inmitten des Normalen als Rückseite herrschender Regelhaftigkeit verstanden werden müssen.

Die Analyse menschlicher Beziehungen im Kräftespiel gesellschaftlicher Macht-dynamiken war das Kernthema seiner Forschung. Hier lieferte er im Verlauf seines Lebens immer wieder originelle Beiträge. Sachlich ebenfalls in der Tradi-tion von Webers Soziologie geht auch Foucault zunächst davon aus, dass Macht-beziehungen überall da vorhanden sind, wo es Gesellschaft gibt. Seine speziel-len wissenschaftskritischen Analysen zu Machttechniken weisen im Durchgang durch historische Etappen europäischer Staaten auf, wie eng Macht mit Wis-sen und körperlich wirksamen Disziplinierungen des Einzelnen verbunden ist. Dies thematisierte Foucault seit den 1980er Jahren unter Begriffen von »*bio-pouvoir*« bzw. »Biopolitik« oder auch »Gouvernementalität«.[41] Gemeint sind damit Machttechniken, die nicht auf das Individuum, sondern auf die gesamte Bevölkerung zielen, insbesondere auf die Regulierung ihrer Fortpflanzung, die Geburten- und Sterblichkeitsrate, das Gesundheitsniveau, die Wohnverhältnisse u. a. Das Ziel der Bio-Macht, so Foucault, ist die Regulierung der Bevölkerung. Solche Macht wird dabei nicht von identifizierbaren gesellschaftlichen Institutio-nen oder von Einzelpersonen ausgeübt. Macht ist auch nicht allein als Moment intentionalen Handelns von Akteuren zu begreifen, sie entfaltet ihre Wirksam-keit zwischen Herrschenden und Beherrschten, und immer wieder auch hinter dem Rücken beider. »Die Machtbeziehungen sind gleichzeitig intentional und nicht-subjektiv.«[42]

Die alte, dem englischen Staatstheoretiker Fracis Bacon zugeschriebene Maxime »Wissen ist Macht« («scientia potentia est«) erhält so eine neue Pointe. Gegen die gesellschaftliche Vormacht technologischer Wissensproduktion der life-sciences verweist Foucaults Analyse auf Bedingungen und Folgen der Steuerung von Lebensprozessen durch eine bestimmte Formatierung von Wissen.[43] Die Akkumulation von Macht, Wissen und sozialer Kontrolle darf aber nach Fou-cault nicht allein als Prozess der Normierung sozialer Praxis in den Köpfen der Menschen beschrieben werden. Ihre Techniken regieren bis in die Körper und ihr Begehren. Herrschaftsverhältnisse schreiben sich in die Körper der Men-schen. In Fallbeispielen zur »Mikropolitik« von vorwissenschaftlichen Alltags-

41 Foucault, Biopolitik, Die Geburt der Biopolitik. Geschichte der Gouvernementalität I u II, Frankfurt/M. 2006.
42 Foucault, Der Wille zum Wissen. Sexualität und Wahrheit I, Frankfurt a. M. 1983, 95.
43 Vgl. Vittoria Borsò (Hg.), Wissen und Leben – Wissen für das Leben. Herausforderungen einer affirmativen Biopolitik, Bielefeld 2014.

praktiken zeigt Foucault das Disziplinierungspotenzial dieser Machttechnologie im Konkreten auf. Macht ist omnipräsent, sie wird nicht nur von Individuen ausgeübt, sie kommt von überall her, ist überall anzutreffen, in Diskursen, in der Formung menschlicher Sexualität ebenso wie in Formen der Architektur, im Erziehungssystem wie in akademischer Theoriebildung.

Allerdings wird Macht bei Foucault nicht allein als negative, repressive Macht verstanden. Denn es gilt: Wo man auf Macht trifft, da zeigen sich gleichzeitig immer auch auf Spuren der Gegen-Macht. »Wo es Macht gibt, gibt es Widerstand. Und doch oder vielmehr deswegen liegt der Widerstand niemals außerhalb der Macht.«[44] So mündet Foucaults Dekonstruktion eines idealiter angenommenen autonomen Subjekts auch mit der Leitmetapher vom »Tod des Menschen« nicht in die Behauptung eines gänzlichen Verschwindens des Subjekts. Aber der »Brennpunkt philosophischen Denkens verlagert sich vom Konstruktionszentrum hypothetischer oder apriorischer Theorien über ›den Menschen‹ zu den exemplarischen Fallbeispielen einer Mikropolitik, die sich von den improvisierten Überlebenstechniken, Kniffen, Listen und Taktiken der ›kleinen Leute‹ leiten lässt.«[45]

Inwiefern kann Foucaults Analyse der Praktiken gesellschaftlicher Machtausübung durch Bio-Politik, »Gouvernementalität« und andere Mechanismen der Disziplinierung auch als Beitrag zur Analyse der Sprach-Macht begriffen werden?

Zum Verständnis der Praxis des Sprechens haben Foucaults diachronische und gegenwartsbezogene Analysen des Diskurses gewichtige Beiträge geliefert. »*Die Sprache* ist in der klassischen Epoche kein Fragment der Geschichte, das zu einem bestimmten Augenblick eine definierte Denk- und Reflexionsweise autorisiert. Es ist ein Raum der Analyse, in dem die Zeit und das Denken der Menschen ihre Bahn vollziehen«[46].

Aber »Sprechen« heißt bei Foucault nicht einfach etwas zu tun im Sinne der Linguistik. Die sich dabei durchsetzende Praxis ist zwar die Praxis des Diskurses. Aber es ist nicht einfach ein Subjekt, das etwas sagt. Der Diskurs folgt

---

44 Foucault, Der Wille zum Wissen. a. a. O. 96.
45 Johannes Hoff, »I think the church is wonderful«. Zur Genealogie des Paradigmenwechsels gegenwärtiger Theologie. Michel Foucault zum 25. Todestag in: Münsteraner Forum für Theologie und Kirche 1, 4, http://www.theologie-und-kirche.de/hoff-foucault.pdf download 16.4.2020.
46 Foucault, Die Ordnung des Diskurses, dt. Frankfurt/M. 1991, 151.

außer- und übersubjektiven Formationsregeln. Und vor jedem Sprechen spricht
die Sprache, eine unendliche Sprache, die einen Raum eröffnet, um Leere zu
füllen und den Tod zu bannen. [47]

Wenn man Foucault zu den Diskurstheoretikern zählt, darf man also nicht außer
Acht lassen, dass auch und gerade der Diskurs in der Perspektive Foucaults ein
prominentes Feld der Machtausübung darstellt. In Diskursen werden nicht einfach Dinge konstatiert, es wird nicht einfach Wahrheit formuliert, sondern dort
wird gekämpft und gestritten, z. B. um die Zugänge zum Diskurs, um das, was
als wahr oder falsch gesellschaftlich anerkannt wird. Auch diskursive Strukturen
sind also von politischen Machtstrukturen geprägt, die darüber bestimmen, wer
das Sagen hat. Diskurse sind machtgestützte Sinn- und Wissensordnungen, die
Techniken der Versprachlichung sind nicht nur an eine Grammatik gebunden,
sondern folgen unsichtbaren Regeln. Und die Praxis der Machtausübung vollzieht sich hier über Chancenzuteilungen, am Diskurs überhaupt zu partizipieren,
über Normierungen dessen, was als »sagbar« gilt und über die Exkludierung
dessen, was nicht gesagt werden soll.[48]

Gleichwohl erweisen sich für Foucault auch Diskurse nicht als total machthörig.
Er war in seinen machtkritischen Analysen zeitlebens bemüht, gerade denen
eine Stimme zu geben, die im herrschenden Diskurs der Gesellschaft nichts zu
sagen hatten. Dabei nahm er eine Frage aus seiner berühmten Antrittsvorlesung
am Collège de France aus dem Jahr 1970 auf:

> »… ich möchte gerne die Geschichte der Besiegten schreiben. Das ist ein schö-
> ner Traum, den viele haben. Endlich einmal die zu Wort kommen lassen, die
> es bislang nicht konnten. Die von der Geschichte, von der Gewalttätigkeit der
> Geschichte zum Schweigen gezwungen wurden. Von allen Herrschafts- und
> Ausbeutungssystemen. Und falls sie dennoch sprachen, dann sprachen sie nicht
> ihre eigene Sprache. Man hat ihnen eine ihnen fremde Sprache aufgezwungen.
> Sie sind nicht stumm. Nicht, dass sie eine Sprache sprechen, die man nicht
> gehört hätte und der man sich jetzt verpflichtet fühlte zuzuhören, weil sie
> beherrscht wurden, ist ihnen Sprache und Begrifflichkeit aufgezwungen wor-
> den. Und die ihnen so aufgezwungenen Gedanken sind die Kennzeichen der
> Wundmale der Unterdrückung, der sie unterworfen waren.«[49]

---

47 Foucault, Die Sprache, unendlich, in:, Ders., Schriften zur Literatur, Frankfurt/M., 2003, 86–99.
48 Foucault, Die Ordnung des Diskurses.
49 https://www.deutschlandfunk.de/michel-foucault-die-regierung-der-lebenden.1310.de.html?
    dram:article_id=296287 download 16.4.2020.

Wie Macht funktioniert und das Subjekt mit bestimmt, war das Thema Foucaults. Studien zur Religion scheinen weder einen eigenständigen noch einen prominenten Platz in Foucaults Œuvre einzunehmen. Und doch durchzieht eine religionskritische Linie sein gesamtes Denken. So widmete er sich am Ende seines Lebens in einer profunden Studie zu antiken und mittelalterlichen Formen der Machtausübung und kam dabei auf religiöse Praxisformen, insbes. das Beichtinstitut als Domestizierung der Gewissen zu sprechen.[50] In der Frage nach der Herkunft und Genese des Subjekts in seiner abendländischen Ausprägung formulierte er dabei die überraschende Kernthese: »Die Subjektivierung des abendländischen Menschen ist christlich«.[51]

Mit dem Aufkommen des Christentums am Ende der Antike wurde ein signifikanter Umbau der Interpretamente von/für Herrschaft eingeleitet, welche infolge der weiteren Ausbreitung des Christentums in Europa stetig an Boden gewannen. Die speziellen Machtmechanismen richteten sich auf Prozesse der Selbsttechnologie und Disziplinierung der Subjekte. Foucault thematisierte dies unter dem Begriff der »Pastoralmacht«, weil ihm das pastorale Narrativ von Hirte und Schafen als deren bündige Symbolisierung erschien.

Hintergrund und Untergrund für solchen Bedarf zum Geführtwerden liegt, so Foucault, in der Erfindung der Erbsünde, der »Peccatisierung« des menschlichen Lebens und dem daraus resultierenden Bedarf zur Rettung der Seele.

Foucault verfolgte die Disziplinierung der Subjekte in den Beziehungen zwischen Geistlichen und Gemeindegliedern, zwischen Novizen und ihrem Spiritual. Wesentlich zum Handlungsmodell der Pastoralmacht gehört das Moment der Unterwerfung in einer christlichen Gehorsamskultur, das mehrfach gefächerte »Prinzip der Unterwerfung eines Individuums unter ein anderes«[52]. Und doch wäre der Begriff der Pastoralmacht missverstanden, würde man ihn einseitig als kritisches Instrument zur Aufdeckung von Machtausübung der kirchlichen Institution nehmen. Ihre produktive Wirkung lag vielmehr in einem Schub zur Individualisierung. »Sie war keine zerstörerische oder physisch gewalttätige Form der Machtausübung, sondern agierte kreativ auf dem Wege individueller Handlungsanleitung und angeleiteter Selbstreflexion.«[53]

---

50 Das geschah in den Vorlesungen von 1980 Die Regierung der Lebenden. Du gouvernement des vivants. Cours au Collège de France 1979–1980, dt. Frankfurt/M. 1980.
51 Foucault, ebd.
52 Foucault, Hermeneutik des Subjekts. Vorlesung am Collège de France (1982).
53 Marc Balfanz, Michel Foucault und das Mittelalter? Analysebegriff »Pastoralmacht« https://mittelalter.hypotheses.org/9267 download 14.8.2020.

Foucaults Arbeiten haben bereits im Verlauf ihrer Veröffentlichung große Resonanz unter Theologen und Theologinnen ausgelöst. Foucault muss als ein Denker der Differenzerfahrung gelten, der gleichwohl nicht in theologischer Absicht
die Fundamentaldifferenz Gott – Mensch reflektiert. Seine philosophische Kritik
an den humanistischen Mythen schien einer modernitätskritischen Theologie
Recht zu geben. Im Kontext der Beschäftigung mit Denkansätzen der Postmoderne gibt es zahlreiche Versuche, Foucaults Theorien als eine Art negative
Theologie zu lesen.[54] Bis heute reist die Kette von Vorschlägen zur theologischen
Beerbung von Foucaults Vernunftkritik nicht ab.

Im Zusammenhang unserer Reflexion im Dreieck von Macht, Wort und Gott
lohnt es, auch Foucaults Metapher vom »Tod des Menschen« anzusprechen,
und zwar deshalb, weil Foucault wie oben bereits angeklungen, die Destruktion
des Subjekts in den historischen Zusammenhang der Beerbung neuzeitlicher
Religionskritik stellt. Hierbei gibt er der vorgezeichneten Linie vom »Tod Gottes« jedoch eine ganz eigenwillige Wendung. Entsprechende Thesen durchziehen
Foucaults gesamtes Denken, ausgearbeitet hat er sie u. a. in dem als hommage
an den surrealistischen Dichter George Bataille angelegten Essay mit dem Titel
»Vorrede zur Überschreitung«[55]. Unter Verwendung von Motiven Batallies
denkt Foucault in einer kühnen Operation Erfahrungen des Todes Gottes mit
inneren Erfahrungen, insbesondere mit Erfahrungen der Grenze in der Sprache selbst, zusammen.

Von früher Zeit an hatte er sich mit Nietzsche und dessen Formel vom »Tod
Gottes« beschäftigt. Der von Nietzsche proklamierten Entmachtung einer
vormodernen Gottesidee als Garant der Moral stellt Foucault in entmytho-
logisierender Absicht die Entmachtung des Menschen zur Seite. Die vormodernen Ideen über Gott und Mensch waren ›Mythen‹ im Dienst der Kontrolle
des funktionierenden Menschen, denen aber längst der Boden entzogen ist.[56]
Aus der Entzauberung solcher symbolischen Machtmechanismen folgert Foucault allerdings – in direktem Widerspruch zu Nietzsche – nicht totalitaristische
Konsequenzen in Richtung auf einen »Übermenschen«. Foucault lehnt es dezidiert ab, dass der Mensch die Leerstelle des toten Gottes ausfüllt und nun als ein

---

54   Vgl. etwa Christian Bauer/Michael Hölzl (Hg.), Gottes und des Menschen Tod? Die Theologie
     vor der Herausforderung Michel Foucaults, München 2003.
55   Foucault, Vorrede zur Überschreitung, in: ders., Schriften zur Literatur, a. a. O. 64–85. Der
     französische Originaltitel lautete »Preface à la transgression«.
56   Karlheinz Ruhstorfer, Konversionen. Eine Archäologie der Bestimmung des Menschen bei
     Foucault, Nietzsche, Augustinus und Paulus, Paderborn 2004, 121.

weltliches Fundament für Überweltliches fungiert. Die entstandene Leerstelle darf nicht verspielt werden. Denn erst wenn man sich dem Spiel von Grenze und Überschreitung an der Leerstelle aussetzt, gewinnt man Anschluss an neue Erfahrungsräume, und Foucault scheut sich nicht, dabei von der »Erfahrung des Göttlichen«[57] zu sprechen. Aber es gilt: Erst nach dem »Tod Gottes« ist eine neue Erfahrung möglich, die Erfahrung der »Überschreitung«, die Erfahrung der Grenze und der Grenz-Überschreitung. Beim ›Tod Gottes‹ wie Foucault ihn denkt, geht es um einen »Tod, den man keineswegs als das Ende seiner geschichtlichen Herrschaft und auch nicht als die endlich freigesetzte Feststellung seiner Nichtexistenz verstehen darf, sondern den man als den nunmehr beständigen Raum unserer Erfahrung ansehen muss. Indem der Tod Gottes unserer Existenz die Grenze des Grenzenlosen nimmt, führt er sie zu einer Erfahrung zurück, in der nichts mehr die Äußerlichkeit des Seins anzeigen kann, zu einer folglich *inneren* und *souveränen* Erfahrung.«[58] Dieser ›Tod Gottes‹ liegt also nicht als eine geistesgeschichtliche Errungenschaft hinter uns, sondern sie ist Metapher für die Freisetzung neuer Erfahrung, die noch vor uns liegen.

Foucaults provokante These ist es nun, dass die ehedem in spiritueller Askese freigesetzten Erfahrungen der Überschreitung heute anderswo zu finden sind. Dazu taugt weder die Sprache irgendeiner angestammten religiösen Erzählung noch die diskursive Sprache der Philosophie. Es ist vielmehr eine spezifische Erfahrung in der Sprache, nämlich »genau da, wo die Worte ihr fehlen, wo das Subjekt, welches spricht, ohnmächtig wird«[59]. Solche Qualität der Grenzerfahrung findet ihren sprachlichen Ausdruck in der Versprachlichung der sexuellen Erfahrung nach de Sade und Freud. Denn deren Formen überschreiten gewöhnliche Sprache rationaler Diskurse, wagen sich in eine »nicht-dialektische Sprache«. Und hier verweist Foucault sachlich zu Recht auf die parallelen Ausdrucksformen zwischen christlicher Mystik und Bildern des sexuellen Begehrens in unserer Zeit. »Ab dem Tag, als unsere Sexualität begann, zu sprechen und gesprochen zu werden, hörte die Sprache auf, der Moment der Enthüllung des Unendlichen zu sein; in ihrer Dichte machen wir von nun an die Erfahrung der Endlichkeit und des Seins. In ihrer dunklen Bleibe begegnen wir der Abwesenheit Gottes und unserem Tod, den Grenzen und ihrer Überschreitung«.[60]

---

57 Foucault, Überschreitung 71.
58 Foucault, Überschreitung 66.
59 Foucault, Überschreitung 73.
60 Foucault, Überschreitung 84.

Foucault verlegt das »Außen« der ehemals religiösen Rede von der Transzendenz in das Innere der Welt, jedoch ohne ihre Profanität aufzuheben. Denn im »Innen« ist »das Heilige« nicht mehr unmittelbar zu finden, sondern so, »wie es in seiner leeren Form, in seiner eben dadurch schillernd gemachten Abwesenheit wieder in eine Fassung gebracht werden kann.«[61]

Solche Reflexion auf Möglichkeiten von Grenzerfahrungen in der Sprache des sexuellen Begehrens scheint sich von christlichen moralischen Normen völlig emanzipiert zu haben – und nimmt doch unverkennbar christliche theologumena auf. Betrachtet man Foucaults Denken aus theologischer Perspektive, so sind zumindest drei Momente festzuhalten.

Erstens: Seine kulturhistorischen Durchgänge lassen durch alle scharfsinnige Machtkritik hindurch auch das emanzipatorische Element mittelalterlich-christlicher Sorge um das Seelenheil in der Genese des modernen Subjekts hervortreten.

Zweitens: »Das bleibende Verdienst Foucaults ist es, gegen die totalitären Versuche, den Willen Gottes als Bestimmung durch den Willen des Menschen zu ersetzen, Widerstand zu leisten.«[62]

Drittens: Foucault hat im Fortentwickeln der anthropologischen Eigenart mystischer Sprachformen die Sprachnot der Epoche nach dem Tod Gottes als »die Ohnmacht des sprechenden Subjekts«[63] identifiziert, dabei jedoch inmitten einer gänzlich profanen Welt die Möglichkeiten von Sprache an der Grenze als produktives Moment zum Umgang mit der Leere entworfen.

4 Gott: Reden von einer prekären Macht

Es verbietet sich, am Ende des Kapitels eine geschlossene systematisierte theologische Antwort auf Foucault beibringen zu wollen. Versuchen möchte ich lediglich, in Konsequenz der ausgebreiteten Analysen einige Denkrichtungen anzuzeigen.

Ein erster Gedanke:

Wer Gott sagt, berührt die Machtfrage. Und auch alles Reden von Gott geschieht nicht jenseits von Machtdiskursen. Der Gang durch sozialwissenschaftliche und

---

61 Foucault, Überschreitung 65.
62 Ruhstorfer, a. a. O. 140.
63 Foucault, Überschreitung 84.

philosophische Analysen und Theorien zur Macht hat ergeben: Alles menschliche Reden ist in eine komplexe und oft prekäre Praxis der Machtbeziehungen und auch der Machtausübung eingebunden. Alles Reden, auch das Reden über Gott. Angesichts dieser Vorgegebenheit kann man theologisch legitim heute von Gottes Macht, gar von Gottes All-Macht nicht mehr sprechen, ohne die Brüche und Umbrüche solcher Rede im Blick zu behalten. Es führt kein bruchloser Weg zurück in antike Sprach- und Erfahrungspraxis, wo Gott und Allmacht selbstverständlich deckungsgleich waren. Und auch an vormoderne theistische Rede von Gott kann man sicher nicht mehr bruchlos anknüpfen. Eine vormoderne Essentialisierung Gottes ist heute nicht mehr statthaft. Dagegen stehen krisenhafte kulturelle Erfahrungen, die philosophische und theologische Religionskritik auch aufzunehmen versucht haben. Dagegen hatte schon vor 70 Jahren der holländische Theologe Kornelis Heiko Miskotte mit deutlichen Worten protestiert: »Wer von Gottes ›Allmacht‹ spricht, kann den Gehalt des Wortes nicht zu Ende denken, ohne sich in die Vorstellung einer leeren, monströsen Tyrannis zu verwirren.«[64] Und doch rezitieren Menschen bis heute in vielen Gottesdiensten im Credo das Bekenntnis zu »Gott dem allmächtigen«. Und viele andere nehmen daran Anstoß. Wie kann man mit solcher Anstößigkeit umgehen?

Die Formel »atheistisch von Gott reden«, zu Zeiten ein Kampfbegriff gegen das konservative theologische Establishment, ist längst kein Schreckgespenst des Unglaubens mehr, sondern im Gegenteil eine Programmformel, der Menschen nachgehen, weil sie ihr viel kritisch-konstruktive Valenz zutrauen. Zu fragen ist nicht nur: »Warum brauchen Menschen das Sprachspiel ›Gott‹«?[65], sondern *wie* brauchen sie es so, dass Gott zum Ausdruck kommen kann? Wie kann man sich eine theologische Rede von Gott vorstellen, die die Erfahrung vom »Tod Gottes« ernst nimmt, die Foucaults Erfahrung der »Sprachnot« aufnimmt, ohne die christliche Erzählung von Gott gänzlich links liegen zu lassen, vielmehr den Impetus der Grenzerfahrung gerade in ihre Neu-Versprachlichung mit hineinnimmt, die der Erfahrung von Transzendenz in Immanenz Raum gibt?

Dorothee Sölle ist Recht zu geben, wenn sie konstatiert: »Die innerste Schwierigkeit einer gegenwärtigen Gottes-Sprache, von einem Gottes-Begriff ganz zu schweigen, besteht darin, daß Christen heute in einem unauflöslichen Widerspruch leben, der zwischen dem normalen Atheismus ihrer Welt einer-

---

64 Kornelis Heiko Miskotte, Wenn die Götter schweigen, München 1963, 196.
65 Dorothee Sölle, Gott denken. Eine Einführung in die Theologie, Stuttgart 1990, 226.

seits besteht und den realen Erfahrungen Gottes andererseits, in die ich die Erleidungen der Abwesenheit Gottes einschließe.«[66]

Es ist theologisch sicher sinnvoll, in Richtung historisch-kritischer Bemühung zu versuchen, in der Rede von Gottes Allmacht zwischen griechischen Traditionen eines »Pantokrators« und deren Nachklängen in patriarchalen Omnipotenzvorstellungen einerseits und genuin biblischen Aussagen andererseits zu unterscheiden. Das tut etwa Jürgen Ebach mit Blick auf Befunde aus der hebräischen Bibel.[67] Dabei kommt er zum Plädoyer für eine unumgängliche Dialektik: einerseits muss man heute auf die Rede vom »allmächtigen Gott« verzichten, um Gott vor Elementen der männlichen Machtlogik und Superman-Theologie in Schutz zu nehmen, aber anderseits sollte man am Bekenntnis zu Gottes Allmacht »als Macht noch über die Macht«[68] festhalten, um die Vielschichtigkeit und Widersprüchlichkeit unterschiedlicher biblischer Aussagen gerade nicht preiszugeben. Diese Denkrichtung eliminiert wohl nicht die angesprochene Anstößigkeit. Sie lässt sich zu Rück-Fragen im Blick auf biblische Traditionen anstiften, vermittelt deutliche Impulse zur Frage und zum Weiter-Denken, wohl auch zum Weiter-Sprechen, den Satz des Glaubensbekenntnisses »Ich glaube an Gott, den Vater, den Allmächtigen« neu in Sprache zu bringen. Es ist aber dann auf alle Fälle nicht mehr statthaft, »Gott als fraglos Allmächtigen anzusehen«[69].

Ein zweiter Gedanke:
Rede von Gottes Allmacht geschieht nicht im luftleeren Raum, sondern im Diskurs in konkreten gesellschaftlichen Zusammenhängen, in Kontexten menschlicher Lebenspraxis.

Wer von Gott redet, redet nicht ortlos und redet nicht ins Off. Er redet immer auch von seinem Leben. Aber so wie die Allmacht Gottes fraglich ist, kommt auch die Verortung der eigenen Lebenspraxis ins Rutschen. Denn auch menschliche Identität wird nicht als archimedischer Punkt erfahren, sondern als widersprüchlich und zwiespältig. Diesen Gedanken formuliert unter Aufnehmen eines Foucaultschen Zentralbegriffs der katholische Dogmatiker Hans Joachim Sander. Wenn Gott zum Thema wird, bildet das »inmitten menschlicher Lebenspraxis einen heterotopen, also anti-utopischen Ort aus, an dem die

---

66   Sölle, Gott denken 224.
67   Jürgen Ebach, Frag-Mentale Reflexionen über biblisches Reden von Gott, in: Junge Kirche 2001, 20–24.
68   Ders., a.a.O. 24.
69   Ebd.

selbstverständliche Ordnung der Dinge durchkreuzt wird«[70]. Sander insistiert darauf, dass Gott kein Nomen, sondern ein Verb ist. »Das Verb, das er bedeutet, umsteht gleichsam die menschlichen Aktionen, die auf diese Macht zugreifen wollen. An den Kontaktstellen – wie Ungerechtigkeit, Tod, Leid, Armut, Überwältigung durch die Größe des Kosmos und die Banalität menschlicher Selbstherrlichkeit etc. – findet eine Relativierung von ihnen statt«.[71]

Von Gott kann angesichts all dessen nicht mehr mit Selbstverständlichkeit gesprochen werden, und auch nicht mehr im Rückzug auf den religiösen Binnenraum von Kirche. Ein Ortswechsel ist notwendig. Dem verfügenden Gebrauch über die Macht Gottes, den illusionären Machtansprüchen einer quasi selbstverständlichen Rede ist zu wehren.

Die Macht Gottes verweigert sich auch den religiösen Utopien. »Damit wird Gott allerdings zu einer Zumutung, die sich aus den Kontexten ergibt, in dem die Orte seiner Begegnung stehen; es sind nicht zuletzt die Machtfragen der heutigen Menschheit. Die Gottesfragen heute und die Machtfragen der globalisierten Welt sind unausweichlich miteinander verbunden.«[72]

Von Gottes Macht zu reden heißt dann sich zu den Orten bekennen, an denen Utopien scheitern. Von Gottes Macht kann also sinnvoll nur als von einer prekären Macht geredet werden. »Man kann nicht einfach auf Gott zugreifen, sondern muss sich vor Gott zum einen den eigenen verschwiegenen Machtabsichten und den verworfenen Selbstgerechtigkeiten stellen und zum anderen über die Machtgehalte in den Zugriffsweisen auf Gott heute aufklären.«[73]

Ein dritter Gedanke:

Und doch muss von Gott gesprochen werden, um die Zumutungen seiner Begegnung nicht zum Verschwinden zu bringen. Es wird darauf ankommen, wie von Gott gesprochen wird. Der Schweizer Theo-Poet Kurt Marti hat in seinen Meditationen und Aphorismen versucht, die »Verbalität Gottes« sprachlich abzubilden. Das geht für ihn nicht ohne die Anstrengung, die religiöse Sprache, auch die Beschreibungen Gottes mit dem kritischen Blick auf Lebenspraxis zu verschränken. »Solange es in der Gesellschaft – sei sie kapitalistisch, sozialistisch oder wie immer strukturiert – ein soziales ›Unten‹ gibt, d. h. Menschen, die Material und Objekt eines ›Oben‹ sind, ist Gott nicht ›alles in allem‹, und

---

70 Hans-Joachim Sander, Der öffentliche Gott – eine prekäre Macht jenseits von Existenz und Sicherheit, JRP Bd 25, Neukirchen-Vluyn 2009, 106–120.
71 Ders., a. a. O. 111.
72 Ders., a. a. O. 120.
73 Ebd.

jede theologische Aussage, die dennoch Behauptungen in dieser Richtung enthält (›Allmacht‹, ›Allgegenwart‹ Gottes usw.), steht im Verdacht, weniger vom Heiligen Geist als vom Interesse an der Aufrechterhaltung bestimmter Herrschaftsverhältnisse geleitet zu sein.«[74] Marti endet nicht beim Argument für Gott, sondern beim Bild und beim Wunsch, zuletzt beim Wunsch »Dass Gott ein Tätigkeitswort werde.«[75]

Schließlich ein vierter Gedanke:

Foucaults Meditation zur »Überschreitung« nimmt die nachmoderne Erfahrung der Leere auf, die nach der Verabschiedung Gottes als Garant der Welt-Ordnung entstanden ist. Ich denke, dass man seine spezifische Charakterisierung einer Sprache der »Überschreitung«, diejenige Erfahrung in der Sprache, »wo die Worte ihr fehlen, wo das Subjekt, welches spricht, ohnmächtig wird« als Aufgabe für die Theologie nehmen sollte, auch wenn klar ist, dass das vom Philosophen in Bezug auf sexuelle Ekstase gedacht war. Warum sollte man nicht in Foucaults Satz »Ab dem Tag, als unsere Sexualität begann, zu sprechen und gesprochen zu werden, hörte die Sprache auf, der Moment der Enthüllung des Unendlichen zu sein; in ihrer Dichte machen wir von nun an die Erfahrung der Endlichkeit und des Seins. In ihrer dunklen Bleibe begegnen wir der Abwesenheit Gottes und unserem Tod, den Grenzen und ihrer Überschreitung«[76] das Wort ›Sexualität‹ gegen das Wort ›Religion‹ eintauschen? Das zu tun fragt allerdings nach sehr bescheidenem Reden von Gott, nach einem Reden mit leeren Händen. Es geht dem nach, was Dorothee Sölle »Gotteshunger« genannt hat. »Vielleicht fragt jemand, mit welchem Recht ich diesen Hunger, diese Suche nach Sinn denn ›Gotteshunger‹ nenne. Im Sinne einer negativen Theologie würde ich antworten, daß nichts und niemand diesen Hunger stillen kann, und in diesem Nichts steckt eine Aussage darüber, was die Religionen ›Gott‹ nennen. Sie versuchen in verschiedenen Bildern und Sprachen von der ursprünglichen Kraft des Lebens, von dem Ursprung und Ziel aller Dinge zu reden.«[77]

Wer Gott sagt, berührt die Machtfrage, aber er/sie berührt Gott nur dann, wenn dabei die Erfahrung der leeren Hände mitschwingt.

---

74 Kurt Marti, Kommt das Heil von unten? Gedanken zum Verhältnis von Heiligem Geist und Materialismus, in: ders.: Widerspruch für Gott und Menschen. Aufsätze und Notizen, Freiburg i.B./Heidelberg 1982, 55–76.70 f.
75 Marti, Zärtlichkeit und Schmerz, 135. Vgl. zu K. Marti auch dessen Text im Kap. »Theo-Poetische Variationen«.
76 Foucault, Überschreitung 84.
77 Sölle 229.

5
Vertiefungen aus theologischen Perspektiven

»Gott« sagen. Elemente und Aspekte der Namenstheologie

1 Wie Sprache wirken kann
2 Gott: Gattung oder Name?
3 Jüdische Namenstheologie
4 Den namenlosen Namen verkündigen
5 Grenzen und Grenzgänge

In den drei vorangegangenen Essays zu soziologischen, literaturwissenschaftlichen und sozialphilosophischen Aspekten war vielfältig von Gott die Rede. Das gibt instruktive Klärungen auch für die Praxis der Rede von Gott bei Theolog*innen. Diese sprechen in ihrer beruflichen Praxis über Gott mit unterschiedlichsten Worten, auf verschiedenste Weise rhetorischer Gestaltung, in diversen situativen Zusammenhängen, mit verschiedensten Gesprächspartnern, verwickelt in unterschiedliche Dynamiken der Macht.
Aber sie verfolgen dies auch mit der theologischen Intention, Gottes heilsame Botschaft weiterzusagen. Das tun sie zunächst nicht und nicht exklusiv mit dem Gebrauch des Wortes »Gott«. Aber immer wieder benutzen sie dabei auch dieses Wort.

Viele andere tun das auch, in der selbstverständlichen Annahme, es sei hinreichend klar, was mit diesem Wort gemeint ist. Jeder, auch der theologisch unkundige, hat irgendeine Idee von der Sache mit Gott, so scheint es. Jedes Sagen hat einen Inhalt, den man bei intensiverer und fachlich kundiger Weise näher bestimmen kann. In diesem Kapitel werde ich aber nicht nur, wie in der Theologie üblich, die propositionalen Gehalte des Wortes »Gott« zu klären versuchen, sondern zugleich den besonderen Eigenarten seiner Verwendung in spezifischen Praxisformen des Sprechens nachgehen. Im Vollzug des Sagens wird ja nicht nur ein Etwas ausgesagt, sondern das Sprechen fungiert auf komplexe Weise, hat zugleich ganz andere Aussageebenen. In den Überlegungen treten wir zunächst zurück von Zwängen direkter Praxisverwertbarkeit. Ich reflektiere auf den Sprachgebrauch, schrecke dann auch vor Ausflügen in fundamentaltheologische Klärungen nicht zurück. Das wird am Ende des Kapitels aber zurückgeführt an Praxiszusammenhänge zum Reden von Gott und für dieses neues Orientierungspotenzial eröffnen.

1 Wie Sprache wirken kann

Zunächst gilt: »Gott« sagt alles und nichts. »Gott« ist für viele nur noch eine leere Worthülse, deren Gebrauch eher am traditionell Gemeinten vorbeileitet. Der US-amerikanische Theologe Paul van Buren hat in seiner Variante der »Gott-ist-tot-Theologie« unter Berücksichtigung solcher Schwierigkeiten deshalb schon vor einem halben Jahrhundert dafür plädiert, dass man von »Gott« schweigen müsse, weil das Wort keine direkte empirische Feststellung über Objekte enthalte.[1] Dieser Einwand verfängt aber angesichts weiterer sprechtheoretischer Klärungen inzwischen nicht mehr. Denn »Gott« ist keine Tatsache, nichts »was der Fall ist« (so der frühe Wittgenstein). Und Sprache kann mehr als über Tatsachen informieren. Man kann »Gott« sagen, um dabei an Gott zu zweifeln, ihn zu leugnen oder ihn sogar zu beschimpfen.[2] Eberhard Jüngel hat schon vor längerem im Gegenzug gegen solche und andere sprachpositivistische Ansätze gefragt, ob »Gott« überhaupt »ein Wort unserer Sprache« sei. »Wer ist denn Gott, dass wir von ihm reden müssen? Ist ›Gott‹ noch ein Wort unserer Sprache, so daß wir von ihm reden können?«[3]

Das Wort »Gott« ist klärungsbedürftig. Welcher Art Wort ist es? Und um welches Sagen soll es gehen? Wie und als was das Wort »Gott« verwendet wird, fällt unterschiedlich aus. Wird z. B. in einem Leistungskurs der gymnasialen Oberstufe in das Thema »Gott« eingeführt, dann geht es eher um Aus-Sagen über Gott. Der Praxiszusammenhang einer Predigt intendiert An-Sage Gottes und seiner heilvollen Gegenwart.

Die Verwendung des Wortes »Gott« führt auf die Klärung der Frage: wie funktioniert Sprache generell? Wie können wir Sprache verstehen? Sprache kann Mittel zur Information über Sachverhalte sein, aber offenbar gibt es auch einen Sprachgebrauch nicht informierender Rede: Appell, Fluch, Wunsch usw. Im bekannten Grimm'schen Märchen »Rumpelstilzchen« steckt im Aussprechen des Namens höchste Brisanz: für die einen bewirkt dies die Rettung, für den einen aber das endgültige Aus. Der Literaturwissenschaftler Wolfgang Anderegg nannte dies den »medialen Sprachgebrauch«, damit ist gemeint: Sprache bildet nicht ab, sondern ist Medium für Sinnbildung, kopiert nicht Tatbestände

---

1 Paul van Buren, Reden von Gott in der Sprache der Welt, Zürich 1965.
2 Vgl. die Abrechnung bei Tilman Moser, Gottesvergiftung, Frankfurt/M. 1976.
3 Eberhard Jüngel, Gott als Wort unserer Sprache, 1966, in: ders., Unterwegs zur Sache. Theologische Bemerkungen, München 1972, 80–104, Zitat 80.

verbal, sondern beinhaltet einen Prozess der Bildung einer neuen Welt, denn sie enthält Momente der Überschreitung des Gegebenen.[4]

Menschen sagen etwas, wenn sie reden, und sie tun zugleich etwas. Dies zu analysieren, ist die Sache der Sprechakttheorie. Wichtige Präzisierungen dieser Theorie verdanken wir John Austin und J. Robert Searle. Auf Basis der Grundeinsicht, dass jedes Reden zugleich als soziales Handeln angesehen werden muß, kann man mit Austin und Searle verschiedene Klassen von Sprechakten unterscheiden:

- *konstativa,* bei denen Sprache Tatbestände feststellt,
- *performativa,* hier vollzieht Sprache selbst Taten (etwa im Schwur bei Gericht, oder im Segenszuspruch am Ende eines Gottesdienstes).

Performative Sprachhandlungen lassen sich nach drei Aspekten beschreiben, um die Funktion und Erfolg von Sprechakten genauer zu beschreiben: Man kann den Inhalt einer sprachlichen Äußerung betrachten (den lokutionären Aspekt), die Intention des Sprechens (den illokutionären Aspekt) und schließlich die Wirkung der Sprache fokussieren (den perlokutionären Aspekt).

Weit über solche Analysen des Sprechens geht eine fundamentalanthropologische Beschreibung, wie sie etwa Hans Georg Gadamer in seiner Hermeneutik erbracht hat.[5] Der Mensch gebraucht Sprache nicht nur für diesen oder jeden Zweck, er lebt in ihr. Mit der Sprache bezieht sich ein Mensch auf die Wirklichkeit. Und umgekehrt kann man sagen: menschliches Weltverhältnis ist auf Welt-Verstehen als einen offenen Prozess ausgerichtet. Grund und Ziel der Sprache richtet sich auf einen Dialog. Etwas zu sagen beinhaltet also bei näherem Hinsehen stets mehr als propositionale Beschreibungen von Sachverhalten. Insbes. phänomenologisches Sprachverständnis behauptet deshalb zu Recht: »Sagen bedeutet stets mehr als etwas sagen, es bedeutet stets auch ein Sichsagen und ein Zum-Anderen-Sagen.«[6]

Im Kapitel zur Resonanztheorie habe ich näher beschrieben, dass und wie Worte nicht einfach nur semantisch bestimmbare Inhalte angeben, sondern zugleich eine Gebärde des Redenden, ein Verhältnis zur Welt. Und die Unterscheidung von Sprechen und Zuhören ist dann als je unterschiedlicher Modus

---

4   Wolfgang Anderegg, Sprache und Verwandlung. Zur literarischen Ästhetik, Göttingen 1985.
5   Hans-Georg Gadamer, Wahrheit und Methode, Tübingen 1960.
6   Bernhard Waldenfels, Platon. Zwischen Logos und Pathos, Frankfurt 2017, 98.

eines Erfahrungsraumes zu verstehen (vgl. dazu das Kap. »Resonanzen: Reden als Angesprochene«).

2 Gott: Gattung oder Name?

Allerdings kann man jenseits aller instruktiven strukturellen sprachtheoretischen Klärungen auch fragen: kommt eigentlich ein Mehr hinzu, wenn man nicht Worte wie »Tisch« oder »Buch« gebraucht, sondern »Gott« sagt, und zwar im Sinne der Bibel? Will man von Gott reden, so sind Aus-Sagen geläufig, die das Wort »Gott« näher bestimmen, dabei Gott vorzugsweise als einzigartiges Wesen unter anderen beschreiben: Gott ist »das, was uns unbedingt angeht« (Paul Tillich), Gott ist der Inbegriff der Liebe, das »sumum bonum« usw. Neben begrifflichen Aussagen gibt es zahlreiche metaphorische Umschreibungen, z. B. »Gott ist wie ein Vater und eine Mutter« oder Gott ist »ein verzehrendes Feuer«. Ob mit begrifflichen oder mit poetischen Mitteln, in solchen Aussagen wird Gott von bestimmten Prädikationen her umschrieben. Nicht nur in der Alltagssprache nach-christlicher Kulturen findet sich dieser Modus der Beschreibung.[7]

Die philosophische Tradition und die darauf zurückgreifende abendländische Theologie sind über viele Etappen dem Weg gefolgt, Gott über bestimmte unüberbietbare Eigenschaften zu definieren. Solche Zugänge finden sich auch in der hebräischen Bibel, man denke nur an die zentrale Formel des Judentums zur Monolatrie »Unser Gott ist einzig« (Dt 6,4) sowie in vielen Texten des Neuen Testaments. Martin Luther hat mit den Ausdrücken »deus absconditus« und »deus relevatus« von bestimmten biblischen Texten her eine spannungsreiche Gotteserfahrung auf theologische Begriffe zu bringen versucht. Auch hier ist der Weg über prädikative Näherbestimmung eines »deus«, der als Oberbegriff fungiert, unverkennbar.

In solchen Aussagen fungiert »Gott« als Gattungsbegriff, als Allgemeines, das durch eine Näherbestimmung (*differentia specifica*) weiter zu charakterisiert ist, wie etwa auch das Wort »Mensch«, das eine Gattung von Lebewesen indiziert, aber dann durch unterschiedliche Prädikate, Mann und Frau, Alte oder Junge, näher spezifiziert werden kann. Schon antike griechische Mythologie ver-

---

7 Vgl. z. B. die Metapher vom Film, die Hape Kerkeling gebraucht: »Gott ist für mich so eine Art hervorragender Film wie ›Ghandi‹, mehrfach preisgekrönt und großartig!« vgl. dazu oben das Kap. »Wie die Leute von Gott reden«; vgl. zum ganzen auch Jan Kerkhofs, Gott in der Alltagssprache der Europäer, in: Theol. Prakt. Quartalsschrift 148 (2000), 338–347.

fuhr sprachlich so mit dem Wort »theos«, dachte Gott im Plural, erzählte vom Olymp als dem Sitz zahlloser Götter. Analoges gilt für vorderasiatische Göttermythen. Religionsgeschichtlich betrachtet hat sich der Monotheismus in Israel, die Vorstellung des einen Gottes, nicht nur aus einem früheren Henotheismus und Polytheismus entwickelt, sondern stand mit jenem in permanenter Konkurrenz, wie neuere Forschung gezeigt hat.[8]

In biblischen Texten fungiert »Gott« aber nicht an allen Stellen nach Art eines Gattungsbegriffs, sondern zuweilen als etwas Singuläres, nämlich als Name. In der jüdischen Theologie findet sich der sprachliche Zugang zu Gott dominant über den Namen JHWH. »In einer simplen Bestimmung könnte man sagen: Jahwe ist der Name des Gottes Israels. Der Name kommt im Alten Testament 6.828-mal vor, und zwar in allen Schriften außer den Büchern Prediger, Hoheslied und Ester.«[9] Der älteste Beleg für den Gottesnamen Jahwe stammt aus Ägypten und findet sich in einer Inschrift aus der Zeit Amenophis III.

Es scheint so, dass man in der hebräischen Bibel, dem Alten Testament, neben JHWH gleich eine Vielzahl an Namen für Gott finden kann: Elohim, Kurzform El samt Komposita (El Schaddai), Adonai, Zebaoth. Aber »Elohim« ist genau genommen kein Eigenname, sondern steht für »Gottheit« im Sinne einer Antonomasie, einer Umschreibung. Das gilt auch für »Zebaoth« auch das ist eine attributive Beschreibung Gottes, sie heißt wörtlich übersetzt »Herr der Heerscharen«, womit die Engel gemeint sind.

Der Gottesname JHWH erscheint in der hebräischen Bibel immer als selbständiges Wort aus den vier hebräischen Konsonanten Jod, He, Waw, He, dafür hat sich in der Fachsprache das Kürzel »Tetragramm« eingebürgert. Aus Respekt vor der Heiligkeit dieses Namens (vgl. Ex 20,7) wurde seine Aussprache im Judentum schon relativ früh gemieden, und deswegen hat man beim Verlesen biblischer Texte statt des Gottesnamens als Deckaussprache *'ădônāj* »(mein) Herr« gelesen. Ein drakonisches Blasphemiegesetz (Lev 24,16) stellte bei Zuwiderhandeln strengste Strafen in Aussicht. Allerdings griff dies in der Praxis wohl nur unzureichend. Man findet den Gottesnamen an Hunderten von Textstellen zitiert.

---

8   Michaela Bauks, Art. Monotheismus, in: WiBiLex http://www.bibelwissenschaft.de/stichwort/27997/ download 8/18/2020.
9   Bob Becking, Artikel Jahwe, in WiBiLex https://www.bibelwissenschaft.de/stichwort/22127/ download 18.8.2020.

Nach den Überlieferungen des Talmuds durfte lediglich Simon der Hohepriester (300–270 v. Chr.) in den Jahren seines Dienstes das Tetragramm am Versöhnungstag aussprechen. Die Benutzung des Gottesnamens am Versöhnungstag endete mit dessen Tod. Danach durfte niemand mehr JHWH aussprechen. Spätere talmudische Geschichtsschreiber hielten fest: »Der unaussprechliche Name konnte nur ausgesprochen werden, wenn es Anzeichen gab, daß das *schechinah* (Einwohnung Gottes) auf dem Heiligtum ruhte. Als Simon der Gerechte starb, mit vielen Hinweisen auf das Ausbleiben jener Herrlichkeit, wagten seine Brüder nicht die Aussprache des unaussprechlichen Namens«.[10]

Reformation und frühe Neuzeit zeigen unterschiedliche Gebrauchsweisen zum Gottesnamen. Erasmus von Rotterdam gab den Namen mit »Jehova« wieder, weil er diese Lesart für die ursprüngliche hielt. Demgegenüber folgte Luther der jüdischen Tradition und gab das Tetragramm mit »(der) HERR« wieder, freilich mit einer interessanten Besonderheit (vgl. unten). Johannes Calvin entschied sich für »l'Éternel«, der Ewige.

Sprachlicher Umgang mit Gott geschieht in der Religionspraxis bis heute nicht nur in Judentum, sondern auch Christentum und im Islam vom Namen her. Die deutsche Umgangssprache verdeckt allerdings leicht die Pointe dieses Zugangs und wichtige theologische Differenzen, wenn man nicht mehr die Namen »JHWH« und »Allah« nennt, sondern nur von noch »Gott« spricht.[11] Und wenn jemand vollmundig behauptet: »Der jüdisch-christliche Gott hat viele Namen, mit denen er angerufen wird. So heißt er in der Bibel, der ›Barmherzige‹, der ›Vater‹, die ›Mutter‹, aber auch der ›Gerechte‹ und der ›Zornige‹. Jesus nennt Gott ›Vater‹. Doch wie sollen wir ihn am besten nennen?«[12], dann präsentiert er streng genommen gar keine Namen, sondern lediglich adjektivische Beschreibungen zur Näherbestimmung des Gattungsbegriffs »Gott«.

---

10 Babylonischer Talmud, Traktat Joma, 39.
11 So z. B. Daniel Krochmalnik: »Der Name Gottes ist in allen drei sog abrahamitischen Religionen eine große Sache. Die wichtigsten Gebete und Liturgien der Juden, Christen und Muslime werden »im Namen Gottes« und »zur Heiligung seines Namens« gesprochen. Der christliche Gottesdienst beginnt mit der trinitarischen Formel. Die sogenannte Basmala, zu Deutsch: »Im Namen Gottes«, eröffnet mit nur einer Ausnahme alle Suren des Korans und begleitet den Muslim von der Zeugung bis zur Beerdigung.« Jüdische Allgemeine 22.06.2017.
12 Friedrich Grotjahn/Anna Barbara Hagin »Geheiligt werde dein Name« – aber welcher? Über die Namen Gottes http://www.deutschlandfunkkultur.de/geheiligt-werde-dein-name-aber-welcher.1124.de.html?dram:article_id=177040.

Halten wir vorläufig fest: Bedeutsam für das angemessene Verständnis von »Gott«
in jüdischer wie christlicher Perspektive ist jedenfalls ein zweifacher Zugang,
derjenige über den Gattungsbegriff sowie über der über den Eigennamen. Angesichts langer Traditionen im Sprachgebrauch wäre es nicht angemessen, eine
Exklusivstellung für einen der beiden Zugänge zu behaupten. Doch mal kann
nicht bestreiten, dass in christlicher Religionspraxis wie in der darauf bezogenen
Theologie in aller Regel mit dem Wort »Gott« der Gattungsbegriff faktisch dominiert und eine Theo-Logie des Namens sprachlich eher verdeckt hat.

3 Jüdische Namenstheologie

3.1

Und doch gibt es Gründe zu fragen: ist JHWH eigentlich ein Eigenname? Wenn
man dieser auf den ersten Blick irritierenden Frage nachgeht, kommt man an zentrale theologische Einsichten zu »Gott«. Der klassische Textbeleg für die Namensoffenbarung Jahwes findet sich im Rahmen der Erzählung vom brennenden Dornbusch 2Mos 3, wo Gott Mose den Auftrag zur Befreiung des Volkes Israel erteilt:

> 9 Weil denn nun das Geschrei der Israeliten vor mich gekommen ist und ich dazu
> ihre Drangsal gesehen habe, wie die Ägypter sie bedrängen, 10 so geh nun hin,
> ich will dich zum Pharao senden, damit du mein Volk, die Israeliten, aus Ägypten
> führst. 13 Mose sprach zu Gott: Siehe, wenn ich zu den Israeliten komme und
> spreche zu ihnen: Der Gott eurer Väter hat mich zu euch gesandt!, und sie mir
> sagen werden: Wie ist sein Name?, was soll ich ihnen sagen? 14 Gott sprach
> zu Mose: **Ich werde sein, der ich sein werde.** Und sprach: So sollst du zu den
> Israeliten sagen: »Ich werde sein«, der hat mich zu euch gesandt. 15 Und Gott
> sprach weiter zu Mose: So sollst du zu den Israeliten sagen: Der Herr, der Gott
> eurer Väter, der Gott Abrahams, der Gott Isaaks, der Gott Jakobs, hat mich zu
> euch gesandt. Das ist mein Name auf ewig, mit dem man mich anrufen soll
> von Geschlecht zu Geschlecht. (Ex 3, 13–15 nach der Lutherübersetzung 2017).

Gängige jüdische Interpretation leitete daraus den Auftrag zur Heiligung des
Namens Gottes ab. »Indem Jahwe Moses seinen Namen offenbarte und so Israel
zu seinem Bundesvolk erwählte, verpflichtete er dieses Volk nach biblischer Auffassung bleibend dazu, seinen Namen nach innen wie außen zu »heiligen«.«[13]

---

13   Wikipedia Art. JHWH download 27.8.2018.

Allerdings liegt in Ex 3 eine eigenartige Form der Namensoffenbarung vor. Im Allgemeinen gilt, dass eine Person klar und eindeutig kenntlich gemacht wird, sobald ihr Namen bekannt ist. Doch schon angesichts des sprachlichen Befundes von 2Mos 3,14 muss man konstatieren: der dort genannte Name »ehyeh 'ascher 'ehyeh« macht kenntlich und zugleich unkenntlich.
Die übliche Übersetzung lautet »Ich bin der ich bin«.

Um die angemessene Übersetzung des Jahwe-Namens wird in der jüdischen Theologie seit alters und bis heute gerungen. Infolge unterschiedlicher Vokalisierungsmöglichkeiten des Hebräischen als reiner Konsonantenschrift gibt es zahlreiche Ausdeutungsmöglichkeiten mit z. T. beträchtlichen inhaltlichen Differenzen. Das beginnt bereits in temporaler Hinsicht. Liest man den Text im Präsenz, so lautet die Übersetzung »Ich bin, der ich bin«, im Futur dagegen »Ich werde sein, der ich sein werde«. Exegeten nehmen an, dass der Vers bewusst mit dieser Mehrdeutigkeit spielt. Die futurische Deutung überwiegt unter den Hebraisten. Wegen der futurischen Aussage Ex 3,12 wird auch Ex 3,14 oft futurisch übersetzt, etwa: »Ich werde für euch da sein«; »Ich werde mich für euch hilfreich erweisen«; »Ich bin (für euch) da«.[14]

Man muss sagen: Der theologische Kern der Namensoffenbarung Ex 3 läuft u. a. darauf hinaus, dass der verborgene Name Gottes als verborgener offenbart wird, dass der Name Gott offenbart und ihn zugleich wieder entzieht. Wenn der Name JHWH also etwas offenlegt und klärt, dann genau genommen die Verborgenheit Gottes. Ausgehend von der sprachlich-grammatischen Rätselhaftigkeit des Tetragramms als Gottesnamen führt nun die Frage nach dem Sinn dieses Namens in theologischer Hinsicht an zentrale Einsichten zum dialektischen Verständnis von »Gott« zwischen Offenlegung und Verbergung.

3.2

Bereits die mittelalterliche jüdische Mystik der Kabbala sah den Kern der am Sinai empfangenen Überlieferung in der Lehre von der Offenbarung des verborgenen Gottes und seines geheimen unaussprechlichen Namens JHWH durch die zehn Sephirot, die zehn göttlichen Emanationen im kabbalistischen Lebens-

---

14 Vom sprachlichen Befund möglich wäre auch eine Deutung der Worte als eine ausweichende Antwort, im Sinne von »Welcher Art ich bin, geht dich gar nichts an, sondern nur mich. Ich werde tun, was mir gefällt«, oder als eine schroffe Zurückweisung des Mose im Sinne von »Lass mich gefälligst sein, was ich sein will!«

baum.[15] U. a. im Anschluss daran nahmen jüdische Theologen und Religions-philosophen im 20. Jahrhundert die Reflexion auf das Besondere jüdischer Anschauung von Gott auf. Von zentraler Bedeutung ist dabei zunächst, dass zwei Maximen verschränkt wurden: einerseits das Gebot der Heiligung des Namens (»kiddusch ha schem«), in Verbindung damit andererseits das für jüdi-sches Denken und jüdische Frömmigkeit zentrale Gebot, den Gottesnamen nicht auszusprechen. Diese Tradition wurde allerdings von verschiedenen Autoren in unterschiedlicher Richtung weiterentwickelt.

Eine Richtung vertrat *Samuel Hugo Bergmann* (1883–1975).

> Bergmann lebte in Österreich-Ungarn, war ein Verfechter der neuhebräischen Philosophie, Schriftsteller und Bibliothekar Zu seinen Freunden zählten namhafte jüdische Denker wie Martin Buber, Franz Rosenzweig, Walter Ben-jamin. Er gehörte zum Autorenkreis der von Martin Buber, Joseph Wittig und Viktor von Weizsäcker herausgegebenen christlich-jüdischen Zeitschrift »Kreatur«.[16] Er war engagierter Zionist, propagierte die Idee eins jüdischen Staates mit großem Elan. Bergmann war Mitglied in einer Gruppe jüdischer Intellektueller, die sich den Gruppennamen »Bar-Kochba« gab und unter diesem Namen Texte zur theologischen und philosophischen Klärung der Eigenart des Judentums publizierte.

In seiner Schrift um die Heiligkeit des Gottesnamens rekurrierte Bergmann nun auf eine dezidiert sprach-theologische Reflexion: »Es geht nicht um Klärung eines Prädikats Gottes, nicht um eine Beschreibung des Wesens eines ewigen Gottes im Sinne von Attributen einer Wesenheit. Es geht vielmehr um die Heili-gung Gottes durch spezifischen Umgang mit der Sprache als einen Vorgang, als einen Prozess«. »Gott wird hier nicht als unverrückbar ewiges in sich ruhendes Wesen gedacht, über das man spekulativ nachdenkt wie in der traditionellen abendländischen Philosophie, wie sie auch im christlichen Denken lange Zeit vorherrschend war.« Bergmanns Deutung lebte erkennbar auch von einer heute sicherlich überholten Kontrastierung jüdischen zu »christlich abendländischem«

---

15 Im Text *Sithre Othioth* (»Geheimnisse der Zeichen«) aus dem Zohar (verfasst um 1300) fin-det sich eine längere Abhandlung zu den Buchstaben des Gottesnamens im Zusammenhang der Schöpfungsgeschichte.
Vgl. zum Ganzen Gershom Scholem, Der Name Gottes und die Sprachtheorie der Kabbala, in: ders., Judaica III. Studien zur jüdischen Mystik, Frankfurt/M., 7–69.

16 Samuel Hugo Bergman – Bar Kochba, Die Heiligung des Namens Kiddusch Haschem, in: ders., Vom Judentum, Leipzig 1914, 34 ff.

Denken, wobei statisches Denken einem prozesshaften Ansatz entgegengestellt wurde. In diesem Sinne konnte er sagen. »Selbst die Bezeichnung ›der Ewige‹ in jüdischen Texten zielt nicht auf unabänderliche Konstanz.«[17]

Gleichwohl liegt die Pointe seiner Namensdeutung an anderer Stelle. Ausgang und Fluchtpunkt dieser sprach-theologischen Reflexion auf Gott ist nämlich nicht spekulative Erkenntnis, sondern religiöse Praxis, genauer gesagt, die in der jüdischen Tradition gebotene dialektische Praxis von Heiligung und Bezeugung Gottes im Verschweigen des Gottesnamens in einer spezifischen Sprach-Praxis. Als Begründung gilt eine talmudische Tradition. Im Anschluss an Jes 43, 10 »Ihr aber seid meine Zeugen, spricht der HERR« heißt es im Talmud in der Pesikta des Rabbi Kahana 102b zum Verse: ›Ihr seid meine Zeugen spricht der Ewige und ich bin Gott.‹ Rabbi Simeon ben Jochai sagte: ›Wenn ihr mich bezeugt, so bin ich der Ewige. Seid ihr nicht meine Zeugen, so bin ich auch nicht.‹«[18] Hier kommt der für uns sehr ungewöhnliche Gedanke zum Ausdruck, dass Gott am Bekennen von Menschen hängt.

Bergmann führt diesen Gedanken weiter um die sprachtheologische Zuspitzung, dass nämlich Sprache als bekennende Sprache vom Namen her anders und neu zu verstehen sei. Im Rekurs die genannte talmudische Aussage erklärt er: »Die Bezeugung Gottes durch den Menschen ist nicht von außen als ein Ding zu begreifen, zu ergreifen und objektivieren«. Gott in der Sprache ist nicht wie ein Objekt zu fassen. »Gott entwindet sich dem Wort, das ihn von außen ergreifen möchte.«[19]

Gott ist gegeben und entzogen zugleich, und eben darin Aufgabe für den Menschen. Er soll »Gott« sagen – und kann dies irdisch doch nur auf indirekte Weise. Und hier kommt mit der ethischen Verpflichtung zugleich eine geschichtstheologische, eschatologische Perspektive zum Tragen. Der Mensch soll »Gott« sagen, indem er ihn bezeugt. Gegeben ist der Name, ha-schem, mit dem das Tetragramm JHWH stellvertretend präsent wird und zugleich in dieser Welt ungenannt bleiben muss. »Der Name ist der Name Gottes, aber der Mensch kann zu Gott erst Gott sagen, wenn am Ende der Weltschöpfung die Einigung zwischen Gott und Mensch – am Ende der Tage – geschehen ist.«[20]

Was sich bei Bergmann sprachtheologisch andeutet, findet eine religionsphilo-

---

17 Bergmann a. a. O.
18 Zit nach Bergmann a. a. O.
19 Bergmann, a. a. O. 37.
20 Ebd.

sophisch sehr viel tiefgründigere Weiterführung und Zuspitzung in den Arbeiten des deutsch-jüdischen Philosophen *Franz Rosenzweig* (1886–1929), insbes.
in seinem Spätwerk »Der Stern der Erlösung« sowie in seinem allerletzten Text
»Der Ewige. Mendelssohn und der Gottesname« aus dem Jahre 1929.[21] Dabei
laufen die Überlegungen sprachtheoretisch auf eine sehr spannungsreiche Verhältnisbestimmung von Name und Gattungsbegriff im Tetragramm hinaus.
Zugleich ergeben sich für die uns interessierende Praxis des »Gott Sagens«
überraschende Perspektiven.

> Rosenzweig war ein religionsphilosophisch hoch kompetenter Wissenschaftler und ins-
> bes. ein bedeutender Hegelforscher. Wie viele andere deutsche Juden rang er mit sich
> um eine mögliche Konversion zum Christentum, traf dann, nicht zuletzt angesichts
> seiner Verarbeitung der Erfahrungen als aktiver Soldat im 1. Weltkrieg die bewusste
> Entscheidung gegen die idealistische Philosophie des Neukantianismus (und damit
> gegen eine akademische Karriere als philosophischer Lehrer) und verblieb im Juden-
> tum. 1920 nahm Rosenzweig die Berufung an, das Freie Jüdische Lehrhaus in Frank-
> furt am Main aufzubauen. Aufgabe dieser Bildungseinrichtung war es, Wege zu wei-
> sen, wie jüdisches Leben in der Moderne gelingen könne.

Mit Buber begann er 1926 die deutsche Übersetzung der Thora, das Erscheinen
des ersten Bandes konnte er vor seinem frühen Tod noch erleben. Der spezifische namenstheologische Ansatz kommt in der Buber-Rosenzweig'schen Verdeutschung der Thora in der auf Rosenzweig zurückgehenden Wiedergabe des
Tetragramms sinnfällig zum Ausdruck. Dieses wollte er nicht als Beschreibung
eines Seins, sondern eines Da-seins, eines Bei-uns-seins verstanden wissen,
wie er in seinem letzten Text »*Der Ewige – Mendelssohn und der Gottesname*«
von 1929 erläuterte. Und es war eben diese Deutung des Namens, die zu seiner
Wiedergabe des Textes Ex 3 durch das Personalpronomen – je nach Kontext –
in der 1., 2. oder 3. Person geführt hat, also Ich; Du oder Er (oder deren entsprechende flektierte Formen):

> □ 13 … Da komme ich denn zu den Söhnen Jissraels, ich spreche zu ihnen:
>   Der Gott eurer Väter schickt mich zu euch, sie werden zu mir sprechen: Was
>   ists um seinen Namen? – was spreche ich dann zu ihnen?

---

21 Zu Rosenzweig vgl. für unsere Thematik vor allem die Beiträge zum Frankfurter Kongress
    2014 »Nach dem Stern der Erlösung: Franz Rosenzweig in Frankfurt. Bildung – Sprachdenken –
    Übersetzung«; vgl. ferner Martin Fricke, Franz Rosenzweigs Philosophie der Offenbarung.
    Eine Interpretation des Stern der Erlösung, Würzburg 2003.

▫ 14 Gott sprach zu Mosche: Ich werde dasein, als der ich dasein werde. Und er sprach: So sollst du zu den Söhnen Jissraels sprechen: ICH BIN DA schickt mich zu euch.

▫ 15 Und weiter sprach Gott zu Mosche: So sollst du zu den Söhnen Jissraels sprechen: ER, der Gott eurer Väter, der Gott Abrahams, der Gott Jizchaks, der Gott Jaakobs, schickt mich zu euch. Das ist mein Name in Weltzeit, das mein Gedenken, Geschlecht für Geschlecht.[22]

Die elementare Frage Rosenzweigs mit Blick auf die Überlieferung zur Gottes-offenbarung an Mose vor dem brennenden Dornbusch 2Mos 3,13 lautet: »Was ist's um seinen Namen?« Sehr viel schärfer als Bergmann argumentiert Rosenzweig für die These, dass JHWH nicht als Eigenname interpretiert werden darf. »Das Tetragramm ist, wie Rosenzweig in seiner Begründung zur Übersetzung von 2. Mose 3,14 ausdrücklich feststellt, kein Name, schon gar kein Göttername, denn 2. Mose 3,14 sagt nichts von einer eigentlichen Offenbarung, einer Ent-hüllung oder Entbergung des Namens, sondern erzählt allein von einem Auf-leuchten Seines Da-seins, enthält also (S)eine Präsenzzusage, die die Präsenz-zusage eines Gottes ist, der wohl zu den Menschen redet, wie er von ihnen angeredet werden kann – dies ist der Sinn der Wiedergabe des Tetragramms durch das Personalpronomen –, sich aber nicht offenbart, bzw. genauer: sich nicht entbirgt, sondern El ha-Nistater ist, ein »Gott, der im Verborgenen bleibt« (Jes 45,15).«[23]

Demgegenüber würde die Wiedergabe des vierbuchstabigen Gottesnamens durch *Kyrios* (Herr), der seit dem Neuen Testament mit *Christos* gleichgesetzt wird, einen – wie Rosenzweig sagt – *entborgenen* Gott suggerieren, den die heb-räische Bibel nicht kennt.

Im Kontext dieser Art Namenstheologie kam Rosenzweig im »Stern der Erlö-sung« zu einem völlig neuen Denken über Gott, Welt und Mensch, das alles auf der Basis einer neuen Anschauung über die Sprache. Dabei sind Einflüsse u. a. auch der Phänomenologie unverkennbar. Mit Bernhard Casper kann man sagen: »*In der Sprache* spiegelt sich für Rosenzweig die Urphänomenalität des

---

22 Martin Buber/Franz Rosenzweig, Die Schrift, 10. Verbesserte Auflage 1954, Gütersloh 1992.

23 Stefan Schreiner, Martin Buber Franz Rosenzweig und die Verdeutschung der Schrift, in: Eva Schulz-Jander/Wolfdietrich Schmied-Kowarzik (Hg.), Franz Rosenzweig Religionsphilo-soph aus Kassel, Kassel 2011, zit. nach https://www.compass-infodienst.de/Stefan-Schreiner-Martin-Buber-Franz-Rosenzweig-und-die-Verdeutschung-der-Schri.10352.0.html download 18.1.2020.

derart Menschlichen in dem ›Ton‹, dem Stil, den die Sprache im Munde eines jeden Menschen gewinnt, der als er selbst spricht.«[24] Eine Entdeckung neuer Freiheitsräume verband Rosenzweig schon in früheren Werken an das *Sprechen* in der 2. und der 1: Person: »Du bist« und »Ich bin«. Für ihn kam im Sprechen in der 3. Person hingegen der Mensch nur als Objekt, als »Weltgegenstand« zur Erscheinung. Der Mensch sagt »Gott« dort auf angemessenste Weise, wo er in der 1. Person spricht und ein »Du« der 2. Person anspricht: »Du bist« – »Ich bin«.

Auch Rosenzweig greift die oben genannte talmudische Anschauung im Anschluß an Jes 43 auf, dass Gott am Bekennen von Menschen hängt. Im Blick auf das Sagen Gottes entwickelt er daraus den Gedanken, dass Sprache als bekennende Sprache anders und neu zu verstehen sei, nämlich vom Namen her, von der darin sich vollziehenden Offenbarung als »Präsenszusage«. Und zugleich gilt mit dem Verbot des Aussprechens dieses Gottesnamens der eschatologische Vorbehalt und die messianische Hoffnung auf Erlösung. Rosenzweig bringt das in einer sehr komplexen Gedankenführung zum Ausdruck; wegen seiner Bedeutung sei der betreffende Abschnitt in Gänze zitiert:

> *»Zwar unser lebendiges Wissen offenbart uns auch hier vom Wesen Gottes nichts über den Erlöser hinaus. Daß er der Erlöser ist, ist das Letzte, was wir am eigenen Leibe erfahren; wir wissen, daß er lebt und daß unsre Augen ihn schauen werden. Aber selbst innerhalb dieses uns offenbaren Wissens nahm Gottes Erlösertum einen besonderen Rang ein: anders als seine Schöpfermacht und seine Offenbarungsfülle, die beide sich über ein andres, Gegenständliches, Gegenüberstehendes ergossen, wirkt es auf andres nur mittelbar: den Menschen erlöst es an der Welt, die Welt durch den Menschen. Unmittelbar aber geschieht die Erlösung nur Gott selbst. Ihm selbst ist sie die ewige Tat, in der er sich selber befreit davon, daß ihm etwas gegenübersteht, was nicht er selbst ist. Die Erlösung befreit ihn von der Arbeit an der Schöpfung wie von der lieben Not um die Seele. Die Erlösung ist sein Ruhetag, sein gro-ßer Sabbat, auf den der Sabbat der Schöpfung nur vordeutet, der Tag wo er, erlöst von allem außer ihm, das ihm dem Unvergleichbaren immer wieder verglichen wird, Einer sein wird und sein Name: Einer. Die Erlösung erlöst Gott, indem sie ihn von seinem offenbarten Namen löst. Im Namen und sei-ner Offenbarung vollendet sich die in der Schöpfung angehobene Niederkunft der Offenbarung.«* …

---

24 Bernhard Casper, Transzendentale Phänomenalität und ereignetes Ereignis. Einführung zu Rosenzweigs Stern der Erlösung herausgeg. von Albert Raffelt Freiburg 2002, XI.

>*Im Namen‹ geschieht fortan alles was geschieht. Heiligung wie Entweihung des Namens – es gibt keine Tat seit der Offenbarung, die nicht eins oder das andre wirkte; der Gang der Erlösung in der Welt geschieht im Namen und um des Namens willen. Aber das Ende ist namenlos, über allen Namen. Die Heiligung des Namens geschieht selber, auf daß der Name einmal verstummen möge. Jenseits des Worts – und was ist der Name andres als das ganz gesammelte Wort – jenseits des Worts leuchtet das Schweigen.«*[25]

Unverkennbar operiert dieser philosophische Zugang u. a. mit einer hoch spekulativen Theo-Logie des Namens. Und doch lebt er nicht nur von denkerischen Voraussetzungen. Wollte man den Ansatz lediglich als ein »Denk-Gebäude« bezeichnen, würde man den für Rosenzweig konstitutiven Zusammenhang von Wissen, Erfahren und Tun, in welchem hier das Sagen eingebettet ist, verfehlen. »Gott« sagen in Rosenzweigs Theologie des Namens läuft nicht auf ein Reden *über* Gott hinaus, sondern die religionsphilosophische Reflexion zielt auf eine bestimmte Glaubenspraxis, in welcher sich ein menschliches Ich zu einem Sprechen *zu* Gott gedrängt findet. Elementarer Kern dessen ist, dass ein menschliches Ich zu Gott findet im Sprechen in der 1. Person und im sprechenden Bezeugen dieses Gottes vor der Welt.

Dieses Bezeugen Gottes ist verankert im »Namen« und bezogen auf die Gemeinde. »Grund der Offenbarung, Mittelpunkt und Anfang in eins, ist die Offenbarung des göttlichen Namens. Aus dem geoffenbarten Namen Gottes leben ihr Leben die verfaßte Gemeinde und das verfaßte Wort bis auf den heutigen Tag, bis auf den gegenwärtigen Augenblick und bis in das eigene Erlebnis. Denn wahrhaftig, Name ist nicht, wie der Unglaube immer wieder in stolz-verstockter Leere wahrhaben möchte, Schall und Rauch, sondern Wort und Feuer. Den Namen gilt es zu nennen und zu bekennen: Ich glaub ihn«.[26]

Diese markante Formulierung setzt erkennbar den Kontrast zu Goethes *dictum* im Faust »Namen sind Schall und Rauch« und nimmt zugleich das Narrativ vom brennenden Dornbusch auf. Im Anschluss an die göttliche Namensoffenbarung von 2Mos 3,14 entwickelt Rosenzweig in sehr differenzierter Betrachtung der sprachlichen Befunde zum Tetragramm die Kernthese: Der Gottesname JHWH ist ein Grenzphänomen, denn die genaue grammatische Analyse zeigt, dass er

---

25 Rosenzweig, Stern der Erlösung, 426.
26 Rosenzweig, Stern der Erlösung, 209.

als Name und Wort zugleich gelten und entsprechend übersetzt werden muss.[27] Dann gilt mit den Worten der Rosenzweig-Interpretin Nadine Schmal aus-gedrückt »Das Tetragramm ist das einzige sprachliche Phänomen, welches das Paradox selbst vollzieht, ohne die Spannung einseitig aufzulösen: das Paradox von schlechthin nicht Übersetzbarem – da nichts Bedeutendem, dem Namen — und von prinzipiell Übersetzbarem – da Bedeutendem, dem Wort.«[28]

Und weiter: »Das Tetragramm markiert die Grenze, wo Name in Wort, Wort in Name umschlägt. Das Tetragramm ist ein Grenzphänomen, das – zur Freude eines jeden Dekonstruktivisten – die grammatikalisch binäre Opposition von Name auf der einen und Wort auf der anderen Seite unterläuft. In dieser Mittel-stellung zwischen Name und Wort ist der sich mit dem Tetragramm vollziehende Sprechakt ein paradoxaler. Unternommen wird der Versuch, zu sprechen (mit dem Wort) und zugleich zu schweigen (mit dem Namen); der Versuch zu spre-chen, ohne zu sprechen. Das Tetragramm ist ein ›Imperfekt-Einwortname‹ … In der Spannung zwischen prädizieren und nicht-prädizieren droht das Tetra-gramm die grammatikalische und die logische Ordnung des Satzes zu kippen.«[29]

Der Gottesname unterbricht das Sprechen. Es ist bemerkenswert, dass der Sprachphilosoph Rosenzweig in diesem Gedanken der Unterbrechung eine direkte Brücke zur Sprachpraxis des Gottesnamens schlagen kann, die sich auf das Schreiben und das Sagen bezieht. Im Rückbezug auf Religionsgesetze der Halacha betont er nämlich, dass auch »dem Toraschreiber das Gesetz auf-legt, vor jedem Gottesnamen sich zu unterbrechen mit dem Wort, daß er ihn zur Heiligung des Namens schreiben wolle«[30]. Entsprechend zwingt die über-lieferte Vokalisation den heutigen Toraleser, »das Wort, wo auch immer im Satz es steht, so auszusprechen, als stünde es vor einer satzschließenden oder satz-unterbrechenden Pause«[31].

Es ist bemerkenswert, dass Rosenzweig in diesem Punkte dem christlichen Theo-logen Martin Luther seinen Respekt zollt, weil er in dessen Übersetzung des Tetragramms eine deutliche Entsprechung zum Gedanken der Unterbrechung

---

27 Dies hat in überzeugender Weise die minutiöse Analyse von Nadine Schmahl, Das Tetra-gramm als Sprachfigur. Ein Kommentar zu Franz Rosenzweigs letztem Aufsatz, Tübingen 2009 gezeigt, insbes. ihre Rekonstruktion, a. a. O. 119 ff. (2.3.3 »Name als Wort«).
28 Schmal, Tetragramm 143.
29 Schmal, Tetragramm 137.
30 Rosenzweig, Der Ewige, 808 Ausgabe Schmal, S. 208; Verweis auf Quelle S. 105.
31 Ebd.

findet. Luther hatte bekanntlich in seiner Übersetzung alttestamentlicher
Texte das Wort JHWH nicht einfach mit dem deutschen Wort »Herr« im Sinne
des griechischen ›kyrios‹ wiedergegeben, sondern sich für eine abweichende
Schreibweise mit Versalien entschieden.[32] Dies kommentiert die Rosenzweig-
Interpretin Schmal treffend so: »Luthers Wiedergabe des Tetragramms mit
»herr«, …[stört] graphisch das Fortgleiten des lesenden Auges. Es bleibt an
den Versalien bzw. dem Sperrdruck hängen. Das zielgerichtete Lesen wird –
in der Übersetzung wie im Original – unterbrochen, kann erst verzögert fortgesetzt werden. Das Fremde der Sprache, das einen Aufschub des Übersetzens
erzwingt, hat als Fremdes, das eine Verzögerung im Lesen bedingt, Eingang in
die Übersetzung gefunden.«[33]

Es liegt nahe, diesen Gedanken der Unterbrechung fruchtbar zu machen für eine
Gestaltungspraxis des »Gott Sagens«, die der Fremdheit-Nähe nachzukommen
versucht. Mehr dazu weiter unten.

4 Den namenlosen Namen verkündigen

4.1

Jüdische Theologie des Namens führt an ein erweitertes Sprachverständnis, das
die Sprache der Bibel gerade im Fokus des Gottesnamens als Ort des Befremd-
lichen, der Alterität transparent macht. Eine Theologie des Namens hat auch in
christlicher Theologie Widerhall gefunden. Es ist ein riskantes Unternehmen,
diesen Ansatz christlich-theologisch aufnehmen zu wollen, ohne sich unerlaubt
jüdischer Gottes-Zeugnisse zu bemächtigen.

---

32 Luther hatte in der letzten von ihm verantworteten Bibelausgabe von 1545 im Alten Testament das geschriebene adonaj mit 𝕳𝕰𝕽𝕽 wiedergegeben; vgl. Martin Luther, WA, Deutsche
Bibel 1522–146, Achter Band, Die Übersetzung des Ersten Teils des Alten Testaments (Die
5 Bücher Mose), 30, Z. 20–28. Wie Klaus Wengst, »Bibel in gerechter Sprache« – Übersetzen
in Verantwortung vor dem Judentum zutreffend bemerkt, verfolgte er in erster Linie allerdings ein christologisches Interesse. https://www.bibel-in-gerechter-sprache.de/wp-content/
uploads/Wengst_BigS_Judentum1.pdf download 7.9.2018.
Allerdings hat sich Luther mit den Besonderheiten des einzigartigen Gottesnamens im Alten
Testament nachweislich beschäftigt, wie Günter Bader gezeigt hat, vgl. ders., Die Emergenz
des Namens, Tübingen 2006, insbes. zu Luthers Psalmenvorlesung und dem Exkurs darin
»De nomine dei tetragrammaton«: »Tetragrammaton non est transferribile in aliud nomen:
seu etiam plane exponibile sicut Adonai et alia nomina diuina.« »das Tetragramm schmeckt
und riecht nach nichts«.
33 Schmal, Tetragramm 173.

Auf christlicher Seite gehört neben und nach Karl Barth vor allem der niederländische reformierte Theologe *Kornelis Heiko Miskotte* (1894–1976) zu denen,
die eine Theologie des Namens im 20. Jahrhundert früh und intensiv verfolgt
haben, und zwar in explizitem Anschluss an jüdische Religionsphilosophie.
Dabei steht weniger die zuletzt angesprochene These einer eigentlich unmög-
lichen Identität von Name und Begriff im Vordergrund, eher der Gedanke des
Geheimnisses in der Namenlosigkeit des Namens. Für unseren Kontext ist dieser Ansatz nicht zuletzt deshalb relevant, weil auch hier – analog zur jüdischen
Theologie – ein ganz spezifischer Praxiszusammenhang entworfen wird.

> Miskotte stammte aus einem streng calvinistischen Milieu, war lange Jahre in ver-
> schiedenen Gemeinden als Pfarrer tätig (u. a. in Meppel, Harlem und Amsterdam)
> und wurde 1945 auf eine Professur für Dogmatik und Ethik an der Universität Lei-
> den berufen. Früh gehörte Miskotte zum Widerstand innerhalb der Kirche gegen die
> Okkupation der Niederlande durch die Nationalsozialisten. Sein 1939 erschienenes
> Buch »Edda und Thora«[34] wurde noch im selben Jahr von den Besatzern verboten.
> Bald nach der Befreiung führt Miskotte seine theologische Überzeugung ins politi-
> sche Engagement. Zusammen mit anderen Pfarrern trat er noch 1945 der sozialdemo-
> kratischen Partei (SDAP) bei, aus der dann die bis heute existierende niederländische
> Arbeiterpartei (PvdA) hervorging.

Miskottes Anstrengung war zeitlebens gerichtet auf die die Entfaltung einer
biblischen Theologie[35], dabei von Beginn an von intensiver Kennerschaft und
großer Sympathie für jüdische Theologen und Philosophen geprägt. Er über-
springt nicht einfach die Differenz zwischen jüdischem und christlichen Glauben, will als Christ reden, aber mit seinem Lehrmeister Karl Barth geht er davon
aus, dass Juden und Christen die eine Gemeinde Gottes bilden.[36]

---

34 Kornelis Heiko Miskotte, Edda und Thora. Ein Vergleich germanischer und israelitischer Re-
    ligion (1939) dt. Berlin 2015.
35 Der spezielle exegetische Ansatz Miskottes hat in den Niederlanden Nachwirkungen gehabt,
    u. a. in der Exegese die »Amsterdamer Schule« maßgeblich mit begründet und geprägt, vgl.
    dazu Jisk Steetskamp, Abstieg zur Menschlichkeit. Autorschaft und Sklavenperspektive im 1.
    Petrusbrief, Tübingen 2020, 12 ff.
36 Vgl. Barth KD II/2, (Die Lehre von Gott). Deshalb war für Miskotte eine christliche Juden-
    mission völlig obsolet, lange bevor in protestantischen Landeskirchen Deutschland in den 70er
    Jahren das Umdenken einsetzte; vgl. Miskotte, Das Judentum als Frage an die Kirche (1934)
    Wuppertal 1970, 7–16.

In seinem Buch »Wenn die Götter schweigen. Vom Sinn des Alten Testaments«[37] entwirft er in vielfachem Anschluss an jüdisches Denken (insbes. an Rosenzweig und Buber) eine Erschließung des Alten Testaments, in der die Bemühung um Verstehen des Namens im Zentrum steht.

> *»Das Alte Testament hat viele Namen für das, was wir Gott nennen, und auch für den, den Israel Gott nennt; sie fallen teilweise zusammen, teilweise sind sie auch unterschieden. Aber darüber hinaus hat der Gott Israels einen besonderen Namen, und an diesen Namen wird immer gedacht, wenn man von jenem Andern sprechen will: von dem »Namen« im Sinne von Offenbarung, Erschließung, Machtsphäre, Segensordnung, Geleit. Daran, daß wir das verstehen, um das es hier geht, hängt eigentlich die Möglichkeit unseres Verständnisses für den Sinn des Alten Testaments überhaupt.«*[38]

Das klingt programmatisch und kontext-unabhängig. Eine auch nur skizzenhafte Vergewisserung über Miskottes Grundgedanken muss für deutsche Leser und Leserinnen zumal zwei Gegenrationen später darin unvollständig bleiben, dass sein zeitgebundener, kontinuierlicher kritischer Einspruch gegen ein s. E. saturiertes Christentum in den Niederlanden hinsichtlich der Bezüge hier nicht transparent gemacht werden kann. Als weiterer Kontext und Ausgangspunkt kommt für Miskotte eine existenzialphilosophisch eingefärbte Analyse »der Situation«, der religionskulturellen Verfassung seiner Gegenwart, der 50er Jahre, in Betracht. Ähnlich wie Bonhoeffer ging seine Erwartungen klar auf ein »religionsloses Zeitalter«. Aus der Reflexion auf den »modernen Menschen«, von ihm »der vierte Mensch« genannt, dem er »Atheismus«, »Nihilismus«, und »Gottesfinsternis« zuordnet, leitet er seine Herausforderungen an Predigt und Unterweisung ab. Die richtet sich auf die Erschließung des Glaubens Israels, mit dem Zentrum des Bekenntnisses zu JHWH.

Zu den Besonderheiten dieses Bekenntnisses zu Gott gehört für Miskotte die dialektische Spannung von Namenlosigkeit und Eigenname. Unter Bezug auf Ex 3 und im Anschluss an Bubers Deutung formuliert er einerseits »JHWH ist ein *namenloser Name* ... Der Sinn ist an erster Stelle der, daß sich der Gott

---

37 Miskotte, Wenn die Götter schweigen. Vom Sinn des Alten Testaments, München 1963 (Original 1956). Ich beziehe mich durchgängig auf die von Hinrich Stoevesand besorgte deutsche Übersetzung, welche gegenüber der niederländischen Fassung zahlreiche Erweiterungen bietet, was allerdings Miskottes Zustimmung fand.

38 Ders., a. a. O.126.

Israels damit aller Beschwörung entzieht«[39]. Zugleich und andererseits gilt aber
auch »JHWH ist doch ein *Eigenname* – nicht nur weil er in Korrelation mit
einem Volk steht, das auch einen Eigennamen trägt, sondern weil *alles* daran
hängt, daß er sich in der Welt der Götter konkret unterscheidet und sich Israel
erzeigt als ›ein‹ Gott.«[40]

Im Rahmen eines offenbarungstheologischen Ansatzes erläutert er seinen
Zugang zu den Besonderheiten des alttestamentlichen Gottesnamen in einem
größeren Abschnitt »Der unaussprechliche Name« (127 ff.)[41] »JHWH ist ein
unübersetzbarer Name und ein unbegreiflicher Begriff. Aber er muß ›übersetzt‹
werden durch eine gewagte Identifikation, und er wird begriffen dank einer
gewagten Selbstentfremdung oder Selbstentwertung. Auf dem Wege zu den
Völkern, zu den Heiden, macht sich Israel deren Worte zu eigen (z. B. Elohim
oder El Eljon). Durch diese Aneignung wird das *Heidentum* einerseits *geehrt*,
andererseits *degradiert*, insofern alle Gottesnamen einen Dienst leisten, aber keiner genügt. Der Sinn der Gottesnamen wird völlig dem offenbaren Geheimnis
des JHWH-Namens entnommen. In der Mission, namentlich beim Übersetzen
der Bibel, erweist es sich als ein stets aktuelles und dringendes Problem, wie
man die Gottesnamen der ›primitiven‹ oder der ›höheren‹ Religion anwenden
soll, um sich ihrer als begleitender Ausdrücke des Namens zu bedienen.«[42]

Die weiter oben erläuterte Unterscheidung zwischen Gattungsbegriff und Eigenname wird auch bei Miskotte zentral. »Der unaussprechliche Name ist der Maßstab dessen, was Gottheit zu heißen verdient, und nicht umgekehrt, so daß
JHWH, wenn er ›allmächtig‹, ›gerecht‹ usw. genannt wird, dies auf *seine* Weise ist,
mit *seinem* Ziel, und nicht nach allgemeinem, landläufigem, religiösem Begriff.«
Es ist auch hier der Denkansatz nicht vom Allgemeinen zum Besonderen, nicht
von einem Gattungsbegriff zu Unterbestimmungen: »Gott« »… wenn wir von
den allgemeinen Begriffen ausgehen, können wir niemals Zeugen und Inter-
preten des Namens sein.«[43] Von diesem Gott wird angemessen nicht in einem
»Reden über« gesprochen, sondern im Akt des Bekennens. »Wir sind hier mit
unserer Besinnung wohl bis zum Herzen der Sache vorgestoßen. Dies ist der

---

39 Ders., a. a. O. 128 f.
40 Ders., a. a. O. 129.
41 In einem weiteren Abschnitt »Die Gottesnamen« 218–223 werden diese Überlegungen para-
     phrasiert.
42 Ders., a. a. O. 130.
43 Ebd.

Sinn des Alten Testaments: mit allen Mitteln der Sprache zu verifizieren, daß das Bekenntnis ›JHWH ist die Gottheit‹ unumkehrbar ist.«[44]

Wenn man Miskotte im Zusammenhang der praktisch-theologisch akzentuierten Frage bedenkt, was es heißt »Gott« zu sagen, dann möchte man wissen: Zu wem, mit wem spricht Miskotte? Warum spricht er so? Es ist nicht leicht, Intentionen und Gesprächszusammenhänge, in denen sich Miskotte implizit bewegt, explizit zu machen. Gleichwohl scheint es mir notwendig, gerade hier einzusetzen, um die spezifische Praxis-Pointe dieses Redens von Gott nicht zu verpassen. Er wendet sich nicht an normale Kirchgänger seiner Zeit, sondern ausdrücklich an die »Randsiedler« von Kirche und Synagoge. Das klingt nach Schleiermachers Programm der »Reden« »an die Gebildeten unter den Verächtern«. Aber Miskotte rekurriert – anders als der Berliner romantische Redner und mit deutlichen Entsprechungen zu Rosenzweig – immer wieder auf »die Gemeinde« als wichtige Bezugsgröße. Deutlich ist, dass seine weitschweifigen Betrachtungen nicht das Interesse einer dogmatischen Gotteslehre im Rahmen eines akademischen Kollegs verfolgen. Er bleibt Pfarrer, der als Grundaufgabe Weisung, Unterricht und Seelsorge verfolgen möchte. Das *bet-ha-midrasch*, das jüdische Lehrhaus nach dem Modell von Fanz Rosenzweig in Frankfurt ist ihm Vorbild für sein setting. Und so kann er schließlich in spezifischer Weise den Praxis-Bezug seiner theologischen Reflexion umreißen: »Wie man sieht, sind wir auf eine bestimmte Art angewandter Wissenschaft aus, auf einen Beitrag zur ›praktischen Theologie‹. Besser könnte man sagen: Es geht um eine Einführung in das, was Theologie gerade kraft ihres wissenschaftlichen Gehaltes praktisch bedeuten kann.«[45]

Konsequent geht Miskotte deshalb seine Entfaltung der Namenstheologie »vom Gedanken der »*Predigt* des Namens«[46] an, auch wenn dabei ein weiter Begriff von Verkündigung zugrunde liegt, den er in den Texten des Alten Testaments wieder-findet. Konsequenterweise ist der große zweite Hauptteil des Buches »Wenn die Götter schweigen« mit »Zeugnis und Interpretation«[47] überschrieben. Daraus folgt dann die Frage, »wie ›der Name‹ von dieser Gemeinde gehört und verstanden, bezeugt und in die Welt getragen wird.«[48] Das beantwortet Miskotte ebenso konsequent, indem er am Ende auf die pastoral-homiletische

---

44 Ders., a. a. O. 132.
45 Ders., a. a. O., Vorwort.
46 Ders., a. a. O. (Sperrung HGH.).
47 Ders., a. a. O. 107–401.
48 Ders., a. a. O. 85.

Grundaufgabe zurückkommt; und entsprechend rundet der Autor das Werk
ab mit Predigtmeditationen zu biblischen Texten, überschrieben »Beispiele
einer Anwendung«[49].

4.2

Gott sagen heißt nach alledem für mich, den Namen Gottes weiterzusagen, im
Bewusstsein, dass da etwas Unsagbares gesagt werden soll, und im Zusammenhang einer Rede, die Glauben wecken möchte, in allem Wissen darum, dass dies
nicht durch menschliche Rede bewirkt werden kann. Das geschieht im Praxiszusammenhang theologischer Erwachsenenbildung. Damit ergibt sich für das
»Sagen« ein eigentümliches Spannungsverhältnis zwischen kognitiv akzentu-
iertem Lehrgespräch und kultischer Rede des Bekennens.

Jüdische Namenstheologie des Tetragramms JHWH mit ihrer Dialektik von
Offenbarung und Entzug, mit der Verschränkung von Heiligung und Verbot,
den Namen Gottes auszusprechen, führte bei Rosenzweig an Differenzierungs-
bedarf im Verständnis des Sagens, an eine theologische Notwendigkeit des
bezeugenden Sprechens im Modus des Sagens in der 1. Person. Das Bezeugen
ist kein Prozess intimer Zwiesprache des betenden Ichs mit seinem Gott, sondern geschieht vor anderen. Solche theologische Zuspitzung verweist auf elementare Sprachpraxis in Bekenntnis und Gebet.

Gleichwohl bleibt es unerlässlich für theologische Reflexion, auch in der 3. Person von Gott zu sprechen. Doch dabei wird gelten: Wer Gott sagt, will darüber etwas sagen, »was kein Auge gesehen und kein Ohr gehört hat, was keinem
Menschen je in den Sinn gekommen ist«. (1Kor 2,9). Ganz gleich, ob jemand
Aussagen über ihn machen will oder ob er oder sie Gott an-sagen will, er oder
sie ist sich der Unmöglichkeit seines Versuches bewusst, stößt an die Grenzen
des Sagbaren, versucht, Unsagbares zu sagen. In Überlegungen zur Klärung dessen, was man sagt, wenn man »Gott« sagt, darf deshalb auch die Un-Sagbarkeit
Gottes nicht fehlen. Hier sind mehrere Nuancierungen zu treffen.

- Gott kann man nicht angemessen in Worte fassen. Gott soll man auch gar
  nicht in Worte fassen mit der Absicht definitiver Formeln. Ein wesentliches
  Element und zugleich eine der Konsequenzen aus der oben diskutierten
  jüdischen Namenstheologie besteht im Grundsatz, dass Gott unsagbar ist
  im Sinne der Begegnung mit der Heiligkeit Gottes als einem Un-aussprech-

---

49 Ders., a. a. O. 373–475.

lichen. Darauf läuft, wie gezeigt, das Verbot, den Gottesnamen auszusprechen hinaus. Dabei sagt ein »Ich« etwas aus über seine Erfahrung von Gottes
Unsagbarkeit. In gewisser Weise komplementär dazu betonten christliche
Mystiker das ineffabile Gottes.[50] Diese Art Un-Sagbarkeit wird allerdings
sprachtheologisch überboten, wenn man mit Rosenzweig das Tetragramm
als Zusammenfallen von Wort und Name rekonstruiert. Dann ergibt sich
nämlich die Unterbrechung des Sagens im Wort »Gott« selbst.

- Eine ganz andere Art der Unsagbarkeit hatten griechische Kirchenväter im
  Blick mit ihren Konzepten »negativer Theologie«. Dass Gott über all unsere
  menschlichen Versuche, ihn mit Worten zu umgreifen reicht, ist Grund-
  erkenntnis dieser Art philosophischer Theologie. Schon im 2. und 3. Jahrhundert vertraten die Kirchenväter, z. B. Justin, die Ansicht, Gott sei mit
  Worten nicht zu fassen, er sei »unaussprechlich«; weil er in seinem Wesen
  nicht zu ergründen sei. »*Deus semper maior*«, Gott ist immer größer als alles,
  was Menschen über ihn denken bzw. aussagen können. Die Unsagbarkeit
  wird hierbei allerdings in erkenntnistheoretischer bzw. ontologischer Reflexion behauptet. In dem Sinne gilt hier also Rede von Gott als einem Objekt,
  Rede in der 3. Person.
- Der philosophische Ansatz »negativer Theologie« führte zum wortgewaltigen
  Reden von Theologen. Eine andere Konsequenz aus Unaussprechlichkeit wie
  Unsagbarkeit Gottes führt seit je her zum Schweigen vor Gott. Schweigen
  im Kult kann als symbolischer Verweis auf die Un-Sagbarkeit Gottes gelesen
  werden, wie dies vor allem in mystischen Traditionen verschiedenster Religion anzutreffen ist (vgl. dazu das Kap »Zu Gott schweigen«).

Von der Grenze des Sagens kann aber zugleich auch der Überschuss im Sagen
avisiert werden. Wie im Einleitungskapitel »Annäherungen an das Feld und
Leitinteressen« (vgl. oben) gezeigt wurde: Gerade im Schweigen kann mitunter
auch stillschweigend Geltendes impliziert werden. Nun kann man fragen: Gilt
das auch für »Gott« sagen? Gibt es auch da den ungesagten Überschuss des
Sagens? Die viel gebrauchte liturgische Einleitungsformel zum Sprechen des
gemeinsamen Vaterunsers im Gottesdienst »Und alles, was wir sonst noch auf
dem Herzen haben, für das wir keine Worte finden, das fassen wir zusammen
im Gebet des Herrn« deutet in solche Richtung.

---

50 Vgl. dazu ausführl. meinen Beitrag Schweigen als Grenzfall von Theologie, in: Christian Senkel
    (Hg.), Geistes Gegenwart. Zur religiösen Grundierung der Lebenswelt, Leipzig 2016, 58–76,
    insbes. den Abschnitt »Sprache und Schweigen; vgl. ferner das Kap. »Schweigen vor Gott« in
    diesem Band.

5 Grenzen und Grenzgänge

Der Gedankengang dieses Kapitels ging aus von der Frage, was es heißt, in einem theologisch gehaltvollen Sinn das Wort »Gott« zu sagen. Ich habe dabei Überlegungen verfolgt, die hinter ein quasi selbstverständliches Sagen zurück-reichen. Die skizzierten jüdischen wie christlichen sprachtheologischen Inter-pretationen einer »Theologie des Namens« führten an die Einsicht, dass mit dem Wort »Gott« weniger eine Wesensaussage verbunden ist, eher dagegen eine Präsenzzusage, zugleich aber auch ein Grenzphänomen. Das ging aus der intensiven Beschäftigung mit der geheimnisvollen Namensoffenbarung »Ich bin der ich bin« (Ex 3,14) hervor. Nicht auf einen Gottesbegriff zielt das, son-dern irreduzibel auf ein Mit-Sein Gottes mit den Menschen: »Ich werde mich für euch hilfreich erweisen«, und doch zugleich in der sprachlichen Darstellung als ein Grenzphänomen zwischen Wort und Name.

Gegen landläufige Kritik von Praktikern an steiler und abstrakter theoretisch angelegter Dogmatik führten der Gedankengang uns sodann auf die starke Betonung eines Praxiszusammenhangs des Sprechens, auf das spannungsreiche Miteinander von Bezeugen und theologisch belehrtem Reflektieren. Das sollte man nicht außer Acht lassen.

Man muss allerdings zugeben: Eröffnet wurde uns dabei ein normativ dogmatisch hoch aufgeladener Zugang zur Sprachpraxis, ein Postulat und keine Erfahrung im empirischen Sinne. Zumal der offenbarungstheologisch angelegte Ansatz scheint weit entfernt von dem, was man erheben kann, wenn man darauf schaut, wie »die Leute« von Gott reden und was sie dabei erleben. Vielen Zeitgenossen ist die Selbstverständlichkeit abhandengekommen, die traditionelle bildliche Spra-che der Bibel von Gott zu gebrauchen. Viele scheuen sich, das Wort Gott noch in den Mund zu nehmen, haben Angst, nur mit leerer Worthülse umzugehen. Ihre Sprachpraxis des Gott Sagens zeigt gleichwohl weniger Irritation als die des Religionsphilosophen (vgl. oben das Kap. »Wie die Leute von Gott reden«).

Was taugt also die Vertiefung in die Namenstheologie für Analyse von und Orientierung in der Praxis, was kann das für gegenwärtiges Reden von Gott heißen? »Gott« sagen im Sinne biblischer Traditionen fordert uns nach dem Ende des theologischen Theismus wohl dazu heraus, mit dem »Wort« sparsam zu verfahren. Hier sind Grenzen in Sicht gekommen. Ich meine, dass es darauf ankommt, Grenzen zu wahren und doch neue Grenz-Gänge zu erproben. Wie kann das aber zusammengehen?

Ich skizziere dazu drei Perspektiven zur Orientierung für erneuerte Praxis:

Zunächst: In einer Situation, da viele Sprachelemente der Tradition für viele Menschen unzugänglich geworden sind, insbes. traditionelle dogmatische theologische Formeln von Gott, kann neue Naivität des Erzählens von Gott anregen und provozieren. Dass man »Gott« angesichts solcher Schwierigkeiten dennoch weiterzusagen wagt, erfordert Phantasie und Mut, neue Sprachpraxis zu entwerfen und zu erproben.

> Darin war z. B. der Kabarettist Hanns Dieter Hüsch ein großer Meister. So hat er von Glauben gesprochen. Er konnte es riskieren, von Gott menschlich, irdisch zu reden, etwa so: »Als der liebe Gott mich aus dem Himmel wieder nach Dinslaken mit dem Fahrrad zurück gebracht hatte – ich durfte vorne auf der Lenkstange sitzen – nicht wahr. Da sagte er – wir haben etwa anderthalb Stunden gebraucht –, aber auf der Hälfte der Tour – fragte er mich ganz plötzlich: Sag mal, willst du einen Heiligenschein? Also, ich war so verdutzt, dass ich überhaupt keine Antwort raus bekam. Und dann sagte er noch: Ja, ich habe neulich im Himmel ein bisschen aufgeräumt und bei der Gelegenheit auch eine Menge Heiligenscheine ausgemistet …«[51]

Gekonnt scheinen mir solche Versuche in zweierlei Hinsicht: Zum einen zeigen sie der Sache nach elementare theologische Einsichten in die biblisch bezeugte Menschenfreundlichkeit Gottes (also dem oben genannten »Mit-Sein«). Zum anderen nehmen sie niederschwellige Irritationen auf, plappern nicht einfach distanzlos von Gott, aber sie tun dies in zugänglicher, an-sprechender Sprachform.

Versuche in dieser Richtung sind in den letzten Jahrzehnten unter dem Stichwort einer »poetischen Theologie« oder einer »Theo-Poesie« von vielen sprachsensiblen Autor*innen unternommen worden. Es war Henning Schröer, der die Brücke zwischen neuer Sprachpraxis und ihrer Reflexion von beiden Seiten her meisterhaft überschritten hat. Schröer hielt Theologia poetica »für die ursprünglichste Form von Theologie«. Das ist nicht exklusiv gemeint, markiert aber ein theologisches Programm, das durch alle Ansprechungen hindurch neue Sprachpraxis erproben möchte. Die theo-poetische Linie verdient aufgenommen zu werden. Denn sie eröffnet Perspektiven auf das Reden von Gott, die heilsame *Relativierungen* der diskursiv-verbalen Sprache als *einer* menschlichen Sprache bieten (vgl. dazu das Kap. »Theo-Poetische Variationen« in diesem Band).

---

51 Hanns Dieter Hüsch, Der liebe Gott in Dinslaken, zit. nach https://musenblaetter.de/artikel.php?aid=10075 download 17.6.2019.

Sodann: Die Unterbrechung praktisch werden lassen! Jüdische Namenstheologie entwickelte, wie wir bei Franz Rosenzweig gesehen haben, in hoch spe-
kulativer Weise den Gedanken, dass »Gott« auch in sich ein Grenzphänomen
darstellt, also Wichtiges, Zentrales über Gott wird gesagt – und doch gleichzeitig begrenzt. »Gott« fällt heraus aus der Alltagssprache, markiert der Sache
nach und der sprachlichen Form nach eine Grenze. Wie könnte diese Grenze
und gleichzeitig das Wagnis zum Grenzgang praktisch aufgenommen werden?

Ich meine, die prekäre Ausgangslage dafür, heute »Gott« zu sagen, könnte in
liturgischer Feier gerade dadurch produktiv aufgenommen werden, dass man
den oben entwickelten Grundgedanken der Unterbrechung für das Sprechen
als Gestaltungsimpuls gelten lässt.

Normalerweise wird bei den Lesungen von biblischen Texten im Gottesdienst kaum darauf geachtet, wie in Bibelausgaben der Gottesname JHWH
übersetzt, aber auch: wie er gedruckt wird. Der Versalien-Druck früherer Epochen ist verschwunden. So wird Luthers Ausdruck HERR HErr einfach als
Doppelung gelesen, wo im hebräischen Text »JHWH Adonaj« zu lesen ist. Aber
bis in die neuesten Luther-Übersetzungen ist das Tetragramm mit Großbuch-
staben wiedergegeben (HERR), also zumindest durch die besondere Schreibweise kenntlich gemacht. Dem könnte liturgische Lesepraxis heute bewusster
entsprechen.

So wie das Befremdliche des Gottesnamen im Schreibfluss unterbrochen
ist durch die merkwürdige, aus der Reihe tanzende Schreibweise der Versalien
(Luthers »HERR«), so wäre die Unterbrechung des Lesefluss an entsprechender
Stelle ein sinnfällige, sprechende Praxis, für den Moment wird dadurch die
Grenze der Sagbarkeit inszeniert.

Schließlich: Grenzen wahren und doch auch Grenzgänge wagen in Bezug auf
das Reden von Gott kann m. E. gerade dadurch gelingen, dass die Spannung
von Theologie und Religion, von Reflexion und Vollzug der Frömmigkeit nicht
zu einer Seite hin aufgelöst wird, sondern beibehalten wird.

Die Unterscheidung von Theologie und Religion ist eine Errungenschaft der
Aufklärungstheologie, sie wurde von Johann S. Semler eingeführt[52]. Theologische Lehre vom praktischen Vollzug der Frömmigkeit zu unterscheiden
hatte im 18. Jahrhundert ein emanzipatorisches Interesse. Sie sollte die reli-

---

52 Botho Ahlers, Die Unterscheidung von Theologie und Religion. Ein Beitrag zur Vorgeschichte
der modernen Praktischen Theologie im 18. Jahrhundert, Gütersloh 1980.

giöse Praxis der Gläubigen gegenüber den Normierungsbestrebungen der
Lehre von kirchlichen Synoden und Theologie-Professoren wahren.

Die Ausgangslage in Bezug auf Religion wie Theologie stellt sich am Beginn
des 21. Jahrhunderts sicher anders dar. Die zuzeiten von Theologen emphatisch
begrüßte »Religionslosigkeit des mündigen Menschen« (Dietrich Bonhoeffer)
ist in Mitteleuropa in stark entkirchlichter, nach-christlicher Zeit in ein Verblassen von religiösem Leben wie elementaren theologischen Grundkenntnissen
gleichermaßen mutiert. Zugleich finden wir aber evangelikale und charisma-
tische Strömungen auf dem Vormarsch, in denen emphatisches und direktes
Reden von Gott dominiert.

In dieser Situation sollte der Grenzgang zwischen religiöser Rede und reflexiver
Distanz und nicht zu einer Seite aufgelöst werden. D.h. – trotz berechtigter Kritik
an »verkopfter« und »lebensferner« Theologie – empfiehlt sich kein gänzlicher
Verzicht auf informiertes kritisches Rückfragen in Sachen Gott und Glauben.
Aber ebenso wenig hilft die distanzlose Reduktion von Religion auf Theologie.
Theologisches Arbeiten ist von Belang, mit Theolog*innen und mit Nicht-Theo-
logen. Das alte Programm der »Theologie für Nicht-Theologen«[53] verdient eine
aktualisierende Neuauflage.

Theologische Erwachsenenbildung, neue Versuche der lehrhaften Vermittlung von Einsichten über biblische Texte und ihr Geworden-sein, in unserem Zusammenhang speziell über die Hintergründe und sprachlichen des
Gottesnamens können aber nicht Gehversuche ersetzen, in eigener Sprache
anzusagen, was *mir* Gott bedeutet, wie *ich* ihn erfahren habe. Informatives Sprechen und kritisches Fragen sollten also kombiniert und kontrastiert werden mit
neuen Versuchen, Menschen, auch die »kleinen Leute« in ihrer Sprache abzu-
holen und ihnen zu ihrem Wort und Ausdruck für Gott zu verhelfen. Nicht nur
zu Psalmen in alltagsnaher Sprache gibt es ja zahlreiche Versuche.

Das Problem hat der eben erwähnte Henning Schröer in markanter Weise zugespitzt. Theo-Poesie, so seine Behauptung, ist nicht unwissenschaftlich. Er schrieb
praxisbezogener Theologie zur Aufgabe »Gott sagen« eine prägnant formulierte
Perspektive ins Stammbuch: »Die Frage ist … ob es auch möglich ist, von Gott
poetisch so zu reden, dass die Vokabel »Gott« nicht unbedingt nötig ist.«[54]

---

53 Hans-Joachim Schultz (Hg.), Theologie für Nichttheologen, Stuttgart 1963.
54 Henning Schröer, Theopoesie, in: ders., in der Verantwortung gelebten Glaubens. Praktische
    Theologie zwischen Wissenschaft und Lebenskunst, Stuttgart 2003, 241 ff., Zitat S. 242.

Mit Risiko von Gott reden in der Schule

1 Von Gott reden – ein Risiko?

Dem berühmtesten Lehrer der griechischen Antike, dem Philosophen Sokrates, wurde im Jahre 399 v. Chr. von der Athener Bürgerschaft der Prozess gemacht. Die Anklage lautete, dass er die von der Polis eingeführten Götter missachte und durch seine Lehre die Jugend verderbe. In seiner Verteidigung widersprach er heftig, ihm liege im Gegenteil sehr daran, »die Jugend zu bilden und besser zu machen« und natürlich die Götter zu achten. Seine Verteidigung aber half bekanntlich nicht. Die Jury, die aus einem Rat von 500 Männern bestand, befand den damals 70-jährigen Sokrates mit 280 zu 220 Stimmen für schuldig. Wir wissen über diesen Lehrer und sein Ende vor allem aus der Apologie, der literarischen Fiktion seines Schülers Platon. Warum der Prozess gegen Sokrates von seinen Gegnern im Rat eigentlich angestrengt wurde, liegt bis heute im Dunkeln. Es ist unwahrscheinlich, dass die Anklage wirklich religiös motiviert war. Und auch der Vorwurf, die Jugend ideologisch zu verderben, war eher an den Haaren herbeigezogen. Viel spricht dafür, dass man in Zeiten politischer Instabilität der Stadt Athen ganz einfach einen unbequemen Frager und einen politisch unliebsamen Zeitgenossen mit großer öffentlicher Resonanz kaltstellen wollte.

Der »Fall Sokrates« ist singulär, aber wohl über die Epochen und kulturellen Systeme hinweg in der Geschichte nicht ganz einzigartig. Beschäftigen wir uns mit der Frage, wie man im 21. Jahrhundert in der öffentlichen Schule über Gott sprechen soll, dann scheint ein Hinweis auf Sokrates Reden vom »Daimonion« zunächst ganz abwegig. Im Vergleich mit Sokrates kann man einwenden, ob es heute eigentlich noch mit irgendeinem Risiko verbunden ist, in der Schule von

Gott zu sprechen. Steht da noch irgendetwas auf dem Spiel? Lehrkräfte auch im Religionsunterricht (= RU) sind in aller Regel gut abgesicherte Beamte oder Angestellte im öffentlichen oder im kirchlichen Dienst. Das ist aber ein vordergründiger Einwand, wie sich zeigen wird.

Dass der Glaube ein Risiko, ein Abenteuer beinhaltet, gehört zu den elementaren Einsichten christlicher Theologie, von Abraham und Paulus über Luther bis zur berühmten Pascalschen Wette[1]. Aber soll ein RU, der sich u. a. sicherlich auf Traditionen und Grundeinsichten dieses Glaubens bezieht, auch von riskanten Erfahrungen im Leben sprechen? Soll nicht in erster Linie gesichertes Wissen vermittelt werden? Ist Reden von Gott in der Institution Schule nicht immer schon ihrer Risiken beraubt durch eine Formatierung von Inhalten im System Schule und im Schulalltag? Nahezu alle Lerngegenstände werden da der Wissensförmigkeit, Überprüfbarkeit und Abfragbarkeit unterworfen. Und in Zeiten von Corona wurden Fächer wie RU über Monate ganz gestrichen. Da haben Schüler endgültig gelernt, was wichtig ist fürs »Lernen« und was verzichtbar.

Gewiss: Von Gott zu reden in der säkularen Schule findet auf vorgeschobenem Posten der nach-aufklärerischen Gesellschaft statt, hier ist religiöse Rede von Gott und religiöse Diskurse inzwischen insgesamt alles andere als selbstverständlich. Umgang mit Religion als Einübung oder Anwendung eines religiösen Binnendiskurses über Glaube und Gott funktioniert schon lange nicht mehr. Nirgendwo kommen Menschen, die von Berufs wegen über Religion sprechen wollen, so sehr in Verteidigungspositionen und Rechtfertigungszwänge wie dort. Nirgendwo sonst in der Gesellschaft wird – explizit oder implizit – die Frage gestellt, ob überhaupt noch von Gott geredet werden soll/muss.

In diesem Kapitel gehe ich Fragen des Redens von Gott im pädagogischen Feld der öffentlichen Schule in Deutschland nach, um Orientierung für die Aufgabe auf einer breiteren und auch lebensweltlich geerdeten Basis zu finden. Diese Orientierung taugt m. E. dann auch für Reden von Gott jenseits der Schule. Deshalb hole ich etwas weiter aus. Im nächsten Schritt frage ich anhand religionsphänomenologischer und exegetischer Befunde nach dem Lehrer als religiöser Rolle. Dann wende ich mich einer kurzen Beschreibung des professionel-

---

1   Vom französischen Philosophen Blaise Pascal (1623–1662) ist die sprichwörtliche »Pascal'sche Wette« bezüglich der Existenz Gottes überliefert: »Wägen wir Gewinn gegen Verlust für den Fall, dass wir auf (…) die Existenz Gottes setzten. Schätzen wir beide Möglichkeiten ab: Gewinnen Sie, so gewinnen Sie alles. Verlieren Sie, so verlieren Sie nichts. Setzen Sie also, ohne zu zögern, darauf, dass er ist.« Blaise Pascal, Pensées 1670, Fragment 234.

len Rede-Handelns von Lehrkräften insgesamt zu. Was Lehrkräfte im RU zum Thema »Gott« sagen sollen und wie sie reden sollen, wird mit einem Blick auf die gegenwärtige Debatte zu Grundkonzeptionen religiöser Erziehung in der Schule näher beleuchtet. Am Ende ist die Frage nach dem Risiko noch einmal zu stellen.

2 Lehrer als religiöse Rolle

Gott wird zunächst nicht in der Schule, sondern in religiösen Systemen präsent gemacht und tradiert, u. a. auch dadurch, dass über ihn geredet wird. Das tun viele Menschen, auch solche in herausgehobenen Positionen. Wenn ich gleichwohl zunächst einen kurzen Blick auf biblische Traditionen werfe, dann nicht in fundamentalistischem Interesse der Gewinnung direkter Handlungsanweisungen. Zu groß ist die historische und vor allem die sachliche Differenz zwischen kerygmatischen Texten der Antike, die Menschen ihrer Zeit zum Glauben rufen wollten und modernen professionstheoretisch fundierten Konzepten, die wissenschaftlichen Praxis-Theorien zur Verfügung stehen. Aber ein kurzer Blick zeigt in theologischer Hinsicht einige Vorgaben für die Aufgabe.

Biblische Überlieferungen erzählen, wo und wie in jüdischer und christlicher Religionspraxis Reden von Gott nicht nur von allem Volk, sondern auch von herausgehobenen Personen geschieht. Dafür kennt Religion in den Traditionen des Alten und des Neuen Testaments mehrere religiöse Rollen. Zum Reden gedrängt wurden Propheten, Richter, Älteste, Apostel und Prediger, um nur diese Rollen zu nennen. Nicht immer waren sie förmlich berufen und befugt, was manche mit religiösen Autoritäten in Konflikte brachte, wie etwa den vorexilischen Propheten Amos von Tekoa im Nordreich Israel. Zuweilen fühlten sie sich der Rede überhaupt nicht mächtig, wie etwa Mose, der sich seiner Berufung unter Hinweis auf einen Sprachfehler zu widersetzen suchte (2Mos 4,10).

Das, was sie zu sagen hatten, ist eine Botschaft. Sie sind Sprecher, die nicht irgendetwas zu sagen haben, sondern die *das* Wort weitergeben sollen. Sie »sind Vertreter der Macht, und ihr Sprechen ist zugleich eine Begehung, eine Darstellung der Macht.«[2]

Unter diesen Rollen findet man auch die des Lehrers. Das ist kein Alleinstellungsmerkmal biblischer Religionsentwicklung, auch der Buddhismus kennt Lehrer, und der Religionsstifter Buddha war ein herausragender Lehrer. Aber

---

2 Gerardus van der Leeuw, Phänomenologie der Religion, Tübingen 1956, 247 (§ 27. Vertretung. Der Sprecher).

eben auch im biblischen Judentum und im frühen Christentum waren Lehrer tätig.

Religiöse Rollen decken neben kerygmatischen und sakralen auch eine didaktische Dimension ab. Der Religionsphänomenologe Gerardus van der Leeuw hat in seiner klassischen Darstellung im Blick auf antike Traditionen für den Lehrer unter den diversen religiösen Rollen einige Eigentümlichkeiten hervorgehoben. »Der *Lehrer* unterscheidet sich von dem Prediger durch das Verblassen des Machtelementes im Wort. Zwar bleibt die Macht Voraussetzung, aber das Wort des Lehrers ist Applikation dieser Macht, nicht selbst Macht oder auch nur Verkündigung derselben ... die Lehre ist, wo nicht das Heil selbst, so doch dessen Ausdruck, und der Lehrer Heilsinstrument wie Prophet und Prediger.«[3]

Jüdisch wie christlich verkörpert der religiöse Lehrer nach van der Leeuw nicht einen Guru mit Kultstatus. Und das zeigt sich auch an seiner Eigenart zu sprechen: »Er spendet nicht Heil, er sagt es nicht an, er spricht nur *davon,* und das Heil der Lehre muß sich selbst auswirken.«[4]

Im Neuen Testament wird hin und wieder der Lehrer (didaskalos) erwähnt. Welche Funktion die so bezeichneten Menschen für die werdenden Gemeinden bekamen, ist bisher nicht eindeutig zu bestimmen. Breiter erforscht in diesem Spektrum ist allerdings eine Person: Jesus von Nazareth. Bekanntlich wurde er neben anderen Titeln auch als »Rabbi« tituliert, in den Evangelien ganze 65 Mal.[5] In der Übersetzung mit dem Begriff »Meister« durch Martin Luthers ist Jesus als Rabbi für unsere Ohren eher versteckt. Jesus lehrte nach den Berichten der Evangelien in der Synagoge sowie als freier Wanderprediger, in Lern- und Lebensgemeinschaft mit einem Kreis von Jüngern und Jüngerinnen, seinen Schülern.

Zentraler Inhalt seiner Lehre war die Ankunft des Reiches Gottes. Dabei sind Elemente weisheitlicher Lehrart nicht zu übersehen, man denke etwa an die Bergpredigt, wo es ausdrücklich heißt: »*Lernt* von den Lilien, die auf dem Feld wachsen: Sie arbeiten nicht und spinnen nicht.« (Mt 6, 28). Freilich geriet die Lehre Jesu für viele seiner Zeitgenossen eher furchterregend oder gar anstößig. Seine Art des Lehrens geschah mit enormem Risiko. In den Überlieferungen

---

3   Van der Leeuw a.a. a. O. 252.
4   Ebd.
5   Rainer Riesner, Jesus als Lehrer. Eine Untersuchung zum Ursprung der Evangelien-Überlieferung (WUNT II/7), Tübingen 1981; vgl. ferner Susanne Luther, Artikel »Lehrer«, in: WiReLex, http://www.bibelwissenschaft.de/stichwort/51955 download 20.8.2020.

zum Rabbi Jesus sind Lehre und deren Wirkung mit Aussagen über die Autorität seiner Person im Interesse der Christologie untrennbar verknüpft. Dieser Lehrer redete »aus Vollmacht« (Mk 1,21 »exousia«). Reden von Gott wirkmächtig vollzogen aktiviert eine besondere Macht.

Wenn zwischen Antike und Spätmoderne im Blick auf das Konzept von Lehrer und Lehre ohnehin eine große historische und kulturelle Distanz herrscht, dann gilt das wohl erst Recht in religiöser Hinsicht. Ein geistliches Machtpotenzial, wie es die Texte im Neuen Testament für Jesus von Nazareth bezeugen, ist für Lehrkräfte säkularer Schulen nicht nur unerreichbar, sondern wäre wohl abwegig. Denn auf heutigen Lehrer*innen lastet beim ihren Versuchen, im Unterricht von Gott zu reden, gewiss nicht der Anspruch vollmächtigen Redens. Hier setzt schon die Theologie klare Grenzen, die entlastend wirken. Angesicht der qualitativen Differenz zwischen diesem einzigartigen Lehrer und Lehrkräften heute kann man nicht unvermittelt vom einen zum anderen springen. Von Philosophen und Weisheitslehrern der Antike zur Lehrkraft der modernen Wissensgesellschaft führt kein kurzer Weg. Die Beschreibung wäre sicher anhand der heute verfügbaren Quellen noch weiter zu differenzieren. Aber bereits an antiken Traditionen werden grundlegende Strukturmomente für das Verstehen religiöser Lehrer und ihres Wirkens sichtbar: Eine Gefolgschaft von Lehrer und Schülern (im Einzelfall bis hin zur Lebensgemeinschaft), die Ermächtigung des Lehrers zu seinem Tun, die Botschaft und ihre Wirksamkeit.

In beiden großen christlichen Kirchen kennt man Rolle und Funktion der Lehre und kirchlicher Lehrer. Das »docere« ist nach protestantischer Auffassung mit konstitutiv für Kirche[6]. Das römische Lehramt (›magisterium‹) hat hohen Rang im Katholizismus. Wenn Religionslehrer*innen in der staatlichen Schule heute Orientierung für eine angemessene Beschreibung für ihre pädagogischen, didaktischen und auch administrativen Aufgaben suchen, wenn gefragt wird, was und wie sie sprechen sollen, dann werden sie aber vermutlich nicht zuerst biblische Texte oder dogmatische Formeln zu Rate ziehen, eher wissenschaftliche Darstellungen des Faches und methodische Kompendien.

---

6   Confessio Augustana 1530 VII: »Es wird auch gelehrt, daß allezeit eine heilige, christliche Kirche sein und bleiben muß, die die Versammlung aller Gläubigen ist, bei denen das Evangelium rein gepredigt und die heiligen Sakramente laut dem Evangelium gereicht werden.« Die lateinische Fassung ist noch deutlicher: »Item *docent*, quod una sancta ecclesiaperpetuomansura sit. Est autem ecclesia congregation sanctorum, in qua evangelium pure *docetur* et recte administrantur sacramenta.« BSLK Göttingen, 61.

3 Heute in der Schule professionell sprechen

In der Schule heute wird geredet, aller Herrschaft des Bildes und der Bilder zum Trotz. Im Unterricht diskutieren Jugendliche darüber, ob man unter bestimmten Umständen nicht die Wahrheit sagen muss, drei Kinder streiten sich auf dem Schulhof wortgewandt um die Rangfolge untereinander, auf dem Gang tuscheln zwei Mädchen, im Sprachlabor kommunizieren einzelne Teilnehmer am Unterricht per Mikro und Kopfhörer. Einige Skizzen zu Gesprächen im Unterricht haben das auf unterschiedliche Weise konkretisiert (vgl. oben das Kapitel »An-Sprechende Erfahrungen«).

In der Schule wird auch von Berufs wegen professionell gesprochen. Mit der Emanzipation des Lehrerberufs aus den Eierschalen von Wilhelm Buschs Schulmeister Lehrer Lämpel gelten auch für Religionslehrkräfte in öffentlichen Schulen deutscher Bundesländer seit langem fachliche und rechtliche Spielregeln für nahezu alles pädagogische Handeln. Dieses unterliegt nicht mehr in erster Linie einer inneren geistlichen Berufung und den Rahmenbedingungen und den internen inhaltlichen Vorgaben des religiösen Systems. Lehrer-Sein ist eine Profession, welche bestimmten Standards professionellen Handeln folgt, mehr noch: der spannungsreichen Dynamik im pädagogischen Feld zwischen inhaltlichen Vorgaben, administrativen Regeln, einem schulischen Bildungsauftrag und deren eigenverantwortlich wahrgenommenen Gestaltung. Die berufliche Praxis von Lehrer*innen und speziell auch ihr Reden liegt im Schnittfeld kirchlicher und staatlicher Institutionen[7]. Sie werden von der jeweiligen Religionsgemeinschaft autorisiert (»bevollmächtigt« heißt das in Evangelischen Kirchen) und sie sind zugleich staatlich examinierte Lehrkräfte. Die komplexen Rahmenbedingungen der Praxis von Lehrer*innen werden von der Person unterschiedlich gefüllt, je nach individuellen Prägungen, Möglichkeiten und Schwächen. Das alles bestimmt in einem deutlichen Maß auch den lehrenden Umgang mit Religion in der Schule, auch das Reden von Gott.

Lehrer*innen handeln im Schulalltag nach (mehr oder weniger erfolgreicher) professioneller Vorbildung und auf Erwartungen relevanter Referenzkontexte (Staat, Kirchen, Wissenschaft, Eltern, Schüler u. a.) hin. Dazu gehört ein Set von Fach-Wissen, die Kenntnis methodischer Strategien, kommunikative Kompetenzen und schließlich ein pädagogischer Habitus. Was erfolgreiches professionelles

---

7   Vgl. Silke Leonhard, Religionspädagogische Professionalität. Eine empirisch-theologische Studie im Horizont des Pathischen, Göttingen 2018.

Handeln von Lehrer*innen insgesamt ausmacht, wird je nach vorgeordnetem professionstheoretischen Modell unterschiedlich gefasst.[8] Was sinnvolles pädagogisches Handeln ausmacht, ist nicht ohne eine bildungstheoretische Fundierung des Redens und Handelns im Unterricht zu bestimmen. Aus solcher Orientierung resultiert, dass Lehrer*innen in der Schule nicht nur zufällig über dies und das reden, zunächst auch nicht über sich selber, sondern dass sie ihren Schüler*innen ›Welt‹ eröffnen. Bildung als Öffnung zur Welt erweitert für Schüler Horizonte, ermöglicht ihnen Begegnung mit Unbekanntem, mit Fremdem. Darin liegt ein emanzipatorischer Grundzug des Verständnisses von Bildung, der seit den Traditionen der Aufklärung bis heute maßgeblich ist (Immanuel Kant; Wilhelm von Humboldt u. a.).[9] Solche Öffnung zur Welt wurzelt in der anthropologisch beschriebenen Fähigkeit des Menschen zum Reden.

Lehrer*innen sprechen und eröffnen Schülern schrittweise die Welt. Allerdings, mit ihrem Sprechen folgen sie auch anderen Intentionen. Sie verlesen eine Aufgabe zur Grammatik im Deutschunterricht oder sie erläutern das Merkblatt für die Skifreizeit. Lehrer*innen führen ein Unterrichtsgespräch mit Schülern in der Klasse, sie erzählen eine biblische Geschichte oder halten einen Kurzvortrag über Martin Luthers Thesenanschlag als Start zur Reformation. Manchmal rufen sie ihren Schülern entnervt zu »Seid endlich still!« Lehrer*innen eröffnen durch ihr Reden ihren Schüler*innen nicht einfach nur Wissensgebiete im sprachlichen, mathematischen oder eben auch im religiösen Bereich, sie sind weisungsgebundene »Unterrichts-Beamte«[10] im »öffentlichen Dienst«, die ein vom Lehrplan vorgeschriebenes Pensum durchzunehmen haben, die den ganzen Vormittag über neben dem Unterrichten auch Unterrichtsmanagement betreiben. Sie reden nicht nur, sondern sie vergeben Zensuren, haben Anteil an der Schule als gesellschaftlicher Institution zur Chancenzuteilung über die Vergabe von Zensuren und Zeugnissen.

---

8   Mit Ewald Terhart kann man zwischen strukturtheoretischen, kompetenzorientierten und an der Berufsbiografie orientierten Ansätzen unterscheiden, vgl. Ewald Terhart, Lehrerberuf und Professionalität: Gewandeltes Begriffsverständnis – neue Herausforderungen, in: Werner Helsper/Rudolf Tippelt, (Hg.), Pädagogische Professionalität, Weinheim u. a. 2011, (Zeitschrift für Pädagogik, Beiheft; 57) 202–224, insbes. 206 ff.

9   Hans Joachim Heydorn, Zu einer Neufassung des Bildungsbegriffs, Frankfurt/M., 1972; vgl. ferner Wolfgang Klafki, Die Bedeutung der klassischen Bildungstheorien für ein zeitgemäßes Konzept allgemeiner Bildung, in: Zeitschrift für Pädagogik 32 (1986), 455–476.

10 Horst Rumpf, Der Unterrichtsbeamte, in: ders., Scheinklarheiten. Sondierungen von Schule und Unterrichtsforschung, Braunschweig 1971, 59–70.

Lehrer*innen im Schulalltag verfügen über ein mehr oder weniger erprobtes Methodenrepertoire, in dem sie vielfältig auch spezifische Sprechpraxen einsetzen. Wie Lehrer*innen sprechen, kann man von didaktischen und methodischen Konzepten her analysieren[11] oder auch aus der Perspektive der Stimmbildung[12]. Man kann danach fragen, ob und wie Sprechen im Unterricht gelingt, man kann sich der Sprechpraxis pädagogisch normativ annähern. Aufschlussreich für praxisorientiertes Verstehen ist es auch, sich dem Sprechen von Lehrer*innen lebensweltlich anzunähern, etwa der Auffälligkeit nachzugehen, dass Lehrer*innen (nicht nur im Urteil kritischer Schüler) zu viel reden. Der Erziehungswissenschaftler Hilbert Meyer kommt bei diesem weit verbreiteten Hang zum Monologisieren zur Vermutung, dass Reden der Lehrkräfte vor allem die Funktion hat, als Schmiermittel zu dienen, um den Unterricht in Gang zu halten.[13] Geht man dem unterrichtlichen Sprechen in lebensweltlicher Perspektive nach, dann zeigen sich also manche problematische Ausgangslagen und Schwachstellen. Denn Lehrer*innen sprechen natürlich wie alle anderen Menschen nicht nur vorbildlich und geglückt, ihr professionelles Sprechen schließt im Alltag der Schule auch »typische Lehrersätze« ein, darunter auch solche, die sie besser nicht sagen, weil sie Schülern auf die Nerven gehen oder sie sogar verletzen.[14]

Es zeigen sich aber mitunter auch Sternstunden des Lehrens, dichte Momente des Unterrichts, wenn es plötzlich ganz still wird im Klassenzimmer, Schüler plötzlich fasziniert den Ausführungen des Lehrers lauschen, »wenn es im Klassenzimmer knistert« wie Hartmut Rosa das beschrieben hat (vgl. oben das Kap. »Resonanzen: Reden als Angesprochene«). Und in der Rückschau sind Lehrer*innen manchmal selber sprachlos, wie das gelingen konnte.

Antworten auf die Frage, wie das Sprechen von Lehrer*innen gelingt, stehen vermutlich in Wechselwirkung nicht nur mit Strategien zur Bewältigung des

---

11 Dieter Spanhel, Die Sprache des Lehrers, Grundformen des didaktischen Sprechens, Düsseldorf 1971; vgl. ferner Stefan Bittner, Das Unterrichtsgespräch. Formen und Verfahren des dialogischen Lehrens und Lernens, Bad Heilbrunn 2006.

12 Roswitha Eder, Stimme und ihre Bedeutung für Verständigung – Möglichkeiten und Grenzen leiblicher Stimmbildung, in: Matthias Erhardt, u. a. (Hg.), Der skeptische Blick. Unzeitgemäße Sichtweisen auf Schule und Bildung Wiesbaden 2011, 219 ff.

13 Hilbert Meyer in einem Interview vom 13.03.2006, Warum reden Lehrer/innen so viel?, https://www.lehrerfreund.de/schule/1s/lehrer-reden-viel/2627. Vgl. den einschlägigen Kalauer »Wenn alles schläft und einer spricht, das nennt man Unterricht.«

14 Vgl. den Blog von Anni Pastel, 25 Typische Lehrersätze – Und Was Dahintersteckt, https://annipastel.com/2018/06/06/25-typische-lehrersaetze-und-was-dahintersteckt/.

Unterrichtsalltags, sondern auch mit dem, was sie als generelle Intention von Bildungsprozessen in der Schule ansetzen, welche Erwartungen sie von den jeweiligen Unterrichtsgegenständen her als richtungweisend für ihr Handeln annehmen. Das gilt wohl für alle Lehrer*innen und für verschiedenste Fächer, ob es um Literatur, um Sport oder um Mathematik geht, es gilt aber sicher auch für den unterrichtlichen Umgang der Lehrkräfte mit Religion, auch und besonders für ihr Reden von Gott.

Unverzichtbar ist deshalb in unserem Zusammenhang ein Versuch, zumindest in knapper Form Auskunft über solche generellen Intentionen zu suchen, m. a. W. gängige Konzepte religionspädagogischer Fachdidaktik heranzuziehen. Denn in denen werden Ziele und Normen für den RU verhandelt, und sie sagen auch etwas darüber aus, welche fachlichen Intentionen Lehrkräfte mit ihrem Reden im Unterricht eigentlich anstreben sollen.

4 Kommunikation über Religion oder religiöse Kommunikation?

Im evangelischen RU soll über Religion gesprochen werden, speziell auch über Gott. So steht es in nahezu jedem Lehrplan deutscher Bundesländer. Und unter diesem großen Themenbereich rangieren zahlreiche Teilthemen für einzelne Unterrichtsmodule, z. B. ›Gleichnisse Jesu vom Reich Gottes‹, ›Schöpfungsglaube und Urknall‹, ›Kinder fragen nach Gott‹, ›Gottesvorstellungen in der Bibel und im Koran im Vergleich‹, ›Religionskritik‹ usw.

Aus den einzelnen Unterrichtsinhalten ergibt sich aber noch nicht eine erschöpfende Antwort auf die Frage, mit welcher Grundintention Lehrer*innen über diese Inhalte im RU sprechen sollen. Hier einen Schritt weiter zu kommen, wurde mit der Kompetenzorientierung versucht. Das war gewiss ein Schritt in die richtige Richtung. Aber Inhalte des Unterrichts gegen erreichbare Fähigkeiten zu tauschen, bleibt ein formales Ziel, lässt existenzielle Ziele des Lernens noch völlig außer Acht.

In der Ausbildung angehender Religionslehrkräfte an der Universität wird solche Reflexion auf Grundintentionen des Unterrichts angebahnt, indem Studierende nach ihren Lehreridealen gefragt werden.

Das kann z. B. so geschehen: In einer Übung legt der Dozent in die vier Ecken des Raumes vier Plakate mit unterschiedlichen Idealvorstellungen:

Ich sehe meine zentrale Aufgabe als Religionslehrer*in darin ...
- *für Schüler*innen immer ansprechbar zu sein*
- *theologisches Wissen zu vermitteln*
- *junge Menschen für Christus zu gewinnen*
- *über Religionen gut zu informieren*

Die Studierenden positionieren sich je nach eigener Präferenz in einer der Ecken. So kann ein Reflexionsprozess angestoßen werden, in dem Studierende am Beginn ihres Studiums darüber nachdenken, aus welcher Motivation heraus sie mit Kindern und Jugendlichen im Unterricht aktiv werden wollen. In vielen Seminargruppen zeigt sich, dass für Studierende Ideale der permanenten Ansprechbarkeit, aber auch solche der gelungenen Vermittlung von Information und Wissen in Sachen Religion im Vordergrund stehen. Die eher missionarisch akzentuierte Variante, »junge Menschen für Christus zu gewinnen«, ist deutlich weniger populär. Lehrer-Sein wird von Theologiestudierenden im 21. Jahrhundert kaum als eine religiöse Rolle begriffen.

Von wo aus sprechen Lehrer*innen dann über Gott? Man kann das sicher auf verschiedene Weise tun, z. B. in Form einer »verfügenden Gottesdidaktik«[15] oder eher im Rahmen eines experimentellen Unterrichts. Wenn gilt, dass ein guter Lehrer »aus der Sache« spricht und nicht nur über Sachen – soll dann im Religionsunterricht religiös gesprochen werden in dem Sinne, dass jemand wirklich »von Gott her« spricht? Oder wird damit der Rahmen von Schule gesprengt? Um hier weiterzukommen, bedarf es der Verständigung über professionelles Handeln von Religionslehrkräften von den Grundzielen dieses Unterrichts her. Die gibt es aber nur in Gestalt eines unablässigen Diskussionsprozesses.

Bündige Leitformeln für Religionslehrer*innen wie ehedem diejenige vom ›Erzieher als Christ‹ haben schon lange an Plausibilität eingebüßt. Die Zeiten, da RU der Schule als »Kirche in der Schule« verstanden wurde, sind lange vorbei. Heute wird kaum noch jemand ernsthaft als Leitvorstellung für Religionslehrkräfte ein »Amt des Kirchlichen Lehrers« reklamieren wollen, wie das nach dem Ende des 2. Weltkrieg aus damals vielleicht plausiblen Gründen getan wurde.[16] RU nicht mehr als Gesinnungs-Fach, sondern als Lern-Fach zu konzipieren wurde schon im Zuge der Reformen der 1970er Jahre gefordert.

---

15 Dietrich Zilleßen, Gegenreligion. Über religiöse Bildung und experimentelle Didaktik, Münster 2004, 79.
16 Oskar Hammelsbeck, Der kirchliche Unterricht. Aufgabe – Umfang – Einheit, München 1947, 268 ff.

Der Pädagoge Theodor Wilhelm machte den Vorschlag, den Religionsunterricht der Schule vornehmlich als Platz zur Ordnung der religiösen Vorstellungswelt auszugestalten. »Der schulische Religionsunterricht ist die Stelle im Lehrplan, wo Religion als rationale Struktur veranschlagt und ›durchgespielt‹ wird. Während die kirchliche Verkündigung von der frohen Botschaft der Andacht und der Öffnung der Herzen für die Offenbarung Gottes dient, geht es im Religionsunterricht der Schule darum, die Welt als religiöse Vorstellung zu denken und diese religiöse Vorstellungswelt kritisch zu ordnen und mit profanen Weltbildern zu kontrastieren … Der Unterricht muß prüfen, wie die christliche Religiosität auch als intellektueller Lerntext ungeteilt und schlüssig ist.«[17]

Das war ein emphatisches Plädoyer für eine der Rationalität verpflichtete Schule. Andere haben gefragt, ob damit die Sache »Religion« aus der Innenperspektive christlicher Religion noch zur Geltung kommen könne. Gestritten wird in immer neuen Anläufen um die angemessene Antwort auf die Herausforderungen durch neue Problemlagen in Schule, Kirche und Gesellschaft. In einer säkularisierten und religiös stark pluralisierten Kultur stehen Grundorientierungen für den schulischen RU vor der Herausforderung, für Lehrkräfte auch praxistaugliche Antworten darauf zu geben, wie Lehrer*innen christlich verantwortbare Zugänge zum Gegenstand Religion, die grundgesetzlich vorgegebenen Konfessionsbindung des Unterrichts und religiöse Suchbewegungen ihrer Schüler in ein sinnvolles Wechselspiel bringen können. Die Debatten haben mit der Wende 1989 eine neue Qualität und Intensität erreicht. Die Diskussion wurde und wird geführt angesichts der wachsenden Präsenz nicht-christlicher Schüler in öffentlichen Schulen. Gestritten wird u. a. darüber, welche Religion denn eigentlich maßgeblich für den Unterricht sei: eine spezifisch christlich bestimmte Religion, die »Religion der Schüler« oder Religion in kategorialer Bestimmung religionswissenschaftlicher Annäherung.

Seit 1989 besteht zumindest regional die Konkurrenz eines bekenntnisfreien Faches LER in Brandenburg. Auch die bildungs- und religionspolitische Debatte um die notwendige Etablierung eines islamischen RUs in Deutschland hat sich zum Prüfstein für die eigene Orientierung des RUs entwickelt. Die Diskussion um Geltung und Realisierung des Konfessionsprinzips für den RU ist in Deutschland weiter in Bewegung. Neben dem überkommenen Normal-Modell einer konfessionell homogenen Lerngruppe wird inzwischen eine ganze Palette von alternativen Modellen angeboten, so etwa der »konfessionell-kooperative RU«,

---

17 Theodor Wilhelm, Theorie der Schule, Stuttgart 1969.

der »RU für alle in evangelischer Verantwortung« (Hamburg), ein RU für alle im Klassenverband, eine vom Konfessionsbezug freie Religionskunde; neuerdings wird in Österreich die Entwicklung »kontextsensibler Modelle«, d. h. eine Regelung vor Ort in der jeweiligen Schule vorgeschlagen. Immer wieder trifft man auf Stimmen, die das Plädoyer für einen konfessionell bestimmten RU eher wie ein abgehobenes Mantra wiederholen. Viele Praktiker in der Schule fragen sich, wie das eigentlich noch vereinbar ist mit der faktisch stark diffus gewordenen religiösen Bindung von Lehrern und Schülern. Andere setzen ebenso vehement auf eine Loslösung des Unterrichts aus kirchlich-konfessioneller Mitbestimmung und plädieren für einen informierenden Unterricht.

Solche Problemhorizonte können hier nur skizzenhaft notiert werden. Ihre Themen und Positionen sind oberhalb der konkreten Gestaltungsansätze unterrichtlicher Praxis angesiedelt. Jedoch setzen sie wirkungsvolle Vorzeichen auch für die uns beschäftigende Frage nach angemessenem Umgang von Lehrer*innen mit Religion und mit der Frage nach Gott.

Seit der wachsenden europäischen Integration und der Globalisierung von Bildungsdiskursen gilt auch in der religionspädagogischen Debatte an Universitäten wie auch zunehmend für Praktiker, dass die eigenen regionalen oder nationalen Antworten mit Gesprächspartnern außerhalb Deutschland in Kontakt zu bringen sind. Die zunehmende europäische Verflechtung religionspädagogischer Diskurse hat die Antwortversuche auf die Frage, was RU in der Schule leisten soll, verkompliziert. Im angelsächsischen Raum seit langem sehr populär ist die religionspädagogische Leitformel des »teaching *about* religion«. Nicht mehr »faith based education« sondern bekenntnisfreie Einführung in die vorfindliche religiöse Vielfalt sollte Grundorientierung werden. Damit und mit dem Wechsel zur Religionswissenschaft als dominanter Bezugswissenschaft für Lernen in Sachen Religion sollte eine lange Zeit herrschende Dominanz christlich-kirchlicher Grundierung des RUs beendet werden, sollte ein »indoktrinationsfreier« Unterricht gewährleistet werden. (Jener wurde dann vielfach als »teaching *from* religion« bezeichnet und abgelehnt.) Auf der Linie des »teaching about religion« fand auch in den skandinavischen Ländern in den letzten Jahrzehnten eine grundlegende Umorientierung religiöser Erziehung in staatlichen Schulen statt. In England hat es mittlerweile heftige Diskussionen um den Ansatz des »Teaching about religion« gegeben.[18] Dabei wurde u. a. die

---

18 England hatte bereits seit 1944 »Religious Education« als Pflichtfach im staatlichen Curriculum etabliert. Seit den 70er Jahren wurde im Rahmen eines »multi-faith-approach« versucht,

Kompetenz von Schülern im Sinne einer basalen religiösen Lesefähigkeit (»religious literarcy«)[19] verstärkt angemahnt, ebenso die pädagogische Bedeutung eines »committments« der Lehrkräfte neu bewertet.

Es ist nicht ganz einfach, die englischsprachige Nomenklatur ins Deutsche zu übersetzen.

Gleichwohl hat die eingedeutschte Formel eines »Reden über Religion« weite Verbreitung gefunden, mit ihr quasi automatisch eine plakative Polarisierung der Grundintentionen mit entweder »konfessioneller Unterricht« oder »Reden über Religion«. Als eine weniger simplifizierende Diktion, die zudem stärker auf Sprachpraxis abhebt, kann eine Zielorientierung gelten, die den Begriff der Kommunikation aufnimmt. In dieser Richtung lassen sich dann religionspädagogische Grundziele einerseits als »religiöse Kommunikation«, andererseits als »Kommunikation über Religion« fassen. Wer »Kommunikation über Religion« stark macht, votiert dafür, dass Unterricht der öffentlichen Schule Schüler in die Vielfalt kultureller Phänomene einführen muss, und deshalb auch über Religion und über Gott sprechen muss, informierend und an Verständnis orientiert. Wer hingegen »religiöse Kommunikation« in den Vordergrund rückt, verweist darauf, dass Kinder und Jugendliche vor und außerhalb von Schule zusehends weniger Kontakt mit überkommenen Gestalten kirchlich-konfessioneller Religion haben, votiert deshalb zur generellen Zielsetzung von RU für mehr Präsenz und Einübung von evangelischer Religionspraxis im Sinne ihrer kirchlichen Prägung. Und da wird gern das Stichwort »performativ« bemüht. Aber wie sinnvoll und angemessen ist es eigentlich, hier im Entweder-Oder stecken zu bleiben?

Der Marburger Religionspädagoge Bernhard Dressler hat sich für eine Didaktik des Perspektivenwechsels ausgesprochen und sich mit Argumenten einer falschen Polarisierung widersetzt. Ein sachgemäßer Unterricht braucht seiner Ansicht nach beides: »… der *religiösen* Kommunikation ist im Unterricht immer die Kommunikation *über* Religion an die Seite oder auch querzustellen. Deshalb ist eine Didaktik des Perspektivenwechsels … immer auch eine Didaktik

---

die großen Weltreligionen Christentum, Judentum, Buddhismus, Hinduismus und Islam jeweils gleichgewichtig und möglichst ohne christlichen Bias zu präsentieren; vgl. insgesamt Robert Jackson, Religious Education – an Interpretive Approach, 1996.

19 Andrew Wright, Language and Experience in the Hermeneutics of Religious Understanding, in: British Journal of Religious Education, 18/3 (1996), 166–80.

des Positionswechsels, des Standpunktverwischens.«[20] Nimmt man die Eigenart von Religion ernst und nimmt man ebenso den Bildungsauftrag der Schule ernst, dann ist es wenig hilfreich, in eine falsche Wahl und Abwahl gezwungen zu werden. »Religiöse Praxis schließt zwar die kenntnisreiche und argumentationsfähige Teilnahme an privaten und öffentlichen Diskursen über religiöse oder religionspolitische Fragen ein, geht aber als Religionskultur darüber hinaus. Zu einer reflexionsfähigen, nichtfundamentalistischen Religionspraxis gehört deshalb Urteilsfähigkeit in doppelter Hinsicht: Zur Kommunikation *über* Religion und zu *religiöser* Kommunikation. Wenn man die narrative Offenheit der Evangelien zur Geltung bringt, die sich nicht doktrinär auf den Begriff bringen lässt, kann aber die Unterscheidung zwischen der kerygmatischen Zurückhaltung des Religionsunterrichts und einem Verkündigungsimpetus gleichsam unter-laufen werden, ohne dass der gebotene pädagogische Takt verletzt oder die Didaktik gesinnungsförmig übergriffig werden muss und die Selbstständigkeit des von ihr angeregten Urteilens missachtet.«[21]

Es bedarf der Distanz und der Nähe zur Sache, im Religions-Unterricht wie in vielen anderen Fächern, der Verschränkung einer partizipativen Sicht aus der Innenperspektive von Religion mit der distanzierenden Reflexion über eben diesen Gegenstand. Dabei rückt sachlich und begrifflich die oben genannte Alternative eines »teaching about« und »teaching from« unter einen veränderten Verstehenshorizont. »Das bedeutet ... für religiöse Bildung, dass sie möglichst nicht nur ›über‹ Religion handelt, sondern die spezifische Weltsicht der Religion erschließen soll – und das kann, weil es kein religiöses Esperanto gibt, immer nur heißen: die Weltsicht einer bestimmten, exemplarischen Religion. Anders wird man gerade nicht begreifen können, wie sich die Welt in einer religiösen Perspektive darstellt. Denn ›über‹ Religion redet man in jener neutralisierenden Distanz, in der Religion ein sozial-kulturelles Phänomen ist wie die Pubertät ein hormonelles Problem ist. Was Religion in einer Binnenperspektive bedeutet, wird man so niemals auch nur ahnen können.«[22]

Mit dieser Näherbestimmung ist vieles gewonnen, zunächst dies, dass man das grundsätzlich notwendige Spannungsverhältnis gerade nicht preisgibt. Zudem wird die globale und in aller Regel nur noch deklamatorische Perspektive des »konfessionellen« RUs ihres Pathos beraubt, sie wird sachlich näher bestimmt

---

20 Bernhard Dressler, Sinn – Bedeutung – Präsenz. Aspekte religiöser Bildung, in: ZPTh 70 (2018), 191–204, Zitat 202.
21 Ebd.
22 B. Dressler, a.a.O.

und eingegrenzt. Die generelle Aufgabe von RU wird an reflektierte Einübung
von Weltsichten gebunden, zugleich an konkreten Umgang mit Gestalten und
Gestaltungsformen von Religion.

5 Ich spreche

Generalisierte Formeln wie »Religiöse Kommunikation« und »Kommunikation
über Religion« können Orientierung für religionspädagogisches Handeln geben,
aber sie tun das auf einer (gewiss sinnvollen) metasprachlichen Bestimmungs-
ebene. Sie erreichen noch nicht die Sprechpraxis unterrichtlicher Kommunikation. Und sie erreichen noch nicht die Person. Denn sie enthalten noch kein
sprechendes Subjekt. Auch geben sie noch nicht zureichend darüber Auskunft
darüber, wie Schüler*innen das erleben, was ihnen Lehrer*innen in unterrichtlichen Begegnungen sagen und wie sie ihre Lehrer dabei erleben. Sokrates, von
dem zu Anfang die Rede war, sprach als Einzelner, als Person. Wenn auch unter-
richtliches Reden über Gott heute nie nur Information enthält, sondern stets
auch eine Form des In-Beziehung-Tretens zu Schüler*innen, dann muss man
in empirischer Hinsicht fragen, welches In-Beziehung-treten im Reden über
Gott in einer konkreten Unterrichtssequenz realisiert wird?

Eine Unterrichtsszene
Wir sind in der 8. Klasse RU im Gymnasium in einer Kreisstadt im ländlichen
Raum. Es ist eine gemischte Klasse von 13 Jugendlichen, sieben sind evange-
lisch, zwei Muslime, vier Schüler sind konfessionslos. Der Lehrer (Deutsch
und ev. Religion), nennen wir ihn Herrn Adam, ist ein freundlicher Mann
von Mitte 30, der mit seinen Schülern in der Regel gut klarkommt, der gut
gelitten ist, weil er auch schon mal einen Witz macht und nicht nur bierernst
unterrichtet. Geschätzt wird er von Schülern im Allgemeinen auch, weil er im
Unterricht ruhig agiert und alle gern zu Wort kommen lassen will.

Es ist die 8. Stunde am Vormittag. Der Themenblock »Reden von Gott ange-
sichts atheistischer Religionskritik« ist dran. Seit drei Wochen versucht Herr
Adam mit den Schülerinnen am Thema zu arbeiten. Für die 4. Stunde in der
Unterrichtsreihe hat er Medien ausgewählt, um das Thema in aktuelle Bezüge
zu stellen, einen Zeitungsartikel über die Buskampagne der Atheisten aus Lon-
don 2008. Er startet die Stunde damit, dass er einige Hintergrundinformationen
über die Kampagne gibt, auch kurz etwas über Richard Dawkins erzählt. Mit
der Aufforderung »Was ist dran an der Sache?! Welche Argumente haben

*die Leute von der Buskampagne?« möchte er danach den Ball in die Schüler-
gruppe zurückspielen. Obwohl die Jugendlichen nach 7 Stunden Unterricht
jetzt etwas Zeit brauchen, um in das Thema hineinzufinden, entwickelt sich
bald ein Streitgespräch um das Für und Wider der Parolen auf dem Bus (»Es
gibt wahrscheinlich keinen Gott, also machen Sie sich keine Sorgen mehr, und
genießen Sie Ihr Leben.«)[23] Zwei Schülerinnen, Mirjam und Sigrid, geraten
besonders heftig in Streit, die eine verteidigt die Buskampagne: »Endlich mal
einer, der den Humbug mit der Existenz Gottes klar anspricht. Ich glaub das
sowieso alles nich!« Die andere hält vehement dagegen: »Alles nur Phrasen
und Propaganda von denen!«.*

*Herr Adam freut sich sichtlich, dass es so lebhaft zugeht. Er hält sich auch bei
Fragen nach seiner Meinung zur Sache eher zurück, beschränkt sich darauf,
die Diskussion zu moderieren. Nachdem der Wortwechsel eine Weile hin- und
hergegangen ist, platzt es irgendwann aus einer Schülerin ganz ungeduldig
heraus. Monika dreht sich zu Herrn Adam und ruft mit ärgerlichem Unterton: »Nun sagen Sie doch mal, wie ist das eigentlich mit Ihrem Glauben?! Was
halten Sie denn von den Parolen von Herrn Dawkins?!«*

  *Herr Adam druckst kurz herum, dann lenkt er wieder zur Sache. Natür-
lich hätte er für sich eine Antwort auf die Frage, aber nach seiner Planung
wäre die erst in zwei Stunden dran, damit sich die Schüler erst mal Raum
haben, die Positionen genauer zu ermitteln. Er findet es wichtig, Jugendlichen
nicht vorschnell seine eigene theologische Meinung aufzudrücken. Aber das
kann er natürlich jetzt nicht einfach so sagen. Die Frage von Monika provoziert ihn, drängt ihn dazu Stellung zu beziehen. Aber er geht nicht darauf ein,
jetzt noch nicht. An den Gesichtern einiger Schülerinnen kann er doch Ent-
täuschung ablesen.*

Man kann fragen, welche Botschaft die Schüler*innen hier über die Sache des
Unterrichts gelernt haben, gerade in Verbindung mit einem Lehrer, der eher ver-
legen geschwiegen hat. Mancher Kollege würde im Blick auf diese Unterrichtssequenz fragen: »Herr Adam, wo bleibt denn bei Ihnen eigentlich das evangelische Profil, dass wir doch im Reli-Unterricht zeigen sollen! So kann man doch
nicht unterrichten, so ganz ohne Überzeugungen!« Es wäre wohl vorschnell,
Herrn Adam zu kritisieren. Nicht jeder ist in jeder Situation des Unterrichts
gleich spontan. Man kann aber wohl unterstellen, dass Herr Adam mit Absicht

---

23 Vgl. dazu oben den Abschnitt »Gott existiert« im Kapitel »Kontexte«.

keine Position bezogen hat, dass er mit Bedacht zumindest in dieser Stunde auf »Kommunikation über Religion« abgezielt hat.

Wie positioniert sich Herr Adam als Lehrer zur Sache? Von wo spricht er und schweigt er? Aus welchem Antrieb, mit welcher Autorität? Nicht als Besitzer der richtigen Antworten. Als Experte? Als Fragender unter Fragenden? Mit dem Hinweis darauf, dass Sachargumente gefragt sind, hält er in der Stunde seine eigene theologische Position zurück. Er will den Jugendlichen nicht seine theologische Meinung aufdrücken. Aber danach fragen sie auch gar nicht, sondern nach seiner existenziellen Haltung. Mit der Frage »was ist dran an der Sache?« stellt er seinerseits gerade keine Sachfrage, sondern eine Beurteilungsfrage. So darf er sich auch nicht wundern, dass die Schüler später nach seiner Meinung/Haltung fragen. Sie drängeln, provozieren, einige von ihnen sind stark engagiert, sie reden nicht einfach neutral, sie wollen das Thema nicht ohne ein persönliches Wort des Lehrers bearbeiten und deshalb sind zumindest einige unzufrieden damit, wie Herr Adam agiert. Er fühlt sich der Intention verpflichtet, den Schülern Einsichten und Argumente zum Streit über Atheismus zu vermitteln. Aber ihm gelingt es nur unzureichend, das damit zu vermitteln, dass beim Thema »Gott« nicht nur Einsichten zur Debatte stehen, sondern existenzielle Grundsicherheiten und Fraglichkeiten, die argumentativ nicht aufzulösen sind. Weder für Schüler, noch für Lehrer.

Lehrer*innen reden von Berufs wegen auch im RU, sie sprechen über Sachen, reden über die inhaltlichen Zusammenhänge, z. B. über die Argumente und polemischen Ansichten der atheistischen Kampagne in London. Sie tun dies – so oder so – doch immer auch als Person, mit ihrer je individuellen Gestaltungskraft und auch mit ihrer spezifischen Haltung gegenüber dem, worüber sie gerade reden. In diesem mehr oder weniger gelingenden Zusammenspiel systemischer und personaler Komponenten findet Reden im Unterricht statt. Die unterrichtliche Kommunikation kann nicht auf Aussagen zur Sache reduziert werden, sie findet in konkreten Situationen statt, in denen immer sprechende Menschen involviert sind, die als ein sprechendes »Ich« eine Beziehung zur Sache offenbaren – oder diese heraushalten. Und das gilt nicht nur in grammatischer Hinsicht, es gilt im weiteren Sinne existenziell. Persönlich sprechen ist riskant. Von Gott in der Schule reden ist riskant, weil es in der Spannung steht zwischen Informationslernen und Lernen, mit Unsicherheiten umzugehen, mit den Grenzen und dem Scheitern des Informationslernens.

Neuere religionspädagogische Professionsforschung hat darauf aufmerksam gemacht, dass die Annahme, RU-Lehrer*innen würden zunehmend religiöse

Überzeugungen vermissen lassen und zur totalen Indifferenz hinüberwechseln, in dieser kategorischen Fassung nicht zutrifft. Es ist hilfreich, einen kurzen Blick auf diese Forschung zu werfen.[24]

Sehr wohl stützt diese Forschung die These, dass Lehrkräfte gegenüber einer Weitergabe eines Glaubens-Soll im traditionellen kirchlichen Sinn sehr zurückhaltend sind. Das ist in der Erhebung von Andreas Feige exemplarisch abzulesen an Antworten der befragten Lehrer*Innen zur Gewichtung möglicher Ziele für den Religionsunterricht. Im evangelischen Sample rangierten unter 31 Items als letzte die Varianten »konfessionelle Position stützen«, »Lehrtraditionen zu diskutieren« und »kirchliche Lehrmeinungen zu vermitteln«[25].

Gute religionspädagogische Theorie macht Lehrer*innen keine detaillierten Anweisungen darüber, was sie in diesem oder jenem Fall über dieses oder jenes Thema sagen sollen. Gewiss gibt es eine Ebene des Wissens über die Unterrichtsgegenstände, die nicht unterschlagen werden darf. Aber es ist für das Gelingen von Unterricht, gerade von Religions-Unterricht, von Belang, dass Schüler hier Lehrer*innen als personale Gegenüber erleben können, die persönlich reflektierte Positionen zur Sache entwickelt haben, damit noch nicht zuende sind, die inmitten einer »religiöse Biografie« stehen, auch selbst Fragen haben und noch neue Antworten suchen. Gerade das macht ihre Voten glaubwürdig. Und gerade damit können sie Schüler*innen wirkungsvoll Zugänge zu deren eigener personenbezogenen Dimension des Redens über Gott eröffnen. In Aufnehmen eines klassischen Terminus aus der Dogmatik kann man das als ein »konfessorisches« Reden bezeichnen. Im Unterschied zum Deklamieren in Sätzen eines fixierten Glaubensbekenntnisses geht es dabei nicht um das Rezitieren alter, bekannter Sätze, eher darum, auf der Wissensgrundlage alter Aussagen zum Glauben neue Sätze zu riskieren, die man jetzt als Person, als ein sprechendes Ich formuliert und verantwortet.

---

24 Aus der Fülle der Untersuchungen nenne ich Andreas Feige & Bernhard Dressler, »Religion« bei ReligionslehrerInnen. Religionspädagogische Zielvorstellungen und religiöses Selbstverständnis in empirisch-soziologischen Zugängen. Münster 2001; Andreas Feige/Werner Tscheetzsch (Hrsg.), Gelehrtes Christentum in der Schule – Emanzipation zur individuellen Anverwandlung des Religiösen. Zielvorstellung, religiöses Selbstverständnis und Berufsbiographien evangelischer und katholischer Religionslehrerinnen und -lehrer in Baden-Württemberg. Braunschweig: Institut für Sozialwissenschaften, 2005.

25 Vgl. Feige/Tscheetzsch, a. a. O.

In solchen Sätzen merken Schüler*innen, dass ihr Lehrer nicht nur klug und informiert *über die Dinge* spricht, um die es gerade geht, sondern *aus der Sache* heraus, und gerade auch dann, wenn er selber Fragen hat und nicht nur Antworten. Neuere religionspädagogische Professionsforschung hat dies bei Lehrkräften von ihrer der Fähigkeit zur Positionierung beschrieben. Manfred Pirner hat in einer Studie an Bayerischen Lehrkräften »bildungstheologische Überzeugungen« von Lehrkräften beschrieben.[26] Und die Frankfurter Studie zu »gelebter Konfessionalität«[27] geht in dieser Richtung noch einen Schritt weiter, indem sie fragt, wie Religionslehrkräfte mit Positionsbildungen zu letzt-verbindlichen Fragen für sich persönlich umgehen, wie sie dies als eine Position im Unterricht verstehen und wo sie sie in der Praxis umsetzen. Es geht um persönliche Adaption der Sache des Bekenntnisses und der Haltung des Bekennens, angefangen bei erfahrungsnahen persönlichen Ausdrucksformen.

Es gibt viel zu informieren und zu argumentieren in Sachen Religion, gerade dann, wenn der Unterricht aus dem Dunst eines »Gesinnungsfaches« oder »Meinungs-Faches« befreit werden soll und zumal dann, wenn heute sogar in großen Tageszeitungen jede uninformierte Meinung über Religion unwidersprochen abgedruckt wird. Wenn der Bezug zur Religion aber ein Subjekt voraussetzt, das sich in dieser oder jener Weise, bestätigend, fragend, klagend zum Grund der Religion in Beziehung setzt, dann entspricht dem ein Unterricht, in welchem ein Lehrer seinen Schülern je und dann von dieser Beziehung etwas konkret zu erkennen gibt, aus der Situation intuitiv formuliert. Das sind dann keine Informationen über richtige Sachverhalte, schon gar keine »Richtigkeiten« mehr. Es sind eher parteiische Sätze, Sätze, in denen eine Lehrkraft Partei ergreift im Sinne von »Das halte ich für eine verbindliche Position. Darauf vertraue ich.« In dem Sinne gibt es auch im Unterricht ein Sprechen, das Risiken beinhaltet. Das sind nicht pathetische Sätze. Eher Sätze, in denen er oder sie persönlich wird, etwas riskiert, sich riskiert.

Und das betrifft keineswegs nur das Reden der Lehrenden. Die Realisierung vom spannungsreichen Gegeneinander von Kommunikation über Religion und reli-

---

26 Manfred Pirner/Daniela Wamser, Religiosität und Lehrerprofessionalität. Zur Bedeutung von bildungstheologischen Überzeugungen und bildungstheologischen Reflexionskompetenz, in: Heimbrock (Ed.), Taking Position. Empirical studies and theoretical reflections on RE-Teachers Views about their personal Commitment in RE Teaching. International Contributions, Münster 2017, 111–126.
27 H.-G. Heimbrock/F. Kerntke, Evangelisches Profil im Widerspruch. Gelebte Konfessionalität von Religionslehrern in der EKHN. Eine empirische Untersuchung, in: Heimbrock (Ed.), Taking Position, a. a. O. 2017, 23–79.

giöser Kommunikation betrifft in gleicher Weise die Schüler*Innen. Das kann man am Beispiel einer Hausaufgabe erläutern.

»Wenn ich ein Prophet wäre«

Im RU einer 7. Gymnasial-Klasse wird das Thema Prophetie behandelt. Nach einer Einführung, die vor allem den vorexilischen Propheten Amos, seine Kult- und Sozialkritik behandelt hat, bekommen die Jugendlichen die Aufgabe, ein kurzes Referat zu verfassen. Dazu sollen sie sich einen aktuellen Missstand aus ihrer näheren Umgebung oder aus Deutschland insgesamt auswählen. Nach Recherchen zur Sache, einer Zusammenstellung von Informationen, geeigneten Bildern zur Illustration usw. sollen sie nun aber in die Rolle des Propheten einsteigen und diese Kritik in Ich-Form abfassen: »Wenn ich ein Prophet wäre, würde ich … kritisieren.«

Die Aufgabe zielt erkennbar auf mehreres: Schüler*innen sollen Sachinformationen zu einem konkreten Missstand beibringen und die Kritik daran mit prophetischer Kritik aus dem Alten Testament verknüpfen. Darüber hinaus lädt die sprachliche Eingangsformel sie aber dazu ein, sich in ihrer Kritik mit dem antiken Vorbild zu identifizieren. Natürlich kann die Aufgabe von Schüler*innen unterschiedlich eingelöst werden. Es liegt mit am Lehrer und am Unterrichtsklima, zu welchen Antworten Schüler sich trauen.[28]

RU als Unterricht soll nicht abdriften in inhaltsleere Selbstgespräche. Aber im RU sprechen Lehrer und Schüler immer auch als Personen.

6 Wovon reden wir, wenn wir »Gott« sagen?

Im Religionsunterricht wird über viele Themen gesprochen, auch über Gott. Lehrer*innen tun das, Schüler*innen tun es auch. Wovon reden wir, wenn wir »Gott« sagen? Die Überlegungen dieses Kapitels laufen für mich auf die Konsequenz hinaus, dass der Unterricht zwei Richtungen eröffnen sollte, die eine geht auf Wissen hinaus, die andere auf das Risiko, dass mit Gott verbunden ist. Die zwei Richtungen liegen in Spannung zueinander, diese darf aber nicht nach einer Seite hin aufgelöst werden.

Zunächst: ja, »Gott« ist ein »intellektueller Lerntext«, um mit Theodor Wilhelm zu sprechen. Es gibt da etwas zu lernen und zu wissen. Schüler sollten Elemente

---

28   Ich verdanke dieses Beispiel Jonathan Notizia.

der biblischen Zeugnisse und Sprachformen beider Testamente kennenlernen, Hiob, Psalmen, Jesu Gleichnisse vom Reich Gottes, Streitbriefe des Paulus und manches andere, formal also Erzählungen, Lob, Klage, Hader, und auch argumentativen Streit und Versuche der Logik. Davon zu wissen ist nötig, um einer platten Religionskritik (Gott als »Priesterbetrug« oder Volksverdummung etc.) oder auch dem Kreationismus etwas entgegensetzen zu können. Schüler sollten Elemente der philosophischen Diskurse über Gott wenigstens in elementarer Form zur Kenntnis bekommen, Gottesbeweise, ihre Logik und ihr Scheitern, Aspekte der Theodizee (bei Leibnitz *und* Luther), Kants moralische Wende des Gottesglaubens, Nietzsches und Freuds Religionskritik. Sie sollten etwas davon in entwicklungsgerechter Weise kennenlernen, damit sie nicht hilflos und sprachlos sind gegenüber einem platten Gerede, dass Religion nur gedankenloses Gefühl sei. Der Gedanke der Wahrheit und die Suche nach Wahrheit in der abendländischen Philosophie sind vielfältig verflochten mit rationaler Annäherung an den Gottesgedanken.[29] Es gibt deshalb auch in der säkularen Schule und im RU etwas zu denken und zu wissen über Gott, deshalb auch etwas zu wissen über Theologie als Denkweg, als »fides quaerens intellectum« (Anselm von Canterburry) oder als Kritik des Theismus.

Sodann und andererseits fragt sich aber, ob Theodor Wilhelm uneingeschränkt Recht hat, ob Gott »als intellektueller Lerntext ungeteilt und schlüssig« ist. Ob man deshalb nicht mit dem Reden von Gott in der Schule zugleich etwas ganz anderes ansprechen muss. Etwas, wo Sokrates überraschend aktuell wird, weil dieser andere Modus des Redens von Gott mit Risiken verbunden ist. Gott zur Sprache bringen, heißt (auch) in der Schule, partiell auch riskante Dinge zu sagen, riskante Fragen zu stellen. Z. B. die Frage, ob zum Leben neben dem Gelingen auch das Scheitern zählt. Z. B. die Frage, ob zum Wissen auch der Umgang mit Ungewissheiten gehört. Ungewissheit nicht im Sinne des noch-nicht-Wissens, sondern im Sinne des existenziell Ungewissen, das für Menschen im Ungewissen bleibt, des Wagnisses in die Ent-Sicherung. Schule bleibt Schülern etwas schuldig, wenn sie bei der Einführung in Wissen nicht auch die Zweideutigkeit lebensweltlicher Gewissheiten auf den Tisch bringt.

Wie ein kluger Philosoph gezeigt hat, braucht es dazu anderer Sprachformen, der indirekten Rede, der Gleichnisse und der Poesie. Hans Blumenberg verwies

---

29 Davon findet man deshalb auch etwas in den großen für Jugendliche geschriebenen Einführungen in die Philosophie, vgl. Jostein Gaarder, Sophies Welt. Roman über die Geschichte der Philosophie München 1993 und Janny van der Molen, Herrn Swart brummt der Schädel oder wie das Denken im Kopf die Richtung wechseln kann, dt. Stuttgart 2015.

darauf, dass es dabei keineswegs um den Verzicht auf jede Vernunft geht, eher um so etwas wie vernünftigen Umgang mit vernünftig nicht auflösbaren Problemen menschlicher Lebenspraxis. Vernünftig im Sinne einer eigenen Rationalität von Poesie jenseits der zwingenden Evidenz einer mathematischen Beweisführung, aber eben keineswegs purer Unsinn, sondern bedeutungsvolle Rede.[30]

In einer Gesellschaft, die auf rationale Durchdringung aller Lebensbereiche setzt, auch in ihrer Schule, gerät man früher oder später ins Abseits, wenn man als Lehrer im Unterricht neben dem Wissen auch ein »Abschied vom Bescheidwissen«[31] thematisiert. Wer heute in der Schule diese Fragen stellt, muss zwar nicht wie Sokrates mit dem Tod rechnen, aber vielleicht mit kollegialer oder systemischer Ausgrenzung. Dennoch gilt: auch diese Fragen verbinden sich mit Traditionen von »Gott«, wenn biblische Traditionen nicht verkürzt werden sollen.

Mein Lösungsvorschlag läuft auf einen doppelten Gebrauch des Wortes »Gott« hinaus, einerseits auf Gott als Gattungsbegriff der religiösen und philosophischen Tradition, den man zur Klärung von Sachverhalten braucht, andererseits auf poetische Versuche zur Thematisierung des Unverfügbaren, der Fraglichkeit und Fragilität des Lebens.

Wie hält man unterrichtlich am Unverfügbaren fest? Ist hier die Vokabel »Gott« wohlmöglich sogar hinderlich, weil sie immer schon klares Wissen suggeriert? Sokrates sprach vom »daimonion« und gebrauchte nicht den in der Philosophie seiner Zeit geläufigen Begriff »theos« (Gott). So wie Sokrates das Wort Theos vermied, so suchten Theologen im 20. Jahrhundert neue Umschreibungen, Paul Tillich etwa kam zu sprachlichen Ausdrücken wie »das Unbedingte« oder »das was uns unbedingt angeht«.

Worüber reden wir also, wenn wir »Gott« sagen oder gerade nicht sagen? Die Frage so gestellt kann anknüpfen an die, welche oben im Kap. »›Gott‹ sagen« gestellt wurde. Auch im Blick auf Schule und RU ist die Frage dran, »ob es auch möglich ist, von Gott poetisch so zu reden, dass die Vokabel ›Gott‹ nicht unbedingt nötig ist.«[32]

---

30 Hans Blumenberg, Anthropologische Annäherungen an die Aktualität der Rhetorik. In: Ders.: Wirklichkeiten in denen wir leben. Stuttgart, 1996, 104–136.
31 Horst Rumpf, Abschied vom Bescheidwissen. Über Bildung und Sterblichkeit. In: KatBl 119 (1994), 232–238.
32 Henning Schröer, Theopoesie, a. a. O. 242.

Muss man in der Schule von Gott reden? Ich meine, wir müssen auch in der Schule von Gott reden, – aber im Angesicht von Risiken und Nebenwirkungen, die auf keinen Beipackzettel passen. Und ob Gott dabei zur Sprache kommt, kann kein Mensch bündig diagnostizieren. Das Fach heißt, Gott sei Dank, nicht »Gottesdidaktik«.

Vor Gott schweigen

In unserer Gesellschaft wird unablässig geredet. Über Gott und die Welt, an allen möglichen Orten, im Alltag und am Sonntag, am Handy, in der Kaffeeküche, in Talk-Shows, im Parlament. Geredet wird auch in der Kirche, in der Predigt, am Ausgang, beim Kirchenkaffee. Einige Menschen haben aber zuweilen auch das Bedürfnis, vor Gott zu schweigen. Schweigen als Element religiöser Praxis findet man in allen Religionen. Schweigen ist aber auch ein elementarer Bestandteil menschlichen Verhaltens über alle religiösen Bezüge hinaus. In diesem Kapitel werde ich deshalb zunächst Erfahrungen mit dem Schweigen in breiter Perspektive annähern und reflektieren. Das kann eingebracht werden in theologische Perspektiven zum Schweigen vor Gott. Daraus lassen sich Hinweise für praktisches Gestalten ableiten.

1 Klarheiten und Unklarheiten

Auf den ersten Blick scheint es nicht weiter erklärungsbedürftig und unproblematisch – wer schweigt, hat nichts zu sagen oder möchte nicht reden. Aber Schweigen ist mehrdeutig, missverständlich, mitunter höchst problematisch. Im Rechtswesen gilt nach alter Tradition: Schweigen in Zivilangelegenheiten bedeutet weder ja noch nein, weder Ablehnung noch Zustimmung. Aus der römischen Rechtspraxis ist die Formel geläufig: »qui tacet consentit – wer schweigt, scheint zuzustimmen.« Es gibt eine stillschweigende Geltung des nicht Gesagten, und das nicht nur vor Gericht. Die englische Redewendung »That what goes without saying« drückt das prägnanter aus, als Äquivalente des Deutschen, »da müssen nicht viel Worte drum gemacht werden«. Und: bevor man etwas Falsches sagt, sagt man lieber gar nichts. Wer schweigt, sagt nichts

Falsches – es sei denn, man kann ihm nachweisen, dass er dabei eine Information weglässt und so die anderen mit einem »argumentum e silentio« in die Irre führt.

Und das Gesagte im nicht Gesagten kann mitunter alles andere als harmlos sein. Am 3. April 1933 appellierte der Wiener Rabbiner Arthur Schwarz an den damaligen Papst Pius XI. über den Staatssekretär des Vatikans Pacelli, dem späteren Papst Pius XII., »Wenn es Eurer Heiligkeit möglich wäre, auszusprechen, dass auch das gegen die *Juden* geübte Unrecht ein *Unrecht* bleibt, so würde ein solches Wort den Mut und die Moral von Millionen meiner jüdischen Brüder erhöhen.« Aus seinen eigenen Notizen ist zu entnehmen, dass Pacelli (auch) diese Bitte nicht weiterreichte. Nach 1945 ist der 1939 zum Papst Pius XII. erkorene dafür oft kritisiert worden, dass er zum Massenmord der Nationalsozialisten an Juden in Europa geschwiegen hat. Und es war in der öffentlichen Diskussion klar, in welche Richtung das fällige Reden hätte gehen müssen, nämlich das Unrecht der Judenverfolgung anzusprechen und auszusprechen, und eben mit dem Gewicht römischer Autorität. Klärungsbedürftig ist in diesem Fall eher das Nicht-Geredet-Haben, weniger das Schweigen.

Ich mache einen Sprung in eine ganz andere politische Auseinandersetzung. Und in dem jüngeren Fall wurde gerade das öffentliche Schweigen als klare Botschaft verstanden.

Im Juni 2013 fanden auf dem Taksim-Platz in Istanbul Proteste gegen ein geplantes Bauprojekt der Erdogan-Regierung statt, die unter dem Stichwort »Duran adam – Stummer Mann« landesweit Nachahmung fanden.

> Die Süddeutsche Zeitung berichtete darüber am 18.6.2013:
> »Ein Mann steht still auf dem Taksim-Platz und starrt auf die türkische Fahne und auf ein Porträt Atatürks – über Stunden hinweg. Seine Form des Protests wird im Internet begeistert aufgenommen und es gibt zahlreiche Nachahmer, weltweit und in Istanbul. Dort greift die Polizei ein, Anti-Terror-Einheiten nehmen Dutzende Aktivisten in ihren Wohnungen fest. Er steht einfach da, sagt nichts und starrt auf die türkische Fahne und auf ein Porträt des Staatsgründers Mustafa Kemal Atatürk – etwa sechs Stunden lang … Offenbar war der Choreograf Erdem Gündüz mehrere Stunden unbemerkt in seiner stehenden Position verharrt, bevor er von Umstehenden auf dem Taksim-Platz wahrgenommen wurde. Als sich andere Demonstranten seiner Form des Protests anschließen wollten, seien sie von der Polizei abgeführt worden, meldeten Aktivisten.«[1]

---

1   https://www.sueddeutsche.de/politik/passiver-protest-in-istanbul-der-stehende-mann-vom-taksim-platz-1.1699080 download 28.8.2020.

In dem Fall scheint es wenig Klärungsbedarf zu geben in Sachen Schweigen. Schweigen als Ausdruck des politischen Protests wird oft von den Mächtigen als klare Botschaft verstanden – und entsprechend mit staatlicher Macht geahndet.

Wo im Zusammenhang mit Religion besteht Klärungsbedarf bezüglich des Schweigens? Ich wende mich dazu der aktuell in vielen Kirchen brisanten Gestaltung interreligiöser Begegnungen zu. Solche Begegnungen machen in spätmodernen hoch pluralisierten Gesellschaften wichtige Kontexte des Redens von Gott aus (vgl. oben das Kapitel »Kontexte«). Menschen in kirchenleitenden Funktionen wollen damit ein Zeichen setzen für Respekt gegenüber dem Anderen und für Verständigung über alle Trennende der Glaubensunterschiede.

> Bei seiner Reise nach Istanbul 2014 traf Papst Franziskus mit dem Großmufti Rami Yaran in der berühmten Blauen Moschee zusammen. In der Begegnung gab es nach dem Verständnis der katholischen Kommentatoren einen kurzen Höhepunkt, der folgendermaßen beschrieben wurde: »Franziskus faltet die Hände, schließt die Augen und senkt den Kopf; die Lippen bewegen sich nicht. Rahmi Yaran spricht derweil direkt neben ihm mit ausgebreiteten Händen ein Gebet: Männer in Weiß, der eine Papst, der andere Großmufti, stehen am Samstag nebeneinander vor der Gebetsnische der Blauen Moschee in Istanbul, das Gesicht nach Süden gen Mekka gerichtet – so wie es für Muslime üblich ist.«[2]

> »Hat er oder hat er nicht?« die Kommentierung unter dieser Zwischenüberschrift des Beitrags ist bemerkenswert: »Hat der Papst nun in der Blauen Moschee gebetet? ›Stille Anbetung‹ – so lautete die offizielle Sprachregelung, die Vatikansprecher Federico Lombardi am Samstag verwendete. Schon vor zwei Wochen hatte er klargestellt, dass es sich nicht um ein formales und öffentliches Gebet handeln werde, sondern mehr um einen Moment persönlicher Sammlung, falls der Papst in der Moschee bete.«[3]

Wie man in interreligiöse Begegnungen zwischen Christen, Muslimen und Buddhisten das Schweigen versteht, ist strittig. Solche Begegnungen sind heutzutage nicht nur eine Sache exponierter Kirchenführer, und sie betreffen alle christlichen Kirchen und Gemeinden. Es gibt z. B. großes Interesse an gemeinsamen Trauerfeiern anlässlich von Unfällen und Katastrophen, da wollen die Leidtragenden nicht zu getrennten Feiern auseinandergehen, sondern in der Gemeinschaft bleiben. Analoges gilt für Jahresfeiern in Schulen oder bei

---

2   https://www.katholisch.de/artikel/3545-wir-muslime-und-christen. Download 17.2.2020.
3   Ebd.

internationalen Jugendtreffs sowie für Feiern mit Geflüchteten. Erklärtes Ziel ist
es dabei, einander wahrzunehmen, sich in Respekt und Vertrauen zu begegnen.
Menschen wollen miteinander ins Gespräch kommen, sich austauschen über
unterschiedliche Glaubensanschauungen. Für diese Begegnungen sind mittlerweile Orientierungshilfen in nahezu allen protestantischen Landeskirchen auf-
gelegt worden.[4] Vom Zusammenleben als notwendiger Voraussetzung für
Dialoge über unterschiedliche Glaubensweise und auch gemeinsame Feiern ist
dort vielfältig die Rede.

Eine Grundfrage von interreligiösen Begegnungen betrifft die Frage nach Gott.
Beten Christen und Muslime zu demselben Gott? Das wird inzwischen gerade
im Interesse des gegenseitigen Respektes kritisch gesehen. Und oft kommt das
gemeinsame Schweigen vor Gott als *ultima ratio* ins Spiel, nach der Devise: wenn
man nicht zu demselben Gott betet, dann kann »wenigsten« zusammen schweigen. Neben dem Verständnis von Gebet betrifft diese Frage sicher auch das Verständnis eines Schweigens »vor Gott«. Gibt es ein »interreligiöses« Schweigen?
Ist Schweigen interreligiös dann der Abbruch des Dialogs oder angesichts von
Bekenntnisdifferenzen eine legitime und sinnvolle Möglichkeit gemeinsamer
religiöser Praxis über alle Trennungen in religiösen Überzeugungen hinweg?
Schweigen wäre dann immer schon die zweitbeste Lösung.

Dass Schweigen aber mitunter auf dessen Steigerung hinauslaufen kann, wird bei
Martin Buber mit seinem Ansatz der Begegnung deutlich. Er fokussierte in seiner
bekannten Schrift »Zwiesprache« das »mitteilende Schweigen«, bemerkt dazu nicht
ohne Ironie: »Wie auch das eifrigste Aufeinanderzu-Reden kein Gespräch ausmacht
(am deutlichsten zeigt das jener absonderliche Sport einigermaßen denkbegabter Menschen, den man zutreffend Diskussion, Ausein-anderschlagung, nennt), so bedarf es
hinwieder zu einem Gespräch keines Lauts, nicht einmal einer Gebärde.«[5]

Und solches mitteilende Schweigen hat Buber in sprachlich dichter (man möchte sagen:
dichterischer) Weise so zum Ausdruck gebracht: »Man stelle sich zwei Männer vor, in
irgendeiner Einsamkeit der Welt nebeneinander sitzend. Sie reden nicht miteinander,
sie sehen einander nicht an, sie haben sich nicht einmal einander zugewandt. Sie sind
nicht miteinander vertraut, einer weiß nichts vom Lebenslauf des andern, heute früh-

---

4   Ich nenne exemplarisch die von der EKD verantwortete Schrift »Zusammenleben mit Musli-
     men in Deutschland. Gestaltung christlicher Begegnung mit Muslimen. Eine Handreichung
     des Rates der Evangelischen Kirche in Deutschland. Gütersloher Verlagshaus, 2000 sowie den
     Text der Württembergischen Landeskirche »Begegnen – Feiern – Beten« Stuttgart 2003.
5   Martin Buber, Zwiesprache (1929), Gütersloh 2006, 141.

morgens auf der Wanderschaft haben sie einander kennengelernt. Keiner denkt in diesem Augenblick an den andern; wir brauchen nicht zu wissen, woran sie denken. Der eine sitzt auf der gemeinsamen Bank so, wie es offenbar seine Art ist: gelassen, allem gastfrei zugeneigt, was kommen mag; sein Wesen scheint zu sagen, es sei zu wenig, bereit zu sein, man müsse auch wirklich *da* sein. Der andere: seine Haltung verrät ihn nicht, er ist ein gehaltener, verhaltener Mann; aber wer um ihn weiß, weiß, daß ein Kindheitsbann auf ihm liegt, daß seine Verhaltenheit noch anderes als Haltung ist, hinter aller Haltung lagert das undurchdringliche Sich-nicht-mitteilen-können. Und nun – stellen wir uns vor, daß dies eine der Stunden ist, die es fertigbringen, die sieben Eisenbande um unser Herz aufzubrechen – löst sich unversehens der Bann. Aber auch jetzt spricht der Mann kein Wort, rührt keinen Finger. Dennoch tut er etwas. Die Lösung hat sich ohne sein Tun an ihm ereignet, gleichviel woher; jetzt aber tut er dies, daß er einen Rückhalt, über den nur er selber Macht hat, in sich aufhebt. Rückhaltlos strömt die Mitteilung aus ihm, und das Schweigen trägt sie zu seinem Nachbarn, dem sie ja doch zugedacht war und der sie, wie alles echte Schicksal, das ihm begegnet, rückhaltlos aufnimmt. Er wird niemand, auch nicht sich selbst, erzählen können, was er erfahren hat. Was ›weiß‹ er nun vom andern? Es bedarf keines Wissens mehr. Denn wo Rückhaltlosigkeit zwischen Menschen, sei es auch wortlose, gewaltet hat, ist das dialogische Wort sakramental geschehen.«[6]

Es zeigt sich: Was auf den ersten Blick klar schien, das birgt bei näherem Hinsehen doch mehr Fragen und Unklarheiten. Wir geben uns nicht immer zufrieden mit Bubers weisem Kommentar »wir brauchen nicht zu wissen, woran sie denken«. Gerade im Interesse sinnvoller Gestaltung religiöser Praxis gibt es Klärungsbedarf. Ich frage deshalb: Was »sagt« das Schweigen? Ist es als Teil des Sprechens von Menschen zu verstehen oder ganz anders?

Eine zweite Frage stellt sich über interreligiöse Begegnungen hinaus an religiöse Praxis generell: was meint die Formel »jemand schweigt *vor* Gott? Wer schweigt, kann sich ja Gott weiß was denken.

2 Was meint Schweigen?

In einer Begegnungssituation verstummt mein Gegenüber plötzlich an einer bestimmten Stelle, hüllt sich in Schweigen und gibt mir Rätsel auf. Was bedeutet sein Schweigen? Wir lesen das Schweigen eines anderen in unterschiedlicher

---

6   Buber, a. a. O. 142 f.

Bedeutung, gleichwohl oft als be-deutsam. Ich kann das Schweigen eines Anderen als Verweigerung des Redens auffassen, als Ver-Schweigen, wo ich annehme
oder weiß, dass mein Gegenüber absichtlich eine Aussage zurückhält. Schweigen kann bedeuten: eine Denkpause einlegen. So empfehlen wir anderen und
auch uns selbst, »einfach mal die Klappe zu halten«, den Redefluss zu unterbrechen, zu verstummen. Es kann einen Herrschaftsakt darstellen, wenn ich
jemand anderem das Wort entziehe und ihn zum Schweigen bringe.

Schweigen als Verhalten ist pluriform, ambivalent und, begriffstheoretisch gesprochen unterbestimmt wie das Leben insgesamt. Wohl aus solcher Perspektive
notierte Ludwig Wittgenstein als letzten Satz des Tractatus logico-philosophicus
die These »Worüber man nicht sprechen kann, darüber muß man schweigen.«[7]
Der Philosoph wollte im Rahmen seines sprachanalytischen Denkens weder über
Gott reden, noch auch mit dem empfohlenen Schweigen etwas vor Gott tun.[8]

Aber deshalb ist Schweigen nicht immer un-bestimmt. Was aber macht Schweigen aus? Vor dem »Lesen« und Verstehen liegt das Erfahren des Schweigens,
mein eigenes und dasjenige meines Gegenübers. Vor dem »Sagen« des Schweigens liegt das »Ausdrücken«. Es scheint lohnend, dies genauer in Augenschein
zu nehmen, oder besser hinzuhören auf Menschen, die schweigen und vor allem
besser hinzuschauen auf Situationen, in denen Menschen schweigen.

Jeder kennt »beredtes Schweigen«. Jemand redet nicht und sagt doch etwas.
In dieser Richtung gibt es eine geläufige Bestimmung von Schweigen, die auf
Kommunikation abzielt. Dann kann man sagen: »Schweigen ist eine Form
der nonverbalen Kommunikation, bei der nicht gesprochen wird und bei der
auch keine Laute erzeugt werden. Im Allgemeinen können trotz des Schweigens vom Individuum als ein Sender bestimmte Informationen mitgeteilt und
Bedeutungen gezeigt werden«.[9]

So plausibel diese Deutung zunächst erscheint, so unvollständig ist sie aber
im Blick auf eine Erschließung der Erfahrungen, die Menschen im Schweigen
machen (können).

---

7   Ludwig Wittgenstein, Tractatus logico-philosophicus 7 (1921), Frankfurt/M. 1984, 85.
8   Es ist bekannt, dass Wittgenstein dem zitierten dictum zum Trotz in vielen Anläufen eine
    philosophische Annäherung an das Schweigen unternommen hat, vgl. Sandra Markewitz,
    Wittgensteins Philosophie des Schweigens, in: dies. (Hg.), Jenseits des beredten Schweigens.
    Neue Perspektiven auf den sprachlosen Augenblick, Bielefeld 2013, 17–43.
9   Wikipedia-Artikel »Schweigen«, http://de.wikipedia.org/wiki/Schweigen, download 28.8.2020.

Was aber erfahre ich im Schweigen? Schweigen ist ein Element im Repertoire des menschlichen Verhaltens, neben anderen, vor und nach anderen. Mancher schweigt, der mit erhöhter Aufmerksamkeit die Dinge der Umgebung verfolgt, alle Außenweltreize abhängt. Wer zuhört, schweigt, aber nicht jeder der schweigt, hört auf Anderes, Externes. Wir erfahren das Phänomen als höchst ambivalent: Schweigen wird zuweilen als beklemmend erlebt. Manch einer hat in seiner Kindheit Schweigen und Stille als Strafe, Zurückweisung und Ausgeschlossen-Sein erlebt. Mitunter erfahre ich Schweigen jedoch eher als wohltuende Stille, in der ich mich geborgen fühle, zuweilen gerade in schweigendem Einklang mit dem Liebespartner.

Schweigen ist (selbst bei lebenslangem Schweigen in kontemplativen Orden) immer situiertes Verhalten, geschieht im Kontext von Lebenszusammenhängen und in Resonanz auf anderes. Geschwiegen wird an manchen Orten und in manchen Situationen des Lebens, in gedanklicher Konzentration auf eine Denkaufgabe, beim andächtigen Lauschen auf den Pianisten im Konzert, bei wohltuender Entspannung in der Sauna, als konzentrierte Vorbereitung auf eine körperliche Höchstleistung vor dem 100-Meter-Lauf, vor dem Richter im Gerichtssaal, der die Anklage verliest. Geschwiegen wird auch am offenen Grab von den Hinterbliebenen.

Zuweilen suchen Menschen das Schweigen. Um abzuschalten und sich eine Auszeit zu gönnen vom Lärm und von der Betriebsamkeit ihres hektischen Alltags. Als willkommene und heilsame Unterbrechung auch vom permanenten Redefluss, an dem sie im Alltag teilnehmen, ob sie wollen oder nicht. Andere schweigen, wenn sie sich ertappt fühlen und schämen, und rot werden. Sie schweigen mitunter aber auch, wenn sie sich verletzt fühlen vom Gegenüber und keine Kraft mehr haben zum Gegenangriff. Manche Menschen verstummen, wenn sie, provoziert durch eine Beziehungs-Krise oder angeleitet durch therapeutisch begleitete Selbsterfahrungsarbeit, mit Überraschung und Bestürzung entdecken, dass in ihnen innere Leere herrscht.

In der Situiertheit zeigen sich unterschiedliche Grade von Aktivität und Passivität im Schweigen. Den Extremfall markiert das Verstummen vor dem Schrecken. Menschen schweigen nicht nur, wo sie einfach mal durchatmen wollen, sie fühlen sich zum Schweigen gezwungen in einer Situation, wo sich vor ihnen plötzlich ein existenzieller Abgrund auftut. Sie schweigen dann nicht aus freien Stücken, sondern weil sie sich ohnmächtig fühlen und keine Worte mehr haben für den Schmerz über das Schrecknis, das ihnen widerfahren ist. Menschen in nächster Nähe schrecklicher Geschehnisse von Terroranschlägen, etwa 2011 auf der norwegischen Insel Utøya oder dem Anschlag 2019 auf die Synagoge in Halle, verlieren die Fassung, bekommen Weinkrämpfe – und verstummen. Dieses Nicht-mehr-Sprechen ist Ausdruck ihrer Ohnmacht und Hilflosigkeit, ist keine frei gewählte Aktion, die man steuern könnte, oder die man auch lassen könnte. Es überkommt einen einfach. So geht es den meisten Menschen, die über den Schotterweg des Todeslagers Auschwitz gehen oder die über die Gräberfelder des 1. Weltkriegs auf dem Soldatenfriedhof Vladslo von Ypern gehen. Im Angesicht des Schreckens schreien wir – oder wir schweigen. Uns fehlen die Worte. Wir stehen am Abgrund. Zumindest anthropologisch gesprochen wäre genau das eine der religiösen Ursituationen.

Solches Schweigen hat keine propositionalen Inhalte, aber es beinhaltet doch eine Botschaft. Diese ist vieldeutig, und kontextabhängig. Schweigen kann als sprachliche Extremform auch missverstanden werden, sie ist »das Andere der Sprache und zugleich deren Teil.«[10] In Abwandlung von Adornos *dictum* zur Musik als »meinender Sprache« (gegenüber der diskursiven)[11] kann man sagen, dass Schweigen etwas meint. Es geschieht ohne Worte, aber nicht ohne Ausdruck. Was drückt sich im Schweigen aus? Diese Fragen zielen auf den Zusammenhang von Schweigen und Sprache.

Antwortversuchen können in entwicklungspsychologischer und in sprachphilosophischer Reflexion gefunden werden.

> Der Therapeut Johannes Cremerius macht darauf aufmerksam: »Schweigen ist eine zweite Ausdruckswelt, die nicht weniger mannigfalt und deutlich zu sein scheint als die verbale. Der Unterschied zwischen beiden liegt vor allem darin, dass das eine die Sprache der Begriffswelt, der Vernunft, des Ordnens und Forschens, das andere die Sprache des Fühlens, der emotionalen Nähe, der frühen Fusion, der Empathie ist, jene Sprache, die das Kind mit der Mutter verbindet, lange bevor die verbale Verständigung die Zweierbeziehung in ihrer einmaligen Intimität auflöst und eine Kommunikationsform schafft, die von draußen kommt und nach draußen führt.«[12]

---

10 Stefan Krammer, »redet nicht von Schweigen ...« Zu einer Semiotik des Schweigens im dramatischen Werk Thomas Bernhards, Würzburg 2003, 33.
11 Theodor W. Adorno, Fragment über Musik und Sprache, in: ders., Gesammelte Schriften Bd. 16, Frankfurt/M. 1978, 252.
12 Johannes Cremerius, Schweigen als Problem der psychoanalytischen Technik, in: JAP 6 (1969), 69–103.

Diese psychologische Einsicht erscheint vorausgesetzt und zugleich weiter geklärt in sprachphänomenologischer Analyse des Schweigens. Wir reden unablässig. Aber dabei muss nicht alles gesagt werden. In Schweigen hüllen wir nicht nur Heiliges oder Tabuisiertes. Im Schweigen bleibt vor allem auch das Ungesagte im Sinne des unausgesprochen Geltenden, die elementaren Voraussetzungen dessen, was schon jede alltägliche Situation prägt. Schweigen markiert also eine Grenze und Vorgabe der Sprache und des Sagbaren, mit dem Anthropologen Christoph Wulf gesagt: »Das Schweigen ist Grund und Abgrund der Sprache.«[13]

Diesem Sachverhalt ist der Philosoph Maurice Merleau-Ponty schon Mitte des letzten Jahrhunderts ausführlicher nachgegangen: »Unser Begriff vom Menschen bleibt oberflächlich, solange wir nicht auf diesen Ursprung zurückgehen, diesseits des Lärms der Worte das ursprüngliche Schweigen ahnen und die Geste zu fassen vermögen, die dieses Schweigen bricht.«[14] Das schweigende Bewusstsein kommt zu sich selbst im sprachlichen Ausdruck – und doch läuft immer schon und immer noch ein Schweigen mit, das eben nicht das Gegenteil der Sprache ist. Indem die Sprache das Schweigen bricht, verwirklicht sie, was das Schweigen wollte und nicht erreichte. Aber »Das Schweigen umhüllt die Sprache weiterhin …«[15].

Dieses Problem wird man nicht los. »Es bleibt das Problem des Überganges vom Wahrnehmungssinn zum sprachlichen Sinn, vom Verhalten zur Thematisierung. Die Thematisierung selbst muß im übrigen als Verhalten höherer Stufe begriffen werden – die Beziehung zwischen Thematisierung und Verhalten ist eine dialektische Beziehung: indem die Sprache das Schweigen bricht, verwirklicht sie, was das Schweigen wollte und nicht erreichte. Das Schweigen umhüllt die Sprache weiterhin; Schweigen der absoluten Sprache, der denkenden Sprache.«[16]

---

13 Christoph Wulf, Schweigen, in: ders., (Hg.), Vom Menschen. Handbuch Historische Anthropologie, Weinheim 1997, 1123. Bernhard Waldenfels spricht in diesem Zusammenhang vom »Überschuß«, thematisiert dies unter dem Begriff des Hyperbolischen, vgl. ders., Hyper-Phänomene, Frankfurt/M. 2012.
14 Maurice Merleau-Ponty, Phänomenologie der Wahrnehmung, 1964, 218. Merleau-Ponty führte die Cartesianischen Meditationen Husserls weiter fort, in seinem Rekurs auf Descartes' Cogito unterschied er »Sprechendes« und »Schweigendes Cogito«, um zu erweisen, wie Sprechen und Denken in leiblicher Existenz gegründet sind.
15 Merleau-Ponty, Phänomenologie 228.
16 Ebd.

Obwohl Merleau-Ponty gelegentlich von »negativer Theologie« gesprochen hat[17], nähert er sich dem Phänomen des Schweigens nicht meditativ, sondern reflexiv an. Und es geht dabei weder um naive Erfahrungsunmittelbarkeit noch um eine simple Kommunikationsperspektive, sondern um den reflexiven Rückgang auf die unausgesprochen, in aller sprachlichen Kommunikation mitlaufenden Voraussetzungen.

> Und dies keineswegs auf dem Wege der mystifizierenden Rede unter Suspendierung des Denkens. »Der Philosoph spricht, doch das ist seine Schwäche, eine unerklärliche Schwäche: er müßte schweigen, schweigend einswerden und im Sein eine Philosophie wiederfinden, die schon fertig vorliegt. Alles sieht danach aus, als wolle er ein gewisses Schweigen, das er in sich vernimmt, in Worte kleiden. Sein ganzes ›Werk‹ besteht in dieser absurden Bemühung. Er schrieb, um seinen Kontakt zum Sein auszudrücken, er hat ihn nicht ausgedrückt und vermag dies auch nicht, denn dieser ist nichts als Schweigen.«[18]

Dies sagt der Philosoph. Der reflektierende Mensch weiß um eine Vorgängigkeit, die nicht einfach abgehängt werden kann. Über das Schweigen zu reden ist also nicht so wie über einen Tisch da drüben zu reden. Über Schweigen zu reden heißt, über den eigenen still-schweigend präsenten Grund zu reden. Und dessen gewärtig zu bleiben, dass wir da immer schon das Nach-Sehen, um nicht zu sagen: das Nach-Reden haben.

Mit Aristoteles gilt der Mensch als »zoon logikon«, d. h. auch: als sprachbegabtes Wesen. Aber anthropologische Analyse kann nicht zeitlose Wahrheiten zum Reden und Schweigen offerieren wollen. Schweigen ist menschliches Verhalten und berührt zuweilen doch auch un-menschliches Verhalten. Das gilt verschärft in Bezug auf unser Thema. Der Literaturwissenschaftler George Steiner (vgl. oben das Kap. »Erleben von Präsenz«) wendet die aristotelische Bestimmung des Menschen als sprachbegabten Wesen in ein zivilisationskritisches Plädoyer der Sprach-Hemmung, um dem Un-Menschlichen zu wehren:
»Dem Dichter steht es besser an, sich die Zunge abzubeißen als das Un-Menschliche zu ehren, sei es durch sein Talent oder durch sein Desinteresse. Wenn ein totalitäres Regime bis an den Punkt durchgreift, wo es alle Warnungen, alle satirischen Aussichten erstickt, dann soll der Dichter das Dichten einstellen und der Philologe aufhören, ein paar Kilometer vom Todeslager entfernt die

---

17   Merleau-Ponty, Phänomenologie 233.
18   Merleau-Ponty, Das Sichtbare und das Unsichtbare (1964), München 2004, 166.

Klassiker zu redigieren. Genau so verhält es sich: weil hier die Signatur seiner Menschlichkeit liegt, weil sich hier zeigt, was aus dem Menschen ein suchend ringendes Wesen macht, darf das Wort kein wildes Dasein führen, keine Freistatt haben an den Stätten der Bestialität. Schweigen *ist* eine Alternative. Wenn die Worte in den Städten von Wildheiten und Lügen wimmeln, spricht nichts vernehmlicher, auffälliger, greller als das nichtgeschriebene Gedicht.«[19]

Schweigen drückt gewiss nicht immer diese Erfahrung aus. Denn sie verdankt sich polymorphen Motiven, kann verschiedenes ausdrücken. Aber das Schweigen reicht mitunter an die Grenzerfahrung heran: unser Leben wird immer wieder am Abgrund gelebt.

3 Annäherungen an das Schweigen in biblischen Überlieferungen

Menschen verstummen, zuweilen verstummen sie vor Gott, üben sich Schweigen, in Trauer, in Ohnmacht, in ehrfürchtiger Andacht. Davon zeugen auch viele biblische Texte. Ich greife Beispiele heraus und versuche, Linien des Verstehens aufzuzeigen.

Von den viel gescholtenen Freunden Hiobs heißt es zunächst, bevor sie mit ihrer erdrückende Redefülle starten: »Und da sie ihre Augen aufhoben von ferne, kannten sie ihn nicht und hoben auf ihre Stimme und weinten, und ein jeglicher zerriß sein Kleid, und sie sprengten Erde auf ihr Haupt gen Himmel und saßen mit ihm auf der Erde sieben Tage und sieben Nächte und redeten nichts mit ihm; denn sie sahen, daß der Schmerz sehr groß war.« (Hi 2,12 f.).

Eindrücklich sind auch Überlieferungen aus dem Neuen Testament von Szenen, in denen von Jesu Schweigen erzählt wird. So in der Auseinandersetzung um die im Ehebruch ertappte Frau. Pharisäer wollen ihn zur Verurteilung der Frau provozieren oder gegen ihn Punkte für eine Anklage vor den Autoritäten sammeln. Aber er unterläuft das Streitgespräch, entzieht sich dem zunächst durch Schweigen: »Aber Jesus bückte sich nieder und schrieb mit dem Finger auf die Erde« (Joh 8,6). In der Passionsgeschichte lässt Matthäus im Prozess Jesus vor dem Hohen Rat erscheinen und gewichtige Verteidigungsrede halten – aber immer wieder auch verstummen. Als er schließlich vor Pilatus erscheint,

---

19 George Steiner, Der Dichter und das Schweigen, in: ders., Sprache und Schweigen. Essays über Sprache, Literatur und das Unmenschliche. Frankfurt/M. 1969, 117.

wird er sehr wortkarg und verstummt schließlich vollends: »Und er antwortete ihm nicht auf ein Wort, also daß der Landpfleger sich verwunderte (Mt 27, 13).

Sicher verweisen die genannten Texte auf unterschiedliche Motive für das Schweigen, z. B. den Ausdruck von Solidarität oder den stummen Protest.[20]

> Welche Rolle das Schweigen im Kult Israels spielte und in den Riten der jungen christlichen Gemeinden, wissen wir kaum. Dass Menschen schweigen, vor Gott verstummen, wird in geschichtlichen und weisheitlichen Texten des Alten Testaments hin und wieder thematisiert. Der semantische Befund ist, wenn man den Hebraisten folgt, dabei außerordentlich heterogen[21], sodass sich schon von daher zu schnelle theologische Systematisierungen verbieten. »Schweigen« reicht vom Unterlassen des Sprechens über die Unfähigkeit zur Kommunikation bis hin zum Verstummen angesichts erwarteten Unheils oder einer Heilsoffenbarung. Werner Urbanz bietet in seinem ausführlichen Überblick zur Thematisierung von menschlichem Schweigen in biblischen Texten eine übersichtliche Typologie der Vielfalt von Aussagen, (z. B. weises Schweigen, zuhörendes Schweigen, stillhaltendes Schweigen, entsetztes Schweigen, prophetisches Schweigen), beschreibt dann auch differenziert biblische Texte zum Schweigen Gottes.[22]

Insgesamt wird man sagen können: Das Schweigen als menschliches Grundverhalten steht nicht im Mittelpunkte biblischer Textwelten. Vielmehr wird dieses Verhalten für die metaphorische Versprachlichung eines theologisch zentralen Inhalts herangezogen. Da wird nämlich die Metapher von »Gottes Schweigen« benutzt. »Sie bringt bedrohliche Erfahrung der Gottesferne zum Ausdruck, kündet das Schweigen der Scheol an, wo Gott und Mensch nicht mehr miteinander sprechen (Ps 94,17;115,17).«[23] Und die heilvolle Zuwendung Gottes nach

---

20 Solchen Zusammenhängen geht Jürgen Ebach, Beredtes Schweigen. Exegetisch-literarische Beobachtungen zu einer Kommunikationsform in biblischen Texten, Gütersloh 2014 differenzierter nach.

21 Vgl. Arnulf Baumann, Artikel damah/dmm/dum, in: ThWAT Stuttgart, Bd. II, 277 ff. sowie Matthias Delcor, Artikel schweigen, in: E. Jenni u. C. Westermann, Theologisches Handwörterbuch zum Alten Testament, Bd. I München/Zürich 1984, 639 ff.

22 Werner Urbanz, Art. Schweigen, in: WiBiLex http://www.bibelwissenschaft.de/stichwort/27473/ download 20.8.2020. Die Klassifizierung von »angemessenem« und »unangemessenem Verhalten« verdankt sich m. E. einer dem Reden verpflichteten Grundnorm.

23 André Ridouard, Art. »Schweigen«, in: Wörterbuch zur biblischen Botschaft. Freiburg 1964, 594 f.; vgl. zum Thema auch Wolfgang Dietrich, Vom Schweigen Gottes im Alten Testament, in: Markus Witte (Hg.), Gott und Mensch im Dialog. Festschrift Otto Kaiser zum 80. Geburtstag, Berlin 2004, 779 ff.

der Krise kann entsprechend in das Bekenntnis des Psalmisten einmünden: »Unser Gott kommt und schweigt nicht« (Ps 50,3).[24]

Zur Bedeutung der Metapher vom schweigenden Gott liegt eine sehr interessante Studie der beiden niederländischen Theolog*innen Marjo Korpel und Johannes de Moor vor. Sie gehen aus von der Beobachtung, dass diese Metapher in der Kunst, Literatur, Filmkunst und auch Philosophie unserer Tage virulent ist.[25] Für den schwedischen Filmemacher (und Pastorensohn) Ingmar Bergman etwa war das Thema nachgerade eine Obsession, denkt man an Filme wie »Das siebente Siegel«, »Wie in einem Spiegel«, oder auch »Das Schweigen«. Und dabei bezog er auch Mythologeme der christlichen Tradition ein.

Von aktuellen Deutungskontexten befragen Korpel und de Moor dann vornehmlich Texte der Hebräischen Bibel auf die Bedeutung der Rede vom »schweigenden Gott«. Das heißt, der Fokus der Aufmerksamkeit verschiebt sich auf das rhetorische Phänomen innerhalb religiöser Sprache. Für das Verständnis der Metapher vom »schweigenden Gott« folgt diese im Einzelnen gründliche Analyse durchweg einem interpretationistischen Paradigma. Wo immer dann von Erfahrungen die Rede ist, Erfahrung des »abwesenden Gottes« oder des »redenden Gottes«, geht es um interpretierende Rekonstruktion der Texte. Das ist ein legitimes hermeneutisches Verfahren, das hier nicht kritisiert werden kann. Aber die Erfahrung des Schweigens liegt vor dem Lesen der Texte.

Stille und Ruhe sind benachbarte Zustände. Ruhig-Sein heißt im allgemeinen Sprachgebrauch Schweigen. Eine nicht auf Semantik verengte Wahrnehmung des Schweigens wird nicht daran vorbeigehen können, dass in den Überlieferungen Israels und den frühen Texten der christlichen Kirche im Zusammenhang von Schweigen und Stille von der Ruhe die Rede ist. Das beginnt mit der Schilderung der sabbatlichen Ruhe Gottes am 7. Schöpfungstag in den Überlieferungen aus den Schöpfungserzählungen und vielen Psalmen und reicht bis hin zur Verheißung eschatologischer Hoffnung, dass das Volk Gottes an göttlicher Ruhe teilhaben wird. Dieses Moment, das Aus-Ruhen von aller Arbeit, greift auch der Verfasser des Hebräerbriefs auf: »Es ist noch eine Ruhe vorhanden dem Volke Gottes« (Hebr 4,9). Dass gerade dieser Text vielfach in Predigten am Ewig-

---

24 Manche der Texte, die vom »schweigenden Gott« reden, zeugen von höchster poetischer Kraft, so z. B. die Passage der Horeb-Theophanie 1Kön 19. Nach Buber tut sich Gott dem Elia kund in »einer Stimme verschwebenden Schweigens«, Bücher der Geschichte, verdeutscht von Martin Buber gemeinsam mit Franz Rosenzweig, Stuttgart 1992, 406.
25 Marjo C. A. Korpel/Johannes C. De Moor, The Silent God, Leiden 2011.

keitssonntag ins Zentrum rückt und dass christliches Begräbnis unter dem Leitgedanken »requiescat in pacem«, nämlich Eingehen in den Frieden Gottes, miteinander verknüpft sind, ist sehr plausibel. Damit wird die jüdische Tradition der »menucha«, des Ruheortes, aktualisiert.

Dass angemessenes Verstehen all dieser Aussagen zum Schweigen in biblischen Texten in der Moderne an ganz bestimmte hermeneutische Voraussetzungen gebunden ist, darauf hat der niederländische Systematische Theologe Kornelis H. Miskotte in seiner großen Studie zum Alten Testament schon vor zwei Generationen, kurz nach dem Ende des Faschismus, verwiesen (Von diesem theologischen Entwurf ist oben im Kapitel »Gott sagen. Elemente und Aspekte der Namenstheologie« ausführlich die Rede.) Reden von Gott im Rückbezug auf Zeugnisse des Alten Testaments, so seine theologische Kulturdiagnose unter dem bezeichnenden Titel »Wenn die Götter schweigen«, ist für uns nur möglich, wenn wir die religionskritische Entmachtung des Theismus akzeptieren, wenn wir philosophische und theologische Religionskritik des 19. und 20. Jahrhunderts gelten lassen. Eine Wiederbelebung von »Gott« als Projektion ist nicht statthaft.

> »Sie ist vorübergegangen, diese Wiederbelebung, aber nicht so, daß man sagen könnte: die »Götter« oder die »Gottheit« sind *tot.* Man muß vielmehr sagen: die Götter schweigen. Die Idee liegt noch in der Luft, aber sie ist stumm; die Gestalt verdämmert am Horizont, aber in schweigenden Nebeln; die Worte klingen noch wie aus einer fremden Sprache oder wie ein Kinderlied, sie sagen uns Spätlingen nicht mehr das Geheimnis; wir fühlen uns nirgends mehr geborgen im Schoße der Natur; wir wissen, daß alle Wesen weit und breit nicht reden, die Milchstraße so wenig wie das Elektron … Wenn die Götter schweigen, wenn das Dasein rings um uns sowohl erfüllt als umschlossen ist von einer spukhaften Stille, dann tritt zutage, was ›objektiv‹ immer schon wahr gewesen ist. Ob es die Götter immer gegeben hat, wissen wir nicht; daß sie *niemals geredet haben,* das ist sicher.«[26]

Wenn nach Miskotte und vor allem nach Bonhoeffer[27] für reflektierte wissenschaftliche Theologie liberaler protestantischer Prägung heute ein Theismus des »Gott existiert« nicht mehr interessant ist, dann ist damit allerdings nicht jede anthropologische Annäherung an das Schweigen *von Menschen* erledigt.

---

26 K. H. Miskotte, Wenn die Götter schweigen. Vom Sinn des Alten Testaments, München (1956) dt. 1964, 18.

27 Dietrich Bonhoeffer, »Einen Gott den es gibt, gibt es nicht.« ders., Widerstand und Ergebung, DBW 8, S. 514 f.

Denn diese muss nicht zwangsläufig auf eine Überhöhung oder gar Vergötzung des Menschen hinauslaufen, erschließt aber, wie wir gesehen haben, neue Perspektiven.

4 »Schweigen ist ... verdammt anstrengend«

Wie findet Schweigen in »nach-kultischer« Zeit und im Horizont eines nichttheistisch verengten Gottesverständnisses statt? Dazu werfe ich zunächst einen Blick auf einen Erfahrungsbericht einer Journalistin, die 2018 in einer Art Selbstversuch für eine Woche ins Kloster gegangen ist. Julia Rubin, Journalistin beim SWR3 hat unter der Überschrift »So fühlt es sich an ins Kloster zu gehen« ihr Tagebuch über eine Schweige-Woche im Kloster Arenberg bei Koblenz aufgeschrieben, mit ihren Vorsätzen und Misserfolgen, mit Kommunikationsversuchen, mit peinlichen Gefühlen angesichts der Unsicherheit, wie sie sich verhalten soll.[28]

Ihre Schweige-Tage finden in religiöser Rahmung von Kloster Arenberg statt. Die Journalistin beschreibt ihren Gang in die Schweige-Zeit nicht als religiöse Übung oder als »Sinnsuche«, ihr Interesse geht explizit nur dahin, im Schweigen vom Alltag mit seinem Lärm abzuschalten. Und sie erfährt den Versuch als Bündel ungewohnter Erfahrungen, welche mit den Tagen tiefer liegende Erinnerungen auslösen und zu leiblich spürbaren Erfahrungen führen.

Der Bericht beginnt so:
»Schweigen ist ... verdammt anstrengend!
Da sitze ich eine Stunde lang in der immer dunkler werdenden Kapelle des Klosters, hoch oben im 7. Stock. Ich beobachte die Kerzen hinter den bunten Glasbildern und höre den gregorianischen Gesängen zu.
Sehe, wie die Sonne über Koblenz untergeht. Eigentlich wollte ich nur kurz mal vorbeischauen, hier oben, wenn in der Kapelle die Musik erklingt. Doch dann bin ich hängen geblieben. Besser: sitzen geblieben. Die Musik im Hintergrund und mein Kopf fängt an zu arbeiten: Viele Bilder kommen wieder zum Vorschein. Warum eigentlich nur die traurigen? Meine Ohren und mein Kopf beginnen zu brummen. Dabei bin ich doch hergekommen, um abzuschalten. Zu Entspannen. Wie soll das gehen, wenn mein Kopf nicht abschalten kann

---

28 https://www.swr3.de/aktuell/Selbstversuch-So-fuehlt-es-sich-an-ins-Kloster-zu-gehen/-/
    id=4382120/did=4731448/lp0vi3/index.html download 28.8.2020.

*und die Gedanken Karussell fahren? Einfach mal nichts tun – darauf hatte
ich mich gefreut, weg vom Alltagschaos, aber irgendwie ist es gar nicht so einfach, alleine hier zu sein. Plötzlich muss ich mich mit mir beschäftigen und
mit meinen Gedanken. Und ich merke, dass es davon verdammt viele gibt.
Wo waren die in all den Wochen? Einen Moment lang fühle ich einen Hauch
von Einsamkeit in mir.*

Und am Ende der Auszeit angekommen notiert Frau Rubin:
*Vier Tage Ruhe haben ihre Spuren hinterlassen bei mir. Die Stille, die anfangs
so ungewohnt war, so gewöhnungsbedürftig und fast schon schmerzlich gewesen
war – wie sehr genieße ich sie nun! Stille erleben, akzeptieren, den Moment
erleben. Das nehme ich mit aus der Zeit im Kloster ...*

*Ich lächle, öffne die Fenster meines Autos (vergewissere mich allerdings
vorher noch, dass keiner neben mir an der Ampel steht ...) und mache hinter
dem Steuer meine Qingong-Übung.*

*Ich spüre meinen Atem, die Luft, die Ruhe und ich wünsche mir in diesem
Moment nichts mehr, als dass ich dieses Gefühl mit in meinen Alltag nehmen
kann«.*[29]

Die Autorin erzählt auch vom Kontakt mit einer Ordensschwester, von der Freude,
auf Gregorianischen Gesang der Schwestern zu lauschen, aber sie nimmt keine religiöse Überhöhung (oder Vertiefung) ihrer Erfahrungen vor, sie schildert die Schweige-
Tage im Kloster eher als eine innere Entdeckungsreise. Im gesamten Bericht kommt
das Wort »Gott« nicht vor. Obwohl sie zum Schweige-Experiment ins Kloster geht,
hat sie offenbar kein Bedürfnis, ihre Erfahrungen mit einem christlichen Deutungs-
rahmen zu verbinden.

Man wird niemandem solche Auszeit missgönnen oder madig machen dürfen.
Das geschilderte Erleben dient der Psychohygiene[30], bleibt eher harmonisch
und idyllisch, gemessen an mancher Abgründigkeit, von der oben die Rede
war. Sicher, für die Journalistin war Schweigen »verdammt anstrengend«. Aber
die geschilderten Tage im Kloster finden im April 2018 statt, da andere ganz
andere Anstrengungen zu bewältigen hatten, inmitten von heftigsten Debatten
in Deutschland und in Europa um das Schicksal von Tausenden von Flüchtlingen und das Versagen der Humanität.

---

29 Ebd.
30 Unter diesem Stichwort werden vom Kloster Arensburg die Auszeiten angeboten.

Die Retrait ins Kloster könnte man eher als einen Wellness-Urlaub verstehen, den sich ein Mensch in passabler Stellung gönnt und leisten kann. Sie geht mal für ein paar Tage ins Kloster, um durchzuatmen und um ihre psychische Widerstandskraft zu testen. Und existenziell scheint dabei wenig auf dem Spiel zu stehen, das zum Schweigen drängen würde oder in den Tagen durchlebt würde. Solche Qualität von Schweigen ist nicht abhängig davon, ob jemand »Gott« nennt oder religiöses Vokabular benutzt. Wenn Reden über Gott, das auf Wahrheit gerichtet ist, nicht abstrakt verlaufen kann, sondern im Sinne konkreter, auf Lebenssituationen bezogenes Reden gestaltet wird, dann muss Entsprechendes auch für das »Schweigen vor Gott« gelten, auch das kann nur in Lebenskontexten begriffen werden.

Und wenn Gott, christlich gesprochen, nicht nur als der Sinn-Grund des Lebens gelten muß, sondern zugleich der Ab-Grund, so kann man gleichwohl niemandem verordnen, eine bestimmte Art der traditionell gesprochen: »Anfechtung« durchlebt zu haben. Aber man muss wohl vorsichtig sein, an einem bestimmten theologischen Soll zu messen, das schnell gesetzlich werden kann. Realisierung christlicher Freiheit in Übungen des Schweigens beginnt dort, wo sich jemand in der Partizipation an bestimmten liturgischen Vollzügen dem Frei-Raum anvertraut, den eine christliche Einrichtung wie ein Koster anzubieten versucht.

Ich kontrastiere die Erfahrungen der Journalistin mit dem Kommentar eines Pfarrers, der sich intensiv mit Meditation befasst hat. Wolfgang Müller ist Sprecher der katholischen Pfarrgemeinderäte Österreichs: »Ich habe während meines Theologiestudiums eine Meditationsausbildung gemacht. Dabei habe ich auch gemerkt: Mir ist eigentlich das Schweigen sehr wichtig, das Schweigen vor Gott. Zu versuchen, auf ihn hinzuschauen und zu wissen, er schaut mich an, darin zu verharren … Das Schweigen ist aber auch dann immer besonders wichtig, wenn der Druck sehr groß wird, wenn das Gefühl da ist, wie soll denn das jetzt weitergehen, wie soll ich das jetzt schaffen. Ganz egal ob das beruflich, oder privat ist.«[31]

Auch der katholische Theologe Müller erlebt meditatives Schweigen als Unterbrechung im Alltag und Kraftquelle zu neuen Lebensperspektiven. Aber er verknüpft diese Erfahrung mit der Erwartung, dass nicht sein anstrengendes Handeln im Schweigen etwas erschließt, sondern eine Kraftquelle von außerhalb.

---

31 https://www.erzdioezese-wien.at/site/glaubenfeiern/spirituelles/beten/lieblingsgebete/article/37655.html download 28.8.2020.

5 Schweigen vor Gott

5.1

In vielen religiösen Traditionen gilt das Schweigen als Weg zum Heiligen, zum Göttlichen. Schweigen hat religionshistorisch seinen festen Platz im Kult. Alle Hochreligionen kennen kultisches Schweigen. Das Schweigegelübde ist seit dem frühen Mittelalter ein wesentliches Element in der Gestaltung des monastischen Tagesablaufs, etwa bei den Karthäusern in der Tradition des Hl. Bruno. Die »Exerzitien« des Ignatius von Loyola mit dem Ziel der Einübung in die Nachfolge Christi empfahlen ausdrücklich das Schweigen als Weg der Begegnung mit Gott.[32]

> Innerhalb protestantischer Kirchen als »sprechendes« Beispiel für den Rang des Schweigens kann der Gottesdienst der Quäker gelten. Zumindest in der liberalen europäischen Quäker-Tradition versammelt man sich in der Regel in einem schlichten Raum zu einer etwa einstündigen schweigenden Andacht, in der die Gläubigen versuchen, sich für die Gegenwart Gottes zu öffnen. Aus der Stille heraus ist es jedem Mitglied der Versammlung erlaubt, das Wort zu ergreifen, falls er sich dazu gedrängt fühlt. Andachten der Quäker verlaufen jedoch oftmals in vollständigem Schweigen.[33]

Eine wichtige Informationsquelle für die religiöse Valenz des Schweigens liegt in religionsphänomenologischer Forschung. Der Religionswissenschaftler Gerardus van der Leeuw charakterisierte in seinem klassischen Lehrbuch schon vor drei Generation das Phänomen treffend so: »Dieses kultische Schweigen ist nicht ein Fehlen des Lautwerdens, es hat nicht negativen, sondern positiven Wert. Genau wie in der Musik die Pausen manchmal den stärksten Eindruck und den reichsten Ausdruck vermitteln …, wirkt das Schweigen im Kult nicht nur als Ausdruck der größten Ergriffenheit, sondern auch als Vermittlung der tiefsten Offenbarung. Das Schweigen im Kult bedeutet nicht die leeren Momente der Frömmigkeit, sondern die erfüllten.«[34] Wobei van der Leeuw Religion insgesamt durchaus ambivalent einschätzte: »Keine Religion ohne den Schrecken …«[35]

---

32 Ignatius von Loyola, Geistliche Übungen. Würzburg 1998.
33 Zur entsprechenden Theologie vgl. Rachel Muers, Keeping God's Silence: Towards a Theological Ethics of Communication, Oxford 2004.
34 Gerardus van der Leeuw, Phänomenologie der Religion, Tübingen 1933, 492. Im letzten Satz zitiert van der Leeuw einen Gedanken aus Henri-Frédéric Amiel, Fragmente d'un journal intime, 1883, II, 159.
35 Van der Leeuw, a. a. O. 33.

Schweigen in religiösen Kontexten kann als eine Ausdrucksgestalt von Religion jenseits verbaler Botschaften verstanden werden.[36] Schweigen im Horizont von Religion lässt sich dreifach bestimmen:

- Es kann die Ergriffenheit des Menschen vom transzendenten Aktionszentrum zum Ausdruck bringen
- Durch Schweigen kann Gottes Erhabenheit geehrt werden
- Schließlich kann Schweigen im Kult als symbolischer Verweis auf die Un-Sagbarkeit Gottes gelesen werden, wie dies vor allem in mystischen Traditionen verschiedenster Religion anzutreffen ist.

Solche religionsphänomenologische Bestimmung zu Beginn des 20. Jahrhunderts wollte Religion gegen soziologische oder politische Reduktion als eigene Sphäre des Lebens zur Geltung bringen und hat darin ihr bleibendes Recht. Im Fokus steht hier Schweigen als kollektive religiöse Form. Damit steht solche Betrachtung allerdings in der Gefahr, mit der Konstruktion der Kategorie »kultisches Schweigen« von der Dynamik des Alltags zu isolieren, in den die sogenannten kultischen Vollzüge und alles Erleben des Einzelnen immer schon eingebettet sind.

5.2

Seit den Tagen, da Martin Luther seine Anleitung zum Studium der Schrift und indirekt auch zur Predigtvorbereitung mit der Verwendung der überkommenen monastischen Trias von »oratio, meditatio und tentatio« beschrieb[37], ist Schweigen e i n Formelement im Spektrum evangelischer Frömmigkeit neben anderen. Der Protestantismus hat aufs Ganze gesehen aus den reformatorischen Traditionen einer »Kirche des Wortes« weniger Interesse als der Katholizismus an nicht wort- oder redezentrierten Vollzugsformen der Frömmigkeit im gemeinschaftlicher Feier wie auch in individueller Übung gezeigt. Immerhin lassen sich im 20. Jahrhundert gleich zwei profilierte Positionen theologischer Zugänge und Praxisanleitungen zum Schweigen nennen.

---

36 Gustav Mensching (1901–1978) beschrieb in seiner großen Studie »Das heilige Schweigen« die relevanten Formen näher, unterschied dabei ein vorbereitendes, ein sakramental-einendes, ein kontemplatives, ein anbetendes, ein harrendes und ein mönchisch-asketisches Schweigen, vgl. G. Mensching, Das heilige Schweigen. Eine religionsgeschichtliche Untersuchung. (Religionsgeschichtliche Versuche und Vorarbeiten 20,2), Gießen 1926.
37 Martin Luther, Vorrede zum 1.Band der Wittenberger Ausgabe der deutschen Schriften 1539 WA 50, 29 ff.

Unter dem Titel »Liturgische Bewegung« finden sich in den ersten Jahrzehnten des 20. Jahrhunderts Reformansätze im Protestantismus, die u. a. auf eine Überwindung der Dominanz der Predigt für Lehre und Praxis des evangelischen Gottesdienstes hinarbeiteten. In diesem Kontext ist der Marburger Theologe Rudolf Otto (1869–1937) zu nennen. Er wertete in seiner Liturgik den »schweigenden Dienst vor Gott« als zweites Zentrum des Gottesdienstes auf.[38] Religionstheoretisch und theologisch auf einer Linie mit seiner Programmschrift zum »Heiligen«[39] plädierte er dafür, ein »sacramentum silentii« als drittes Sakrament neben Taufe und Abendmahl anzusehen. Ihm ging es darum, mit »schweigender Anbetung« ein tiefes Erfahren »des numen praesens im heiligen Schweigen« anzubahnen.[40]

Eine solche Theologie des sakramentalen Schweigens steht allerdings in der Gefahr, menschliches Verhalten im Gottesdienst zu sakralisieren. Und sie hat es nicht leicht dem Vorwurf zu entgehen, dass mit überzogener Internalisierung des Kultes der unaufgebbar externe Bezug des Gottesdienstes zum »Wort« verloren zu gehen droht.[41]

Demgegenüber findet sich wenig später bei Dietrich Bonhoeffer (1906–1945) eine ganz auf das Wort hin fokussierte Position. Im Kontext gemeinsamen Lebens im illegalen Bruderhaus des Predigerseminars der Bekennenden Kirche Finkenwalde verfasste er 1938 den berühmten Text »Gemeinsames Leben«. In dieser Anleitung zur Frömmigkeitspraxis formulierte er: »Wir schweigen am frühen Morgen des Tages, weil Gott das erste Wort haben soll und wir schweigen vor dem Schlafengehen, weil Gott auch das letzte Wort gehört. Wir schweigen allein um des Wortes willen, also gerade nicht, um dem Wort Unehre zu tun, sondern um es recht zu ehren und aufzunehmen. Schweigen heißt schließlich nichts anderes als auf Gottes Wort warten und von Gottes Wort gesegnet herkommen.«[42]

In dieser Perspektive wird Schweigen als Präparation zum Empfangen der Botschaft verstanden.[43] Eine solche Theologie im Fokus des Wortes hat es nicht leicht, das Verhalten des Schweigens anders denn als Vorstufe zum Reden auf-

---

38 Rudolf Otto, Zur Erneuerung und Ausgestaltung des Gottesdienstes, Giesen 1925.
39 R. Otto, Das Heilige. Über das Irrationale in der Idee des Göttlichen und sein Verhältnis zum Rationalen, München 1979.
40 Otto, Zur Erneuerung, a. a. O. 24.
41 So die berechtigte Kritik bei Alexander Deeg, Das äußere Wort und seine liturgische Gestalt. Überlegungen zu einer evangelischen Fundamentalliturgik, Göttingen, 2012, 193.
42 Dietrich Bonhoeffer, Gemeinsames Leben/Das Gebetbuch der Bibel (1938), DBW Band 5, 68.
43 Dies nimmt mittelalterliche Traditionen auf: von Meister Eckhart ist überliefert: »Ich will sitzen und schweigen und hören, was Gott in mir rede« (Predigt über die Weisheit 18).

zufassen. Und die impliziten Voraussetzungen dieser Frömmigkeit in ihren
extremen Bedingungen der Abgeschiedenheit sind evident. Man kann dieses
»Gemeinsame Leben« nicht in eine ganz andere Konstellation von Religion,
Kirche und Gesellschaft im 21. Jahrhundert transponieren.

Sowohl Otto als auch Bonhoeffer dachten und lebten Theologie zum Schweigen
weitgehend ohne Bezug zu empirisch-anthropologischer Analyse menschlicher
Verhalten. Darin konvergieren Überhöhung des Religiösen wie eine Theologie
im Interesse »religionsloser Interpretation biblischer Begriffe«.

5.3

Der Durchgang durch die Phänomene im Abschnitt »Was meint Schweigen?«
ergab ganz unterschiedliche Praktiken, Intentionen, Situierungen und Erlebnisqualitäten im Schweigen. Es hat sich gezeigt, dass Schweigen als menschliches
Ausdrucksverhalten zwar nicht eindeutig, sehr wohl aber be-deutsam ist. Es
findet stets in konkreten Situationen statt, meint etwas in diese Situation hinein, wenn dieses Etwas auch nicht eindeutig zu identifizieren ist. Das reichte
vom Durchatmen und Innehalten im Fluss des betriebsamen Handelns über
tiefere meditative Versenkung bis hin zum Ausdruck des Gepackt-werdens
vom Entsetzlichen.

»Schweigen vor Gott« beinhaltet eine Frömmigkeitspraxis, in der das (äußer-
liche, vernehmbare) Reden unterbrochen wird, um innerlich in Dialog mit
Gott zu gehen (angeleitet etwa im Gottesdienst mit der Formel des Liturgen
»wir bringen in der Stille unsere Bitten und Anliegen vor Gott«). Es bleibt auch
für eine behutsam denkende Theologie die Frage: Wie kann nach-theistisch der
Gedanke eines Gegenüber im Schweigen neu erschlossen und in Gestaltungen
eingebracht werden?

Wenn das Thema dieses ganzen Bandes auf das Reden von Gott abzielt, was
meint dann die Formulierung »jemand schweigt *vor Gott*?« In welchem Sinne
kann man sagen, dass ein Mensch oder eine Gruppe von Menschen vor Gott
schweigt? Worauf zielt diese Frage, und worauf kann sie theologisch sinnvoll
zielen?

Ich gehe davon aus, dass dies kein Satz ist, der den praktischen Vollzug oder
dessen eigenes Erleben beschreibt, sondern eine Aussage, welche solche konkrete Praxis interpretiert. Ich gehe ferner davon aus, dass »Schweigen vor Gott«

auch im Horizont christlichen Redens von Gott Menschen in religiöser Praxis nicht auf ein bestimmtes lehrhaft sagbares Gottesverständnis festlegen darf.
Wer schweigt, verzichtet ja in der Situation überhaupt auf das Reden und erst
Recht auf kommentierende Worte. Und von außen ist die konkrete Intention
des Menschen nicht zu ver-eindeutigen und zu vereinnahmen. Wenn mit der
interpretierenden Formel »vor Gott schweigen« nicht in unzulässiger Weise
eine individuelle Gottesvorstellungen normiert werden soll, dann plädiere ich
bei deren Verständnis für mehr Offenheit. Im einen Fall richtet sich die interpretierende Beschreibung auf »Gott« als Gegenstand innerer Vorstellung im
schweigenden Menschen. Im anderen Falle fungiert »Gott« im Kommentieren
des Schweigens als der Verweis auf einen Erfahrungsraum, dem sich ein Mensch
in Schweigeübungen öffnen kann.

Schweigen als Unterbrechen des Redens hat Anteil an Religion als Ausdruck des
nicht-Handelns, des nicht-Handeln-Könnens, am Gewahr-werden der Grenzen der menschlichen Handlungsmöglichkeiten.[44] Das Verstummen angesichts
entsetzlicher Widerfahrnisse steigert diese Grunderfahrung. Wer schweigt, weil
er oder sie keine Worte mehr findet angesichts des erlebten Grauens, der muss
sich nicht auf ein Soll von religiösen Gedanken oder Lehrsätzen über Gott
befragen lassen.

6 Perspektiven für praktische Gestaltung

6.1

Wenn man davon ausgeht, dass Religion insgesamt nicht nur als Kommunikation über Texte der biblischen Tradition sowie als Impuls zum verantwortlichen
Handeln zu verstehen ist, sondern breiter als Ausdrucksgestalten für christliches
Leben vor Gott und darin als Entfaltung humanen Lebens, dann haben unterschiedliche Vollzüge des Schweigens darin einen legitimen Platz:
• Im Innehalten und Durchatmen, im Zurücktreten von intellektueller oder
  körperlicher Anstrengung, im Zur-Ruhe-Kommen und Stille-Werden, kurz
  gesagt: im Feiermodus, in dem sich der Mensch als ge-lassenes Wesen erfah-

---

44 Vgl. Manfred Josuttis, Ders., Zu einigen handlungstheoretischen Anfragen an die Liturgie-
    wissenschaft, in: H. U. von Brachel/N.Mette (Hg.), Kommunikation und Solidarität, Fribourg
    1985, 213 ff.

ren kann. Dabei kann das sabbatliche Moment christlichen Lebens praktisch wirksam werden.

• In ohnmächtigen Verstummen angesichts der unablässigen Kette von Erfahrungen des Grauen und Schreckens, die nicht mit Worten zugedeckt werden, sondern ausgehalten und behutsam mit Worten umkreist werden, kann sich ein Mensch als ge-halten erfahren. Schweigen als stumme Klage vor Gott hat darin seit den Tagen Hiobs bis heute ihr Recht.

• Wenn dabei Christen und Christinnen auch den Stummen stellvertretend und behutsam eine Stimme anbieten können, gilt es, in entsprechenden Situationen eine Sprache zu finden, die die Nötigung zum Verstummen der Leidtragenden aufnehmen kann und die selbst offen bleibt zum Schweigen.

Der Zerfall vieler tradierter religiöser Ausdrucksformen verbietet es, in ahistorischer und kontextvergessener Weise Formen des Schweigen wiederbeleben zu wollen, die ganz anderen religiösen Welten entsprungen sind und nötigt es, nach neuen Gestaltungen für Frömmigkeit in angestammten Handlungsfeldern zu suchen. Zeitgenössische protestantische Spiritualität ist gerade dabei, Stille als ein wichtiges Element neu zu entdecken und zu kultivieren. Dabei sollte man sich relevante kreative Entwicklungen außerhalb der Kirche als Anregungspotential für die eigene Praxis nicht entgehen lassen. Gerade in nach-kultischer Zeit besteht ein nicht zu übersehender Bedarf, dass Kirche öffentliche Rituale bereitstellt und ihre Tore weit öffnet, im übertragenen Sinne wie auch buchstäblich.

6.2

Offensichtlich besteht auch in einer nach-christlichen Kultur ein erhöhter Bedarf an öffentlichen Ritualen, um angesichts verheerender Ereignisse wie Terrorakte, Flugzeugabstürze, Amokläufe oder Naturkatastrophen, welche national und übernational Betroffenheit auslösen, eine kollektive Anteilnahme und ein kollektives Gedenken zum Ausdruck zu bringen. Erstaunlicherweise spricht man den Religionsagenten trotz allen Rückgangs von Kirchenmitgliederzahlen und abnehmendem Gottesdienstbesuch am Sonntagmorgen in solchen Situationen eine erhöhte Kompetenz zu. Wenn »Deutschland trauert«, sind offenbar die Kirchen immer noch quasi selbstverständlich gefragt. Die Gesellschaft erwartet offenbar von denen, die immer schon mit Tod und Trauer an den Gräbern der Verstorbenen umgeht, besondere Hilfestellung. Und hier sind in den letzten Jahren mit viel Energie und Phantasie Vorschläge gemacht worden.[45]

---

45 Vgl. etwa Kristian Fechnter/Thomas Klie (Hg.), Riskante Liturgien, Stuttgart 2011.

Aber auch außerhalb kirchlicher Praxis sind dabei phantasievolle Ausdrucksformen für die Solidarität mit Opfern an ganz unerwarteten Stellen entwickelt worden. Wie italienische Medien berichteten, haben in Genua nach
dem verheerenden Einsturz der Morandi-Brücke im Jahre 2018 die Fans
des italienischen Fußballclubs CFC Genua der 43 Toten auf sehr sinnfällige
Weise gedacht. Für die 43 Opfer haben die Spiele in der Arena 43 Minuten
geschwiegen. Und niemand hat gejubelt oder geklatscht.[46]

Kirchlich verantwortete Aktionen werden dazu nicht in Konkurrenz treten wollen. Sie können aber davon lernen, was Menschen dort bewegt. Einige haben
davon in ihren Erfahrungsberichten zum persönlichen Umgang mit solchen
Ereignissen notiert.

Marcel Laskus z. B., ein beteiligter Schüler am Amoklauf in der Schule in
Erfurt im April 2002 beginnt seinen Bericht so: »Vielleicht sind wir am
26. April 2002 erwachsen geworden. Lotta und Patrick und Robert und ich.
Oder kann man noch ein Kind bleiben, ein richtiges Kind, wenn man dabei
war, als in einem Schulhaus 16 Menschen getötet wurden?« Er hat seinen
Bericht unter die Überschrift gestellt: »Wenn ich heute an den Amoklauf
denke, denke ich an unser Schweigen«.[47]

Inzwischen ist an manchen Orten auch eine fruchtbare Diskussion darüber
gestartet worden, was in kirchlich verantworteten Veranstaltungen getan werden kann, zugleich aber auch, was besonders zu beachten ist.[48] Dazu gehört
insbes. das Bemühen um eine möglichst klare Trennung von Staatsakt und
kirchlicher Feier, damit man auf die Bedürfnisse der Betroffenen eingehen kann
und ihrer Trauer Raum den nötigen abgeschirmten geben kann. Wieweit Menschen unterschiedlicher Religionen und auch Konfessionslose hier gemeinsam
öffentliche Solidarität bekunden, also das eingangs angesprochene Problem

---

46 Spiegel https://www.spiegel.de/panorama/italien-fans-des-cfc-genua-schweigen-fuer-opfer-
    der-bruecken-tragoedie-a-1225046.html download 3.1.2020.
47 Marcel Laskus, Süddeutsche Zeitung, https://www.google.com/search?client=firefox-b-
    d&q=Wenn+ich+heute+an+den+Amoklauf+denke%2C+denke+ich+an+unser+Schweigen,
    https://www.google.com/search?client=firefox-b-d&q=Wenn+ich+heute+an+den+Amok-
    lauf+denke%2C+denke+ich+an+unser+Schweigen download 29.8.2020.
48 Mit »Trauer und Gedenken nach Großkatastrophen« beschäftigt sich das von Bernhard Krane-
    mann initiierte Projekt der Katholisch-Theologischen Fakultät Erfurt »Trauer und Gedenken
    nach Großkatastrophen«. https://www.tag-des-herrn.de/erfurter-tagung-zu-trauer-und-ge-
    denken-nach-grosskatastrophen download 28.8.2020.

interreligiöser Trauer-Feiern wird weiter zu diskutieren sein, sollte aber nicht das Ziel außer Acht lassen.

6.3

Die angesprochenen öffentlichen Trauerfeiern haben gewiss eine seelsorgerliche Dimension.

Ein Praxisfeld, auf denen im jüngeren Protestantismus die heilsame Kraft des Schweigens am intensivsten wiederentdeckt worden ist, stellt zweifellos die Seelsorge dar. Das ist nicht selbstverständlich angesichts der Konjunktur, die ein (seinerzeit innovatives) pastoralpsychologisches Konzept wie »Seelsorge als Gespräch«[49] über viele Jahre hatte. Bemerkenswerter Weise wurde allerdings von kundigen Vertretern der Pastoralpsychologie schon vor längerem die These aufgestellt, der Ursprung christlicher Seelsorge liege nicht im Reden, sondern im Schweigen, so etwa bei Ellen Stubbe: »Es gab Zeiten, in denen Seelsorge aus dem Schweigen heraus geschah.«[50] In Stubbes Seelsorgekonzept werden Schweigen und Reden nicht kurzschlüssig gegeneinander ausgespielt, sondern aufeinander bezogen im Sinne einer »Hermeneutik des Schweigens«, geleitet von der Einsicht, dass Schweigen Verstehen bewirken kann. Dann gilt: »Menschen, die ihr Leben im Schweigen eingerichtet haben, werden zu einer Art innerem Resonanzraum für den anderen. Hingegeben an den Grund ihres Lebens haben sie sich geöffnet und bewegen lassen.«[51] Die zeitgenössische Notfallseelsorge macht in ihrer alltäglichen Arbeit von diesen Einsichten regen Gebrauch. Zu notieren ist schließlich, dass von Kirchen inzwischen auch digitale Angebote zu Schweigeübungen entwickelt worden sind, z. B. die App »XRCS – Workout für die Seele« kann man aufs Handy laden und täglich abrufen.[52]

6.4

Seit geraumer Zeit finden – allen Traditionsabbrüchen und Krisen des Redens von Gott zum Trotz – Schweigemeditationen wieder verstärkten Zulauf. Vorübergehend aus dem Getrieben-Sein im Alltag auszusteigen und die innere Mitte zu suchen ohne inhaltliche Vorgaben, gestalt- und formlose Meditation ohne

---

49 Joachim Scharfenberg, Seelsorge als Gespräch, Göttingen 1972.
50 Ellen Stubbe, Schweigen, in: Klaus Eulenburger u. a. (Hg.), Gott ins Spiel bringen. Handbuch zum Neuen Evangelischen Pastorale. Gütersloh 2007, 118–123, Zitat 120.; vgl. dies., Jenseits der Worte. Gebet, Schweigen und Besuch in der Seelsorge, Zürich 2001.
51 Stubbe, a. a. O. 122.
52 RCRS Workout für die Seele; https://xrcs.de/ download 7.5.2020.

Bilder und Worte mit starkem Akzent auf Atemübungen und Schweigephasen, all das und manches mehr entstammen fernöstlicher Spiritualität wie dem Zen-Buddhismus. Entsprechende Formen haben seit langem aber auch in westlichen Kulturen und auch unter überzeugten Christen Zuspruch erfahren, denn sie haben sich als heilsam erwiesen. Hier treten keine Glaubensüberzeugungen in Konkurrenz zueinander. Sie bedürfen angesichts der oben skizzierten anthropologischen Überlegungen auch nicht unbedingt eines Legitimationsausweises in Form nachgestellten Gebets.

Solche meditativen Wege fallen mitunter nicht nur, mit den flapsigen Worten der Journalistin gesprochen: »verdammt anstrengend« aus. Intensivere Schweigephasen können tiefergehende Emotionen auslösen, sollten allerdings deshalb unbedingt unter professionellen Anleitung und Begleitung geschehen.

6.5

Weit über Deutschland hinaus finden in vielen protestantischen Kirchen eingreifende Reformbemühungen im Blick auf den Gottesdienst statt. Seine Zentralstellung im Leben der Gemeinde, seine überkommene liturgische Gestaltung, die angestammte Zeit am Sonntagmorgen, seine Träger u. v. a. sind in heftige Kritik geraten. Es ist offen, wohin sich die Reformen entwickeln.
   Bis heute enthält jede Agende protestantischer Landeskirchen zur Feier des Gottesdienstes Markierungen für Momente der Stille. Wenn gilt, dass der Sabbat um des Menschen willen da ist und nicht umgekehrt, dann wird man bei allen Reformbemühungen zukünftig immer weniger an dem vorbeigehen können, was Menschen dort suchen, auch im Blick auf Gestaltung der Ruhe und Stille. Wie sich erwiesen hat, liegt ein wesentliches Motiv zur Teilnahme am Gottesdienst darin, dass Menschen dort »zu sich selbst kommen« wollen. Sie suchen Orientierung über den Alltag hinaus, suchen das heilsame Wort. Aber sie wollen zugleich eine »Atempause« einlegen vom Alltag. Der Gang in die Stille, das Abschalten vom Zwang zum Reden, all dies gehört zu den angestammten liturgischen Verhaltensformen auch protestantischer Liturgie. Die Pause in der Liturgie darf sein, sie muss nicht vom Zwang überdeckt werden, dem »horror vacui« mit Worten auszuweichen.

Dem Raum zu geben, nicht nur mit dem »stillen Gebet« innerhalb der Fürbitten, bedarf wohl sensiblen der organischen Ausgestaltung im Kontakt mit den Feiernden, sodass die Teilnehmenden mit ihrem Erleben in entsprechende Vollzüge hineinkommen können. Versuche dazu sind im Gange, etwa dort, wo in manchen Gemeinden neue Formen der Zusammenkunft entwickelt wurden unter der Überschrift »Atempause«. Wohin das theologisch führen kann, hat der niederländische Theologe und Poet Huub Oosterhuis vielfältig in seinen Texten umschrieben. Die nahezu komplette Sammlung seiner Lieder trägt den Titel »Stilte zingen«[53], »die Stille singen«. (vgl. zu Oosterhuis auch das Kap. »Theo-Poetische Variationen« weiter unten).

In Verbindung damit sehe ich neues Interesse erwachen auch bei protestantisch sozialisierten Menschen und bei Kirchenfernen, sich zeitweise der Atmosphäre sakraler Räume auszusetzen. Man sollte sich hier nicht von alten theologischen Tabus abschrecken lassen, sondern den Blick auf Experimente in mancher katholischen Gemeinde wagen. Kirchenräume sind heute vielfach attraktiv als »Klang-Räume« für Konzerte, sie könnten wohl auch stärker Resonanz-Räume für das werden, was Menschen unausgesprochen dort suchen. Es ist übrigens bemerkenswert, dass neuere avancierte Konzepte der Architektur weltweit sich verstärkt mit dem Thema der Stille als Grundorientierung des Bauens befassen.[54]

> Unter dem von Martin Buber und Franz Rosenzweig entlehnten Wort »Stimme verschwebenden Schweigens« hat die Kirchengemeinde St. Peter und Paul in Ratingen im Rheinland in der Fastenzeit 2009 eine liturgische Inszenierung des Kirchenraumes entwickelt, wobei der Sehsinn aktiviert wird vermittels einer Licht- und Verhüllungsinstallation. Die Besucher treten aus der immerwährenden Beschallung der Alltagsräume in den durch Licht und Dunkel verfremdeten Kirchenraum und verweilen dort längere Zeit in Stille, ehe in späteren Dialogphasen ein Austausch über Erfahrungen stattfinden kann.[55]

Wenn so Perspektiven aufgezeigt werden konnten, wo Phasen und Momente des Schweigens in der liturgischen Gestaltung ihren Ort haben können – so bleibt insgesamt die Grundspannung im Leben von Christen bestehen, nämlich reden zu müssen im Sinne des »Tu deinen Mund auf für die Stummen und für die Sache aller, die verlassen sind (Spr 31,8) und schweigen zu dürfen, gemeinsam oder als einzelner, sich im verstummenden Schmerz entlastet und aufgehoben wissen vor Gott genauso wie im wortlosen Dank über die Schöpfung und über geglücktes Leben.

---

53 Huub Ooosterhuis, Stilte zingen. Liederen, gebeden, gezongen gedichten, Kampen (NL) 2018.
54 Werner Blaser/Tadeo Ando, Architektur der Stille, Berlin 2001; Mario Botta, Sakrale Räume (Herausgegeben von A. Stiller), Salzburg 2019.
55 http://www.lumentenebris.de/projekte-details/items/stimme-verschwebenden-schweigens. html download 20.8.2020.

6
Theo-Poetische Variationen

Vorbemerkungen

In den bisherigen Kapiteln wurden Erfahrungen mit dem Sprechen ausgebreitet und reflektiert, damit verbunden Wege zum Reden über Gott, argumentative Wege und Erfahrungen bei ihrem Gebrauch. Seit den Tagen der Psalmisten haben Menschen vieler Jahrhunderte die Grenzen dieses Zugangs verspürt und deshalb versucht, ihre Erfahrungen mit Gott auf poetische Weise zum Ausdruck zu bringen. Die folgende Sammlung versammelt Beispiele dafür aus 120 Jahren. Gegenüber der argumentativen Ausdrucksweise der Texte bisher wird damit ein anderer Sprachmodus eingeblendet, die Form der Theo-Poesie. »Theo-Poesie« ist eine mittlerweile hoch geschätzte Wort-Kunst, um das Geheimnis des Lebendigen zur Sprache kommen zu lassen, in metaphorischer Umschreibung, im Nachspüren der Begrenztheit und Unmöglichkeit der Aufgabe, im Stammeln, schließlich auch in humorvoller Brechung oder gar sarkastischer Verfremdung.

Die höchst subjektive Zusammenstellung poetischer Versuche enthält Dichtungen deutscher, schweizerischer, niederländischer und norwegischer Herkunft: Sie stammen von bekannten und hierzulande teilweise auch weniger bekannten Autor*innen. Einige verfolgen den Versuch, das An-Sagen Gottes und die Un-Sagbarkeit Gottes mit den Mitteln der menschlichen Stimme und Worte dichterisch zum Klingen zu bringen. Andere umkreisen die Stimme und das Wort, das dialogische Moment des Ansprechens, mit, z. T. aber auch ohne explizite theologische Intentionen. Viele sind entstanden in Epochen gesteigerter Fremdheitserfahrungen und fundamentaler Krisen des Menschlichen. Viele stammen von jüdischen Autor*innen. Sie zeugen auf vielfältige Weise von Sprachnot für Gott, nehmen das Wort »Gott« kaum noch ungebrochen in den Mund und formulieren Protest gegen eine vollmundige selbstgewisse Rede von Gott. Damit geben sie ihre je eigene Antwort auf die Frage, »… ob es auch möglich ist, von Gott poetisch so zu reden, dass die Vokabel »Gott« nicht unbedingt nötig ist.«[1]

---

1 Henning Schröer, Theopoesie, in: ders., in der Verantwortung gelebten Glaubens. Praktische Theologie zwischen Wissenschaft und Lebenskunst, Stuttgart 2003, 242.

Wenn es witzlos ist, Witze erklären zu wollen, dann gilt das umso mehr für Poesie. Den Gedichten und Texten sind kurze Hinweise zu den Autor*innen und der Herkunft der Stücke beigegeben. Diese nachgestellten Notizen wollen keine Kommentierung sein, lediglich Hinweise zum Kontext.

Man darf sich anregen lassen für die eigene Praxis. Das kann beginnen mit dem Rezitieren, mit dem Klang der eigenen Stimme.[2]

---

2   Der Autor hat sich entsprechend den gesetzlichen Bestimmungen des Urheberrechts bemüht, die Copyrights bei den Urhebern der Texte einzuholen. Nicht in allen Fällen ist es gelungen, die Inhaber der Copyrights ausfindig zu machen; bei hier nicht genannten berechtigten Ansprüchen kann der Verlag kontaktiert werden.

Rainer Maria Rilke: Gott (1899)

Ich fürchte mich so vor der Menschen Wort.
Sie sprechen alles so deutlich aus:
Und dieses heißt Hund und jenes heißt Haus,
und hier ist Beginn und das Ende ist dort.

Mich bangt auch ihr Sinn, ihr Spiel mit dem Spott,
sie wissen alles, was wird und war;
kein Berg ist ihnen mehr wunderbar;
ihr Garten und Gut grenzt grade an Gott.

Ich will immer warnen und wehren: Bleibt fern.
Die Dinge singen hör ich so gern.
Ihr rührt sie an: sie sind starr und stumm.
Ihr bringt mir alle die Dinge um.

Rainer Maria Rilke (1876–1925) war ein österreichischer Dichter des Impressionismus. Er stammte aus Prag, wurde von seiner Mutter in enger Frömmigkeit katholisch erzogen. Dem Wunsch des Vaters auf militärische Karriere konnte er sich auf die Dauer entziehen, wechselte zur Handelsakademie, studierte dann auch Literatur, Kunstgeschichte, später Jura, arbeitete als freier Dichter. Er unternahm ausgedehnte Reisen und lebte an verschiedenen Orten (Berlin, Paris). Er schrieb neben Gedichten Prosatexte, Abhandlungen verfasste umfangreiche Briefwechsel mit bekannten Persönlichkeiten seiner Zeit (wie Lou Andreas-Salomé, Leo Tolstoi und Auguste Rodin). Er schuf die neue poetische Gattung des »Dinggedicht«. Sein Leben und Schaffen war bis zum Lebensende von zahlreichen Krisen durchzogen. Mit überkommenen Vorstellungen von Gott hat Rilke zeitlebens gerungen, ebenso durchgängig die kritische Auseinandersetzung gegen die »lippenfrommen Christen« geführt, wobei er sich zuweilen sogar als »Atheist« bezeichnete. Das Gedicht wendet sich nicht nur gegen eine Instrumentalisierung Gottes, verbunden damit ist es Ausdruck grundlegender Sprachskepsis.

Rilke veröffentlichte das Gedicht in seiner Gedichtsammlung »Mir zur Feier« Berlin 1899, die der Freundin Lou Andreas-Salomé zugeeignet war.

Etty Hillesum: Ich hasse es, viele Worte zu machen (1942)

Ich will nur Wörter schreiben, die sich organisch in ein großes Schweigen fügen, und nicht Wörter, die nur dazu bestimmt sind, das Schweigen zu übertönen und zu zerstören. Die Wörter, müssen eigentlich das Schweigen hervorheben. Wie auf dem einen japanischen Bild mit dem Blumenzweig in der unteren Ecke. Ein paar weiche Pinselstriche – aber welche Wiedergabe der kleinsten Einzelheit – und rings herum der große Raum, der aber keine Leere ist, oder sagen wir lieber: ein beseelter Raum. Ich hasse die Anhäufung von Wörtern. Man kann die paar großen Dinge, um die es im Leben geht, mit nur wenigen Wörtern sagen. Wenn ich jemals schreiben werde – was eigentlich? –, möchte ich einzelne Wörter vor einem wortlosen Hindergrund aufzeichnen. Und es wird schwieriger sein, die Stille und das Schweigen zu schildern und zu beseelen, als jene Wörter zu finden. Es geht um das richtige Verhältnis von Wörtern und Wortlosigkeit, eine Wortlosigkeit, in der mehr geschieht als in allen Wörtern, die man aneinander fügt.

Etty (Esther) Hillesum (1914–1943), niederländische Intellektuelle, geboren in Middelburg als Kind jüdischer Eltern, der Vater war Gymnasiallehrer, die aus Russland stammende Mutter war vor Judenpogromen nach Amsterdam geflüchtet. Etty wuchs in Kreisen weltoffener assimilierter Juden auf, studierte Jura und slawische Sprachen, schloss beide Studien mit glänzendem Erfolg ab. Sie kam durch einen Freund mit Jungscher Psychotherapie und auf diesem Wege auch mit biblischen Texten in Berührung. Ihre frühen schriftstellerischen Aktivitäten brachen nach der Okkupation durch die Deutschen 1940 jäh ab. 1942 bekam sie eine Anstellung bei der kulturellen Abteilung des Jüdischen Rates, der Gettoselbstverwaltung. Im Rahmen dieser Arbeit fuhr sie wiederholt ins Sammellager Westerbork in Drenthe, von wo aus die Transporte der jüdischen Bevölkerung der Niederlande in die Vernichtungslager im Osten organisiert wurden. Am 7. September 1943 wurde sie von dort mit der ganzen Familie nach Auschwitz-Birkenau deportiert, wo alle im Herbst des Jahres ums Leben gebracht wurden.

Ihr literarisches Werk besteht vor allem aus umfangreichen Tagebuchaufzeichnungen. In diesen Texten bilanziert und reflektiert sie die alltägliche Unterdrückung und Schikanierung durch Deutsche und ihre niederländischen Kollaborateure. Sie findet aber zugleich in inneren Dialogen zu dem, was sie das »Allertiefste und Allerreichste« nennt, für das sie schließlich zögernd das Wort »Gott« gebraucht. Die Schilderung ihrer inneren Erfahrungen spiegelt ihre Auseinandersetzung mit inneren Depressionen, jedoch zugleich Zugänge zu Kraftquellen des Lebens, die an mystische Figuren erinnern.

Ihre Tagebücher, die sie zwischen 1941 und 1943 schrieb, wurden unter dem Titel »Het verstoorde leven« 1981 zum ersten Mal veröffentlicht und lösten in den Niederlanden einen nationalen Schock aus.

Eine kleine Auswahl in deutscher Übersetzung besorgte J. G. Gaarlandt (Hg.), Das denkende Herz. Die Tagebücher von Etty Hillesum 1941–1943, Hamburg 1985. Darin findet sich der oben abgedruckte Text im Eintrag S. 106 (Eintrag vom 30. Mai 1942).

Mascha Kaléko: Verse für keinen Psalter (1945)

Verse für keinen Psalter
Ich möchte in dieser Zeit nicht Herrgott sein
und wohlbehütet hinter Wolken thronen,
allwissend, daß die Bomben und Kanonen
den roten Tod auf meine Söhne speien.

Wie peinlich, einem Engelchor zu lauschen,
da Kinderweinen durch die Lande gellt.
weiß Gott, ich möcht um alles in der Welt
nicht mit dem Lieben Gott im Himmel tauschen.

Mir scheint, ein solcher Riesenapparat
von Finsternis und Feuerwerk verpflichtet.
Hat Er damit ein Wunder wohl verrichtet,
wie seinerzeit Er's in Ägypten tat?

Lobet den Herrn, der schweigt. In solcher Zeit –
Vergib, o Hirt – ist Schweigen ein Verbrechen.
Doch wie es scheint ist eine Heiligkeit
auch für das frommste Lämmlein nicht zu sprechen.

Herr Zebaoth spaziert im Wolkenhain
und schert sich einen Blitz, wie ich das finde.
Ich möcht in dieser Zeit nicht Herrgott sein.
Wie aber sag ich solches meinem Kinde.

Mascha Kaléko (1907–1975), wurde in Chrzanów in Polen als *Golda Malka Aufen* geboren, kam nach Frankfurt, nach Ende des 1. Weltkriegs nach Berlin, nahm am intellektuellen Leben der Großstadt regen Anteil. Sie begann eine Lehre als Bürokraft im »Arbeiterfürsorgeamt der jüdischen Organisationen Deutschlands«. Der sture Acht-Stundentag im Büro war für sie grausam. Mascha belegt an der Universität Abendkurse in Philosophie und schrieb 1929 erste Gedichte. Von den Nationalsozialisten wurde sie aus der »Reichsschrifttumskammer« ausgeschlossen und bekam Schreibverbot. Sie musste nach New York emigrieren, 1936 wurde ihr Sohn Steven geboren.1955, mit 48 Jahren, reist sie zum ersten Mal wieder nach Europa.

In ihren Texten entwickelte sie früh einen eigenen Stil, gekennzeichnet von Sachlichkeit und satirischer Schärfe, voller Sehnsucht. Ihre Themen kreisten um den Alltag in der Großstadt Berlin, um die melancholische Suche nach dem »sogenannten Glück« und immer wieder die Liebe. Sie verfolgte früh auch feministische Motive. U. a. schrieb sie auch explizit religiöse Gedichte. In Gedichten wie »Hiobs Enkel« und »Kaddish« wurde aus Witz und Spott bittere Anklage. Als die Nationalsozialisten in Deutschland an die Macht kamen, schrieb Mascha Kaleko: »Wir haben keinen Freund auf dieser Welt. Nur Gott.«

Ihre literarischen Erfolge lagen in den 30er Jahren. Den Fontanepreis 1958 lehnte sie mit Blick auf einen ehemaligen SS-Mann in der Jury ab. Erst nach ihrem Tod kamen ihre Texte in Deutschland zu Ehren, in vielen Rundfunkandachten und Gottesdiensten wurde sie zitiert.

Der Text *Verse für keinen Psalter* stammt aus *Verse für Zeitgenossen,* zuerst erschienen im Schoenhof Verlag, Cambridge (Mass).

André Bjerke: Von Gott reden (1954)

Ein jeder wird redselig in seinem Glauben.

Frisch wie Trauben sollen deine Worte sein,
wenn du von Gott reden willst! Die Worte, die gesprochen sind,
sind nicht mehr schwer vom Saft wie die Beere.
Die Rede von Gott ist altes Fallobst.

Besser ist es, zu schweigen von Gott als zu reden.
Besser, auf unselige Art zu entbehren als seine Entbehrung
geistlich redselig zu kleiden … Es kräht der Hahn,
wenn du einen Gott verleugnest, indem du seinen Namen plapperst.

Du, der du »deinen Gott gefunden hast« und glaubst, du erkennst
»den Sinn des Ganzen«, und »Seinen Geboten folgst«:
Waren deine Worte von dem Gott frisch wie Trauben?
Niemand außer einem Kind sollte von Gott reden.

André Bjerke (1918–1985) war der prominenteste norwegische Dichter der Nachkriegszeit, war vor allem als Lyriker und Übersetzer tätig, schrieb auch Dramen, Romane, Kriminalroma (unter dem Pseudonym Bernhard Borge), Kinderbücher und auch Sachbücher. Er setzte sich ein für die Gründung der Norwegischen Akademie für Sprache und Literatur ein wie auch für die Vereinheitlichung der norwegischen Hochsprache »riksmål«. Schon während der deutschen Okkupation begann er Gedichte zu schreiben. In seinem Œuvre spielt das Motiv der Sehnsucht nach verlorener Kindheit eine wichtige Rolle. Mit Themen der Religion ging Bjerke in seinen Texten sehr zurückhaltend um. Von einer großen Skepsis gegenüber der Behauptung religiöser Wahrheiten zeugt auch das Gedicht »Von Gott reden«, obwohl er dort das Wort Gott wiederholt gebrauchte. In weltanschaulicher Hinsicht war er im Verhältnis zur Majoritätsprägung durch die evangelisch-lutherische Staatkirche eher freidenkerisch und anthroposophisch orientiert.

Der Originaltext des Gedichtes erschien unter dem Titel »Å tale om Gud« zuerst im Band: Slik frøet bærer skissen av et tre, 1954. Das Gedicht ist sehr populär in Norwegen und findet sich auf Geburtsanzeigen ebenso wie in Anthologien mit religionskritischer norwegischer Literatur.

Ich danke Carsten Schuerhoff für den Hinweis auf das Gedicht und für Hilfe bei der Übersetzung.

Wolfgang Hildesheimer: Tynset (1965)

»Die Leute von Tynset stellen keine Fragen, die Tynset betreffen, weder die Schläfer
noch die Liebenden noch der Sterbende noch seine Erben noch der Lehrer. Doch.
Der vielleicht doch, dieser Lehrer. Versuche ich es mit ihm, irgendeine Verwandt-
schaft sollte ich herstellen mit einem Bewohner von Tynset, irgendeine. Nehme
ich den Lehrer, meinen Freund, was soll er denken? Er denkt frei, dieser Lehrer,
Angehöriger einer schlecht bezahlten, oft geschmähten Kaste. Er denkt:

Nein. Keiner erwartet eine Antwort. Alles ist bereits Antwort. Keiner fragt, denn
keiner weiß, daß man überhaupt fragen kann. Alle sind sie nur mit den Antworten groß geworden, denkt der Lehrer, aber es sind keine Antworten auf Fragen,
vielmehr sind es Scheinantworten, sie dienen dazu, der Frage zuvorzukommen,
die Frage zu verhindern, sind dazu entworfen, den Willen zur Frage im Keim zu
ersticken, die Frage so zu verdecken, als gäbe es sie nicht. Zuerst kam die Antwort, so denkt mein Freund, und dann erst die Frage, das steht schon in der Bibel,
im elften Buch Mosis und im Lukas-Evangelium und im Friedrichs-Evangelium
und in den Korintherbriefen, fünfter Band, und als die Frage kam, kam sie, wie
der Poet zur Verteilung, der Güter dieser Erde, zu spät, für sie gab es keinen Platz
mehr, so denkt der Lehrer. Grinsend saßen schon, gestärkt und geschniegelt, in
Chorgewändern und Soutanen und Stolen, in Tiara und Mitra, mit Krummstab
und Ring, mit steifen Bäffchen und schwarzen Wickelgamaschen, hinter rand-
losen Brillen und mildem Blick und verschleierten Augen, mit weicher Stimme
und runder Gestik und verklärtem Gesang, die Männer Gottes auf den Kisten,
in denen die Antworten lagen, wohlverpackt, um in die Welt hinausgeschickt zu
werden. Grinsend deuteten sie auf die Kisten, zeigten auf die Adressen. Auf den
Vermerk: »Vorsicht! Nicht stürzen!« hatten sie verzichtet, denn sie konnten sich
auf ihre Spediteure verlassen.
Das denkt der Lehrer von Tynset, mein Freund. Oder nicht? Doch, das denkt er.«

Wolfgang Hildesheimer (1916–1991) wurde in Hamburg als Sohn jüdischer Eltern geboren. Nach der Flucht der Familie nach Palästina und einem Aufenthalt in London kehrte der Sohn gegen den Rat seiner Eltern nach Deutschland zurück. Bei den Nürnberger Prozessen war er als Gerichtsschreiber tätig. Zeitgleich begann seine Tätigkeit als Schriftsteller (u. a. Mitglied der Gruppe 47) und als Übersetzer. Die letzten Lebensjahre verbrachte er in der Schweiz und in Italien. Er entwickelte sich zu einem scharfen Kritiker der Adenauer-Republik und ihrem latenten Antisemitismus. Seine jüdische Identität und seine Emigrationserfahrungen thematisierte er in Publikationen, die heftige Kontroversen auslösten. Auf prägnante Weise geschah dies in seinem Rundfunkvortrag vom April 1978 zum Thema »Mein Judentum«.

Der Text ist ein Auszug aus dem Roman Tynset 1965, ein lyrisches Prosastück, für das der Autor den Büchner-Preis bekam. Das Buch setzt sich formal aus monologisierenden Betrachtungen, und Traumberichten zusammen, voller Schwermut und Witz. Auch in diesem Roman sucht Hildesheimer die kritische Auseinandersetzung mit dem unerkannten Erbe der Nazizeit: Ein fiktiver Erzähler, geflüchtet in ein Dorf in Norwegen (Tynset), enttarnt durch Telefonate und die Ansage »Es ist alles entdeckt« untergetauchte Nazitäter.

Elias Canetti: Der Gottprotz (1974)

(zitiert wird eine gekürzte Fassung)

Der Gottprotz muß sich nie fragen, was richtig ist, er schlägt es nach im Buch der Bücher. Da findet er alles, was er braucht. Da hat er eine Rückenstütze. Da lehnt er sich beflissen und kräftig an. Was immer er unternehmen will, Gott unterschreibt es.

Er findet die Sätze, die er braucht, er fände sie im Schlafe. Um Widersprüche braucht er sich nicht zu bekümmern, sie kommen ihm zustatten. Er überschlägt, was ihm nicht von Nutzen ist und bleibt an einem unbestreitbaren Satze hängen. Den nimmt er für ewige Zeiten in sich auf, bis er mit seiner Hilfe erreicht hat, was er wollte. Doch dann wenn das Leben weitergeht, findet er einen anderen.

Der Gottprotz traut der Vorvergangenheit und holt sie zu Hilfe. Die Finessen der Neuzeit sind überflüssig, man kommt viel besser ohne sie aus, sie machen nur alles komplizierter. Der Mensch will eine klare Antwort wissen, und eine, die sich gleichbleibt. Eine schwankende Antwort ist nicht zu gebrauchen. Für verschiedene Fragen gibt es verschiedene Sätze. Es soll ihm einer eine Frage sagen, auf die er keine passende Antwort fände ...

Elias Salomon Canetti (1905–1994) war ein jüdischer multikultureller Intellektueller, geboren in Bulgarien in einer Familie spaniolischer Juden, lebte in Wien, emigrierte nach London, zog schließlich nach Frankfurt und dann nach Zürich. Er ist mehrsprachig aufgewachsen, Deutsch war seine vierte Sprache, sie wurde die Sprache seiner Literatur. Er veröffentliche Dramen, autobiografische Romane und Sachbücher. Sein philosophisches Hauptwerk »Masse und Macht« reflektiert auf wissenschaftliche Art und Weise vieler seiner bedrängenden Lebenserfahrungen. Er wurde erst im hohen Alter ein sehr angesehener Schriftsteller, bekam 1981 den Nobelpreis für Literatur.

Von Kind an entwickelte er eine Passion für das Schreiben, konnte virtuos formulieren, aber vieler seiner Texte zeugen gleichwohl von großer Sprachskepsis. Zu religiösen Traditionen hatte ein gebrochenes Verhältnis. So bekannte er: »Es soll mir niemand mehr von einer gerechten Weltordnung und von einem gütigen Gott reden. Gott, wenn es ihn gibt, ist *schlecht,* schlechter als wir, und das will etwas heißen.«

Der vollständige Text *»Der Gottprotz«* ist in einer Reihe von Miniaturen erschienen: *Der Ohrenzeuge. Fünfzig Charaktere,* zuerst erschienen München 1974 Hanser Verlag.

Rose Ausländer: Du bist die Stimme (1978)

Sei mir gewogen
Fremdling
ich liebe dich
den ich nicht kenne

Du bist die Stimme
die mich betört
Ich hab dich gehört
ruhend auf grünem Samt
du Moosatem
du Glocke des Glücks
und der unsterblichen Trauer.

Rose Ausländer (1901–1988) kam als Rosalie Beatrice Scherzer in Czerno-
witz in der Bukowina (Rumänien) zur Welt, wuchs in orthodox-jüdischem,
gleichwohl weltoffenen Elternhaus auf, studierte Philosophie und Literatur. Sie arbeitete als Übersetzerin und lebte wechselweise in den USA und
in Rumänien. Von 1923–26 war sie verheiratet mit ihrem Studienfreund
Ignaz Ausländer, wurde aus den USA ausgebürgert, zurückgekehrt in die
alte Heimat entging sie nur knapp der Deportation.

1948–56 schrieb sie ausschließlich in englischer Sprache. Ab 1965
lebte sie in Westdeutschland und veröffentlichte Gedichtbände auch in
deutscher Sprache. Sie verbrachte ihren Lebensabend im Nelly-Sachs-
Haus, dem Altenheim der Jüdischen Gemeinde Düsseldorfs.

Der literarische Durchbruch in Deutschland erfolgte erst in den 60er
Jahren. Allein ihr lyrisches Werk umfasst mehrere Tausend Texte, viele
Texte nicht noch nicht publiziert. Ein thematischer Schwerpunkt ihrer
Gedichte kreist um die existenzielle Bedeutung der menschlichen Sprache
für ihre Person. Das Konzept von Schreiben war für sie Teil des Lebens-
konzepts: »Wer bin ich, wenn ich nicht schreibe«. Manche Texte kreisen
um das Phänomen der Stimme und um das Schweigen.

In vielen Texten bezog sie sich auf ihre jüdische Herkunft, so entstanden Gedichte im Schatten des Heimatverlustes und der Shoah. Zahlreiche Gedichte sind von biblischen Quellen inspiriert, sie nehmen dabei
die Tradition des leidenden Gottes auf, z. B. dort wo sie im Gedicht »Ent-
wurzelt« formuliert: Gott »wimmert mit entwurzelter Stimme«.

Huub Oosterhuis: Die Stimme (1980)

(Die) Stimme als ein Meer von Menschen
Um mich durch mich hin
Die Stimme des Ertrinkenden
Vom Stück Holz des Wracks
Einen Mensch zeigend
Wenn er mich ansieht

(Die) Stimme die mich ruft: wer bist du
Mensch wo ist dein Bruder?
Die Stimme, die mich von mir entbindet
Und mich befreit, die
Feuer aus dem Stein schlägt,
du der mich zum ich macht

(Die) Stimme die keinen Namen hat, noch nicht,
Menschen ohne Stimme.
(Die) Stimme, die klopft wie ein Specht
An meinen Gehörknochen
Wort hält, immer
Gott der mich festhält

Huub Oosterhuis geb. 1933, Jesuit, Studentenpfarrer der Amsterdamer Studentenekklesia der Dominikuskerk, ist ein weit über die Niederlande geschätzter Liederdichter. Er war engagiert in der vom 2. Vatikanischen Konzil inspirierten Liturgiereform, geriet in Konflikt mit seinem Orden und mit dem Vatikan.

»Stem als een zee van mensen« wurde wie viele andere Liedtexte geschrieben für die gottesdienstliche Praxis und Schriftauslegung im Rahmen der Studentenekklesia. Der Text war konzipiert als poetisch-liturgisch-musikalische Antwort auf Gen 4,9. Eine sehr instruktive Einführung zu den poetischen Texten von Oosterhuis gibt Alex Stock, Hierhin Atem. Zur poetischen Theologie von Huub Oosterhuis, Amsterdam 1994.

In der Vertonung von Rik Veelenturf findet sich das Lied im Liedboek der Niederländisch-reformierten Kirche 4. Aufl. 2013 unter der Nr. 828 (© original Dutch text: Gooi en Sticht - Utrecht, Niederlande). Ich danke Jisk Steetskamp für Hinweise und Hilfe bei der Übersetzung. Dank auch an Gooi en Sticht, Utrecht für die Genehmigung zur Verwendung des niederländischen Originals.

Kurt Marti: grosser gott klein (1980)

grosser gott:
uns näher
als haut
oder halsschlagader
kleiner als herzmuskelzwerchfell oft:
zu nahe
zu klein –
wozu
dich suchen?
wir: deine Verstecke

Kurt Marti (1921–2017), Sohn eines Notars, war ein Schweizer reformierter Theologe. Zwischen 1949 und 1983 war er Pfarrer verschiedener Gemeinden des Kantons Bern. Danach wirkte er als freier Schriftsteller. Er war engagiert in der Ökumene und in der Anti-Atom-Bewegung. Er schrieb Gedichte, Essays, Aphorismen und auch Zeitungskolumnen. Sein politisches Engagement brachte ihn in Konflikt mit der Obrigkeit. Er kritisierte zeitlebens aber auch spießbürgerlich saturiertes Gottes-Wissen und selbstgefälliges Kirchenchristentum: »Ein Gott, der kirchenförmig gedacht wird, hindert die Kirchen daran, gottesförmig zu werden« (Zärtlichkeit und Schmerz, 1979, 108).

Marti verbindet Überliefertes und spielerisches Brechen von Traditionen, mundartliche Bodenständigkeit und weltläufige Zeitkritik, biblische Elemente und Sprachexperimente. Seine Sprache ist durchzogen von Witz und Sarkasmus. Viele seiner Texte waren konzipiert für den gottesdienstlichen Zusammenhang. Notiert sei, dass Marti der erste war, der im 20. Jahrhundert in Europa das Wort »Theopoesie« verwendet hat (in einem Kommentar zu den Psalmen) und dann auch kräftig Beiträge mit theo-poetischer Intention geliefert hat.

Ich verdanke Christoph Müller den Hinweis auf diesen Text. Das Gedicht ist entnommen aus Kurt Marti, *»Die Liebe geht zu Fuß«,* Zürich 2018, 104.
© 2018 Nagel & Kimche in der MG Medien-Verlags GmbH, Haar.

Dorothee Sölle: Den Himmel erden (1996)

Es ist eine Illusion anzunehmen,
Menschen gingen in die Kirche, um dort Gott zu finden.
Solche Begegnungen und Treffen finden statt,
um Gott zu teilen:
Jeder bringt etwas mit von Gott,
um es in der Gemeinsamkeit miteinander zu teilen:
Du bringst deinen Hunger nach Gott mit,
dein Stückchen Freude im Leben hast du in der Tasche,
was du bereits weißt von Gott,
der schon mal mit »Strömen der Liebe«
auf dich geregnet hat –
das alles bringst du mit.

»Das von Gott«, wie die Quäker es nennen,
das in jedem Menschen steckt,
vielleicht ganz klein, zerknittert, verschrumpelt -
du bringst es mit.
Ohne dich ist Gott kleiner!

Und mit dir feiern wir den geteilten Gott,
wir loben, schimpfen, klagen, wir rufen Gott näher herbei.
Den Himmel erden – in uns und mit uns
und nicht ohne dich, die da neben mir sitzt,
und dich, der nicht ganz genau weiß, was das soll.
Feiern, teilen, erden – das ist ein Vorgang.

Dorothee Sölle (1929–2003) studierte Theologie, Literaturwissenschaft und Philosophie und habilitierte sich 1971 mit einer Arbeit über die Zusammenhänge von Literatur und Theologie nach der Aufklärung. Zunächst arbeitete sie als Gymnasiallehrerin sowie als freie Mitarbeiterin beim Rundfunk.

Von 1975 bis 1987 lehrte sie systematische Theologie am Union Theological Seminary in New York. Eine ordentliche Professur in Deutschland blieb ihr zeitlebens verwehrt. Sölle war eine scharfe Kritikerin eines saturierten und zahnlosen Protestantismus in Westdeutschland. In der Tradition Dietrich Bonhoeffers trat sie vehement dafür ein, Gott nicht als »Lückenbüßer« für menschliche Wissenslücken auszulegen. Sie war Mitbegründerin des Kölner Politischen Nachtgebets von 1968 bis 1972. Sie wirkte in der Friedensbewegung und in zahlreichen kirchlichen linken und ökumenischen Organisationen mit. Zusammen mit ihrem Mann Fulbert Steffensky wurde sie Vordenkerin einer erneuerten protestantischen Spiritualität.

Der Text *»Den Himmel erden«* wurde erstmals auf dem Evangelischen Kirchentag 1995 in Hamburg vorgetragen. Die hier abgedruckte Fassung wird zitiert nach D. Sölle, *Gesammelte Werke, Die Wahrheit macht euch frei,* Bd. 4, Stuttgart, 2006, S. 206.

Christian Lehnert: »Ich lebe, doch nicht ich«, es geht ein Atem (2009)

»Ich lebe, doch nicht ich«, es geht ein Atem
in mir, den ich nicht kenne. Was ihn treibt,
ich weiß es nicht. Ein Flügelpaar verbleibt
als stumme Zeugen in den Wintersaaten.

Die Abendschatten wachsen. Ich kann mir
nicht sagen, wer ich sei und täglich würde,
mich hier zu halten, ist die ganze Bürde
und Gültigkeit, die Atemnot und Gier.

4. März 2009 Wittenberg

Christian Lehnert, geb. 1969 in Dresden, ist Dichter und Theologe. Er ist in der DDR groß geworden, war Pfarrer in einem Dorf in der Nähe von Dresden, danach Studienleiter der Evangelischen Akademie Sachsen-Anhalt in Wittenberg und arbeitet seit 2012 als Geschäftsführer des Liturgiewissenschaftlichen Instituts der VELKD in Leipzig.

In seiner Lyrik geht er sensibel mit den Menschen und Dingen um, die ihm zu Hause und auf Reisen begegnen, er bezieht Alltägliches und auch naturhafte Wirklichkeit mit ein, spart auch die Erfahrungen der DDR-Zeit nicht aus. In seinen Texten fungieren Worte wie Atem, Spur oder auch Schweigen als Schlüsselmetaphern. Er tastet mit seinen sprachlichen Ausdrücken oft an der Grenze des Sagbaren, damit greift er sprachlich wie theologisch oft auf Traditionen der Mystik zurück. Die Sprache benutzt zuweilen ein »Du«, eine Anredeform, adressiert sich damit, ohne das Gegenüber immer klar zu benennen. Mit dem Wort »Gott« geht dieser Theologe äußerst sparsam um. Wenn er es überhaupt benutzt, dann eher in der Absicht, »die Silbe ›Gott‹ leer zu halten um den Preis des Verstehens«, wie der katholische Theologe Georg Langenhorst zutreffend angemerkt hat (Fortschreibungen Mystischer Poesie, Geist und Leben).

Lehnert hat bereits viele Preise und Auszeichnungen bekommen, so etwa 2018 den Deutschen Preis für Nature Writing. Zu seinen bekanntesten Veröffentlichungen zählt »Der Gott in einer Nuß. Fliegende Blätter von Kult und Gebet« Frankfurt/M. 2017.

Der Text ist aus dem Gedichtband *»Aufkommender Atem«,* Berlin 2017, 31 genommen. Wie die Anmerkung des Autors vermerkt, nimmt die erste Zeile ein Zitat aus Gal 2,20 auf.

7

Wege zur Praxis

Momente intensiver Rede von Gott gestalten

In den bisherigen Kapiteln habe ich in verschiedenen Anläufen stärker analytisch und reflexiv gearbeitet. So habe ich versucht, auf das Sprechen anderer Leute von Gott zu hören, habe kulturelle Kontexte skizziert, habe daraus Fragen eröffnet, wie in vertiefenden Überlegungen das Erleben professionellen Redens näher analysiert werden kann. Darauf haben die sechs Essays zu soziologischen, philosophischen und theologischen Problemstellungen zu antworten versucht.

Die Fokussierung auf das Erleben beim Reden hat den Blick zurückgelenkt, auf Re-Konstruktionen, weniger auf Konstruktionen nach vorn. Wenn das alles in praktisch-theologischer Intention geschah, dann muss gleichwohl auch die Frage nach Impulsen für praktische Gestaltung angegangen werden. Leser*innen wollen wissen, wohin, zu welchen Sprachgestalten das in konkreten Redesituationen praktisch führen kann.

Wie aber kann man Wege zu solcher Gestaltung im Kontext einer theoretischen Orientierung mit dezidiert anti-pragmatischem Affekt geschehen? Mehrfach habe ich ja unterstrichen, dass es hier nicht um simple technisch-praktisch Anleitung zum Reden geht, nicht um rhetorische Trainingsprogramme oder Rezepte für religiöses Reden. Die reflexiven Durchgänge der Praktiker*innen durch eigenes Sprechen haben gezeigt, dass man eigenes Reden nicht abstrakt führt und am Schreibtisch durchplant. Sie haben Misstrauen geweckt gegen die unbeschränkte praktische Wirkung theologischer Großtheorien für die eigene Praxis und dazu verholfen, den impliziten eigenen Klein-Theorien auf die Schliche zu kommen, etwa in den unterschiedlichen Gesprächsgängen im Umfeld einer Taufe.

Gute Theorie ist gewiss nicht praxis-leer. Aber aller kluge theoretische Vorbehalt und aller instruktive Rück-Blick ändert nichts daran: Praktiker*innen müssen täglich handeln mit der Praxis ihres Sprechens vor anderen und zu anderen. Im

Gemeindepfarramt lassen sie sich fast jede Woche auf die Vorbereitung eines
Gottesdienstes ein, wo sie Menschen mit Worten begrüßen, zum Gebet einladen und eine Predigt über einen biblischen Text vorbereiten. Andere stehen
regelmäßig vor der Aufgabe, mit Kindergartenkindern, mit einer Schulklasse
oder einer Konfirmandengruppe über Gott zu sprechen, gerade auch dann,
wenn sie anderen ein Verständnis von der Schwierigkeit oder gar Unmöglichkeit weitergeben wollen, mit menschlichen Worten das Wort »Gott« gehaltvoll
anzusagen. Sie machen einen Geburtstagsbesuch, sprechen dabei vielleicht ein
Gebet, werden gelegentlich dazu eingeladen, einen Vortrag zu einem Thema
im Umfeld der Gottesfrage zu halten, in der Gemeinde oder vor einer ganz
anderen Zuhörerschaft. Theologische Profis sitzen bei einer interreligiösen Veranstaltung vor Ort neben Vertretern anderer Religionsgemeinschaften auf dem
Podium, sollen in einem knappen Statement sagen, was aus christlicher Perspektive »Gott« bedeutet.

Das alles nötigt zum Reden, macht die Frage dringlich, wie dieses Reden
denn konkret aussehen könnte. Dazu möchte ich in diesem letzten Kapitel Anregungen geben.

7.1 Kunst-Regeln

Wie kann man, wie kann ich die Sensibilisierung fördern und zur Einübung einer
Haltung beitragen, die das Reden von Gott weniger als Sätze aus dem Lehrbuch-
wissen produzieren will und es eher in befreienden und öffnenden Erfahrungszusammenhängen wirken sieht? Wenn man die bisherigen Abschnitte näher
betrachtet, dann zeigt sich, dass in ihnen hier und da bereits Hinweise zur Praxis stecken. Bereits die Skizzen zu »An-Sprechenden Erfahrungen« enthalten
u. a. Gesichtspunkte für konkretes situativ gebundenes Sprechen. Und auch die
stärker theoretisch angelegten Vertiefungen zeigen im jeweiligen Schlussteil
eine ganze Reihe von Hinweisen zur Gestaltung. In einem ersten Schritt hin
auf die Praxis versuche ich deshalb, dass ich im Durchgang durch die Texte
Momente und Impulse der Praxiorientierung absammle und sortiere. Man
kann sie auch unter das Stichwort »Kunst-Regeln« (Friedrich Schleiermacher)
für das Reden stellen.

Sprechen in Situierungen

Das auf Erfahrung im Sprechen abzielende Reden sollte als *situationsbewuß-
tes* und situiertes Reden gestaltet werden. Es nimmt Bezug auf Gott im Hier
und Jetzt, in dem ich spreche, zu anderen rede und auf andere höre, mich ver-

stricken lasse in eine Situation. Komme ich in eine neue Redesituation, sind
Erkundungen angezeigt. Wenn ich oft am gleichen Ort zu vertrauten Menschen
spreche, ist das schwieriger, denn ich meine ja alle und alles genau zu kennen,
alle Erwartungen. Aber Reden von Gott ist nicht gleich-gültiges Reden, denn
es will gar nicht immer und überall gleich gelten, sondern jetzt Hörende und
Redende in Bewegung bringen, dabei Ausdruck verleihen von meinem Bewegt-
Sein, und Semantik, Kognition und Affekt und Resonanz liegen ineinander.
Reden von Gott trägt immer ein Moment des »fremden Redens« in sich.

Prüffrage wäre: Mit welchen Überraschungen rechne ich eigentlich jetzt
noch?

Sprechen über Gott nicht aufzwingen

Nach dem Eindruck der »Leute« reden theologische Profis oft zu wenig von
Gott (vgl. oben das Kap. »Wie die Leute heute von Gott reden«). Und doch ist
es angezeigt, Gott nicht unmotiviert und ohne passende Gesprächszusammenhänge einzubringen. Gott ist auch keine Ware, die marktschreierisch an die
Kunden gebracht werden müsste wie Äpfel oder Gemüse. Die Geheimnishaftig-
keit hinter den Dingen ist nicht abzuhandeln als abstraktes Vortragsthema und
nicht als Prüfungswissen, das abgefragt werden könnte. Gott kann zwar mit
theologischen Gründen »die alles bestimmende Wirklichkeit« genannt werden
(Wolfhart Pannenberg) und es gilt, ihn in allen Dingen zu suchen. Aber es bedarf
der sensiblen Wahrnehmung auf die konkreten Gesprächsthemen im Alltag hier
und jetzt, um ihn verstehbar anzusprechen. Das gilt gerade dann, wenn man
dabei den Horizont für »das ganz Andere« eröffnen möchte.

Prüffrage wäre: wer und was hat mich *jetzt* dazu motiviert, von Gott zu
sprechen?

Sprechen von Gott als ein Wagnis

Das zünftige, richtige Reden von Gott haben wir als theologische Profis
gelernt, weniger gelernt haben wir tastendes Sprechen, das nicht im Gestus des
Besitzenden daherkommt, sondern in der Haltung des Suchenden, als Ausdruck
davon, dass der/die Sprechende *jetzt* sucht, dass er/sie an eine Grenze kommt,
da *jetzt* die angemessenen Worte fehlen. Dass gerade solches Reden zur Sache
gehört, das können Profis fast nicht glauben, wir haben es jedenfalls nicht gelernt.
Es zu riskieren führt eher zu narrativem Sprechen statt deliberativem,
abwägenden. Das hieße nicht die Worte unbedacht wählen, aber vielleicht weniger wägend, eher wagend, sicher auch Reden in Ich-Form, wohl ohne demons-
trativen Seelenstriptease, aber Reden, das auch das Nicht-Wissen riskiert, bei
dem man sich riskiert.

Prüffrage wäre: wann habe ich das letzte Mal ein Kind nach Gott fragen gehört? Was hat es gesagt?

In Tätigkeitsworten reden

Zu dieser Sprachpraxis gehört es wohl auch, dass ich ernst mache mit der theologischen Einsicht, dass Gott nicht »ist« (›Liebe‹, ›allmächtig‹, ›ganz oben‹ oder auch ›ganz unten‹), sondern er geschieht. Das nimmt Kurt Martis Behauptung auf, Gott sei eher ein Tätigkeitswort und liegt auch auf einer Linie mit der Namensoffenbarung von Exodus 3 »Ich werde mit Euch sein der ich sein werde«. Der Tätigkeitsworte gibt es zahlreiche, über den Klassiker »Gott kommt« hinaus: »er nimmt sich zu Herzen, er lässt sich gereuen, sie wärmt mir Leib und Seele.« Nicht zu vergessen aber auch die Ambivalenz der Erfahrungen: »ich kann seine Stimme jetzt nicht hören, er schweigt.«
Gott als ein Geschehen des Mit-Seins zu erzählen, kann aber wieder nicht nach ehernen Regeln geschehen, sondern passt nur situiert und zugespitzt.
Von den Tätigkeitsworten her zu denken, eröffnet vielleicht auch die Entdeckerlust und Neugierde, dass dieses Geschehen zuweilen auch in Redefetzen eingelagert ist, die nicht das Etikett tragen: »Hier wird von Gott gesprochen!« Wo Erfahrungen in meiner Lebenswelt mich erst dazu nötigen, den Spuren Gottes nachzugehen. Mit theologischem Rüstzeug, aber ohne geheime Kolonisierungsabsichten, die Welt und alle Zeitgenossen religiös zu verklären.
Prüffrage wäre: welcher Bericht aus der Zeitungslektüre der letzten Woche fällt mir dazu ein?

Weniger »Gott« sagen

Es klingt paradox: viele erwarten, dass wir mehr von Gott sprechen, und doch scheint mir die Regel der Sparsamkeit nicht überflüssig. Sie zielt auf eine rhetorische Art Atheismus oder auch theologische Askese. Soll Gott im Sprechen zum Recht kommen, dann gilt es, ihn aus dem Geruch des Allerweltswortes zu befreien. Wer redet nicht alles von Gott, um uns doch ganz anderes nahezubringen?! Z. B. die eigenen Machtansprüche, den Vorrang dieser oder jener Nation, oder auch nur das eigene Nichtwissen. Aber das Heilmittel wäre wohl nicht die weitschweifige Rede mit Begriffen und Definitionen. Die Leerstelle hat es zuweilen auch in sich. Fromme Juden haben eine Scheu, das Wort »Gott« auszusprechen. »Gott« sagen im Sinne biblischer Traditionen fordert uns nach dem Ende des theologischen Theismus dazu heraus, mit dem Wort »Gott« sparsam zu verfahren. Und auch das Schweigen vor Gott gehört ins Kontinuum des Redens.
Prüffrage wäre: Fehlt etwas, wenn *jetzt* nicht »Gott« gesagt wird?

7.2 »Vielleicht nicht systemrelevant, aber freude-relevant«

Wege zur Praxis lassen sich auf mancherlei Weise beschreiben. Neben den Kunst-Regeln für ein angemessenes Reden von Gott können auch andere Formen des Sprechens ein Orientierungspotenzial weitergeben, z. B. die erinnernde Erzählung. Wenn ich überlege, ob ich Sätze nennen kann, in denen für mich im Jahre 2020 etwas aufblitzt von Hoffnung auf das, was Menschen in biblischen Texten mit Gott verbanden, mit der Liebe zum Leben trotz aller Widrigkeiten, dann fällt mir eine kleine Bemerkung ein, ein öffentlich im Fernsehen mit Nachdruck und Augenzwinkern zugleich gesagter Satz: *»Vielleicht nicht systemrelevant, aber freude-relevant«.*

Nicht in freudigen, sondern in täglich düster werdenden Zeiten fiel dieser Satz. Seit Anfang März des Jahres folgten wir täglich mit beklommenem Herzen den neuesten Corona-Meldungen aus Deutschland und den umliegenden europäischen Ländern. Die Bilder der Leichenwagen von Bergamo, die Berichte aus den Intensivstationen in Spanien und im Elsass Anfang März, wo ich im Fernsehen täglich die dramatisch anwachsenden Zahlen von Corona-Toten verfolgte, waren beklemmend. Hierzulande wurden bald die meisten Schulen und Kitas geschlossen, ein kulturelles Großereignis nach dem anderen wurde abgesagt (die Leipziger Buchmesse, Konzerte, Fußballspiele und Events). Die Kirchen blieben geschlossen, es gab erste zaghafte Versuche, Gottesdienste per life-stream zu feiern, die mich schon wegen offensichtlicher Hilflosigkeit, mit digitalen Medien umzugehen wenig ansprachen. Und eine politische Diskussion wurde eröffnet über die Frage, welche Institutionen und Wirtschaftsbetriebe als »systemrelevant« eingestuft werden müssen und welche nicht. Es war die Zeit, da täglich auch das ZDF mit seinem »Corona-Ticker« die neuesten Schreckensmeldungen bilanzierte.

Und da kam mir ganz unverhofft dieser Halbsatz entgegen: *»Vielleicht nicht systemrelevant, aber freude-relevant«.* Claus Kleber hat ihn im Heute Journal am 5.4.2020 bei der Anmoderation eines Berichtes über die desolate Lage Berliner Clubs gesagt, genauer gesagt, er hat ihn aus einem Spot des Kollegen Klaus Behrend zitiert. Dort ging es um den dramatischen Einbruch der Musikszene in Berliner Clubs, um den kulturellen Verlust und um das ökonomische Desaster. Berichtet wurde von einer Szene in Berlin, deren Jahresumsatz von etwa 200 Millionen in kürzester Zeit weggebrochen ist, konkret vom Kulturdachgarten »Klunkerkranich«[1]. Mir ist diese Szene sehr fremd, meine Musikpräferenzen

---

1   https://www.facebook.com/unitedwestream/videos/217903979270772/ download 7.6.2020.

liegen in gänzlich anderen Segmenten. Aber schon, dass der von mir wegen seiner kritischen Berichterstattung sehr geschätzte wache Moderator Nachrichten über die beinahe zusammengebrochene Berliner Club- und Musikszene aufnimmt, berührte mich.

Kleber räumt am Ende der seriösen Nachrichtensendung den verheerenden Auswirkungen des lockdowns auf große und kleine Kultur ein Stück bester Sendezeit ein. Aber dann lenkt Kleber mit der Auswahl eines besonderen spots und durch seine An- und Abmoderation den Blick auf Gegenkräfte, darauf, dass es hier und da Leute gibt, die trotz und in aller Hilflosigkeit ein kleinen Schritt der Phantasie für das Leben entwickeln, das so bedroht ist wie lange nicht.

Am Ende der genannten Sendung des 5. Aprils kam für mich eine besondere Botschaft rüber. Denn Kleber bilanzierte nicht nur die katastrophalen Abbrüche. Er stellte mit dem Spot eine kleine Musikgruppe vor, die sich nicht lähmen und entmutigen ließ, sondern Phantasie entwickelte. Musiker, die nicht mehr vor realem Publikum spielen konnten, hatten angefangen, in ihren Studios mit Maske vor leeren Stühlen zu spielen und ihre Titel per streaming an ihr Publikum weiterzuschicken. Eingeblendet wurden dann Reaktion ihres Publikums, fröhliche junge Leute, die in ihrem Wohnzimmer die Clips abrufen und ausgelassen und begeistert vor dem Bügelbrett oder in der Küche für sich tanzen. Die drei Minuten Berichterstattung endeten mit dem Kommentarsatz: »Vielleicht nicht systemrelevant, aber freuderelevant!« Und Kleber unterstreicht auf seine Weise diese Bemerkung durch den kleinen Kommentar: »hier sagt der Clubbesitzer für mich den Satz des Tages«, vorgetragen mit verschmitztem Lächeln.

Ich überlege: Warum hat mich das so sehr angesprochen? Warum empfand ich diesen Kommentarsatz in diesem Kontext als Fingerzeig auf weit mehr als den bekannten Ausdruck einer oberflächlichen Spaßgesellschaft, über die Kirche gern die Nase rümpft? Was war da für mein Erleben geglückt? Es war offensichtlich kein Satz mit religiösem Vokabular, das Wort Gott kommt nicht vor, und Claus Kleber wollte im Kontext des Nachrichtenjournals sicher auch keinen theologischen Kommentar zur Lage geben, keine tiefsinnige Lebensdeutung beisteuern. Und doch – für mich setzte sich da in der fast flapsigen Bemerkung etwas durch, was ich an anderer Stelle nicht fand. Da traut sich einer, öffentlich auf subversive Gegenbotschaften in dieser Musik aufmerksam zu machen, in der geglücktes Leben »für mich« aufblitzt. Menschen wollen andere zur Freude anstecken, obwohl ihnen gerade die Existenzgrundlage unter den Füssen weggezogen worden ist. Und das wird dann auch noch in Sprache gefasst, mit dem

kuriosen Wort »freude-relevant« belegt, zugespitzt auf die ökonomisch völlig
unsinnige Antithese »Vielleicht nicht systemrelevant, aber freuderelevant!«. Der
Satz (und die winzige Praxis aus dem Alltag, die sie kommentiert), ersetzt keine
medizinischen Anstrengungen zum angemessenen Umgang mit der Pandemie,
keine gewiss notwendigen Entscheidungen darüber, welche zusätzlichen Finanz-
mittel Krankenhäuser zum guten Funktionieren benötigen usw.

Und doch fühlte ich mich in ihm gut aufgehoben mit meinen gemischten
Gefühlen und Sorgen, wie ich als Angehöriger der »Hoch-Risiko-Gruppe« der
Senioren durch diese Zeit kommen könnte. Das half mir in der Situation dazu,
ein Stück Abstand zu gewinnen, den Blick zu weiten, dass da noch mehr ist,
als notwendige Sorge, als notwendige politische, ökonomische und finanzielle
Anstrengungen dazu, der Krise als Einzelner und als Gesellschaft angemessen
zu begegnen.

Die Bemerkung gab mir ein kleines Stück Nahrung zu der durch fast nichts
gesicherten Hoffnung: in der ganzen Krise, dem ganzen Corona-Schlamassel
muss das Leben nicht untergehen.

7.3 Gelebte Religion und Theologie auto-biografisch

Die Wirkung, die die oben erzählte Erfahrung auf mich hatte, steht in Lebenskontexten. Dazu zählt ein Untergrund biografischer Erfahrungen mit dem eigenen Reden von Gott und prägende Erfahrungen durch Begegnungen mit anderen. Ich schalte deshalb hier eine kurze autobiografische Rückschau ein, gebe
mir und anderen erzählend Auskunft über einige prägende Momente. Diese
sind in ihren lebensweltlichen Zufällen gewiss nicht von theologisch herausragender Bedeutung, aber sie können vielleicht Leser*innen dazu anregen, im
inneren Wechselspiel mit ihnen den je eigenen Bildungswegen religiöser Rede
auf die Spur zu kommen.

Ich entwerfe sie im Spannungsfeld von gelebter Religion und Theologie. Reden
von Gott geschieht als religiöse Praxis, so habe ich es in den Abschnitten dieses Buches immer wieder betont. Das steht mittelbar im Erbe einer emanzipa-
torischen Errungenschaft aufklärerischer Theologie, wo man begann, Religion
als Vollzug der Frömmigkeit von theologischer Reflexion als Glaubenslehre zu
unterscheiden. Die persönliche Praxis des individuellen Glaubenslebens sollte
in ihrem Eigenwert gegenüber der Lehre kirchlicher Autoritäten zur Geltung
gebracht werden. Friedrich Schleiermacher, der »Herrnhuter höherer Ordnung«, spitzte das zu Beginn seiner Dogmatik noch zu auf die These, dass die

Frömmigkeit das Primäre sei, auf das alle theologische Reflexion aufbaue, nicht umgekehrt.

Mit der Forschung nach gelebter Religion bin ich lebenslang beschäftigt gewesen. Mein Probevortrag zur Habilitation 1980 trug den Titel »Frömmigkeit als Problem der Praktischen Theologie«.[2] Der erste Satz lautete: »Die Sache, um die es geht, ist seit je her für den Protestantismus eine problematische.« Wenn ich diesen kritischen Satz heute lese, muss ich selbst-kritisch zugeben, dass er unbedingt auch auf mich zutrifft. Man kann Frömmigkeit bedenken, das taten wir kräftig – man kann sie aber auch erproben, das verweigerten wir zunächst und glaubten gute Argumente auf unserer Seite zu haben. Thesen wie »Sachlichkeit ist die Frömmigkeit unserer Zeit«[3] schienen auch mir programmatisch. Die Kritik an »verkopfter Theologie«, die ich 1980 notierte, folgte (berechtigten) kritischen Impulsen gegenüber traditionellen Formen religiöser Rede, verhalf aber noch nicht zu eigenen Versuchen, verbindlich für sich und vor anderen die Sache mit Gott zu sagen.

Wie formt sich Reden von Gott als solche religiöse Praxis beim Einzelnen? Meine eigene religiöse Bildungsgeschichte verlief in dieser Hinsicht nicht nach Lehrbuch, jedenfalls nicht auf den ersten Blick. An die Theologie bin ich früh geraten, Religion rückte mir erst spät auf den Leib. Ich bin nicht wie manch anderer Kollege/Kollegin in einem evangelischen Pfarrhaus aufgewachsen, musste/konnte mich nicht an elterlichen Vorbildern abarbeiten. Soweit ich mich erinnern kann, vollzogen sich meine religiösen Prägungen nicht in Bahnen traditioneller protestantischer Frömmigkeitsformen, die Liedertexte Paul Gerhardts waren unbekannt, es gab weder häusliche Gebetszeiten noch regelmäßigen sonntäglichen Gottesdienstbesuch, noch trieb es mich in eine Bibelstunde. Als 15jähriger Gymnasiast im niederrheinischen Duisburg sprach mich der Religionsunterricht in der Schule überhaupt nicht an, weil er vorkritisches Reden von Gott präsentierte. Ja, er war so langweilig, dass ich mich in der Oberstufe davon abmeldete. Geistliche und vor allem: geistige religiöse Nahrung suchte und bekam ich in Volkshochschulkursen über die in den 60er Jahren als Provokation empfundenen Thesen Rudolf Bultmanns zur Entmythologisierung und Dietrich Bonhoeffers Gedanken zu einer religionslosen Interpretation. Ich las bei Dorothee

---

2   H.-G. Heimbrock, Frömmigkeit als Problem der Praktischen Theologie, PTh (WPKG) 1982, 18–32.
3   Dietrich von Oppen, Frömmigkeit ohne Vorbilder, in: Hans-Joachim Schulz (Hg.), Frömmigkeit in einer weltlichen Welt, Stuttgart 1959, 28 ff.

Sölle zum ersten Mal das Wort »Theismus«, und mir war es sympathisch, dass sie das mit durchaus kritischem Unterton meinte.

Dass man alte Formeln der religiösen Tradition nicht gedankenlos für wahr halten und im Gottesdienst nachsprechen muss, dass man auch alle Sätze des Glaubensbekenntnis über Gott einschließlich Jungfrauengeburt, Höllenfahrt und Auferstehung im kritischen Denken neu formulieren darf und soll, das erlebte ich als frühe Befreiung des religiösen Weltbildes durch kritische Theologie. Und als initiale Begeisterung für theologisches Denken. So geprägt schwänzten wir zwar mit pubertärer Lust die Pflichtveranstaltung des Schulgottesdienstes am Donnerstagmorgen, allerdings trafen wir uns zu Gegenaktionen und stellten als Oberprimaner in der Adventszeit nicht ohne Sendungsbewusstsein sogar eine Andacht zu Phil 4 auf die Beine.

Als ich im Studium ab 1969 dann intensiver und methodisch geregelter mit wissenschaftlicher Theologie in Berührung kam, fand meine religionsabstinente und ritualkritische Position reichlich Nahrung. Im Hebräisch-Kurs auf der KiHo Wuppertal setzten wir alles daran, das in unseren Augen völlig zur leeren Form verkommene Tischgebet abzusetzen. Säkularisierungsthesen, zumal in flotter journalistischer Fassung von Harvey Cox, bedeuteten für mich wie viele meiner Freunde im Seminar nicht das Ende des Glaubens, wohl aber die fällige Entlastung von »bürgerlicher« Religion. In Zeiten des »Politischen Nachgebets« in Köln und Rheinhausen stand die Öffnung der liturgischen Formen hin zum theologischen Kommentar über die politischen Kontexte der Zeit im Vordergrund. Mein eigenes Reden von Gott fand also geraume Zeit vorwiegend in der Form akademischer Diskurse statt.

Geprägt haben mich allerdings lange vor den ersten eigenen Predigtversuchen auch bestimmte Erfahrungen als Gottesdienstbesucher und Predigthörer. Dazu gehört ein Pfarrer, der mich mit seiner dezidiert Bartschen Theologie zunächst faszinierte, weil er im Namen Gottes klare Ansage zu bieten hatte. Aus der Rückschau gesehen haben diese Predigterfahrungen zugleich aber meine Ideale angemessenen Predigens in klarer Opposition zu solcher inhaltlichen Position wie vor allem zu solcher homiletischen Haltung zu entwickeln verholfen. Als Leitfragen für die eigene Suchbewegung könnte ich nennen: Wie kann die Rede gelingen, wenn man nicht die Position Gottes einnimmt, wenn man Gott und Alltag »von unten« her zu erschließen versucht, von den Lebenskontexten der Menschen? Und die zweite: Aus welchen Quellen können solche Versuche schöpfen, Spuren Gottes im Alltag zu finden? Und schließlich: wie kann ich andere Menschen zu ihren eigenständigen Suchbewegungen motivieren?

Diese theologischen Ideale entwickelten sich zunächst weniger im Blick auf liturgisches Feiern. Dass Gottesdienst mehr sei als »teach-in«, hat sich mir erst später erschlossen und zu veränderter Haltung für Liturgie *und* Predigt geführt. Impulse dazu empfing ich zunächst in einer Art lokaler Basisarbeit, durch Mitgestalten von Kindergottesdiensten für und mit den eigenen Töchtern. Dabei zehrten wir von neu erwachten liturgischen Bewegungen und durch entsprechende Impulse auf Kirchentagen. Flotte Lieder nicht nur für Kinder von Piet Janssens und Ludger Edelkötter fanden Einzug auch ins Wohnzimmer und dann ins Klassenzimmer, wenn ich Religionsunterricht gab. Wichtige alltagshermeneutische Helfer erwuchsen mir im Vorlesen von Kinderbüchern, ich nenne nur Leo Lionnis »Frederic« oder »Swimmy«, die ja inzwischen auch bei vielen Pfarrer*innen zu homiletischen Klassikern avanciert sind.

Tastende Versuche zu eigener, neuer religiöser Rede gab es aber auch in den Grenzzonen akademischen Arbeitens, so z. B. auf Andachten in Hochschulveranstaltungen oder Studienwochen außerhalb der Universität. Dazu ein Beispiel.

Auf einer mehrtägigen Studienwoche in Höchst im Odenwald ging es um eine sachlich-theologische, aber zugleich persönlichkeits-orientierte Erschließung des Themas »Frömmigkeit« in einer Gruppe von sieben Teilnehmerinnen. Das war ein schwieriges Unternehmen, weil dabei sehr unterschiedliche Sprach- und Erfahrungswelten aufeinander prallten. In der Gruppe kam es am Vormittag zu heftigen Disputen zwischen denen, welche das Theologiestudium eher als eine Bedrohung für die bisher gepflegte persönliche Frömmigkeit bewerteten, und denen, die unter Berufung auf Wissenschaft tägliche Bibellektüre und Gebete als »naiven Kinderglauben« abtun wollten. Die Atmosphäre war nach drei Stunden aufgeheizt und voller persönliche Angriffe. Ich machte am Ende der Sitzung den Vorschlag, die verlängerte Mittagspause als kreative Unterbrechung zu nutzen und die eigenen Erfahrungen aufzuschreiben, nach Möglichkeit weniger distanziert-argumentativ, sondern eher in narrativer oder meditativer Sprache. Daraus ist von meiner Seite der folgende Text entstanden[4].

---

4 Zuerst abgedruckt in H.-G. Heimbrock, Spuren Gottes wahrnehmen. Phänomenologisch inspirierte Predigten und Texte zum Gottesdienst, Stuttgart 2003, 145 f.

Frömmigkeit
Fromme Sprüche wollen wir nicht länger hören,
und Leute mit frommem Augenaufschlag können wir nicht leiden.
Wer kann denn schon die Hände in den Schoß legen,
wenn man die Welt mit offenen Augen ansieht?
Wir reden uns die Köpfe heiß und streiten um die Wahrheit
und darum, was nicht mehr zeitgemäß ist.
Einer geht ängstlich in Deckung, wenn andere Pfeile abschießen:
wann bin ich an der Reihe?
Ein anderer verlässt schweigend den Raum.
Wer gibt mir den Raum, wo ich meine Fragen sagen kann?
Und wo ich schweigen darf, ohne im Boden versinken zu müssen?
Wer gibt mir die Zeit, dass ich meine Blockierungen überwinden kann,
die ich nicht wegzaubern kann?
Wer gibt mir das Wort, mit dem andere mich hören können mit meiner
Sprachlosigkeit?
Ich mache mich auf die Suche nach Raum und Zeit und Wort,
andere gehen mit auf dem Weg, dem mühseligen.
Ich spüre ihre Hoffnungen und Sehnsüchte
und atme auf und traue mich einen Schritt weiter.

Niemand wählt seine Wege zur Praxis religiösen Redens nur in wohlüberlegten Schritten nach Absolvierung von Studienmodulen und mit reiflicher Planung. Manches wächst einem unerwartet von außen zu, ohne dass man groß die Wahl hat. Zuweilen stellte sich Nötigung zum Reden oder Tun ganz überraschend ein. Eindrücklich ist mir in dieser Hinsicht eine Szene aus regelmäßigen Besuchen bei einem Freund, dem sich das Leben mit schwerer Krankheit buchstäblich »in den Weg« gestellt hat. Nach drei Wochen konnte ich ihn besuchen. Ich hatte Angst davor, denn ich wusste nicht, welcher Anblick mich erwartete. Und ich musste schlucken, als ich das Zimmer betrat und ihn wiedersah. Er, der vorher ein lebensfroher, lustiger und agiler Mensch war, lag nun als ein Häufchen Elend im Bett, an mehreren Schläuchen und Kanülen.

Mir fiel erst einmal nicht sehr viel ein in diesen Gesprächen, womit ich ihn trösten und aufheitern könnte. Einmal blickte ich aus dem Fenster, es war ein sonniger Vormittag im Januar, der Himmel strahlend blau. Er konnte wieder besser sprechen und ich sagte beiläufig: »Die Sonne scheint heute besonders schön für Dich.« Und genau da sagte er leise, aber deutlich vernehmbar: »Das habe ich doch überhaupt nicht verdient!«. Ich war so überrascht von dieser Antwort, dass ich erst mal gar nichts sagen konnte und nur schluckte. Noch überraschter war ich aber, als er sich zum Abschied des Besuches von mir nicht nur wünschte, ein Lied zu singen, sondern auch einen Segen für den Abend zu sprechen. Sein Bedürfnis war für mich unmittelbar eingängig, aber ich fand mich ganz unvorbereitet zu dem, was ich jetzt sprechen könnte. Was ich gesagt habe, erinnere ich nicht mehr, aber gerade dieser Moment ist mir deutlich im Gedächtnis haften geblieben.

Nach und nach kamen dann Einsichten grundsätzlicher Art zur Gestaltung des Redens auf der Kanzel und über Sinn und Zweck des zweckfreien Feierns jenseits der Predigt hinzu. Mit Theologiestudierenden haben wir an der Universität Frankfurt Ausbildungsmodule entwickelt, die darauf abzielten, die Gestalten des evangelischen Gottesdienstes als Inszenierung eines Geschehens mit Dramaturgie, mit Rhythmus und Spannungsbogen verstehbar und erlebbar zu machen. Gott zur Sprache zu bringen, hörbar und erlebbar zu machen, dazu erfordert es nicht nur theologisch angemessene Rede in kognitiven Anteile verstehbaren Redens, sondern überlegte Wahl der Sprechpositionen, gelassenen Umgang mit dem eigenen Atem, Spüren der Klangfülle im Raum und immer wieder auch den Mut zum Stille-Werden.

Das und manches andere beförderte in mir mit der Zeit eine Neusortierung des Verhältnisses von gelebter Religion und wissenschaftliche Reflexion. Umgang mit Religion von außen und von innen, die reflexive Aneignung des Redens von Gott im Modus kritischen Nachdenkens und die suchenden und tastenden Schritte, das Sprechen in der Ich-Form zu riskieren, gehören zusammen. In beidem kann die Einsicht aktiviert werden: Religion als lebendiges Etwas beinhaltet immer zugleich eine Suchbewegung von Subjekten in Richtung auf »Phantasie für Gott« und Auseinandersetzung mit der kritischen Rückfrage nach Wahrheit meiner Rede und aller Feierpraxis. Man kann nicht Frömmigkeit durch Theologie ersetzen, es braucht beides.

Der Testfall auf das Gelingen solcher Kombinationen stellt sich in intergenerationalen Begegnungen, frei nach der berühmten Frage aus dem Deuteronomium (5Mos 6,20) »Wenn Dich aber Dein Enkelsohn und Deine Enkeltochter fragen, warum erzählst Du von Gott? Was antwortest Du dann?« Ich bin froh und dankbar, solche Herausforderungen jetzt noch erleben zu können.

7.4 Zumutungen: Eine Weihnachtspredigt

Anstöße und Kontexte: Meine Wege zu dieser Predigt

Als nebenamtlicher Prediger halte ich seit vielen Jahren am Heiligabend gern den Spätgottesdienst, lange Zeit um 23 Uhr. Ich liebe diese Spätgottesdienste, denn oft konnte ich erfahren, dass Menschen, die zu später Stunde den Weg in die Kirche nehmen, eine ganz andere Hörbereitschaft mitbringen als im Gottesdienst am Nachmittag des 24. Dezembers. Der Trubel in der Familie ist überstanden, die Besucher*nnen erwarten weniger das weihnachtliche Soll von Krippenspiel, Lametta und »Oh Du Fröhliche«, jetzt kommen eher die Suchenden zusammen, darunter oft auch kirchendistanzierte Menschen. Es ist der Gottesdienst des Tages, wo in mancher Beziehung das Andere erwartet wird und eher angenommen wird, inhaltlich und auch von den liturgischen Formen her. So ist dieser Kasus für mich eine besondere Chance, die bekannte und vertraute Botschaft der Weihnacht nach der Begegnung mit Gott in Christus neu zu sagen. Aber natürlich auch die besondere Herausforderung, hier Gott so zur Sprache zu bringen, dass die Zumutung Gottes nicht untergeht, das Wagnis meines Sprechens über den ungeheuerlichen Gedanken, dass Gott »sich entäußert« (Phil. 2) und unten ankommt, erfahrbar wird. Ich lege diesen Spätgottesdienst deshalb in der Regel als Themagottesdienst an. Gleichwohl nehme ich in der einen oder anderen Weise deutlichen Bezug auf die biblische Botschaft der Weihnacht, sei es die lukanische Weihnachtserzählung, sei es der Prolog zum Joh.-Evangelium.

Anstöße zur konkreten Ausgestaltung von Predigt und Liturgie für 2017 bekam
ich auf mancherlei Weise. Nach der Zuspitzung 2015 war auch in dem ganzen Jahr die öffentliche Auseinandersetzung um den angemessenen humanen
Umgang mit Geflüchteten aus Ländern in Nahost wie auch aus Afrika immer
noch in vollem Gang. Mit befreundeten Theolog*innen vor Ort und in anderen
Ländern Europas diskutierten wir heftig, wie wir in dieser Krise glaubwürdig
ein Zeugnis Gottes einbringen könnten, welches Lampedusa und die Bilder von
Ertrunkenen im Mittelmeer nicht zu verdrängen sucht und das über die (gewiss
notwendige) Aktionen gemeindlicher und politischer Diakonie hinausreichte.
Diese Diskussionen verschärften die grundsätzliche theologische Frage: von
woher spreche ich eigentlich heute von Gott? Gott in dieser Situation weiterzusagen lief und läuft für mich darauf hinaus, endgültig Abschied zu nehmen
von vollmundiger religiöser Rede, es geht vielmehr um vorsichtige Schritte in
der gemeinsamen Solidarität der religiös Besitzlosen, die da im Gottesdienst
zusammenkommen.

Zu den Anstößen zur Predigt 2017 gehörte für mich insbes., dass ich im Verlauf
des Jahres immer wieder eindrückliche Texte von Paul Celan zu lesen bekam,
jenem aus Rumänien stammenden sensiblen jüdischen Intellektuellen, der der
Shoah in letzter Minute entkam und der zeitlebens alle Energie darauf setze, um
mit den Worten das Unfassbare zu umkreisen. Er, dessen orthodox geprägter
Vater von den Nazis verschleppt und ermordet worden war und dessen Mutter
wenig später zu Tode kam, rang immer wieder mit seiner jüdischen religiösen
Traditionen. Das tat er u. a. im Gedicht »Es war Erde in ihnen«. Gerade in diesem
Text ertastet Celan als Überlebender Worte zur Suche nach Quellen für das Leben
gegen das Verstummen, und er kann dabei aber den Namen Gottes nur noch in
gebrochener Weise zur Sprache bringen. In diesem und anderen Texten Celans
sah ich eine in ihrer Art einzigartige Zuspitzung der Aporien des Sprechens
vom Leben angesichts des Todes, eine die mir auch und gerade für den Gottesdienst zu Weihnachten mit seiner Botschaft der Inkarnation nicht fehlen sollte.

Prominente und eindrückliche Lesehilfe zu Celan gab mir dann die Publizistin
Carolin Emcke, die 2016 den Friedenspreis des Deutschen Buchhandels bekam,
die in vielen Reden und Texten den Schwellen des Sagbaren angesichts des
Grauen nachging, die die Verpflichtung einschärfte, dass es an uns ist, gegen
das Verschweigen von Menschen zu erzählen und so den Zusammenhang von
Leid und Sprachlosigkeit der Opfer im öffentlichen Bewusstsein wachzuhalten.[5]

---

5   Carolin Emcke, Weil es sagbar ist. Über Zeugenschaft und Gerechtigkeit, Frankfurt/M. 2015.

Aus diesen Anstößen ergaben sich etwa folgende *Intentionen* für die Gestaltung des Gottesdienstes:

- die Zu-Mutung der Weihnachtsbotschaft hörbar machen
- das Paradox der Botschaft von Weihnachten, »Gott wird Mensch«, in »nach-christlicher« Sprache aufnehmen und zu versuchen, auf nicht lehrhafte Weise mythologische Rede insbes. biblischer Texte ins Heute zu bringen.
- eine »Erdung« der Weihnachtsbotschaft von der Niederkunft Gottes im Stall, aber nicht in abstrakter theologischer Rede, sondern konkret situiert
- von Gott gerade an Weihnachten so reden, dass es glaubwürdig ist im Angesicht der Opfer von Gewalt und Elend der Geflüchteten

Aus Kontexten und Intentionen ergab sich als Leitidee für den Gottesdienst der Versuch, die biblische Weihnachtsgeschichte und ihre Resonanz in traditionellen Liedern mit dem Text Paul Celans so zu ver-sprechen, dass sie sich gegenseitig kommentieren.

Das Konzept

Im Einzelnen entwarf ich im Hinblick auf die Predigt folgende Schritte:

1   Wenn für viele Menschen heute ein direkter Zugang zur traditionellen Sprache weihnachtlicher Texte abhandengekommen ist, wie kann ich dann diese Botschaft in nach-christlicher Zeit sagen? In welcher Sprache leben wir heute? Welche Worte sind heute glaubwürdig als Angebot zur Weihnachtsbotschaft, die Gott nicht mehr mit Liedern wie »Lobt Gott ihr Christen alle gleich« (Nikolaus Herman 1560) loben können?

2   Die Botschaft von Weihnachten verstanden als Rettung durch Inkarnation zielt im Kern auf »Erdung«, auf Gottes Bewegung von oben nach. In welcher Sprache ist das (noch) sagbar und hörbar? Wo finde ich die beschrieben in Spuren gegenwärtiger Sprache?

3   Das Gedicht von Paul Celan »Es war Erde in ihnen« buchstabiert in lyrischer Sprache und durch den Bruch mit Traditionen hindurch die Bewegung nach unten und von unten. Ohne zur direkten Identifizierung mit Celan einzuladen, möchte ich das aufnehmen im Versuch zu zaghaften Schritten aus der Sprachlosigkeit, ohne die Erfahrung des Risses dementieren zu wollen, gleichwohl im Versuch, in den Niederungen Hoffnungsschimmer für gelingendes Leben zu entdecken.

4 Wenn die grandiosen vormodernen Bilder von Erlösung und Rettung heute nicht mehr verfügbar sind, dann kann ich eine Antwort auf die Frage »Wo ist Gott?« nicht als vollmundige und klare Heilszusage über den vollen Himmel geben, sondern im Modus der Erwartung, in Versuchen der Spurensuche im Kleinen, auf Gottesbegegnung in den unscheinbaren Zeichen des Alltags, mit Jochen Klepper gesprochen »Gott selber will im Dunkel wohnen und hat es doch erhellt.« (Eg 16,5)

Notizen zur Liturgie

In der freieren Form des Spätgottesdienstes erscheint es mir legitim, bei grundsätzlicher Orientierung am Spannungsbogen der klassischen Liturgie (Ankommen, Orientierung, Sendung/Verabschiedung) die liturgische Form noch etwas zu verdichten. Begrüßung, Eingangsgebet, Zwischentexte und Fürbitte umkreisen das Grundthema der Erwartungen an Weihnachten und der Hoffnung auf neue Perspektiven auch nach Enttäuschungen

Wir erwarten eigentlich keine Wunder mehr von oben
Aber ein kleines bisschen schon
Und ein neues Wort in der Prosa der Erde
Das uns trifft

Da die Predigt vielfältig auf biblische und nachbiblische vormoderne Sprachformen der Weihnachtsfrömmigkeit Bezug nimmt, ergibt es sich fast zwingend, dass die Auswahl der Lieder dem zumindest in einem Teil entspricht, um das präsent zu machen. Vorgesehen sind deshalb als Lieder einerseits weihnachtliche Klassiker wie »Vom Himmel hoch« (EG 24) und »Lobt Gott ihr Christen alle gleich« (EG 27). In Entsprechung zum Predigtduktus sind andererseits Lieder aus dem 20. Jahrhundert ausgewählt, die eine nach-metaphysische Sprache versuchen: »Weil Gott in tiefster Nacht erschienen« (EG 56), auch Ps 99 *Erhaben über alle Völker ist der Herr* als Eingangspsalm steht in dieser Linie.

Vom eher meditativen Charakter des Spätgottesdienstes sind mir jetzt Unterbrechung der verbalen Botschaften von Predigt, Gebeten und Liedern und die Ausgestaltung von Pausen besonders wichtig. Das gilt zumal von Celans Gedicht mit einer schweren Sprache und melancholischen Botschaft. Mit der musikalisch wie geistlich sehr kreativen Kirchenmusikerin in der Gemeinde ist abgesprochen, in der Mitte der Predigt nach der Präsentation des Gedichtes eine meditative Zwischenmusik zu halten. Der Segen zum Ende (mit Rose Ausländers Gedicht »Der Engel in dir freue sich über dein Licht …«) und die Schlussmusik

(Mendelssohns Terzett »Hebe meine Augen auf zu den Bergen« nach Ps 121 in einer Chorfassung) wollen die hoffnungsvolle Linie am Ende der Predigt verstärken, ohne zu dementieren.

Der Text (mit kleinen Kürzungen)

> *Liebe Gemeinde,*
> *Erhaben über alle Völker ist der Herr, seine Herrlichkeit überstrahlt den*
> *Himmel. So haben wir mit dem Psalm gebetet*
>
> *Lobt Gott, ihr Christen alle gleich,*
> *in seinem höchsten Thron,*
> *haben wir gesungen*
> *der heut schließt auf sein Himmelreich*
> *und schenkt uns seinen Sohn,*
> *...*

In diesen alten Texten erklingt die Weihnachtsbotschaft in alt vertrauter Sprache, malt vor unserem inneren Auge eine himmlische Szenerie auf, in mythischer Sprache, redet von Gott ganz oben im Himmel auf dem höchsten Thron und vom Sohn und von den himmlischen Heerscharen ...
In solcher Sprache haben sich Menschen vermutlich lange aufgehoben gefühlt, versuchten ihre Weihnachtsfreude zum Ausdruck zu bringen, ihren Jubel über die frohe Botschaft »Euch ist heute der Retter geboren, der verheißene Messias«.

Und wir heute an Weihnachten in nach-christlicher Zeit? Wir haben Sehnsucht, dass das Kaputte in uns und um uns heil wird, erneuert wird, dass unsere Dunkelheiten erhellt werden. Aber wir leben für gewöhnlich nicht mehr in einer Sprache von Paradies, Cherubim und Thron Gottes. Vielen von uns ist die Selbstverständlichkeit abhandengekommen, solche Bilder zu gebrauchen. Ja, viele scheuen sich, das Wort Gott noch in den Mund zu nehmen. Ich muss gestehen, ich bin da auch sehr sparsam, habe zuweilen Angst, nur mit leerer Worthülse umzugehen.

Die Sprache der Bibel scheint weit weg von uns. Wie sprechen wir? ... Wo finden wir eigentlich Worte, die für uns wirklich gelten? Wo uns jemand anspricht, sodass wir fühlen: Ja, der meint mich. Und er meint es gut mit mir.

In welcher Sprache fühlen Sie sich wirklich heimisch, gut aufgehoben? ...
In welcher Sprache können wir leben, Menschen unserer Zeit?

Menschen unserer Zeit – das sind wir. Das sind aber auch die vielen Millionen, die vor Jahren ihre heimatlichen vier Wände verlassen mussten, vor Raketen und Terror flüchteten, die in Zelten wohnten und jetzt in Containern, von der jahrelangen Flucht gezeichnet, die Familie zerrissen, ohne Perspektive. Menschen, denen nicht nur die angestammte Wohnung abhandengekommen ist. Sondern die aus der Geborgenheit ihrer Muttersprache vertrieben wurden, die nun mühselig nach deutschen Worten ringen, um beim BAMF oder anderen Ämtern das Formular auszufüllen.

Neulich las ich den Kommentar eines Kommunikationsexperten: Er lobt die Kirchen, weil sie über einen konkurrenzlosen Sprachschatz verfügten, den sie aber kaum noch zu nutzen wagten: »Glaube, Liebe, Hoffnung. Himmel und Hölle. Versuchung, Sünde, Vergebung«. Das seien starke und verständliche Worte, um die sie Journalisten und Werbetexter beneiden, erklärte der Kommunikationsexperte.

Das Kompliment klingt gut – aber funktioniert unser Reden noch? Was ist mit denen, die gar nicht hineinkommen in solche Worte, die die starken Worte nicht mehr für stark halten, sondern eher für hohl und überholt? Die schon lange nicht mehr nach oben blicken und sich nichts mehr vom Himmel erhoffen? Denen das Bild vom neu eröffneten Paradies nichts mehr sagt? Die, die Gott heute nicht loben können, weil sie an sich selber oder in ihrer nächsten Nähe Dunkles und Schreckliches erlebt haben? …

Die Hirten in der Weihnachtsgeschichte des Lukas erschraken sehr, als die Herrlichkeit des Himmels über sie kam. Wir heute erschrecken wohl gar nicht mehr, aber es sind uns Worte abhandengekommen, mit denen wir Rettung, Versöhnung, Gott heute in unserer Sprache sagen könnten. Das müssten wohl Worte sein, die nicht im Gewöhnlichen, Alltäglichen schwimmen, sondern die das Außergewöhnliche, das Einzigartige zu fassen versuchen – Rettung von ganz woanders.

Weihnachten, das ist die Bewegung Gottes von oben nach unten, nach ganz unten. Wenn Weihnachten heute unsere Chance wäre, eine neue Sprache zu finden für diese Rettung ganz unten, dann wäre das wohl nicht so mir-nichts-dir-nichts zu sagen … Wo gäbe es Impulse, uns auf die Suche zu begeben, Spuren denen wir nachgehen könnten, um die alte Botschaft in unserer eigenen Sprache wiederzufinden?

Vor ein paar Wochen habe ich von einer Kollegin ein Gedicht von Paul Celan in die Hände bekommen, ein Gedicht, das diese Bewegung nach ganz unten aufnimmt, in einer ganz fremden Sprache, und ganz ohne die Bilder von Engel und himmlischen Heerscharen. Paul Celan war ein jüdischer Dichter, geboren in Rumänien, er überlebte die Katastrophe, seine Familie nicht. Von Haus aus im Judentum geprägt, konnte seine Lebenserfahrung nur im Fortschreiben und Um-Schreiben der Glaubenstraditionen seiner Väter und Mütter ausdrücken. Immer wieder hat er versucht, das Unfassbare in Sprache zu bringen, um dem gänzlichen Verstummen zu entgehen.

> ES WAR ERDE IN IHNEN, *und*
> *sie gruben.*
> *Sie gruben und gruben, so ging*
> *ihr Tag dahin, ihre Nacht. Und sie lobten nicht Gott,*
> *der, so hörten sie, alles dies wollte,*
> *der, so hörten sie, alles dies wusste.*
> *Sie gruben und hörten nichts mehr;*
> *sie wurden nicht weise, erfanden kein Lied,*
> *erdachten sich keinerlei Sprache.*
> *Sie gruben.*
> *Es kam eine Stille, es kam auch ein Sturm,*
> *es kamen die Meere alle.*
> *Ich grabe, du gräbst, und es gräbt auch der Wurm,*
> *und das Singende dort sagt: sie graben.*
> *O einer, o keiner, o niemand, o du:*
> *Wohin gings, da's nirgendhin ging?*
> *O du gräbst und ich grab, und ich grab mich dir zu,*
> *und am Finger erwacht uns der Ring.*[6]

Meditative Pause

Auch in diesem fremden und zunächst ganz düster wirkenden Text gibt es die Bewegung nach unten, auf die Erde, ganz tief hinunter. Er spricht Nacht an, extreme Zustände und Erfahrungen, Traumatisierungen im Lager, im Erleben jahrelanger Flucht, Unbehaustheit. Celan spricht für die, die keine Lieder mehr haben, keine Sprache, sie graben stumm. Und mit der alten Sprache kommt er nicht mehr zurecht. Er spricht von der Verweigerung Gott zu loben, jeden-

---

6   Der Text erschien zuerst in Celans Sammlung, Ders., Die Niemandsrose Sprachgitter Gedichte, Frankfurt/M. 1963, wieder abgedruckt in Paul Celan, Gesammelte Werke in fünf Bänden, herausgeg. von B. Allemann und S. Reichert, Frankfurt/M. 1986 Bd. 1, 211.

falls wenn es um die alte Sprache geht, die Gott den nannte, der alles will, was geschieht und alles weiß. Gott ist nicht mehr im Himmel, dieser Gott ist unerreichbar geworden.

Kommt Rettung, Veränderung, Hoffnung noch vor? Wenn überhaupt, dann zaghaft tastend, anstrengend. Das Neue fängt an mit der Stille. Hören wir noch einmal, was da aus der Stille kommt.

> *Es kam eine Stille, es kam auch ein Sturm,*
> *es kamen die Meere alle.*
> *Ich grabe, du gräbst, und es gräbt auch der Wurm,*
> *und das Singende dort sagt: sie graben.*
> *O einer, o keiner, o niemand, o du:*
> *Wohin gings, da's nirgendhin ging?*
> *O du gräbst und ich grab, und ich grab mich dir zu,*
> *und am Finger erwacht uns der Ring.*

Ich stehe nicht an der Stelle, an der Celan stand, niemand von uns. Aber ich möchte dem Gedicht folgen in der Bewegung, folgen mit seiner Vorsicht, das Gedicht mahnt zur Vorsicht gegen die Vollmundigkeit, auch gegen religiöse Vollmundigkeit. Aus der Stille kann neue Aufmerksamkeit hervorgehen … Ich möchte aufmerksam werden auf das, was er »das Singende« nennt, das da inmitten der Stille und inmitten des Brausens zu vernehmen ist.

Da bewegt sich was, es bleibt aber nicht bei der Bewegung nur nach unten ins Dunkel; es gräbt nicht nur auf der Stelle. Gegen Ende werden Spuren und Fingerzeige erkennbar, in denen ich eine Richtung gewiesen bekomme. Der Text sucht und nimmt eine überraschende Richtung, er redet nicht nur über die da, er findet zur Anrede, zum Du.

> *O einer, o keiner, o niemand, o du:*
> *O du gräbst … Ich grab mich Dir zu*

Du, das ist kein Ding, das ist das Wort der direkten Begegnung mit dem Lebendigen. Und dann das zweite Zeichen, der Ring am Finger. Auch der ist nicht einfach da, sondern hier wird etwas Lebendiges erkennbar. Auch da getraut sich der Text nicht Gott direkt zu nennen. Der Ring als Symbol der Verbundenheit, da kommt vielen von uns sicher zunächst der Ehe-Ring in den Sinn, zum Zeichen unserer innigen Verbundenheit mit einem geliebten Menschen. Aber der

Ring verweist wohl auch auf die jüdische Tradition des Bund Gottes mit seinem Volk. Auch hier also eine Spur hin auf das Geheimnis der Begegnung.

Wo ist Gott, fragen Menschen, fragen wir. Weihnachten, so habe ich gesagt, ist die Bewegung Gottes von oben nach unten, nach ganz unten. Celan wischt mit seinen Worten nicht einfach das Dunkel da unten weg, übermalt alles Grau der Erde mit dem goldenen Pinsel.

Weihnachten lenkt uns nicht den Blick auf den Thron im göttlichen Glanz … Nichts von alledem, was sich Leute so unter »Himmel« vorstellen.

Ich glaube: Der Himmel ist leer. Gott ist auf die Erde gezogen. Mancher könnte die Weihnachtsbotschaft nun so lesen, dass in Jesus dem Christus das Zerrissene von der Erde verschwunden ist, der Riss gekittet. Aber dieser Jesus der Christus begann auch ganz unten, und endete ganz unten. Auch er hat Du gesagt. Ich glaube, so will uns Gott begegnen, an Weihnachten und alle Tage unseres Lebens. Gott selber will im Dunkel wohnen und hat es doch erhellt.
Amen.

Zum Feedback

Während der Predigt erlebte ich sehr gespannte Aufmerksamkeit im Raum. Als ich nach dem Verklingen der letzten Musik zum Verabschieden zum Ausgang gehe, herrscht eher Stille, es gibt wenige Bemerkungen, um diese Zeit findet allerdings normalerweise kein Small-Talk mehr statt.

Kommentare auf den per email an Freunde weitergereichten Predigttext kommen erst Tage und Wochen später. Auch noch diese Resonanzen zeigen mir deutlich, dass die Zu-Mutung dieser Predigt an die Gemeinde heftig war. Die Stimmen gehen in sehr divergente Richtung.[7] Einerseits gibt es emphatisch ablehnenden Einspruch: »Wo bleibt die Er-Mutigung in der Zumutung? Das kannst Du den Leuten Weihnachten nicht zumuten, Du hast ihnen ein Stück Weihnachten genommen!« Andererseits lese ich Zustimmung zum Grundansatz der Predigt, etwa so: »Du räumst mit Wucht mit dem ideellen weihnachtlichen Schmuck auf. Dafür kommst du tief auf Erden an, ganz unten. Dein Weg über Paul Celan ist für die hörende Gemeinde vielleicht nicht ganz einfach gewesen, aber m. E. lohnt er sich sehr. Mir kommt das alles gut messianisch vor.«

Eine andere Stimme: »Du hantierst in der Predigt und mit der Predigt für dich und alle anderen spürbar eben nicht als einer, dem alle Optionen zu Gebote ste-

---

7   Ich zitiere alle Voten aus datenschutzrechtlichen Gründen ohne Namen.

hen. Sondern als einer, der mit der vorhandenen Weise, von Gott zu sprechen,
ringt. Selbst, was du abräumen willst, musst du erst einmal ins Spiel bringen.«

Ein Votum lobt die nicht-vereinnahmende Haltung der Predigt, in der das »wir«
zugunsten des »ichs« ganz zurücktritt, ferner dass ich die Ambivalenzen ausgeleuchtet habe. Ich bekomme auch Rückfragen zu einzelnen Aussagen, etwa
der exegetischen Stimmigkeit meiner Behauptung, der Himmel sei leer, zum
lukanischen Text, weiter der Verhältnisbestimmung von Gott und Christus:
»An der Bemerkung über den ›leeren Himmel‹ bin ich hängengeblieben. Ich
meine, sie ist eine Aussage mit einigen Ebenen, und auf der Ebene der Welterfahrung vieler Zuhörer trifft sie sicherlich zu. Auf anderen Ebenen habe ich
Fragen. Lukas 2,14 ist exegetisch betrachtet wohl der eigentliche Kernsentenz im
Programm der lukanischen Ouvertüre und hängt in einem Weihnachtsgottes-
dienst auch im Ohr der Gemeinde: von einem leeren *heaven* ist da nun gerade
nicht die Rede (ich meine: mit gutem Grund). Auf systematischer Ebene löst
du ›*theos*‹ restlos in das Kind auf. Das entspricht zwar, wenn ich es richtig sehe,
einem relativ weit verbreiteten christologischen Denkmuster, das aber m. E.
nicht im NT verankert ist, in Lk 2 schon gar nicht …«

Schließlich bekomme ich ein Votum zum Schluss der Predigt. Ein Freund fragt
bei Zustimmung zur homiletischen Gesamtintention, ob der Schluss nicht etwas
weiter hätte ausformuliert werden können. Die Zeile aus Jochen Kleppers Zitat
»Gott selber will im Dunkel wohnen und hat es doch erhellt« gibt eine nach-
vollziehbare Richtung an, die nach allen kritischen Tönen nun am Ende nicht
harmonistisch dementiert wird. Aber der Fragende vermisst, dass ich im Predigt-
schluss wenigsten doch einen Fingerzeig darauf gebe, wie und wo für Predigthörer heute vorstellbar ist, wie Gott das Dunkel erhellt hat.
Soweit einige Rückmeldungen.

Diese Predigt führte wie wenige andere auch noch nach Monaten zu intensivem
Austausch mit Freunden. Ich kann nicht übersehen, dass der sich im Zirkel der
studierten Theolog*innen abspielte. Dass ich mich vorgewagt habe mit dieser
Predigt, war mir bei der Konzipierung klar, wurde aber auch so bestätigt. Reden
von Gott bleibt ein Wagnis, auch dann und vielleicht gerade dann, wenn man
nicht mehr im Gestus der religiös Besitzenden spricht, mit den Worten eines
anderen Freundes »auf die Gefahr hin, dass deine Weihnachtsbotschaft anderen
zum Abgesang auf Weihnachten wird.« Es bleibt bei mir in aller Bestätigung
und kritischen Einsprüchen die Unsicherheit, wie ich andere Gemeindeglieder-
erreicht habe mit dem Gottesdienst.

7.5 Fantasie für Gott

»Es kommt die Zeit, in der die Träume sich erfüllen«, so dichtete vor einem halben Jahrhundert der Kirchentagspfarrer Gerhard Schnath und das schwungvolle Lied hat schon vor Jahren Eingang gefunden ins Ev. Gesangbuch (Nr. 560) und erfreut sich immer noch großer Popularität. Zehn Jahre zuvor hatte sein Autor, Pastor in Bielefeld und langjähriger Kirchentagspfarrer, unter dem Titel »Fantasie für Gott«[8], ein Werkbuch mit Anregungen zu Gottesdiensten in neuer Gestalt veröffentlicht. Die darin gesammelten Entwürfe zu Andachten, Feiern und Predigten aus Gemeinden gaben wirksame Anstöße zu liturgischen Aufbrüchen in Neuland jenseits eines zunehmend als lebensfern und verkrampft empfundenen Festhaltens an überkommenen liturgischen Formen. Nicht Agende, Ordnung und Sakralität, sondern Traum, Hoffnung, Spiel und Fest waren die Schlüssel- und Reizwörter dieser Reformversuche. Auch das Kabarett fand in dieser Zeit Einzug in den Gottesdienst. Von einem seiner herausragenden Vertreter, Hanns Dieter Hüsch, ist bis heute theologisch zu lernen, dass es zu den besonderen Herausforderungen gehört, Gott angemessen zu feiern und weiterzugeben, indem man gerade das Schwere leicht zu sagen versucht.[9] In dieser Tradition der »Fantasie für Gott« möchte ich jetzt ein besonderes Anregungspotenzial vorstellen.

Am Rande eines Kongressbesuches in Utrecht, Niederlande, habe ich vor Jahren eine besondere Entdeckung machen können. In den Auslagen einer Buchhandlung hinter dem Dom fand ich ein Buch mit dem Titel »Atlas der Erlebniswelten.«[10] Ich nahm es in die Hand und las den Klappentext: »Der *Atlas der Erlebniswelten* entführt in die faszinierendste aller Welten: die Welt im Kopf. Die klassische Landkarte wird zur unerschöpflichen Spielwiese der eigenen Phantasie ...« Und ich wusste sofort: das ist ein ganz besonderes Stück. So kaufte ich gleich die Originalausgabe, zudem die deutsche und englische Übersetzung. Ich liebe dieses Buch, habe viele Anregungen daraus bezogen für Lehrveranstaltungen ebenso wie für Predigten, und auch mancher Freund hat ein Exemplar zum Geburtstag geschenkt bekommen.

---

8 Gerhard Schnath (Hg.), Fantasie für Gott. Gottesdienste in neuer Gestalt, Stuttgart 1965.
9 Hanns-Dieter Hüsch, Das Schwere leicht gesagt, Freiburg 2018.
10 Jean Klare/Louise van Swaaij, Atlas der Erlebniswelten, dt. Frankfurt/M. 2000, alle Zitate aus dieser Ausgabe. Das niederländische Original: Louise van Swaaij & Jean Klare, Atlas van de belevingswereld, Almere 2001.

Der Atlas folgt einer besonderen Idee. Klappt man das Buch auf, so findet man nach der kurzen Einleitung 21 doppelseitige topografische Karten zu Teilen der Welt, gezeichnet mit allen Mitteln professioneller kartografischer Darstellung. Aber die Karten in diesem Atlas zeigen nicht karthografische Repräsentanzen faktisch existierender Orte und Gegenden, sie führen Betrachter*innen vielmehr samt und sonders zu fiktiven Orten, symbolisiert durch Begriffe und Metaphern, die auf spielerische Weise räumlich arrangiert sind. Geführt werden Leser*innen in Innenräume des Erlebens, diese sehen eine wahre Ver-Führung in Imaginationsräume vor sich. Die Karten sind ausgewählten Erfahrungsräumen gewidmet, die sie mit der Darstellung ausleuchten. Das reicht von »Geheimnis« (Karte 1) über »Leidenschaft« (Karte 10) bis hin zu »Chaos« (Karte 15) und schließlich auf der letzten Seite zur Karte »Anderswo« (Karte 21). Auf

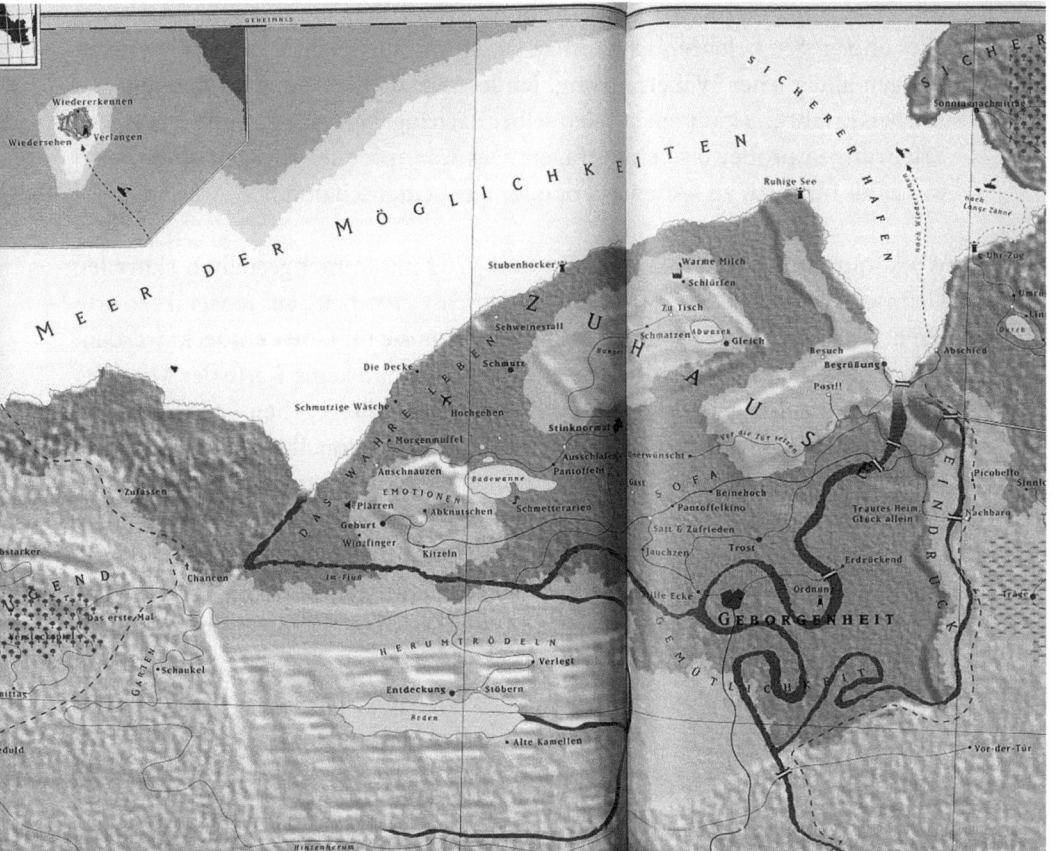

Abb. 1: Karte 8 ZUHAUSE © Jean Klare/Louise van Swaaij, Atlas der Erlebniswelten, dt. Ausgabe Eichborn AG, Frankfurt/M. 2000, 28 f.

jeder dieser Karten gibt es Städte, Dörfer, Flüsse, Wälder, Berge und Täler, also
das ganz geläufige Set von Darstellungsmitteln der Landkarten, wie wir sie im
Alltag benutzen. Eine »Legende« am Anfang des Buches erläutert die Zeichen.
Jeder Karte vorgeschaltet ist ein Kommentar, in dem assoziativ in das jeweilige
Erfahrungsfeld eingeführt wird, mit persönlichen Bemerkungen, mit Erzählun-
gen, weisheitlich-poetischen Sätzen von Imanuel Kant bis Woody Allen oder
Schnipseln von Gebrauchspoesie.

Der Atlas präsentiert ein besonderes Stück fantastischer Literatur, ganz besondere Welt-Bilder. Die fingierten topografischen Karten visualisieren innere Erfahrungen, genauer gesagt: sie signalisieren jene mittels der Kombination aus
Symbolen, Begriffen und Metaphern in den gewählten räumlichen Zuordnungen.
Die Karten leben von metaphorisch-bildlicher spielerischer Versprachlichung
von Erfahrung, versuchen eine Zuordnung von Alltag und Sprachbildern, das
alles ohne jeden belehrenden Gestus. Damit produzieren sie zugleich Verfrem-
dungen alltäglicher Welterfahrung. Ich lese sie als Einladung an Leser*innen,
solchen Erfahrungsräumen bei sich selber nachzugehen, sich zu verorten, eigene
Erfahrungen probeweise einzutragen: was wären meine »Berge von Arbeit«?
was zählt für mich zu »Abenteuer« oder zu »Leidenschaft«?

Wo könnte in diesem mit Umsicht und Witz zusammengestellten skurrilen
Gemisch aus existenziell Wichtigem und höchst Profanem, aus tausend ver-orte-
ten Erfahrungen ein Zusammenhang mit »Fantasie für Gott« entdeckt werden?
Es findet sich hier keine Karte ins »heilige Land« und keine Karte der Missions-
reisen des Paulus, wie das unseren Bibelausgaben beigegeben ist. Man findet
auf den ersten Blick kaum Elemente expliziter traditionell kirchlich Bestände,
keinen biblischen Name, natürlich keinen theologischen Begriff, im langen
Register kommt das Wort »Gott« nicht vor.[11]

Bei genauerem Studieren des Kartenmaterials kann man allerdings eine Menge
religiös besetzter bzw. konnotierter Eintragungen entdecken. So ist z. B. auf der
Karte 19 »Wandel« ein großes Gebäude eingezeichnet mit dem Titel »Reformation«, lokalisiert auf dem »Reformationsplatz«, mit dem vielsagenden Zusatz
»(im Bau)« in Klammern, gegenüber liegt der Platz »Gegenreformation«. Auf
der Karte 3 »Tun und Lassen« finden wir Orte wie »Orientierung«, oder »Pla-

---

11 Interessanterweise sind die Einleitungstexte nicht ganz so religionsabstinent ausgefallen. Zur
    Karte Nr. »Wandel« werden Gedanken von William James zu einer utopischen Gegenwelt
    ebenso freimütig eingeblendet wie eine Parabel, aus der Einsichten zur Erkenntnis Gottes
    abgeleitet werden, vgl. Klare/van Swaaij, a. a. O. 80 f.

nung«, u. a. auch eine größere Stadt mit Namen »Glaube«, benachbart von den Orten »Unglaube«, »Aberglaube« und »Berufung«. Mitten durch die Stadt führt der Fluss »Bewußtsein«, das gegenüberliegende Terrain heißt »Überzeugung«. Karte 8 »Gedankenfluss« enthält in der Mitte den Ort »Schöpfung«, wie zufällig auch einen Ort namens »Gleichnisse«, in der Nähe einen zweiten mit Namen »Symbole«.

Die Kombinationen sind anregend, sie reizen zu eigenen Assoziationen, vielleicht auch zu Suchbewegungen dazu, was jemand vermisst.

Der mögliche Gewinn der Einbeziehung dieser scheint mir jedoch über solche Funde hinaus zu gehen. Er kann sich erschließen, wenn ich das, was die Karten zu sein vorgeben, aufnehme. Die Karten suggerieren, Karten über reale Orte zu sein, und gehen doch in Wahrheit darüber hinaus.

Nun gilt sicher auch: Gott hat keinen Ort im google earth, die Religionen thematisieren und kultivieren die Begegnung mit den Nicht-Orten des Lebens, zuweilen den Hetero-Topien, sie gehen nicht auf das, »was der Fall ist«, sondern sie regen zu imaginativer Überschreitung des Vorfindlichen an, sie kultivieren den »Möglichkeitssinn« (Robert Musil). Utopisches Ausgreifen in eine andere, eine neue Welt geht nicht ohne Imagination, die aber doch an Erfahrungen anknüpft.

Die US-amerikanische Theologin Maria Harris behauptet in ihrem Buch über religiöse Imagination und Lernen[12], dass Imagination in sich religiöse Qualität trage. Und sie schlägt die Brücke zwischen Imagination und einer erneuerten Geografie. Die Karten in Atlas liegen für mich auf dieser Linie.

Wenn Religion lebensfähig ist nur in der Spannung von Transzendenz und Erfahrungswelten und wenn die Sprache der Religion immer auch versucht, das Unmögliche zu tun und innere Erfahrungen in Worte zu bringen, dann könnte man die Seiten im Atlas als Impuls für solche Felderkundungen in innere Erfahrungswelten gebrauchen. Dabei landet man nicht bei Offenbarungen, aber vielleicht bei dem, was Thomas Luckmann »kleine Transzendenzen« genannt hat[13], bei den tieferen Lagen der Alltagserfahrungen. In diesem Sinne entwerfen die Blätter im Atlas Nicht-Alltägliches, und sie arrangieren alltägliche Erfahrungen neu und verfremdet, aber gerade das wird auf den Karten als *möglicherweise wirklich* dargeboten. Und das Ganze offenbar auf spielerische Weise, mit einem Augenzwinkern.

---

12 Maria Harris, Teaching & Religious Imagination. An Essay in the Theology of teaching, San Francisco 1987.
13 Thomas Luckmann, Die unsichtbare Religion, dt. Frankfurt/M. 1996, 168.

Drum scheint es mir ergiebig, den Erfahrungs-Feldern nachzugehen, die sich
dem Betrachter hier mittels der Karten eröffnen. Karte 3 »Tun und Lassen« enthält eine Reihe von Worten/Orten aus dem Feld der moralischen Orientierung
»Das Böse«, »Das Gute«, »List«, »Beichte« »Unschuld«, »Schande«, vor der Küste
gibt es »Schiffbruch«, ein Dampfer sticht vom Küstenort »Büßen« in See »nach
Canossa«. Oder nimmt man die letzte Karte »Anderswo« (21): Da findet sich
die Stadt »Ehrfurcht«, an der Küste der Leuchtturm »Jenseitssicht« oder der
Ort »Glauben«, das Dorf »Mythos«. Auf dem Kontinent gegenüber am Rand
der Karte taucht die Landschaft »Finale Gewissheit« auf.

Karten sind seit der Antike visuelle Hilfsmittel zur Orientierung und Verständigung. Zur schnellen Orientierung über die eigenen Denkvorgänge nutzen
wir heute z. B. eine mind-map[14], eine gekritzelte Ideensammlung, ein Baum-Dia-
gramm zur Visualisierung von Denk-Abläufen, das mit seiner vernetzten Struktur Ordnung auf dem Papier stiftet. Ähnliches tun auch die Karten im »Atlas
der Erlebniswelten«. Sie versuchen dabei das Unmögliche, zweidimensionalen
Überblick zu geben über das eigentlich ganz Unübersichtliche, sie bringen das
in Struktur und Ordnung und Zusammenhang, dem ich in der Lebenswelt
ausgeliefert bin. In dem Sinne können die Karten dazu anregen, den eigenen
Erfahrungen nachzugehen, den eigenen Lebensweg probeweise in Karten zu
skizzieren.

Die Karten können etwas zum Sprechen bringen. Dabei gilt es allerdings, die
Eigenart der Darstellung zu berücksichtigen. Diese (und fast alle) topografischen
Karten erzählen zunächst keine Handlungsabläufe, kein Geschehen, keine
Erfahrungen in der Dynamik von Ereignisabläufen. Sie scheinen zeitlos, täu-
schen insofern, weil sie Fixes suggerieren und doch Resultat von Erfahrungs-
prozessen sind. Das Buch kann einladen zu innerem Zwiegespräch, kann Quelle
von Ideen und Assoziationen werden in Praxiszusammenhängen. Aber es käme
bei Imaginationsübungen darauf an, den Prozess, das Prozesshafte hinter, vor
und nach der kartografischen Fixierung greifbar zu machen, z. B. dadurch, dass
man die räumliche Assoziation für solche prozesshafte Phantasiereise einbringt:
wie bin ich von xxx nach yyy gekommen?

In vielen Kirchenräumen findet man Pinnwände mit Zetteln. Da haben z. B.
Gottesdienstbesucher zum Reformationsjahr 2017 ihre eigene »These« zum

---

14 Gott auf der mindmap https://reli-mat.de/downloads/material/cd_v1_2/gott1.pdf. download
    3.9.2020.

Reformbedarf in der gegenwärtigen Kirche notiert. In der ersten Zusammenkunft des KU durften Konfirmanden und Konfirmandinnen ein Stichwort aufs
Papier notieren, um der Gruppe ihre Erwartungen mitzuteilen. Ein Pfarrer hat
Karten gesammelt, auf denen Gemeindeglieder ihre Nöte und Sorgen in der
aktuellen Corona-Krise aufschreiben konnten und die nun alle auf dem Altar-
tisch aufgestellt wurden.

In der Erwachsenenbildung ist es üblich, an verschiedenen Stellen im Grup-
penprozess zur von Assoziationen mit Stichwortzetteln zu arbeiten. Oft bleibt
aber bei der Visualisierung individueller Ideen unklar, wie eine Verbindung zwischen einzelnen Notizen ermöglicht werden könnte. Das kartografische Prinzip des »Atlas der Erlebniswelten« könnte hier Anregungen geben, wie Verbindungen oder Ordnungsmuster hergestellt oder auch phantasievoll konstruiert
werden könnten.

Religiöse Rede malt innere Erfahrungen narrativ aus, der Mythos erzählt, kann
nicht auf Stichworte oder abstrakte Begriffe beschränken, auch nicht auf die
besten ausgefeilten theologischen Begriffe. Religiöse Rede greift dabei auf narrative Traditionen zurück. Die Karten können und wollen das nicht ersetzen,
sie können mir aber einen Spickzettel liefern beim Versuch, von Gott indirekte
Mitteilungen zu machen (Kierkegaard), von den alltäglichen und den außer-
alltäglichen Erfahrungen mit mir. Und sie regen mit alledem dazu an, dabei
gelegentlich auch zu schmunzeln.

7.6 Die Frage nach dem »Warum?«

»Wege zur Praxis« des Redens von Gott habe ich in diesem Kapitel zu skizzieren versucht. Es bleibt nicht aus, dass bei solchen Gestaltungsversuchen früher
oder später die Frage nach dem »Warum?« begegnet und zur Auskunft nötigt.
Damit meine ich jetzt nicht die Theodizee-Frage (Warum hat Gott dies oder
jenes zugelassen?), sondern die Frage, warum denn überhaupt noch von Gott
zu reden sei. Mir ist die Frage z. B. in einer Gesprächsrunde zu theologischer
Erwachsenenbildung zur Noah-Erzählung begegnet.

Ich treffe mich mit einer Gruppe interessierter Erwachsener im Seniorenalter, neun
Frauen und drei Männer aus verschiedenen Berufen, die einmal im Jahr an einem
Wochenende zusammenkommen. Die meisten sind kirchlich gesehen eher Randsiedler,
kritische Predigthörer*innen – wenn sie denn einmal in den Gottesdienst kommen.
Diesmal soll es um die Noah-Überlieferung Gen 5–9 gehen. Zur Vorbereitung hatte

ich die Gruppe gebeten, die Texte aus der Genesis zu lesen und sich Notizen zu folgenden Fragen zu machen:

- *was spricht mich an?*
- *was finde ich im Text von bleibender Bedeutung für unser Leben heute?*
- *was stört mich am Text?*

Vom ersten Moment an war das Gespräch in der Gruppe sehr lebhaft. Insbes. zu den negativen Punkten sprudelten die Kommentare, ich notiere Stichworte:
ein vernichtendes Gottesbild!
auch nach der Sintflut wird nicht alles gut;
es können doch unmöglich alle sündig gewesen sein!
Das finde ich unmöglich, dass Noah so fraglos gehorcht. Der ist ja nur Befehlsempfänger!

Aber auch positiv Bedeutsames aus der Sicht der Teilnehmer wird genannt:
der Text beschreibt genau die Klimakatastrophe, die wir jetzt haben;
ganz wie in Venedig![15]
Gott erinnert sich an den Regenbogen.

Die Gruppe fragte dann nach der generellen Intention der Erzählung. In der Diskussion erläutere ich den Bundesschluß und insbes. die noachidische Gesetzgebung als für alle Menschen geltende Regeln für humanes Zusammenleben, unabhängig von ihrer Religionszugehörigkeit. Dieser Aspekt findet positive Resonanz bei fast allen Teilnehmern. Einige betonen in ihren Äußerungen die deutliche Differenz zwischen dem eher gehorsam empfangenden Noah und unserem modernen Ideal individueller Autonomie und Eigenverantwortlichkeit. Ihre Position: Wir heute müssen gegenüber dem Noah-Bund und dessen Gesetzen die Regeln für gedeihlichen Umgang mit Mensch und Natur selber verantworten, unabhängig von Glaube und Religion.

Eine Teilnehmerin rutschte unruhig auf ihrem Stuhl hin und her, schließlich bricht es emphatisch aus ihr heraus: »Ja, wenn das alles so ist, wozu brauchen wir dann eigentlich noch Gott?!« Zustimmendes Nicken in der Runde zu dieser rhetorisch scheinenden Frage. Und die, die sie ausgesprochen hatte, saß zunächst mit offenem Mund da, schien in dem Moment selber überrascht von ihrer radikalen Frage. Der Moment, da die Frage in der Gruppe vorgebracht wurde, war wirklich ein dichter Moment.

Und ich meinerseits war auch überrascht, dass ein wacher Zeitgenosse und Christ so klar die Frage für sich stellen kann, die in anderen Ausdrucksformen modernes

---

15 Die Flutkatastrophe in Venedig 2019 begann drei Tage vor dem geschilderten Seminar.

Denken seit zweihundert Jahren bestimmt. So in literarischer Form in Dostojewskis Roman »Die Brüder Karamasow«, wo der berühmte Ausspruch fällt »Wenn es keinen Gott gibt, ist alles erlaubt!«. So in philosophischer Form bei Jürgen Habermas, der die Grundthese formulierte: das, was Religion einmal zur Begründung absoluter Normen der Ethik im Rückbezug auf die metaphysische Instanz »Gott« gesichert hat, das müssen Menschen heute mit rationalen Begründungen innerweltlich zu sichern versuchen.

Die Frage »Wozu brauchen wir dann eigentlich noch Gott?!« übersetze ich mir in unserem Zusammenhang jetzt in die andere, nicht weniger drängende Frage nach dem Warum: »*Warum* sollen wir denn heute eigentlich noch von Gott reden?« Warum sollen wir von ihm reden in einer Epoche, da ein vorneuzeitliches Weltbild an Plausibilität verloren hat, da innerweltliche Erklärungsmuster für fast alle Bereiche des Lebens für immer mehr Menschen plausibel und hinreichend sind? Meine kurze Skizze der Gesprächssituation belegt eindrücklich: Diese Frage muss nicht an Praxis herangetragen werden, sie bricht mitten in praktischen Vollzügen auf, in denen heute interessierte Zeitgenossen über Gott nachdenken.

In Versuchen, hier Auskunft zu geben, komme ich im Rückbezug auf Überlegungen aus früheren Kapiteln auf zwei Antwortlinien.

Mit der *einen Linie* der Antwort möchte ich betonen, dass man als Christ und Christin angesichts vieler missbräuchlicher Rede vom »lieben Gott« oder auch vom »Allmächtigen« heute gar nicht mehr vorsichtig genug sein kann, von Gott zu reden. Solche Vorsicht nimmt die Scheu jüdischer Frömmigkeit vor dem Aussprechen des Gottesnamens auf, von der im Kapitel »›Gott‹ sagen« die Rede war. Hilfreich scheint es mir dabei ferner, die Tradition negativer Theologie aufzunehmen, nämlich »Gott-los von Gott zu sprechen«[16]. All mein Reden steht unter dem Vorbehalt, das Reden von Gott offen zu halten für Gott. Mit den Worten des Dichter-Theologen Christoph Lehnert gesagt: »Du mußt deinen Glauben leer halten, frei von festgefügten Bildern, Begriffen, von deutenden Umschreibungen. Er muß leer sein, unbrauchbar, zu nichts zu verwenden. Nur so bleibt alles offen, nur so kann der Gott einströmen. Diese Leere verlangt alle Intensität des Betens und Denkens, der Geistesgegenwart, alle Wachsamkeit, alles Verantwortungsgefühl. Sie ist die letzte feste Verankerung für deinen Glauben. Weitergeben kannst du nichts als ein Gefühl der Fraglichkeit, die

---

16 Stefan Silber, Gottlos von Gott sprechen, https://www.feinschwarz.net/gottlos-von-gott-sprechen/ download 5.9.2020.

kleinste und einzige religiöse Münze, die dir bleibt.«[17] Diese Line aufzunehmen kann auch davor schützen, bei der Verwendung religiöser Sprache von Gott aus vorneuzeitlicher Traditionen unter der Hand einem naiven Theismus Vorschub zu leisten.

Mit der *anderen Linie* der Antwort soll das nicht dementiert werden, ich nehme aber die Frage auf, ob die von Lehnert angesprochene »Leere« nicht anders gefüllt werden kann als mit heute problematischen Bildern überirdischer und ewiger Gottesherrschaft. Gewiss, Gott kann nicht länger in Anspruch genommen werden als metaphysischer Garant irdischer Ordnungen und Normen. Aber ich glaube, von Gott muss dennoch geredet werden, explizit oder implizit – um des Menschen willen. Die Rede von Gott wird heute gebraucht nicht um Gottes willen, sondern um des Menschen willen, wie Jan Roß das prägnant gesagt hat[18]. Damit soll nicht der Vergottung des Menschen das Wort geredet werden. Aber von Gott zu erzählen kann Intuitionen wachhalten, die zum Gelingen eines humanen Lebens verhelfen und die Gegengeschichten gegen lebensfeindliche Entwürfe menschlichen Lebens aufbieten. Das richtet sich gegen Glorifizierung einer schrankenlosen Selbstbestimmung des Individuums, gegen die großen oder kleinen Ausgaben des All-Machbarkeitswahns und auch gegen neoliberalistische Glücksversprechungen über einen Gott des Marktes. Und wenn in unserer Gesellschaft inzwischen das Risiko diskutiert wird, ob Kinder mit Down-Syndrom auf die Welt kommen könnten, dann steht in Frage, welche Vorstellung von Leben uns beherrschen soll? Welche Abweichung gilt als krank, als un-wert? Und welchen Preis zahlt eine Gesellschaft, wenn gutes und erfülltes Leben genormtes Leben heißen soll?

Biblische Narrative von Schöpfung, Sündenfall und Erlösung heute zu erzählen kann in dieser Lage Bilder von humanem Leben einspielen, bei denen menschliches Leben in der Bezogenheit und Angewiesenheit auf ein lebendiges Gegenüber zu anderen Menschen und zur Natur entworfen wird, bei denen Leben als unendlich wertvoll, gleichwohl aber als begrenzt und immer auch in Schuld verstrickt verstanden und angenommen werden darf. Zu diesem Bild gehört deshalb schließlich das Lebenselement Pathos, also humanes Leben, das dem Leiden gegenüber nicht apathisch verschlossen bleibt.

---

17   Christian Lehnert, Der Gott in einer Nuß. Fliegende Blätter von Kult und Gebet, Frankfurt/M. 2017, 118.
18   Jan Roß, Die Verteidigung des Menschen. Warum Gott gebraucht wird, Berlin 2012.

Kurz: darum soll von Gott gesprochen werden, damit Menschen menschlich bleiben können.

Nun könnte man denken, dass mit diesen Linien Antworten gegeben sind, die den Bezug allen Redens von Gott an Situationen im Hier und Jetzt zugunsten unmotivierten Sprechens in abstrakten Wahrheiten verlassen. Aber die zu Anfang des Kapitels skizzierten »Kunst-Regeln« gelten dagegen auch jetzt als Korrektiv. Die Gestaltung beider Antwortlinien zum »Warum von Gott reden?« sind in responsivischem Verhalten, als Antworten auf die konkreten Gesprächsthemen im Alltag hier und jetzt gedacht. Deshalb hängen für mich hier Warum eng zusammen mit dem Was und Wie des Sprechens, mit der Lebenspraxis in der wir uns jeweils bewegen, mit Fragen und Herausforderungen in der Begegnung, mit Erwartungsmustern und expliziten wie verborgenen Versprechungen über gelingendes Leben und über Scheitern in ihm. Es bleibt das tastende Reden, das in aller Ungewissheit Wege zur Wahrheit des Lebens sucht, das die Tradition Gott nennt.

Nachwort: Wie dieses Buch entstanden ist

Reden über Gott ist eine Praxis von Menschen, die nie abstrakt im luftleeren Raum geschieht, sondern die immer in bestimmte Situationen eingebunden ist, oft in krisenhafte Situationen. Das gilt auch für dieses Buch. Eine der Grundthesen lautet dementsprechend: dieses Reden geschieht an konkreten Orten, mit konkreten Gesprächspartner*innen, in konkreten Arbeits- und Lebenssituationen, es geschieht immer auch in Reaktion auf konkrete Geschehnisse. Deshalb reicht es nicht aus, nur nach inhaltlichen Beschreibungen zu suchen. In diesem Fall gibt es dementsprechend auch für das Nachdenken über das Reden von Gott mehrere Orte, mehrere Etappen und mehrere Dialogpartner*innen. Und ganz spezifische historische Kontexte mit mehr oder weniger deutlichen Rückwirkungen auf die Aufgabe.

Als Plattform zur Erarbeitung wesentlicher Teile zum Buch dienten generell Diskussionen der »Frankfurter praktisch-theologischen Forschungswerkstatt« die sich über Jahre hin regelmäßig traf: Peter Meyer (Wittenberg), Silke Leonhard (Loccum), Carsten Schuerhoff (Oslo), Wolfgang Bauer (Hanau), Lars Christian Heinemann (Frankfurt/M.), Petra Sorg (Frankfurt/M.), Christopher Scholtz (Friedberg) und Erna Zonne-Gätjens (Hermannsburg). Die Mitglieder dieser Gruppe arbeiten seit längerem in unterschiedlichen Praxisfeldern von Kirche, Schule und Hochschule an der Vermittlung theologischer Fragestellungen. Im Verlauf vieler Jahre haben wir die Möglichkeiten für Verstehen und Gestalten von religiöser Erfahrung in der Praxis diskutiert. Vieles in diesem Buch verdankt sich der intensiven Kooperation in dieser Gruppe.

Das Projekt ist in drei Phasen gewachsen:

Phase eins: reden über – reden aus

Die Initialzündung zum Projekt geschah durch einen Impuls von außen. Im Januar 2017 skizzierte der Philosoph Bernhard Waldenfels im Rahmen eines Gastvortrages über phänomenologische Zugänge zu religiöser Erfahrung u. a. eine Gegenüberstellung von »*über etwas sprechen – sprechen aus*«. Auf Nachfragen aus der Gruppe setzte er das sinngemäß mit dem Hinweis fort: »Wenn jemand sagt ›Gott spricht‹, dann ist dies noch nicht religiös, es ist etwas anderes als wirklich ›aus Gott sprechen‹«. Waldenfels führte als Beispiele u. a. den Prediger »als Zeugen« an, schlug selbst aber den Bogen auch zu nicht explizit religiöser Praxis, verwies auf entsprechend unterschiedliche Phänomene im Geschichtsunterricht.

Dieser Hinweis fand deutliche Resonanz in der Gruppe und löste sogleich Diskussionen aus. Erste Fragen kamen auf:

* wie trennscharf und tragfähig zur Sortierung unterschiedlicher Erfahrungen mit dem Sprechen ist die genannte Unterscheidung?
* wie verhält sich ein eher individuell gedachtes und erfahrenes »sprechen aus« zur Institution Kirche und ihrem Umgang mit Religion?
* was wären entsprechende Quellen, an denen mit der Typisierung gearbeitet werden kann?
* Mit welchen methodischen Zugängen könnte das »sprechen aus« und »sprechen über« erforscht werden?

Für das Projekt wegweisend wurde so die Konzentration auf Erfahrungen, die Menschen machen, wenn sie in konkreten Situationen über Gott sprechen, d. h. Erfahrungen der Menschen aus der Innenperspektive. Wir versuchten, unterschiedliche Qualitäten der Erfahrung zu erkunden, z. B. besonders dichte Erfahrungsmomente, von den wir solche abhoben, die eher als »kalt« erlebt werden, neutrale Momente, bei denen das Reden glatt und unkompliziert über die Lippen geht und solche, bei denen das Sprechen nicht mehr flüssig verläuft, wo man im Sprechen etwas riskiert.

Die zunächst plausibel und trennscharf erscheinende Polarität »Reden *über* Gott – reden *aus* Gott« – wurde an konkreten Rede-Sequenzen überprüft (vgl. die Skizzen im Abschnitt »An-Sprechende Erfahrungen«). Reden über Gott als Praxis zu verstehen und zu analysieren, die Innenperspektive der Erfahrungen an besonders dichten Momenten zu verfolgen, erwies sich als sehr fruchtbar.

Gleichwohl ergab sich ein Bedarf zu weniger schematischer und eher differenzierter Beschreibung der Erfahrungen dichter Rede in konkreten Situationen.
Auch wurde das Interesse an theoretischer Vertiefung einzelner Analyseaspekte
der Praxis des Sprechens laut. Erste Stichworte dazu waren ›Resonanz‹, ›Authentisch reden‹, ›Macht‹, später kamen weitere hinzu.

Phase zwei: virtuelle Dialoge

Diese theoretischen Vertiefungen wurden in der zweiten Phase angegangen.
Aus äußeren Gründen erzwungen geschah die weitere Arbeit an diesen Einzel-
aspekten und an anderen Elementen im Buch dann nicht mehr in Gruppen-
dialogen, sondern weitgehend in (virtuellen) Dialogen zu zweit, per email und
per skype und gelegentlich auf leib-haftigen Treffen. Gleichwohl kamen dankenswerterweise weitere Dialogpartner aus unterschiedlichen Professionen und
Regionen hinzu, Kollegen, Pfarrer, Lehrer: Christoph Müller (Bern), Matthias
von Kriegstein (Plön), Klaus-Dieter-Köhler-Goigofski (Oberursel) und Jisk
Steetskamp (Bad Salzufflen).

Die Auswahl dieser Partner ist lebensweltlich zufällig bedingt, brachte aber
unterschiedliche Fragehorizonte aus unterschiedlichen Lebenskontexten und
teils sehr divergenten theologischen Prägungen mit ein. Auch diese ausführlichen
digitalen Dialoge blieben nicht auf abstrakte theologische Diskurse beschränkt.
Da flossen vielmehr unterschiedliche kulturelle und nationale Kontexte mit ein,
mitunter zugleich persönliche, sehr divergente Lebenssituationen der Gesprächspartner, Assoziationen und Imaginationen, zugleich auch sehr kritische Bre-
chungen gelehrter Theologie, z. B. Rückfragen an die übliche Zuordnung des
wissenschaftlichen und des »*vor*-wissenschaftlichen« Sprechen von Gott. Und es
gab viele Hinweise auf poetische Formen des Redens von Gott, die jetzt im Teil
»Theo-poetische Variationen« zusammenstellt sind. Auch diesem erweiterten
Kreis der Dialogpartner hat das Buch viel zu verdanken.

Phase drei: Reden von Gott in Zeiten der neuen Krise

Reden von Gott geschieht immer inmitten von Krisen, kleinen und großen. In
die weitere Ausarbeitung des Buches platzte im Frühjahr 2019 die Corona-Pandemie hinein. Wie kaum ein anderes globales Ereignis seit dem 2. Weltkrieg hat
die Verbreitung des Covid19-Virus Menschen in Atem gehalten. Menschen in
aller Welt wurden infiziert, Tausende starben, eine ungeahnte kulturelle, soziale
und ökonomische Krise zog mit Wucht herauf.

Die Restriktionen der sozialen Kontakte bis hin zu zeitweiligem shut-down
betrafen bald auch die Praxisfelder, die in den Texten dieses Buches immer wie-

der berührt werden: Die Lehrer*innen unter den Dialogpartnern gaben Rückmeldung, wie die Corona Krise sie schnell in besonderer Weise trafen, weil sie der elementaren Möglichkeiten beraubt wurden, mit ihren Schülern überhaupt noch über Gott zu sprechen. Kirchengebäude wurden geschlossen und Gottesdienste zunächst nur noch digital abgehalten, Feiern und Singen wurde über Monate verboten. Die Praxis des Redens von Gott geschah in neuen technischen Formaten, analog daneben in ungeahnter Weise an alltäglichen Orten außerhalb der Kirchenmauern. Über den Gartenzaun oder bei zufälligen Begegnungen war plötzlich die Frage zu hören, was denn Kirche jetzt zu sagen hätte.

Die Frage nach Gott angesichts der Corona-Pandemie erreichte auch die Dialogpartner*innen und die Gesprächszusammenhänge im Hintergrund dieses Buches. Es wurde dadurch kein Buch über »Gott in der Corona-Krise«. Aber die durch Corona veränderte Lebenssituation führte neben den technischen Herausforderungen, mit Skype und Zoom zu kommunizieren, zugleich dazu, ein theologisches Grundthema im Reden von Gott neu scharf zu stellen, nämlich das Thema der Gewissheit. Der Bedarf an neuen Übersetzungen der Vokabel »Gott« wurde auch für die Arbeit am Band dringlich angesichts neu aufgebrochener existenzieller Unsicherheiten und angesichts des Zerfalls herkömmlicher Gewissheiten. Das stärkte den Widerstand gegen ein Reden aus vollmundigem Gottes-Wissen. Die nun täglich präsente Herausforderung im Umgang mit neuen Ungewissheiten drängte dazu, den Spuren von Ohnmacht und Risiko im Reden von Gott noch intensiver nachzugehen. Solche Erfahrungen und tastende Versuche neuer Theo-Logie bestimmten vielfältig auch die virtuellen Dialoge im Hintergrund der dritten letzten Phase der Ausarbeitung der Texte. Und diese Phase hält noch an, auch wenn das Buch gedruckt ist. So steht am vorläufigen Ende der Überlegungen die Einsicht: nur wer etwas, wer sich riskiert beim Reden von Gott, wird als glaubwürdig redend wahrgenommen.

Register der Namen